Knaur®

Dieses Buch wurde auf chlor- und säurefreiem Papier gedruckt.

Originalausgabe April 1993

Umschlaggestaltung: Manfred Waller, Reinbek,
unter Verwendung eines Gemäldeausschnittes
»Dame in grüner Jacke«, 1913, von August Macke
Foto: Artothek
Satz: Ventura Publisher im Verlag
Druck und Bindung: Elsnerdruck, Berlin
Printed in Germany 5 4 3 2 1
ISBN 3-426-60074-9

Ilse Wagner (Hrsg.)

Nur Reisen ist Leben

Frauen unterwegs

Knaur

»Nur Reisen ist Leben,
wie umgekehrt das Leben
Reisen ist.«

Jean Paul

INHALT

Ingeborg Bachmann

Besichtigung einer alten Stadt

Weil Malina und ich Wien sehen wollen, das wir uns noch nie angeschaut haben, machen wir eine Fahrt mit dem AUSTROBUS. Dem Fremdenführer hängt eine Beethovenmaske um den Hals, und während wir, nach den Gesichtspunkten eines uns unbekannten Reisebüros, ein ganz neues Wien erleben, bemüht sich der Fremdenführer, englisch für die Amerikaner zu sprechen, nur uns beide sieht er mißtrauisch an, obwohl wir uns als Mr. und Mrs. Malina angemeldet haben, um mit echten Ausländern mitzudürfen. Der Fremdenführer wird schon mit allen möglichen Fremden durch Wien gefahren sein, Brasilianern, Pakistani und Japanern, denn sonst könnte er sich nicht diese gewagten Abschweifungen erlauben und an den seltsamsten Orten halten lassen. Denn zum Beispiel läßt der Mann fürs erste nur anhalten an vielen Brunnen, alle dürfen aussteigen und trinken aus dem Genienbrunnen, dem Danubiusbrunnen, im Stadtpark sogar aus der »Befreiung der Quelle«. Der Fremdenführer erklärt, das Wiener Hochleitungswasser, the most famous water in the world, müsse jeder einmal getrunken haben. Ohne Halt geht es an vielen graugrünen Barockkuppeln vorbei, die Karlskirche wird ausgelassen, die Nationalbibliothek unterschlagen, Erzherzog Karl, der Sieger, der Löwe von Aspern, wird vertauscht mit Kaiser Maximilian I. in der Martinswand, den ein Engel herausgeführt hat, nach seiner Verirrung, aus einer Tiroler Wand, und den heute der Fremdenführer kurzerhand auf ein Pferd nach Wien gesetzt hat. Vor einer Konditorei in der Inneren Stadt wird zu Malinas und meiner Verblüffung angehalten, die Amerikaner haben fünf Minuten

Zeit, um sich Mozartkugeln zu kaufen, the most famous Austrian chocolates, ad gloriam and in memoriam of the most famous composer of all the times, und während die Amerikaner folgsam in eine trockene Imitation der Salzburger Mozartkugeln hineinbeißen, kreisen wir einmal um die Pestsäule, to remember the most famous and dreadful illness in the world which was stopped with the Austrian forces and prayers of Emperor Leopold I. Wir fahren rasch an der Staatsoper vorbei, where are happening the greatest singing successes and singing accidents in the world, und besonders rasch geht es am Burgtheater vorbei, where are happening every evening the oldest and most famous dramas and murderings in Europa. Vor der Universität geht dem Fremdenführer der Atem aus, er erklärt sie eilig zum oldest museum of the world und deutet erleichtert auf die Votivkirche, which was built to remember the salvation from the first turkish danger and the beaten turks left us the best coffee and the famous viennese breakfast Kipfel, to remember. Er flüstert mit dem Fahrer, mit dem er im Bund ist, und es wird aus der Stadt hinausgefahren. Denn wegen einer Einsturzgefahr müßten wir den Stephansdom vermeiden, die Pummerin sei gerade ausgeliehen nach Amerika und werde auf einer Wanderausstellung gezeigt, das Riesenrad sei leider in einer der größten deutschen Firmen, zum Umbau, um vergrößert zu werden für die künftigen, immer größer werdenden Ansprüche. Der liebe Gott wird im Vorüberfahren gezeigt, er hat eine Ruhebank im Lainzer Tiergarten. In Schönbrunn wird endlich eine Rast gemacht, und scheu bewundern alle den Doppelgänger des Friedenskaisers, der sein 70jähriges Regierungsjubiläum hinter sich hat und einsam, würdevoll, spazieren geht im Park. Er hat es nicht gewollt. Es ist ihm nichts erspart geblieben. Der Fremdenführer blättert in seinem Notizblock, er hat endlich die Stelle gefunden: An meine Völker! Der Fremdenführer sieht hilfesuchend zu Malina und mir, er hat schon einen Verdacht, denn er weiß offenbar nicht, wie er die drei Worte übersetzen soll. Aber Malina schaut den Mann unbewegt an. Der Fremdenführer fragt: is something wrong, Sir? Malina lächelt und antwortet in seinem besten Englisch: oh, no, it's extremely interesting, I'm interested in history, I love culture, I adore such old countries like yours. Der Fremdenführer verliert einen Verdacht, er rettet sich in einen anderen Satz, Wednesday of July 29th 1914 the Emperor of the most famous Empire in the world spoke to his nineteen peoples and declared that in the most earnest hour of the greatest decision of our time before the Almighty, he is conscious. Eine kleine Miss ruft: Gosh! Sie will nicht glauben, daß ein so kleines Land einmal ein großes Land war, sie war auf eine Operette gefaßt, auf Grinzing, auf die schöne blaue Donau. Unser Fremdenführer weist die hübsche kleine Amerikanerin zurecht: this was the biggest country which ever existed in the world and it gave a famous word, in this country the sun never goes down. Malina sagt hilfreich: the sun never set.

Aber bald wird es wieder friedvoll, ein Anarchist hat Frau Romy Schneider getötet, in Korfu und in Miramar tagen Konferenzteilnehmer zahlloser Konferenzen, Madeira nimmt einen Aufschwung durch Kreuzfahrten. Der Fremdenführer lenkt ins Gemütvolle, er leistet sich einen Walzertraum, der weiße Flieder blüht wieder, und auch im Prater blühen wieder die Bäume, der Kronprinz Rudolf lernt Madame Catherine Deneuve kennen, die gottlob im AUSTROBUS jeder kennt. In Mayerling stehen wir im Regen herum, der strengste Nonnenorden wacht über einem kleinen Waschtisch, der gezeigt werden darf, es sind keine Blutflecken zu sehen, denn der Trakt mit dem Zimmer ist, auf allerhöchsten Befehl, vor einem halben Jahrhundert niedergerissen worden und durch eine Kapelle ersetzt. Nur eine Nonne darf mit uns sprechen, alle anderen Nonnen beten für sie, bitten für sie. Die Nacht bricht herein. Wir haben für unser Geld noch nicht alles bekommen, Vienna by night steht uns noch bevor.

Im ersten Lokal treten die Zigeunerbarone und die Csárdásfürstinnen auf und werden begeistert beklatscht, es gibt zwei Gläser Wein für jeden, im zweiten Lokal lungern die langhaarigen Bettelstudenten herum, und die Vogelhändler gehen jodelnd von Tisch zu Tisch, es gibt ein Glas deutschen Sekt für jeden, die Amerikaner kommen mehr und mehr in Stimmung, wir ziehen durch die Innere Stadt, von einem Land des Lächelns ins andere, ein älterer Amerikaner belästigt im Übermut die lustige Witwe. Um fünf Uhr früh sitzen wir alle vor einer Gulaschsuppe, auch der Fahrer vom AUSTROBUS ist mit von der Partie. Der Fremdenführer schenkt versöhnt der kleinen Miss die Beethovenmaske, und alle singen Die Geschichten aus dem Wiener Wald mit, der Fremdenführer und der Fahrer versuchen sich allein im Wiener Blut. Endlich stellt sich heraus, daß nur der Fahrer wirklich eine prächtige Stimme hat, und alle wollen, daß er etwas allein singt, für ihn gibt es kein Halten. Wien, Wien, nur du allein! Malina ist am Ende seiner Kräfte, ich fühle es von ihm auf mich übergehen, er schiebt dem Fahrer ein Trinkgeld zu, der mir zuzwinkert und mich jetzt als einziger durchschaut hat, er läßt mich nicht aus den Augen, kümmert sich keinen Deut um die junge Amerikanerin und singt zu Malina hin: Grüß mir die lachenden, reizenden Frauen im schööönen Wien! Your husband doesn't like music? fragt der Fremdenführer aufmerksam, und ich sage verwirrt: not so late, not so early in the morning. Malina fängt mit dem älteren Amerikaner übereifrig zu reden an, er gibt vor, an einer Universität im Mittelwesten europäische Geschichte zu dozieren, er sei überrascht von seinem ersten Aufenthalt in Wien, es gebe hier so vieles zu bemerken, was noch niemals bemerkt worden ist, auch wie hier allerorten das Abendland schon gerettet wird, hier allein gebe es noch diese sagenhafte Tradition, Apollo, Thalia, Eos, Urania, dem Phönix, ja sogar dem Kosmos sind hier Kinos gewidmet, Eden ist sogar ein Nachtlokal, für Diana wird mit einer leichten Damenfilterzigarette

wieder geworben, Memphis wird von einer Konkurrenzfirma ins Gedächtnis gerufen. Ich denke an unsere Apostolischen Kaiser und flüstere Malina zu: ich glaube, der Mann hat sich einfach nicht getraut zu sagen, daß sie zu Semmeln verbacken und in Schmarren zerrissen worden sind. Der Amerikaner, der sich zu Missouri bekennt, prostet Malina zu, in dem er einen feinen guy erkennt, der seine Beobachtungen und sein Wissen übers große Wasser in die Wildnis tragen wird.
Gestärkt von der Gulaschsuppe und den Liedern, erinnert der Fremdenführer daran, daß es noch nicht in die Betten, sondern unbarmherzig weitergehe, denn es ist bereits heller Tag.
Ladies and Gentlemen! Our trip will finish in the Kapuzinergruft. Die Amerikaner sehen einander fragend und enttäuscht an. Einige wären lieber in den Prater gegangen, aber am Morgen gibt es keinen Prater und auch keinen Heurigen, und wir halten schon vor der Kapuzinerkirche und müssen fröstelnd und übernächtigt hinunter in die Gruft. Here you can see the most famous collection in the world, the hearts of all the habsburgian emperors and empresses, archdukes and archduchesses. Eine betrunkene alte Amerikanerin fängt zu lachen an, die kleine Miss läßt die Beethovenmaske fallen und schreit: Gosh! Wir möchten alle heraus aus den Grüften, der ältere Amerikaner, dem noch die lustige Witwe gefallen hat, muß sich übergeben. Der Fremdenführer findet es einen Skandal und flucht, aber nicht mehr auf englisch, die Ausländer seien eben alle nur auf ein Vergnügen aus, von Kultur keine Ahnung, Ehrfurcht überhaupt keine, es wäre sein Beruf einfach der undankbarste Beruf von der Welt, für ihn wirklich kein Vergnügen, diese Barbaren haufenweise durch die Wiener Tage und Wiener Nächte zu führen. Er treibt seine Herde zurück in den Bus. Malina und ich steigen nicht ein, wir bedanken uns und behaupten, wir hätten nur ein paar Schritte zu unserem Hotel, und gehen schweigend, eingehängt, eng aneinander gedrängt zum nächsten Taxistand. Im Taxi spre-

chen wir kein Wort, Malina ist am Einschlafen, und zu Hause, in der Ungargasse sage ich: das war doch deine Idee. Malina sagt erschöpft: ich bitte schon sehr, das war wieder einmal deine Idee.

Djuna Barnes

Der Saum von Manhattan

Im Juli 1917, kurz nachdem die Vereinigten Staaten in den Krieg in Europa eingetreten waren, schrieb Djuna Barnes für die Leser des Morning Telegraph *diesen Bericht über eine Vierzig-Meilen-Schiffsfahrt rund um Manhattan Island. Sie führte den East River hinauf – der gar kein Fluß ist, sondern eine Meerenge, die Manhattan von Long Island trennt –, durch den schmalen Kanal mit dem Namen Hell Gate zum Spuyten Duyvil Creek, wo an der Nordgrenze Manhattans der Harlem River auf den Hudson trifft. Dann ging es südwärts an den steilen Klippen, den Palisades, entlang, vorbei am Battery Park an der Südspitze der Insel und unter der großartigen Brooklyn-Bridge hindurch; vorbei an den gewaltigen Wolkenkratzern von New York, dem keilförmigen Flatiron Building und dem Woolworth Tower, mit sechzig Stockwerken nach seiner Fertigstellung im Jahre 1913 der höchste überhaupt, in prächtigem gotischen Stil erbaut und auch heute noch eines der bemerkenswertesten Gebäude der Stadt.*

Wenn man eine Yachtfahrt um Manhattan Island unternimmt, befindet man sich in der peinlichen Lage eines Menschen, der erst zum Fremden im eigenen Haus werden muß, um es mit der notwendigen Farbigkeit beschreiben zu können.

Wieviel einfacher hat einer es doch, der, beispielsweise, nach Rußland geschickt worden ist, um in Worten deren dortige Nachmittagsmahlzeit und ihre Wohnungen zu malen. Oder der nach Frankreich gefahren ist, um durch die Überreste dessen zu schlendern, was einst die anschaulichen Partien von Kusine

Millys Briefen nach Hause ausmachte; um eine Zeitlang die Boulevards entlangzulaufen oder begehrliche Blicke auf Hüte unweit des Cafés zu werfen, von dem Jules mir neulich abend erzählt hat. Oder der anderen dabei zugeschaut hat, wie sie französische Zigaretten geraucht haben, oder der Napoléons Grab besichtigt hat oder dort entlanggelaufen ist, wo Sarah Bernhardt immer entlangging, oder das Café zu finden versucht hat, wo Verlaine und Baudelaire ihre Gedichte schrieben, oder sonst irgendeins der zehn Millionen Dinge, die einer zu sehen erwartet, wenn er eine Reise in ein fremdes Land unternimmt.

Dort würde einem auffallen, wie die Knöpfe gemacht sind, weil es ein fremder, neuer Mensch wäre, der sie in einem fremden, alten Land an seinen Kleidern hätte. Hier fehlen einem die Knöpfe nie, bis sie abfallen.

Hier schaut man die Dinge an, weil man Augen hat. Dort hat einer Augen, damit er sich Betrachtungen hingeben kann. Das ist die unausweichliche Tragödie der Vertrautheit mit dem eigenen Zuhause. Hier durchleben wir das tägliche Programm, weil wir müssen; doch erst wenn man reist – und sei es auch nur nach Kansas, einmal vorausgesetzt, Kansas sei ein fremdes Land –, macht man die Entdeckung, daß man, um würdigen und verstehen zu können, auf keinem allzu freundschaftlichen Fuß mit Architektur und Menschen stehen darf.

Der bildende Teil des Lebens ist, daß man ›Guten Tag!‹ sagt. Das ›Auf Wiedersehen‹ ist nur der traurige kleine Punkt hinter einem nicht länger benötigten Absatz.

Wer war das noch, der gesagt hat: »Mein Freund, du kannst nicht schauen in dein Haus, denn von dort gelangtest du hinaus«? Und so bin ich mit tausend Millionen anderer verdammt, es sei denn, ich befände mich dereinst an einem einsamen Ort, wo ich mit Erfolg nach den Echos riefe, mit denen ich mich umgeben habe und die niemals zurückrufen, seit ich geboren bin. An einem Ort, der mir so fremd sein wird wie ich ihm.

Das ist ein erfreulicher Gedanke, doch erspart er mir nicht meine letzte Aufgabe: die Rückschau auf meine Wiederbegegnung mit Manhattan Island.
Ich glaube, diese Rundfahrt wird als Vergnügungsfahrt angeboten. Vielleicht bin ich ja melancholisch, wie ich mir oft habe sagen lassen, doch was kann man auch anderes sein, wenn man, um das Schiff zu erreichen, als erstes die Death Avenue überqueren muß? Und was soll man denn anderes empfinden als Verzweiflung, wenn dreieinhalb Stunden lang Elend, Armut, Tod, Alter und Wahnsinn vorüberziehen?
Die beiden Küstenlinien sind durch einen Streifen Wasser von klagloser Glätte getrennt, wie zwei Sträflinge, die drei gleichmütige Kettenglieder zwischen sich haben: zwei schreckliche Positive, die durch ein Negativ getrennt sind.
Doch wie der Geschichtenerzähler sagen würde: Fangen wir beim Anfang an.
Ich glaube, es war etwa 14 Uhr 30, als ich losfuhr. Das Schiff war in seiner Art das kleinste, das ich je betreten habe, und als ich an Bord stieg, war das Oberdeck bereits voll von steifrückigen Schullehrern aus dem Mittleren Westen, die überwiegend bärtige Herren waren und zu Krawattennadeln verarbeitete Nuggets trugen.
Gemeinsam saßen sie in geschlossenen Reihen, wie in einem Klassenzimmer, und hin und wieder wandten sie die Köpfe gerade um soviel, daß sie zielstrebig aufs Wasser blicken konnten, denn sie waren da, um zu sehen, und sie würden sehen.
Die Sonne schien heiß, und ich hörte Tauwerk und Planken knarren. Ich will noch erwähnen, daß ich auf dieser Fahrt nicht mehr als ein einziges Kind gesehen habe. Und das war schließlich auch ganz richtig so. Kinder fährt man nach Bear Island oder hudsonaufwärts zu einem Zeltplatz, zu irgendeinem Platz, der wenigstens wie ein fester Punkt aussieht.
Die Yacht lief aus und begann, einen weiten Bogen um den

Battery Park zu schlagen, und schon trat der Mann mit dem Megaphon vor und begann zu leiern: »Das Gebäude links von Ihnen ist bekannt als Woolworth Tower, das größte Gebäude der Welt. Es ist soundsoviel Fuß hoch ...« – er nannte die genaue Anzahl Fuß und Zoll, als sei es im Wachstum, und dann wandte er sich in die andere Richtung und setzte beiläufig hinzu: »Rechts von Ihnen ein Truppenschiff, das, wie Sie sehen, mit unseren Jungs in Khaki gefüllt ist.«

Dann hörten wir Stimmen, gleich Hunderte, die über das dazwischenliegende Wasser zu uns hinüberdrangen. Ein seltsamer Schrei, ein glücklicher Schrei, ein Jubelschrei, der von Verhängnis und Tod kündete. Alle standen auf, schrien, schwenkten Arme und Taschentücher. Ein paar Worte trug es zu uns hinüber, als wir längsseits gingen und vorbeiglitten. »Wir schnappen uns den Kaiser«, und das oft wiederholte »Schließt euch an!« Einer, der ein Stückchen weiter vorn stand, warf einen übermütigen Handkuß; andere steckten ihre zerzausten Köpfe aus den Luken. Ich mußte an Coney Island denken und an die Stimme, die gewöhnlich zu solchen emporgereckten Köpfen gehört: »Drei Schuß ein Nickel!«

Ich blickte mich um: Alle saßen auf dieselbe passive Weise steif und konventionell und unbewegt.

Wenn man die Skyline betrachtete, während das Schiff den Battery Park umrundete, stieg New York aus dem Wasser wie eine mächtige Woge, die nicht wußte, wie sie wieder zurücksinken sollte, und deshalb grauenerfüllt verharrte, wie sie war, und aus der Million Fenster hinausspähte, hinter die sie die Menschen gesperrt hatten.

Schiffe waren wie Schoßhunde an die Docks gebunden, und ein kleiner Schleppdampfer, der wie ein Spitz aussah, knurrte uns von der Seite an und reckte seine Nase aus dem grünen, unbeteiligten Wasser, als versuche er zu beißen.

Die Brooklyn-Bridge, die Manhattan-, die Williamsburg- und die

Queensborobridge kamen in Sicht und reichten bis in weite Ferne. Der Megaphonmann kam wieder und erklärte, Steve Brodie sei der erste gewesen, der von dieser Brücke gesprungen und am Leben geblieben sei. Danach habe er ein Café aufgemacht und sei ein ziemliches Original.

Und dann dachte ich an eine andere Fahrt, die ich einmal gemacht hatte – einen billigen Ausflug auf einem größeren und schmutzigeren Schiff. Irgendwie hatte mir der besser gefallen; das Ganze hatte so etwas Lebendiges, Sorgloses, Menschliches gehabt. Da hatten Babies in orientalischen Posen an Deck gelegen und nach der Flasche geschrien; junge Leute in Windjacken und offenen Hemden hatten miteinander gekichert und Lieder gesungen; es hatte ein gewaltiges Durcheinander geherrscht – Tanz, Musik, Spaß. Die Lunchpakete hatten aus gleich aussehenden Schachteln mit einem Sandwich, einem Ei, einem Stück Kuchen bestanden, und dann die Sodakannen, die Ingwerbierflaschen – das Aufklatschen, wenn ab und zu eine auf die Wasseroberfläche traf, die einer von den jungen Leuten, der seinen Durst gelöscht hatte, vom Oberdeck hinabgeschleudert hatte.

Ich kehrte aus meinen Erinnerungen zurück und schaute mir die Passagiere auf diesem Schiff an, die mit gefalteten Händen auf Baumwoll- und Barchentmänteln saßen und zuweilen vor sich hinmurmelten, hoffentlich seien die erzieherisch wertvollen Bestandteile New Yorks mit dem bloßen Auge erkennbar. Das waren sie durchaus, doch sie – sahen sie nicht.

Der einzige Abfall, der sich nicht wieder aufbereiten läßt, scheint der menschliche Geist zu sein. Hier an den Ufern schaukelten Barken, in denen der Müll der Stadt aufgehäuft war, im öligen, dunklen Wasser ächzten die gewaltigen Abfallberge einer Stadt in der Sonne, wie ein dösender Vielfraß nach einer Orgie. Man hatte das Gefühl, wenn man scharf genug hinhörte, würde man seinen schweratmenden Schlund hören können; die Berge schienen sich zu bewegen, sich langsam zu heben und zu senken, ein

mächtiger Bauch auf einer Couch. Ach, unsere modernen ›Seerosenmädchen von Astolat‹ sind die namenlosen Toten aus dem Leichenschauhaus, die auf den Armenfriedhöfen hinter den Krankenhäusern aufgereiht liegen, und diese gewaltige, nimmerendende tägliche Geburt der toten Nahrung der Stadt. Mir war vorher noch nie in den Sinn gekommen, daß es schrecklichere Orte gibt als Friedhöfe. Das sind die Müllkippen, und wie aasfressende Vögel, die über einem Schlachtfeld kreisen, so machen sich Menschen über diesen Schmutz und diese Verwesung her und suchen nach Anmachholz, Papier für die Papiermühlen und Lumpen für die Papierfabriken und weiß der Himmel wonach noch, und irgend jemand verdient an dieser schrecklichen Auferstehung eine Million.
Vom Saum des Wassers kamen wir gekrochen und begannen den langsamen Anstieg ins Menschenleben, und zum Saum des Wassers werden wir am Ende zurückgeführt, zum großen, nassen Grab, das alle Tränen trocknet, das den Rohstoff liefert und das vollendete Werkzeug wieder an sich nimmt und weder Freude noch Schmerz kennt; denn dies »ist das Ende aller menschlichen Lieder«.
Und wie schon gesagt: »Der Mensch ist das einzige, das sich nicht weiterverwenden läßt, wenn etwas nicht mehr in Ordnung ist«. Jeder kann sich selbst ein Bild davon machen. Genau gegenüber diesem Saum von Müll, diesen schwerbeladenen Barken, gibt es ein Heim für Geisteskranke. Keine Hand tastet in diesen armen, verwirrten Hirnen nach irgendeinem Gedanken, der noch verwendbar wäre. Da gibt es keinen, der der Stadt etwas für das Privileg bezahlte, aus diesem traurigen Abfall das eine oder andere verloren gegangene Schöne zu bergen; keiner empfängt Lohn dafür, daß er die Finger krumm macht, um einen kleinen Kienspan aus diesem zerrütteten Haus zu retten, und da läßt sich auch aus dem Niedergang des Gartens nichts Einträgliches mehr herausholen.

Und unmittelbar daneben Old Men's Home. Graue, hakenkrumme Gestalten bewegen sich über die prächtigen Rasenflächen und rasten zwischen den mächtigen Bäumen, die ihre grüne Pracht über den Boden ergießen. Alte Männer wie flüchtige Pollen in einer Brise, deren Flug der Welt nichts einbringt.
Und nun werden Sie sagen: »Genug damit! Hier geht es doch um eine Vergnügungsfahrt – so beschreiben Sie uns doch, was Sie Schönes erlebt haben!« Wie kann ich das, wenn es doch nichts Schönes oder Erfreuliches zu sehen gab außer dem allzeit erfreulichen Himmel, dem Grün von Gras und Bäumen und gelegentlich einer hübschen Turmspitze?
Weiter ging die Fahrt, und der Megaphonmann unterteilte sie durch zwei Witze. Bei dem einen lief es darauf hinaus, daß im Flatiron Building die Hunde auf und ab statt seitwärts wedelten, und bei dem anderen, daß kein Tauber je verurteilt worden sei – dieser kam, als wir an einem Gefängnis vorbeifuhren –, und zwar aus dem einfachen Grunde, daß er »Gehör finden« müsse.
Und während ich diese Insel mit ihren alten Männern und ihren Gefängnissen, Krankenhäusern und dem Heim für unheilbar Kranke anschaute, dachte ich an den Tag zurück, den ich, genau auf der anderen Seite von Hell Gate, auf einem Streifen Land mit einem Jungen verbracht hatte, der zu dem Schluß gelangt war, die Gesellschaft sei schwer zu begreifen. Es war ein einsamer, flacher Streifen Marschland, dicht bewachsen mit wildem, hohem Gras, das im Wasser wurzelte. Von dem zerfallenen Haus liefen Planken zum Ufer, wo ein Boot verankert war. Diese Insel mit ihrem Strandgut und ihrem Schlick und dem Salzgeruch bei Ebbe ließ mich damals an solche menschlichen Wesen denken. Zuweilen leidet die Natur an einer Unpäßlichkeit – diese Insel war eine davon. Über das Wasser drangen, es war später Nachmittag, die Schreie der Wahnsinnigen – ein wildes, trauriges Schreien, das nach und nach von den anderen aufgenommen wurde, so als spielten sie ein Spiel über den Wahnsinn –, und ein

Schauer durchlief mich, und ich hätte ebenfalls gern geschrien, und ich fragte ihn, wie er das ertragen könne. Er lächelte. »Manchmal«, sagte er, »denke ich, wir sind eigentlich die Verrückten. Man hat doch auch Lieder, mit denen man in die Schlacht zieht – weshalb sollen sie nicht ihre Lieder haben, um in den Tod zu ziehen?« Danach sagte er, sie kämen oft herübergeschwommen und spielten völlig friedlich miteinander.

Doch ja, das ist vorüber – die Insel liegt nun unter Sonne und Regen, und der Junge ist nicht mehr da –, was aus ihm geworden ist, weiß niemand, vielleicht ein Landstreicher, ein Insasse eines der Häuser gegenüber. Doch eines weiß ich: Wo immer er auch hingegangen sein mag, er hat ein wenig von der Freiheit eines ungezähmten Lebens mitgenommen, der kein gewöhnlicher Wahnsinn etwas anhaben kann.

Jetzt fuhren wir unter der letzten Brücke der Harlemer Serie hindurch, an der ein Soldat mit geschultertem Gewehr stand – und hinaus in den Halbmond von Spuyten Duyvil Creek. Kleine nackte Kinder liefen am holzbefestigten Ufer hin und her und ließen sich seufzend auf die Blätter fallen wie die Eicheln. Andere schauten aus kleinen, badenassen, blinzelnden Augen zu uns her und winkten, um dann rasch ins Wasser zu springen, damit wir ihnen für ihre fabelhafte Gelenkigkeit gebührende Bewunderung zollen konnten.

Die Wende im Spuyten Duyvil Creek erlebten wir auf die angenehme Weise, daß wir diese Kinder beobachteten, bis wir sie nicht mehr sehen konnten. Und das war mein erster zufriedener Augenblick auf der ganzen Fahrt. Von den Hängen blickten etliche schmucke Häuser durch die Bäume herab, und im Licht des nahenden Abends standen die Palisades so schwerelos wie ein Rauchwölkchen.

Die Luft roch eine Spur nach Regen. Ein kleines Motorboot schoß an uns vorbei, und ein Junge mit braunen Armen steuerte und rief uns ein Hallo zu. Ein Kanu mit drei Paddlern und einem

Mädchen ganz vorn tauchte aus dem Flußarm hinter uns auf. In ebenmäßigem Rhythmus tauchten die Paddel ein und ließen zarte silberne Wasserperlen fallen.

Ein Junge trat mit dem Ruf »Eiskaltes Sodawasser!« aus der heißen Kajüte. Ein Schokoladenverkäufer trat auf meinen Hut – ich lächelte.

Der Steuermann mit dem braunen, faltigen Gesicht drehte langsam das Steuerrad und blickte in die Ferne. Der Megaphonmann forderte uns auf, uns ein weißes Haus an der Uferstraße ganz genau anzusehen. »Wahrscheinlich mit Zigaretten gebaut», sagte er. Wir beugten uns alle vor. Dann lenkte er unsere Aufmerksamkeit auf das College. Sämtliche Schulmeister aus dem Westen standen auf.

»Ich wüßte gern«, sagte der eine, »ob die sich hier mit höherer Mathematik auseinandersetzen.« Ein anderer antwortete lakonisch: »Spinoza«. Sie setzten sich wieder hin.

Irgendwo, überall dort drüben in der Welt, die wir umrundet hatten und gegen die sich nur eine Stimme abhob – die des Megaphonmanns –, hielten Schauspielerinnen ihren Schönheitsschlaf oder erlernten in ihrer Schule mit Eifer einen neuen Tanz. Irgendwo tötete ein Mann eine Mücke, und wieder woanders baute einer eine Bombe. Jemand küßte, und jemand tötete, jemand wurde geboren, und jemand starb. Manche aßen und tranken und lachten, und andere hungerten. Einige dachten, und andere taten es nicht. Kellner bewegten sich durch die großen Hotels und schleppten ihre Dienstbarkeit mit sich wie Züge. Wichtigtuerische Herren mit dicken Ringen erörterten zwischen Spucknäpfen politische Fragen, und hübsche Frauen lasen Romane mit gelben Rücken und hoben die Hand, um sie von Galanen küssen zu lassen. Und dort spazierten auch einige umher, die schauten uns an, wie wir sie unsererseits anschauten.

Die hohen Gebäude warfen ihre Schatten nieder auf kleine Gebäude, große Männer auf kleine, Freude auf Kummer.

Neben mir gähnte jemand und kaufte Postkarten, fünfunddreißig Ansichten für einen Vierteldollar, und ich besaß tausend für gar nichts!

Und noch war von der Stadt her nur ein schwacher Laut zu hören, wie von reißendem Gewebe – die eine Hälfte der Masse zog in die eine und die andere Hälfte in die andere Richtung. Eins der vielen selbstgenügsamen Schleppschiffe tutete uns von den Docks her zu, und die Fabriksirenen heulten zurück, wie Herren, die sie nach Hause riefen. Eine Leuchtreklame stand gegen den Himmel und warb für eine Kaugummimarke, und daneben der Turm einer Kirche. Riesige Lagerhäuser und Getreidesilos trugen grelle Reklameschilder; man hatte den Eindruck, ganz Manhattan stünde zum Verkauf.

Links von uns ein dunkler Saum von Schiffen – holländischen, deutschen, italienischen.

Und irgendwo in all diesem Gewirr der menschlichen Leben und dem Gewirr der Häuser, landeinwärts, dort, wo man weder Meer noch Nebel sehen konnte, lag meine eigene private kleine Wohnung, die Zuhause hießt.

Und »es geht doch nichts über ein Zuhause«, vor allem, weil wir dort am besten vergessen können.

NEW YORK MORNING TELEGRAPH
SUNDAY MAGAZIN, 29. Juli 1917

Simone de Beauvoir

Amerika Tag und Nacht

Reisetagebuch 1947

25. Januar 1947

Gleich wird etwas passieren. Man kann in einem Leben die Minuten zählen, in denen etwas passiert. Strahlenbündel fegen über das Gelände, auf dem rote und grüne Lichter funkeln. Das ist ein Galaabend, ein Nachtfest: mein Fest. Etwas passiert. Die Propeller drehen sich schneller und schneller, die Motoren heulen auf – mein Herz kann ihnen nicht folgen. Auf einmal kleben die roten Leuchtbaken des Flugplatzes am Boden, in der Ferne zittern die Lichter von Paris, irdische Sterne, die aus dunkelblauer Tiefe aufsteigen. Ja – es ist passiert. Ich fliege nach New York. Es ist wahr. Aus dem Lautsprecher tönte es: »Die Reisenden für New York ...«, und die Stimme klang so vertraut wie alle Lautsprecherstimmen auf den Bahnsteigen. Paris-Marseille, Paris-London, Paris-New York. Es ist nur eine Reise, ein Ortswechsel. Das jedenfalls sagte die Stimme, und das steht auch auf dem blasierten Gesicht des Stewards geschrieben; für ihn ist es berufsmäßig durchaus natürlich, daß ich nach New York fliege. Es gibt nur eine Welt, und New York ist eine Stadt in dieser Welt. Aber nein. Trotz aller Bücher, die ich gelesen habe, trotz aller Filme, Fotos und Berichte – in meiner Vergangenheit ist New York eine sagenhafte Stadt: und zwischen Wirklichkeit und Legende gibt es keine Verbindung. Gegenüber dem alten Europa, an der Schwelle eines von 160 Millionen Menschen bevölkerten Kontinents, gehört New York der Zukunft – wie also könnte ich mit geschlossenen Füßen über mein eigenes Leben hinwegspringen? Ich versuche es mit

Vernunftgründen: New York ist wirklich und gegenwärtig – aber meine Erregung bleibt. Gewöhnlich bedeutet Reisen für mich, meinem Weltbild ein neues Objekt anzugliedern, und schon das Vorhaben ist fesselnd. Heute aber ist es ganz anders: Ich habe den Eindruck, aus meinem Leben herauszutreten. Sei es nun durch Zorn oder Hoffnung hindurch – etwas wird sich enthüllen: eine Welt so übervoll, so reich und so überraschend, daß ich das ungewöhnliche Erlebnis haben werde, selbst eine andere zu werden.

Schon der ruhige Flug der Maschine ist ein Versprechen, schon bin ich mir entronnen. Unter einem befremdlichen Äther ist die Erde hinweggeglitten. *Ich bin nicht mehr irgendwo – ich bin anderswo*. Wie spät ist es? In welcher Jahreszeit leben wir? Auf den Azoren, im Schatten der großen Strohhüte, ist Sommer. Neufundland liegt unter Eis und Schnee. Es ist acht Uhr in Paris und zwei Uhr in New York. Zeit und Raum geraten durcheinander. Meine Träume sind weniger überspannt als die Riesenflügel, an die ich gefesselt bin und die unbeweglich zwischen Wolken und Sternen schweben.

Ich habe geschlafen. Ich öffne die Augen. Auf der dunklen Tiefe, die unter mir liegt, bricht plötzlich ein horizontales, feststehendes Feuerwerk los: Sterne, Netze, Kreise, bunte Lichtgarben. Wasser zittert zwischen leuchtenden Lichtbändern. Ein verrückt gewordenes Venedig, könnte man meinen. Vielleicht auch ein wunderbarer Sieg, der auf der Erde gefeiert wird ... »Boston«, sagt die Stewardess. Boston. Bei diesem puritanischen Klang denkt man an eine vernünftige steinerne Stadt, so aber – in Feuer und Gold auf dem dunklen Samt der Ebene – wirkt sie eher zerzaust. Boston. Amerika. Gierig schaue ich hinab. Ich kann noch nicht sagen: Ich bin in Amerika. Eine Minute würde genügen, mich auf seinem Boden zu zerschmettern – ich bin in einem Himmel, der zu keinem Kontinent gehört: im Himmel schlechthin. Unter mir ist es wieder Nacht geworden. Amerika

schläft. Aber immer wieder blitzen in der Ferne die Feuer eines neuen Festes auf: eine Stadt, ein Dorf. Es scheint, daß in diesem Land Steine und Ziegel des Nachts sich in flammende Metallplättchen verwandeln: Jeder Marktflecken ist ein schimmernder Weihnachtsbaum.
Vom Himmel auf die Erde niedergehen, das ist ein kleiner Leidensweg. Die klare, schwerelose Luft verdickt sich zu einer Atmosphäre, die an der Erdrinde klebt und von Stößen durchschauert wird. Der prächtige freie Flug wird zu einer mühevollen Navigation. Meine Schläfen summen, die Ohren tun mir weh, mein Trommelfell ist in der Tat jene Membrane, wie sie in den Büchern beschrieben ist: Es spannt, es vibriert, es schmerzt. Ich war nur noch Blick und Erwartung – jetzt aber habe ich einen Magen, der eine Tasche ist, einen Schädel, der ein Knochengehäuse, und ein Trommelfell, das eine Membrane ist – eine ganze Maschinerie aus einzelnen, schlecht zusammenpassenden Stükken. Ich habe die Augen geschlossen. Als ich sie wieder öffne, sind alle Sterne des Himmels zur Erde herabgerollt. Das ist ein Glitzern von kostbaren Steinen und Karfunkeln, von Rubinfrüchten, Topasblumen, Diamantschnüren. Nur in meiner Kindheit habe ich ein solches Blenden und ein so leidenschaftliches Begehren gekannt. Alle Schätze aus Tausendundeiner Nacht, von denen ich damals träumte und die ich niemals sah – hier sind sie. Alle Jahrmarktsbuden, in die ich nicht eintrat, die Karusselle, Magic City, Lunapark – hier sind sie. Und auch die Dekorationen des Châtelet, die Geburtstagskuchen, die Kristallüster, die man des Nachts in musikerfüllten Salons entzündet – sie alle haben zu mir zurückgefunden. Jener Buchsbaumzweig, an dem Halsketten, Armreifen und Trauben durchsichtiger, glacierter Bonbons hingen und den ich eines Palmsonntags so sehr begehrte – auch er ist da. An meinem Hals, an meinen Handgelenken werde ich diesen Zuckerschmuck tragen, sein Kristall wird zwischen meinen Zähnen krachen, sein glänzender Rauhreif wird in meinem

Mund schmelzen, und auf der Zunge werde ich den Geschmack von schwarzen Johannisbeeren und Ananas verspüren. Die Maschine geht herunter, schwankt. An den Wind, den Nebel und die Schwere der Luft gebunden, lebt sie jetzt ein elementares, undurchsichtiges Leben – ist selbst ein Stück Natur geworden. Sie geht herunter. Die Perlschnüre werden zu Straßen, die kristallenen Blasen zu Kandelabern: Eine Stadt tut sich auf, und selbst die Worte der Kindheit sind zu armselig, um auszudrücken, was sie verspricht. Ein Fabrikschornstein schaukelt im Himmel. Ich unterscheide Häuser längs einer Allee und denke: Auf diesen Straßen wirst du gehen. Wieder schaukelt der Schornstein vorbei, wir fliegen im Kreis. Meine Nachbarin murmelt: »Der Motor klingt so eigenartig.« Wir drehen über einem Flügel ab, schnell denke ich: »Ich will nicht sterben. Nicht jetzt. Ich will nicht, daß diese Lichter verlöschen.« Der Schornstein ist verschwunden, die roten Leuchtbaken kommen näher, und ich fühle den Stoß der Räder, die die Rollbahn berühren. Wir warteten einfach, bis die Reihe an uns war: In jeder Minute landet ein Flugzeug auf dem Flugplatz La Guardia.

Die Elemente sind besiegt, die Entfernungen abgeschafft – aber New York ist verschwunden. Um die Stadt zu erreichen, muß man durch den schmalen Tunnel des irdischen Lebens hindurch. Papiere wandern von einer Hand in die andere, ein Arzt untersucht zerstreut unsere Zähne, als wären wir Pferde, die verkauft werden sollen. Man führt uns in einen überheizten Raum, wir warten. Mein Kopf ist schwer, ich ersticke. Man hatte es mir schon gesagt: »Es ist immer zu heiß in Amerika.« Diese gräßliche Hitze, das ist also Amerika. Und dieser Orangensaft, den mir eine junge Frau mit einem Magazinlächeln und glänzenden Haaren reicht, auch das ist Amerika. Man muß es allmählich entdecken, es wird sich nicht wie ein dickes Bonbon schlucken lassen. Die Weihnachtsbäume und die Leuchtfontänen sind weit fort, ich werde das festliche Gesicht nicht wiedersehen – es leuchtet keinem, der mit seinem ganzen Menschengewicht auf der Erde lastet. Man ruft mich auf, ein Beamter prüft mein schönes Visum, das mit seinen roten Siegeln wie eine mittelalterliche Karte aussieht. »Sie kommen aus einem schönen Land«, sagt er mit einer Kopfbewegung, »aber Sie kommen in ein noch schöneres.« Er verlangt 8 Dollar von mir. Dann prüfen Zollbeamte oberflächlich meinen Koffer, ich betrete eine große, runde Halle, wo verschlafene Leute dösen und sich langweilen. Ich bin frei, und jenseits der Tür wartet New York.

D. P. ist gekommen, mich abzuholen. Ich kenne sie nicht. Und schon sause ich an der Seite einer jungen Frau, die ich noch nie gesehen habe, durch eine Stadt, in der meine Augen noch nichts wahrnehmen können. Das Auto gleitet so geschmeidig dahin, die Fahrbahn unter den Rädern ist so glatt, daß der feste Boden ebenso unfühlbar erscheint wie die Luft. Wir folgen einem Fluß, überqueren eine Eisenbahnbrücke, als meine Nachbarin plötzlich sagt: »Dies ist der Broadway.« Und jetzt, wie mit einem Schlag, sehe ich. Ich sehe breite, hellerleuchtete Straßen, auf denen Hunderte und Aberhunderte von Wagen dahinfegen, anhalten und wieder anfahren mit einer Disziplin, von der man glauben möchte, sie sei vom Himmel her durch irgendeine magnetische Vorsehung gelenkt. Die regelmäßigen Straßenblöcke, die unbewegliche Starre der Kreuzungspunkte, die mit mathematischer Präzision abwechselnden roten und grünen Lichter, das alles flößt ein solches Gefühl von Ordnung und Frieden ein, daß die Stadt einen schweigenden Eindruck erweckt. Man hört tatsächlich keine Hupe und kein Geknatter, und ich verstehe, warum unsere amerikanischen Besucher über das Quietschen der Bremsen an unseren Straßenecken so erstaunt sind. Hier gleiten die Wagen über samtene Chausseen, von denen kleine Dampfwolken aufsteigen: ein stummer Film, könnte man denken. Die glänzenden Wagen scheinen aus einer Ausstellungshalle zu kommen, und der Erdboden erscheint mir so sauber wie die Steinfliesen in einer holländischen Küche: Das Licht hat all seinen Schmutz hinweggewaschen, ein übernatürliches Licht, das den Asphalt verwandelt und alles mit einer Strahlenkrone umgibt: die Blumen, die Seidenkleider, die Bonbons, die Nylonstrümpfe, die Handschuhe, Damentaschen, Schuhe, Pelze und Bänder, die in den Schaufenstern der Läden ausliegen. Ich kann mich gar nicht sattsehen. Nie werde ich dieses Schweigen, diesen Luxus, diesen Frieden wiederfinden. Nie werde ich rings um den Central Park diese Wälle aus schwarzer Lava, diese gigantischen Würfel aus Stein und Licht wiedersehen. Morgen wird New York eine Stadt sein – dieser Abend aber gehört der Zauberei. Wir fahren im Kreis herum, ohne eine Stelle zu finden, wo wir parken könnten: Das ist ein Ritus, dem ich mich mit der ganzen Neugierde einer Neubekehrten unterwerfe. Das *dinner* in dem mit roten und goldenen Palmen dekorierten Restaurant ist ein Weihemahl – Martini und Hummer haben etwas Geheiligtes an sich.

In einem Riesenhotel der 44. Straße und der 8. Avenue hat mir D. P. ein Zimmer reservieren lassen. Sie fragt, wie lange ich es behalten kann. »Solange sie will, wenn sie sich anständig benimmt«, sagt der Geschäftsführer mit einem breiten Lächeln. Da habe ich, wie es scheint, Glück gehabt: Es ist nicht leicht, ein Zimmer zu finden. D. P. verläßt mich, aber ich fahre nicht in mein Zimmer hinauf. Ich gehe zu Fuß über den Broadway. Die Luft ist feucht und mild, ein südlicher Winter: Schließlich liegt ja New York auf dem gleichen Breitengrad wie Lissabon. Ich gehe. Broadway. Times Square, 42. Straße. In meinen Augen ist kein Erinnern, meine Schritte haben kein Ziel – von der Vergangenheit und von der Zukunft abgeschnitten; ein nacktes Dasein. Es ist so rein, so auf sich selbst gestellt, daß es an sich selbst zweifelt und daß auch die Umwelt in Frage gestellt ist. Ich sage: Das ist New York, aber so ganz glaube ich nicht daran. Kein Gleis, kein Kielwasser: Keine Spur meines Weges habe ich auf der

Erdoberfläche hinterlassen; diese Stadt und Paris sind nicht wie zwei Elemente ein und desselben Systems miteinander verbunden – beide Städte leben zu verschiedenen Zeiten, sie existieren nicht zusammen, und ich habe nicht von der einen in die andere hinüberwechseln können. Ich bin nicht mehr in Paris, aber hier bin ich auch nicht: Meine Gegenwart ist eine geborgte Gegenwart. Auf diesen Gehsteigen ist kein Platz für mich, diese fremde Welt, in die ich überraschend gefallen bin, erwartete mich nicht, sie war voll ohne mich – sie *ist* ohne mich voll, es ist eine Welt, in der ich nicht bin: In meiner vollkommenen Abwesenheit begreife ich es. Diese Menschenmenge, die ich streife, ich gehöre ihr nicht an; ich fühle mich allen Blicken unsichtbar. Ich habe das Inkognito eines Phantoms. Wird es mir gelingen, wieder ein lebender Mensch zu werden?

26. Januar

Mitten in der Nacht, in meinen Schlaf hinein, sagt plötzlich eine Stimme ohne Worte: »Etwas ist mir passiert.« Ich schlafe noch und weiß nicht, ob nun ein großes Glück oder eine Katastrophe über mich gekommen ist. Etwas ist mir passiert. Vielleicht bin ich gestorben, wie das häufig in meinen Träumen vorkommt, vielleicht werde ich auf der anderen Seite des Todes erwachen. Ich öffne die Augen und habe Angst. Und es fällt mir ein: Das ist keineswegs das Jenseits – das ist New York.

Es war kein Trugbild. New York ist da, und alles ist wahr. Die Wahrheit leuchtet vom blauen Himmel herunter, lebt in der feuchten, milden Luft und ist triumphierender als der ungewisse Zauber der Nacht. Es ist neun Uhr morgens, es ist Sonntag, die Straßen sind leer. Hier und da noch ein paar Lichter auf den Neonreklamen. Kein Passant, kein Wagen, nichts unterbricht die gerade Fluchtlinie der 8. Avenue. Kuben, Prismen, Rechtekke, die Häuser sind abstrakte Körper und die Oberflächen abstrakte Schnittpunkte zweier Volumen; die Materialien sind ohne Dichtigkeit, ohne Verbindung: Es ist der Raum selbst, den man in eine Form gegossen hat. Ich bewege mich nicht, ich schaue. Ich bin da, und New York wird mir gehören. Wieder überkommt mich jene Freude, die ich vor fünfzehn Jahren kennenlernte. Ich trat aus dem Bahnhof heraus, und von der Höhe der monumentalen Treppe sah ich zu meinen Füßen alle Dächer von Marseille. Ein Jahr, zwei Jahre sollte ich allein in einer unbekannten Stadt verbringen. Ich bewegte mich nicht und schaute, dabei dachte ich: Diese fremde Stadt ist meine eigene Zukunft und wird einmal meine Vergangenheit gewesen sein. Zwischen diesen Häusern, die Jahre, jahrhundertelang ohne mich existiert haben, verlaufen Straßen für Tausende von Menschen, die nicht Ich waren, die nicht Ich sind. Und nun gehe ich hier, laufe den Broadway hinab, jawohl – Ich. Ich gehe auf den Straßen, die nicht für mich geschaffen wurden, auf denen mein Leben noch keine Spur hinterließ, in denen kein Duft der Vergangenheit weht. Niemand kümmert sich hier um meine Gegenwart, ich bin immer noch ein Phantom und gleite durch die Stadt, ohne etwas an ihr zu ändern. Und doch wird von nun ab mein Leben die Straßenflucht, die Häuserflucht tief in sich aufnehmen: New York wird mir gehören, und ich werde New York gehören.

Ich trinke einen Orangensaft an einer Theke, ich setze mich in die Bude eines Stiefelputzers, auf einen der drei erhöhten Sessel; allmählich werde ich wieder ein Mensch aus Fleisch und Blut, die Stadt wird mir vertrauter, die Oberflächen sind Fassaden und die festen Körper Häuser geworden. Auf dem Fahrdamm wirbelt der Wind Staub und alte Papierfetzen durcheinander. Hinter dem Washington Square hört die Welt der Mathematik auf. Keine starren Ecken mehr, die Straßen haben keine Zahlen mehr, sondern Namen, die Linien runden sich und laufen durch-

einander. Ich verlaufe mich wie in einer europäischen Stadt. Die Häuser haben nur drei oder vier Etagen und dickaufgetragene Farben, schwankend zwischen Rot, Ockergelb und Schwarz. Wäsche hängt zum Trocknen an den Feuertreppen, die im Zickzack an den Mauern hochlaufen. Diese Wäsche mit ihrer Hoffnung auf Sonnenschein, die Stiefelputzer an den Straßenecken, die terrassenförmigen Dächer, das alles erinnert von fern her an eine südliche Stadt, während das müde Rot der Häuser eher an den Londoner Nebel denken läßt. Dieses Viertel hat nicht die geringste Ähnlichkeit mit irgendeinem anderen, das ich kenne – aber ich weiß, daß ich es lieben werde.
Die Landschaft wechselt. Ja, Landschaft muß man diese menschenleere Stadt nennen, in die der Himmel einbricht: Er steht über den Wolkenkratzern, er stiehlt sich in die geraden Straßen hinein, er ist zu weit, als daß die Stadt ihn hätte annektieren können, er überflutet sie – es ist ein Gebirgshimmel. Ich laufe zwischen hohen Steilufern auf der Talsohle eines Canyon, in den kein Sonnenstrahl dringt. Die Luft riecht salzig. Die Geschichte der Menschheit steht nicht eingeschrieben auf diesen *buildings* mit ihrem peinlichst auskalkulierten Gleichgewicht: Sie sind den vorgeschichtlichen Höhlen näher als die Häuser in Paris oder Rom. In Paris, in Rom ist die Geschichte bis in die Eingeweide der Erde eingedrungen; die Tiefe von Paris erstreckt sich bis zum Mittelpunkt der Erde. Die Battery von New York hat keine so tiefen Wurzeln getrieben. Unter den Abflußkanälen, Untergrundbahnen und Heizrohren ist der Felsen jungfräulich, vom Menschen unberührt. Zwischen Felsen und freiem Himmel gehören Wall Street, Broadway – im Schatten ihrer ungeheuren Bauten – heute morgen der Natur an. Die kleine rote Kirche mit ihrem Friedhof und den flachen Grabsteinen wirkt mitten auf dem Broadway ebenso überraschend und rührend wie eine heilige Stätte an den wilden Ufern des Ozeans.
Die Sonne schien so schön, das Wasser des Hudson war so grün,

daß ich das Schiff bestieg, das die Provinzler aus dem Mittelwesten zur Freiheitsstatue hinüberfährt. Aber ich steige nicht auf der kleinen Insel aus, die einem Fort ähnelt. Ich wollte nur die Battery sehen, so wie ich sie so oft im Kino gesehen habe. Und jetzt sehe ich sie. Von weitem erscheinen diese schlanken Türme zerbrechlich. Die aufwärtsstrebenden Gerüste sind so knapp und genau ausgewogen, daß sie wohl bei der geringsten Erschütterung wie Kartenhäuser zusammenbrechen würden. Wenn das Schiff näher kommt, werden die Steinschichten wieder massiver: aber das Bild des Einsturzes läßt einen nicht wieder los. Welches Fressen für Bombenflugzeuge!

Auf den Straßen findet man Hunderte von Restaurants, aber sonntags sind sie alle geschlossen. Dasjenige, das ich entdecke, ist überfüllt. Ich esse hastig, von der Kellnerin zur Eile angetrieben. Kein Fleckchen, um sich auszuruhen. Die Natur ist gnädiger. New York wird in dieser Härte wieder menschlich. Pearl Street mit ihrer Hochbahn, Chatham Square, das Chinesenviertel, die Bowery. Ich werde langsam müde. Schlagworte schwirren mir durch den Kopf: »Stadt der Gegensätze.« Diese nach Gewürzen und Packpapier riechenden Gäßchen zu Füßen tausendfenstriger Hausfassaden – das ist ein Gegensatz; auf Schritt und Tritt stoße ich auf Gegensätze, und alle sind sehr verschiedener Art. »Eine aufrecht stehende Stadt«, »entfesselte Geometrie«, »wahnsinnig gewordene Geometrie« – das alles sind in der Tat diese Wolkenkratzer, diese Fassaden, diese Avenuen: Ich sehe es mit eigenen Augen. Oft las ich auch »New York mit seinen Kathedralen«. Ich hätte das Wort erfinden können; alle diese alten Klischees schienen banal. Und doch – in der ersten Entdeckerfreude kommen auch mir die Worte »Gegensätze« oder »Kathedralen« auf die Lippen, ich bin erstaunt, sie so abgenutzt zu empfinden, während doch die Wirklichkeit, die sie auszudrücken versuchen, unverändert bestehen bleibt. Manche drückten sich präziser aus: »In der Bowery schlafen die Betrunkenen sonntags auf dem

Gehsteig.« Hier ist die Bowery – Betrunkene schlafen auf dem Gehsteig. Genau das wollten die Worte ausdrücken, ihre Exaktheit bringt mich durcheinander: Warum erscheinen diese Worte so leer, wo sie doch so wahr sind? Mit Worten werde ich New York nie erfassen. Ich denke auch nicht mehr daran, diese Stadt zu erfassen – ich löse mich in ihr auf, Worte, Bilder, Wissen, Erwartungen nützen mir gar nichts; festzustellen, daß sie wahr oder falsch sind, ist sinnlos. Keine Gegenüberstellung mit den Dingen, die da sind, ist möglich. Sie existieren auf eine andere Art: Sie sind da. Und ich schaue und schaue – erstaunt wie ein Blinder, der wieder sehen kann.

Christine Brückner

Mein amerikanischer Traum

Das Jahr der Weltausstellung in New York, 1964. Der erste Kennedy im Jahr zuvor ermordet, seine Büste in unterschiedlicher Größe, aus Aluminium, Kupfer, Kunststoff und vergoldet in den *gift shops* zu kaufen; bereits zu herabgesetztem Preis. Aber noch wallfahren die Farbigen zum Arlington-Friedhof bei Washington, gehen in Zweierreihen an Kennedys Grab vorbei; kleine Gräber rund um das seine: die toten Babys der Jacqueline, damals noch eine Jahrhundertwitwe. In einem der Off-Broadway-Theater spielt man Albees ›American Dream‹; an der Bovery Genets ›Blacks‹. Von *women's lib* ist noch nicht die Rede, an den Universitäten herrscht noch Ruhe. Auch in Berkeley wird unter den hohen Bäumen des Campus noch diskutiert und ernst und gewissenhaft geküßt, ein Sex-Pensum wird erledigt. Sie liegen zu zweien auf dem kurzgeschorenen Rasen, aber die Parole *make love not war* habe ich nicht gehört. Studenten aus den Nordstaaten reisen bereits zu den Universitäten des Südens, um sich mit farbigen Studenten solidarisch zu erklären; Martin Luther King lebt noch, aber *black* ist noch nicht *beautiful*. Der Dollar steht noch zur Deutschen Mark im Verhältnis 4 : 1; die Armutslinie verläuft bei 3000 Dollar im Jahr. Joan Baez singt noch *folk-songs* und keine *protest-songs*.

Auf der Überfahrt hatte ich zu lange in Kafkas Amerika-Buch gelesen. Ich kam an und stellte fest, daß ich alle meine Reiseschecks verloren hatte. Was als Alptraum begann, endete wie im Märchen: Innerhalb einer Stunde stellte mir eine New Yorker Bank neue Dollarschecks aus, Reisepaß und Aussehen als einzige

Legitimation; die Nachricht, daß die Schecks in meiner Schiffskabine gefunden worden seien, erreichte mich nach zwei Monaten. Ich fuhr mit einer Fahrkarte, die nicht gültig war, von New York nach Cleveland; meine *troubles* wurden von Aufsichtspersonal, Fahrdienstleiter und Mitreisenden gelöst. Als in North Dakota unser Auto einen Motorschaden hatte und wir ratlos vorm geöffneten Kühler die Gebrauchsanweisung studierten, hielt der erste und in Stunden einzige Autofahrer an, fragte: ›*Troubles?*‹, stieg aus, reparierte den Schaden, sagte: ›*Hi!*‹ und fuhr weiter.

Wo ihr nutzt, seid ihr zu Hause, heißt es in Goethes Auswanderergesprächen. Auf amerikanisch heißt das *Can I help you?* Ich habe den Amerikanern oft Gelegenheit gegeben, mir zu helfen.

Juni in New York! Ich war allein, aber ich fühlte mich nicht in der Fremde. Ich kannte ›Manhattan Transfer‹, und ich kannte den ›Guten Gott von Manhattan‹; im ›Guggenheim-Museum‹ sah ich eine van-Gogh-Ausstellung; im ›Museum of Modern Arts‹ entartete Kunst des ›Dritten Reichs‹. Ich saß unterm gotischen Gewölbe eines aus Südfrankreich Stein für Stein importierten, sorgsam wiederaufgebauten Kreuzganges und hörte dort gotische Musik. Auf dem ›Empire State Building‹ entsprachen meine Gefühle meinen Erwartungen. Aber: nach einem Gewitterregen stiegen von den Wolkenkratzern dicke weiße Wolken auf! Das Staunen begann in New York, das Fremdsein begann später.

Ich erinnere mich an den ersten Apfelstrudel, *apple-pie* genannt, den ich in New York aß; er schmeckte köstlich! Ich bestellte mir in Oregon, in Arizona und Arkansas *apple-pie*, und er schmeckte jedesmal genauso köstlich, kam aus den verschiedensten Kühltruhen, aber immer von derselben Firma. Ich habe keinen anderen als amerikanische Rundfunksender gehört, ich habe keine anderen als amerikanische Zeitungen gelesen. Man reist 800 Meilen täglich und ist immer noch auf demselben Kontinent, spricht immer noch dieselbe Sprache. Die amerikanische Vereinfachung hat eine ungeheure Prägekraft, sie reicht bis ins westliche Europa. Zwei Salatsoßen genügen für einen Kontinent. Man liest ›Readers Digest‹ in Virginia und in Idaho. Mir schien, als sprächen die Leute in den *drugstores* wie die Leute in den TV-Familiensendungen. Die Kinder verhielten sich im *swimming-pool* des *motel* genau wie die TV-Kinder. Der beste aller *daddies* begegnete uns jeden Tag mehrmals auf Parkplätzen. Überall ging es TV-nah zu; nie hatte ich den Eindruck, als ginge es auf dem Bildschirm lebensnah zu.

Wir fuhren von Ost nach West, *from coast to coast*, dann von Nord nach Süd und von West nach Ost und schließlich von Süd nach Nord. Ein großes Quadrat. Ich hatte neue Ausmaße und neue Maße zu lernen, Meilen statt Kilometer, Fahrenheit statt Celsius, Fuß statt Meter, die Gallonen Benzin zahlten wir in Dollar und Cent. Ich hatte vier Monate an Zeit, 10 000 Mark an Geld zur Verfügung, von denen ich 3000 übrigbehielt. Überfahrt, Theater, Kino, Musical, Museen, Nationalparks, Fotomaterial, Benzin, alles ist in der Summe enthalten, nur nicht die Gastfreundschaft. In Europa wird der Fremde nur in armen Ländern als ein Gast angesehen. In den Vereinigten Staaten von Amerika lernten wir die Gastlichkeit eines reichen Landes kennen. *Dinners* und *Cocktailparties* zu unseren Ehren. Man nahm uns mit zu Freunden von Freunden von Freunden, bis wir nicht mehr wußten, wieso wir mit wem und wo zu Gast waren. *Meet people* ist eine Leidenschaft der Amerikaner, wie das Lösen von *troubles*. Nie zuvor und nie wieder habe ich an Plätzen, die für Picknicks so ungeeignet waren, so vorzügliche *Steaks* und *Hamburgers* vorgesetzt bekommen. *Barbecue* am windigen Ufer des Michigan-Sees, *Barbecue* unter zweihundertjährigen Zedern auf dem Mount

Palomar in Kalifornien; *Barbecue* unter einem Wasserfall in den Wäldern Tennessees. Für ein Picknick sind 200 Meilen Anfahrt nicht zuviel. Kein Gastgeber erwartet einen Blumenstrauß. Ich schrieb in die Gästebücher Datum und Namen und ›*Germany*‹ und: ›*I like America!*‹ Es gibt ein Foto aus Arizona, auf dem ich einen dreimannhohen Kandelaber-Kaktus umarme. Die Stacheln zehn Zentimeter lang, trotzdem nisteten die Vögel darin. ›*How I like America*‹, schrieb ich darunter. So zwiespältig.
Von New York nach Cleveland (Ohio) nordwärts, mit der Bahn am Hudson entlang; ich blickte aus dem Fenster und gewöhnte mich an ein Land ohne menschliche Ansiedlungen. Mittags sah ich dann einen alten Mann mit weißen Bartstoppeln; er lehnte an einem Oberleitungsmast und spielte die Geige. Und nirgendwo eine Menschenseele, nur der D-Zug, der zweimal täglich in beiden Richtungen vorüberfuhr. Für alle Ewigkeit lehnt der alte Mann in meinem Gedächtnis an dem Mast und geigt. Buffalo! Und ich stieg nicht aus und fuhr nicht an die Niagarafälle, die *falls*; ich wollte nicht dort sein, wo alle waren. Ich fuhr am Eriesee entlang und dachte an ›John Maynard‹ und an Fontane. ›Noch zehn Minuten bis Buffalo.‹
Der Volkswagen, Exportausstattung, reiste inzwischen auf einem Frachtdampfer durch den Sankt-Lorenz-Strom und traf gleichzeitig mit mir in Cleveland ein. Als ich in Oberlin die Autoversicherung abschloß, studierte der junge Agent meinen Paß und sagte: »Hello, Chris! How are you?« Ich korrigierte ihn. »I'm Mrs. Brückner!« Er sah mich an und grinste. »Yes, Chris!« Unter ›Chris‹ habe ich meine Schuhe zur Reparatur gegeben, als ›Chris‹ wurde ich auf Parties vorgestellt. Ab Cleveland reisten wir zu zweit, also sagte man: ›Hi, girls!‹ Eine junge Professorin für deutsche Literatur am College in Oberlin/Ohio wollte ihrer ehemaligen Autorin beweisen, warum sie Amerika liebte. Wo ich auch stand, atemlos und überwältigt, auf den größten Dünen

der Welt am Michigan-See, vor den Geysiren im Yellowstone Park, am Crater Lake in Oregon, den die Entdecker den ›sehr blauen See‹ nannten, immer sagte sie: »Es kommt noch schöner, Chris!« Bis wir dann am Grand Canyon standen, da sagte sie: »Ich glaube, jetzt wird es nicht mehr schöner.«
Je weiter wir nach Westen gelangten, um so jünger wurden wir; oft waren wir die Jüngsten. Das lag an den anderen. Das gesellschaftliche, kirchliche und kulturelle Leben spielt sich unter Frauen ab, die jenseits der Sechzig sind, pensioniert und verwitwet, meist beides. Alle priesen sich glücklich, mir begegnet zu sein, aber eine Journalistin statt einer Schriftstellerin hätte sie noch glücklicher gemacht. *Fiction* war ihnen nicht geheuer, *non-fiction* lieber. Immer wieder wurde ich gefragt, ob die ›Blechtrommel‹ ein typisch deutsches Buch sei, es war wichtig, daß man das Typische las. Keine Gespräche, keine Diskussionen. Man sprach ungeniert über *sex*, aber nicht über Gefühle. ›I like him‹, hieß es, aber das heißt es von jedem. Neue Tabus. Niemand wünschte mit mir über den Tod Kennedys oder das Rassenproblem zu sprechen. Aber es hat mich auch niemand nach Auschwitz gefragt.

Wenn man durch Nordamerika reist, kann man sicher sein, daß man irgendwo in einen Blizzard, einen Tornado oder Hurrican gerät. Den Hurrican bekam ich auf der Rückreise. ›Elise‹ hieß er, und die ›Bremen‹ wich ihm bis zu den Neufundland-Inseln aus; unseren Tornado bekamen wir im Staate Michigan. ›Gefährliche Wirbelstürme in Nordamerika, örtlich und zeitlich begrenzt‹, meine Erfahrungen bestätigen diese Angaben. Wir saßen beim *dinner* in einem kleinen *cottage* unter riesigen Bäumen am Green Lake, verängstigt, aber lächelnd, wie unsere Gastgeberin. Der Tag wurde plötzlich zur Nacht, der Wind zerriß Blätter, zerbrach Äste, peitschte das Wasser des Sees auf, entwurzelte einen Baum, der das benachbarte *cottage* in zwei Teile zerlegte. Es war unbe-

wohnt. Heiliger Sankt Florian! Eine halbe Stunde später badeten wir bei Sonnenschein im See, sahen dem Kolibri zu, der flügelschwirrend am Honigtopf nippte. Tornados, aber auch Kolibris. Übertreibungen und Widersprüche.
Was für reizende Nachbarn aus Detroit und Cleveland lernten wir kennen; alle hatten sich Ferienhäuser an den Seen gebaut. Sie fällten ihre Bäume eigenhändig, hackten das Holz selbst, malten die Bilder selbst, ein einfaches, ein *Do-it-yourself*-Leben. Sie hatten sich gerade zu einem Club zusammengetan, der verhindern sollte, daß Juden und Farbige in ihr schönes Reservat eindrangen und die Harmonie störten. Sie waren einsichtig in der Neger-Frage, wie alle Amerikaner der Nordstaaten, aber sie besaßen Haus und Grundstück. Zögen Juden zu, so sagten sie, würden diese spekulieren und die Grundstückspreise hochtreiben, zögen Neger zu, entständen *slums*. Die Vorurteile sind alt, die Erkenntnisse erst neu.

Die schwarzen Vögel heißen *blackbirds*, die blauen Vögel *bluebirds*, die hochbeinigen Vögel, die im Süden über die Straßen rennen, *road-runners*; das lernt sich leicht, das behält sich leicht. Man erkennt Schwalben und Rotkehlchen und Stare wieder, aber alle Vögel um das Eineinhalbfache größer, die Schmetterlinge sogar doppelt so groß, jedes Ahornblatt größer, dem größeren Kontinent entsprechend. Michigan, Wisconsin, Minnesota: eine Vergrößerung Skandinaviens ins Endlose. Wälder, Seen, Weiden, die braunroten Häuser der Farmer: alles wie in Schweden. North Dakota. Dieser erste Tag in der Prärie! Überwältigende Weite. Überwältigende Einsamkeit. Man ist unterwegs, *on the road*, Mittlerer Westen. Eroberergefühle noch im Volkswagen. Schnurgerade, kaum befahrene Asphaltstraßen, von denen manchmal ein markierter Indianerpfad abzweigt. Steine, schütteres Gras, graublaues Salbeigesträuch. Am Horizont schon die Rocky Mountains, die sich immer weiter entfernen, je mehr man

sich ihnen nähert. Alle paar Stunden eine verstreute Rinderherde, struppige *Hereforder*, wenig empfindlich gegen Hitze und Kälte. Ein verendetes Pferd am Straßenrand und hie und da am Himmel ein einmotoriges Flugzeug: Der *cowboy* beaufsichtigt seine Herde. In angemessener Entfernung von der Straße ein Atommeiler. Pelikane um einen Wassertümpel; Antilopen, die in großen Sprüngen vor uns davonjagen.
›*Enjoy beaf every day*‹ stand an den Stacheldrahtzäunen, hinter denen die Rinder grasten. Wenn ich mein Steak aß und wenn ich dem Stierkampf in Tijuana in Mexiko zusah, hatte ich das Schild vor Augen: *Enjoy beaf every day!* Nie habe ich frühstücken müssen, ohne daß man mich gefragt hätte, wie ich mich heute fühlte, und ich fühlte mich an jedem Morgen *fine*, und wenn ich mich vergewissert hatte, daß sich auch die *Miss* hinter der Frühstücksbar *fine* fühlte, bekam ich meinen Kaffee eingegossen. Frühstück zwischen Fernfahrern, deren Spezialfrühstück zwei Dollar fünfzig kostete. Ein halbes Pfund Schinken, fünf Spiegeleier, ein Pfund Kartoffelchips, ein Viertel-Pfund-Brot, zwei heiße Kuchen und zwei Liter Kaffee. Ich habe die Wohltat der Motel-Ketten erfahren. *Best western motels!* Die gleichen Zahnputzbecher an der gleichen Stelle, der gleiche hygienisch versiegelte Toilettensitz. Man findet sich, schlaftrunken, leichter zurecht, kennt die Schalter am Fernsehgerät und die Mechanik der Betten, in denen wir uns für einen halben Dollar aufrütteln lassen. Morgens hört man als erstes aus dem Radiogerät, daß dies eine ›*wonderful wonderful world*‹ sei – Reklame für Salem Zigaretten.
500 Meilen am Tag, 800 Meilen am Tag, und die Traummeilen nicht gezählt, Weiterfahren im Schlaf, Alptraumkilometer auf zwölfspurigen *Highways*. Süd-Dakota, die *Bad Lands*, das Jagdrevier Roosevelts; einer der halbtrockenen Staaten, nicht einmal ein Bier zum Essen. Das junge Mädchen, das uns bedient, schaut uns unausgesetzt zu, sie hat noch nie einen Ausländer gesehen,

nie eine fremde Sprache gehört. Wir erkundigen uns bei ihr, ob wir als Frauen nebenan in der Bar wohl einen Whiskey trinken könnten, und sie sagt: *»If you have the age.«* – Falls wir das nötige Alter haben. Es liegt bei zwanzig. Die Sitzbänke der Bar waren mit Rinderfellen bespannt – *enjoy beaf every day* –, an der Bar lehnten *Cowboys*, den breitkrempigen Hut im Nacken, die Linke am Colt und in der Rechten das Whiskeyglas. Die Realität hielt sich an die Western-Filme. In der Ferne schlugen Blitze in die roten Felswände und sprengten Teile davon ab. Wolkenbrüche. Das Auto bis zu den Achsen im Schlamm. Wieder einmal konnte man uns helfen. Hilfe ja. Flirt nein. Frauen zahlen dort nicht mit einem Lächeln. Einer der Unterschiede zu Europa.

Die blühenden Fliederhecken! Nichts sonst aus Montana. Aber Karl-May-Erinnerungen. Der Yellowstone River führt Hochwasser; der Weg zum Staat Washington ist versperrt. Wir ändern die Route, fahren zum Yellowstone-Nationalpark, ein Island auf kleinstem Raum. Die Erdoberfläche glasiert durch die Ausscheidungen der Geysire, die gefährlich brodeln und sich pünktlich in zischenden Fontänen entladen. Die Natur bewacht und gegen Eintrittspreise zu besichtigen. Jahrhundertelang hat sich der Mensch gegen die Natur zu schützen gesucht, jetzt muß die Natur vor ihm geschützt werden. Er genießt ihre Gefahren, füttert vom Auto aus die Grizzlybären, deren Junge hoch in den Bäumen herumturnen. Wir könnten mit dem Schlauchboot sechs Tage lang im Grand Canyon durch die Strudel des Colorado River fahren. Organisierte Abenteuer. Reise gefährlich!

Wir stiegen durch die Mondkrater in Idaho: schwarze Lavaschollen, als hätte ein Herkules hier gepflügt. Erste, noch blattlose Vegetation, gelbe und weiße Blüten ohne Stiele. So muß es im Frühling auf dem Mond aussehen; noch wußten wir es nicht besser. Neben dem Adlernest stand weiß auf schwarzem Felsen: ›Jesus liebt dich! Und du?‹ Das tat seine Wirkung, wurde oft genug und an aufschreckenden Plätzen wiederholt. In einer Stadt

im Staat Oregon wollten wir sonntags zur Kirche gehen; es gab 93 verschiedene Sekten, da ließen wir es sein.
Juni-Sonne und Juni-Schnee in der Sierra Nevada! Wir sahen Lachse von einer Staustufe zur nächsthöheren springen. Wir fuhren durch einen der Mammutbäume in Nordkalifornien, wir erreichten bei Eureka das Meer. Der Kontinent durchquert: Eureka! Von nun an südwärts, nach San Francisco, Los Angeles, San Diego, auf der Straße 101; von den Amerikanern *one-o-one*, von Hans Dominik ›die Traumstraße der Welt‹ genannt. Eine Woche San Francisco! Bei Sonnenuntergang im ›San Francis‹ gesessen, hoch über den 29 Hügeln, auf denen die Stadt erbaut wurde. Das erste Bad im Pazifik bei Malibu, nicht weit von Los Angeles. Die Wellen trafen mich mit ozeanischer Kraft, warfen mich um; bevor ich den Kopf wieder über Wasser hatte, faßte mich schon die nächste Welle, bis mich die übernächste dann an Land warf, wie Strandgut. Wir suchten in Pacific Palisades den San Remo Drive auf, standen vor dem Haus, in dem Thomas Mann von 1941 bis 1952 lebte; ein junger Mann mähte den Rasen, den Namen Thomas Mann hatte er nie gehört. Big Sur, auf der waldigen Steilküste des Pazifik gelegen, aber Henry Miller weilte gerade in Europa. In Sun Valley/Idaho am Grabe Hemingways …

Auf Catalina Island machten wir Ferien von den Ferien. Ich zog die erste Bilanz. ›Nord-Amerika: ein Land ohne Zäune, ohne Mauern, ohne besitzanzeigende Hecken; eingezäunt einzig das Vieh auf den unermeßlichen Weiden der Prärie. Keine Begrenzungen für den Menschen, für sein Haus und seinen Garten. Das Gefühl für ›mein‹ und ›dein‹ schwächer ausgebildet. Man ist noch nicht seßhaft geworden, alles ist noch austauschbar. Man benötigt ein Haus nur zum Wohnen, nicht um sich zu Hause zu fühlen. Das Gartentor stellt kein Symbol dar. Ein Stuhl ist ein Stuhl, es gibt am neuen Ort ebenfalls Stühle, vielleicht sogar neuere und bequemere; man läßt den alten zurück, zieht weiter, wenn ein neuer Job neue Chancen bietet. Bis man dann in Kalifornien das Lebensziel erreicht hat. Der Weg nach oben ist der Weg in den Westen. In Kalifornien wird der amerikanische Traum erfüllt. Ein *Cadillac-* und *Swimming-pool-*Glück unter Palmen, überall ist *Disneyland*. Das ganze Jahr Sonne. Die Wüste auf der einen, das Meer auf der anderen Seite. Mehr als Wasser braucht es nicht, um aus der Wüste ein Paradies zu machen, in dem die Rosen ohne Unterlaß blühen und die Zitronen das ganze Jahr reifen. Die Rasensprenger sprühen den ganzen Tag, ohne Unterlaß. Im August wirkten die Geranien ganz erschöpft.

Kein Gitter auf dem Friedhof, kein Erbbegräbnis, statt dessen Nummern oder Namensschilder im Rasen. Der Mensch stirbt, wird präpariert und geschminkt, bis er zum letzten Mal dem Idealbild des erfolgreichen Amerikaners entspricht. Dann begräbt man ihn, dann ist alles vorbei. Laßt die Toten ihre Toten begraben, der Blick geht in die Zukunft, das Paradies liegt nicht hinter einem, sondern vor einem; man ist nicht verstoßen, sondern nur noch nicht angelangt, aber bereits auf dem besten Wege. Es wird immer noch schöner! Die Vorfahren sind eingewandert, um ihr Glück zu machen. Mit diesem Anspruch auf Glück sind sie alle gekommen, die ersten und die letzten, nicht nur die Goldsucher. Sie kamen mit Erwartungen und mit Vorsätzen, halb Kreuzritter und halb Glücksritter. Der amerikanische Traum, tausendfach auf Einwandererschiffen und in Flugzeugen geträumt, heißt *happiness*, und Glück bedeutet Reichtum. Auf dem Silberdollar steht: *In Gold we trust* ...

Nein, das steht natürlich nicht darauf, sondern *In God we trust*. Ein Land, in dem für den Reisenden gebetet wird. Bei den Mormonen, den »Heiligen der letzten Tage«, in Idaho Falls, schloß man uns, die *sisters*, in die Arme und ins Gebet ein. In der lutherischen Kirche von San Diego wurde ich im Gottesdienst namentlich der Fürbitte der Gemeinde empfohlen. Auf dem

Altar stand das Abendmahlgerät: ein flacher silberner Kelch, in dem kleine Kunststoffbecher standen, jeder mit Wein gefüllt. »Nehmet hin und trinket alle daraus«, ein hygienisches amerikanisches Abendmahl. Das »Selig sind …« der Bergpredigt wird mit *happy* übersetzt. Die himmlische Seligkeit scheint vom irdischen Glück nicht allzuweit entfernt; kein eigenes Wort für selig, immer nur *happy*, immer nur *fun*, immer nur *enjoy it!* Aufforderung zum Genuß. Nichts wird verkauft ohne einen zugehörigen aufmunternden, glückverheißenden Werbespruch; daran waren wir noch nicht gewöhnt. Man hat mich niemals allein gelassen, in keinem *living-room*, in keiner Hotelhalle, immer kam jemand und hat gefragt, ob ich denn auch nicht krank sei, so ganz ohne Fernsehen oder Radio …
»Menschen, die das Tragische des Lebens derart verdrängen – welche Neurosen mögen sich in ihnen bilden bei der Frage nach dem tieferen Sinn des Lebens? Psychoanalyse ist kein Stoff für Lustspiele, sondern für Tragödien.« Bedacht und notiert, lange vor Watergate …
Auf einem der schönsten Hügel San Franciscos steht Christoph Columbus, überlebensgroß, aus Aluminium, den Arm ausgestreckt, ein neuer Polykrates: »Dies alles ist mir untertänig.« Ein Kontinent ist entdeckt, erobert, ausgebeutet; die Wälder gerodet, die Büffelherden vernichtet, das Gold geschürft, die letzten Indianer in *reservations* zusammengepfercht. Was nun? Worauf richtet sich der Blick des Columbus? Auf den Mars, auf den Mond oder zurück auf den Kontinent, auf jene Gebiete, die man anfängt, die unterentwickelten zu nennen? Die Amerikaner haben die Grenzen ihres Kontinents erreicht, sie werden lernen, daß auch der menschlichen Natur Grenzen gesetzt sind. Vielleicht werden sie aufhören zu verschwenden, vielleicht werden sie Bäume pflanzen und Zäune ziehen; sie werden seßhaft werden und lernen, daß man pflegen muß, was man erobert hat. Und in einer fernen Zukunft wird dann in *God's own country* jeder vor

dem Gesetz und vor dem Leben gleich sein, die Reichen und die Armen, die Weißen und die Schwarzen, wie es die vorbildliche Verfassung will, dieses Musterstück für die Schulbücher Europas. Ohne Optimismus kann man an die Zukunft nicht denken, sonst bleibt alles ein amerikanischer Traum.

Wir sind in Hollywood über den Sunset Boulevard gefahren, wir haben in der südkalifornischen Wüste im Salton Sea gebadet, bei einer Lufttemperatur von 45 Grad und einer Wassertemperatur von 36 Grad, und wir haben um Mitternacht im gekühlten *swimming-pool* gesessen, wenn die Sterne tief herunterhingen und die Wüstennacht illuminierten. Wir sind mit Hilfe von Strickleitern auf Palmen geklettert, um uns Datteln zu pflücken; wir haben in den Rocky Mountains an Hand einer Autokarte einen 3500 Meter hohen Berg bestiegen, den Chalks River als Wegweiser zum Grizzly Lake benutzend, in Turnschuhen und ohne Proviant; wir trafen dort zwei Lachsfischer an, sie bestaunten die Leistung unserer Beine und wir die Leistung ihres Jeeps. Wir sind in die heißen Quellen am Mount Princeton getaucht ... Die Natur übertreibt maßlos, und man selbst überschätzt sich ständig, ist drauf und dran, ein Pferd zu besteigen und sich einer Reitergruppe anzuschließen, die, weglos, die Wildwasser und Wildwälder der Rockies durchquert. Wir fahren in die von den Menschen verlassenen Goldgräberstädte und sehen die berühmten *saloons*. *High noon* und großer Bluff an Ort und Stelle. Eines Nachts sitzen wir im Auto-Kino und sehen die *West-Side-Story*, trinken *cola* dazu, essen *popcorn*, auf dem Rücksitz schlummert das Baby von Freunden von Freunden ...
Wir durchqueren Oklahoma, alle Wagenfenster geöffnet, und singen: »*Oh, what a beautiful mornin', oh, what a beautiful day.*« Warum nicht nach Texas? Ein Abstecher von 800 Meilen schreckt uns nicht mehr, unsere Reiseroute gleicht einer Fieberkurve. Ein Basketball-Spiel unter Palmen, bei Flutlicht nach

Mitternacht, wenn es kühler wird; ein Rodeo in Colorado Springs, ein Reitturnier in Del Mar. Indianer-Reservationen, Indianer-*shops* zum Einkaufen von Indianerkunst und -kunsthandwerk. Ein Sandsturm bei Santa Fé. Die Palette der *Painted Desert* ...

Auf einer Ansichtskarte, die ich nach Hause schrieb, steht: ›Tage in der Wüste oder in der Prärie, da schrumpfe ich auf die Ausmaße einer Ameise zusammen. Nachts liege ich in meinem Motelbett und zähle die Staaten zusammen, in denen ich schon gewesen bin, Ohio, Michigan, Wisconien, Oregon, Idaho ... Jetzt sind wir in Arizona. Und dann zähle ich die Staaten zusammen, durch die wir noch reisen wollen, von New Mexico bis Virginia, und zuletzt die Staaten, die wir nicht sehen werden, Hawaii beispielsweise, aber warum nicht Hawaii? Das eine Mal errechne ich 47 Staaten, das andere Mal 53, nie aber fünfzig. Jede Meile führt uns jetzt wieder ostwärts-heimwärts. Noch nie war ich so weit fort! Bei allem, was ich sehe, habe ich das Gefühl: Hier komme ich nie wieder hin.‹

Ich erwarb für 35 Cents im *drugstore* ein Puzzle-Spiel, das, zusammengesetzt, die Vereinigten Staaten von Amerika ergab, ich warf die Staaten durcheinander: Alabama, Oklahoma, Tennessee, und vereinigte sie aufs neue auf meiner Bettdecke. Die Sonne ging überm Grand Canyon unter, und der volle Mond stieg überm Grand Canyon auf. Ich war überwältigt. Beethoven! Immerwährende Pathétique! Ich gab mich geschlagen, dieses Land war zu großartig für mich. Ich glaubte nicht mehr, was ich sah. Ich notierte: ›Was für ein unermeßlich reiches Land! Nicht nur an Gold und Uran, an Weizen, Erdöl, an Mais, Rindern und allem, was sonst noch Dollars bringt, sondern auch reich an Schönheit und Einsamkeit.‹ Wir glaubten noch den Erdölpumpen auf den Weiden in Oklahoma und Texas, die neben den friedlich grasenden Rindern friedlich und unermüdlich Öl stampften. Am Hooverdamm haben die reichen Amerikaner den armen Mexikanern das Wasser abgegraben. Auf einem Truppenübungsplatz der *Navy Airforce* starteten und landeten Düsenkampfflugzeuge auf Flugzeugträgern, deren Oberdecks im Sand der Wüste aufgebaut waren. Wir saßen auf einem Raddampfer und fuhren auf dem Mississippi, und in der Hotelhalle in Memphis sang abends ein schwarzhäutiger Musikprofessor *spirituals*, als letztes: ›Ol' man river‹. In einem Atomzentrum in Tennessee besichtigten wir auf der Tierversuchsstation die Strahlenschäden an Ratten und Mäusen und Meerschweinchen. Little Rock und Chattanooga!

Trockene Hitze, feuchte Hitze. Im Dunkel einer Nacht sahen wir die weißen Kapuzenmänner des Ku-Klux-Klan, irgendwo in Tennessee. Diese grüne Wildnis von Tennessee, die alles mit Geißblatt, Teufelszwirn und Hopfen einspinnt. In den Bayous moderten die Bäume im Brackwasser. Die Smoky Mountains, die Blue Mountains. Immer wieder Höhepunkte. Dann die Rückkehr in den Osten, auf historischen Boden. In Williamsburg, einem Museumsstädtchen nahe der atlantischen Küste, sagte der Besitzer eines Lokals zu uns, daß in sein Restaurant jeder kommen könnte, auch Juden, sogar Deutsche! Aber keine Farbigen! Ich habe mich auf dieser Reise selten gefürchtet, aber oft geschämt, wegen meiner Hautfarbe und meiner Nationalität.

Nirgends war der Boden so heiß wie in Washington. Weißes Haus, Kennedys Grab und ›Library of Congress‹, die größte Bibliothek der Welt! Ich suchte in den Karteikästen nach meinem Namen und fand mich wieder. Sehnsucht nach dem Schreibtisch mischte sich mit Reisemüdigkeit.

Ich brachte einen Tonkrug aus Mexiko mit, ein Indianer-Armband aus Arizona, eine Handvoll Pecan-Nüsse aus Tennessee, ein Büschel selbstgepflückter Baumwolle aus Alabama, Muscheln vom Pazifik: rund und flach und wie ein Dollar gezeichnet. Mehr als zwanzigtausend Meilen in drei Monaten; ein Amerikaner braucht dafür zwei Wochen, allenfalls. Ich hatte am Ende nicht mehr ›*I like America*‹ in die Gästebücher geschrieben, sondern ›*I love America!*‹. Ich war ausgezogen, um einen Kontinent zu erobern, ein Kontinent hatte mich erobert. Ich hatte beabsichtigt, ein Amerikabuch zu schreiben, ich habe es nicht geschrieben. Ich brachte viele hundert Bilder von Amerika mit, die kein Amerika-Bild ergaben.

Was eine Reise wert gewesen ist, erfährt man erst lange nach der Rückkehr. Ihre Erinnerungsträchtigkeit. Wie oft bin ich im Traum zurückgekehrt! In den Büchern, die ich seither geschrieben habe, taucht Amerika immer wieder als Schauplatz auf. Nie war ich seitdem so sehr ›auf Reisen‹, nie wieder bin ich so unbekümmert, so selbstverloren der Verlockung der Fernstraßen gefolgt, nie wieder habe ich so zeitlos gelebt, habe die Jahreszeiten in wenigen Tagen gewechselt, aus dem Schnee in die Sonne der Sierra Nevada und in die Wüstensonne von Arizona. Ich war eine Reisende ohne anderen Beruf, ich hörte auf zu schreiben, kein Wort mehr. Ich nahm nur noch auf, jeder Augenblick, jeder Atemzug: Amerika. Bis zur Erschöpfung. Meine Handflächen erinnern sich noch an die Rinde des Hickorybaums –.

(c.b., 1975)

Eva Demski

Wege über die Seine

Der Stadtplan von Paris: eine wirre Stickerei. Durch sie hindurch geht ein krummer blauer Riß, in der Mitte ein wenig zerfasert, wie mit groben Stichen wieder zusammengenäht: die Seine und ihre Brücken. Auf meinem Plan sind allein vierunddreißig dieser Brücken zu sehen, längst nicht alle. An der zerfaserten Stelle, Ile de la Cité und Ile St-Louis, drängen sie sich, wechseln auf dem Weg über die Seine-Insel den Namen. Verbindung sind sie, aber linkes Ufer bleibt linkes und rechtes rechtes, Verbindung, nicht Vermischung. Neben den ehrwürdigsten Brücken hat man unnachsichtig Schlünde in den Boden getrieben, auch für die Autos, sie verschwinden brüllend und kommen wieder ans Tageslicht, ihnen gehört die Welt, die Ufer und die Brücken. Unter den Brücken aber findet sich noch ein wenig stehengebliebene Zeit, trotz allem, man muß nur suchen. Warum nicht an der Place de la Concorde anfangen, am späten Nachmittag vielleicht, damit man gleich weiß, woran man ist? Schwierig genug, überhaupt an den Fluß zu kommen, Ströme von Autos, wie hinkommen, dort hinten hin, wo unsichtbar der Pont de la Concorde anfängt? Man sieht die Seine nicht, man hört sie nicht. Wie einer, der im Element des Verkehrs nicht schwimmen kann, steht man da und wartet auf eine Furt. Die weißen Löwen schauen gleichmütig über alles hinweg. Die Steinmänner und Steinfrauen am Brükkenkopf sind Allegorien von etwas mir Unbekanntem. Es ist zu laut, um genauer hinzusehen. Man muß auf die Nacht warten. Auf der Brücke, am breiten Steingeländer lehnen die Menschen mit dem Rücken zum Fluß und lassen sich fotografieren. Die

Sonne steht tief und macht die Seine wieder einmal golden, aber keiner schaut hinein. Es wird schnell dunkel, die bunte Girlande von Hausbooten an beiden Ufern leuchtet nicht mehr in Grün, Rosa und Blau, die Glasbausteine und Bronzerehlein, die Kleingärten an Deck, verschwinden in der Dämmerung. Kaminholz ist auf den Booten gestapelt, Gartenmöbel warten auf Sonne. Wer da wohnt?

Es seien begehrte Domizile, erzählt mir eine ältere Frau, die das Deck trockenfegt, zu gießen, sagt sie, brauchte sie heute, Gott sei Dank, nicht mehr, und weist auf Hunderte von Blumentöpfen in ihrem Garten auf dem Wasser. Man mußte in dem Sommer sowieso selten gießen, das hat der liebe Gott gemacht, sagt sie noch und lacht. Ob sie wirklich glaube, daß für diesen Sommer ausgerechnet der liebe Gott verantwortlich sei, frage ich. Man muß es nehmen, wie es kommt, antwortet sie. Über unseren Köpfen am Ufer rasen die Autos vorbei, eine aufgeregt tutende Ambulanz, Motorräder, aber hier am Ufer, ein paar Meter weiter unten, ist Abendstille, wie, weiß ich auch nicht. Ob sie etwas wisse über die Geschichte der Brücken, frage ich Madame. Was sollen sie für eine Geschichte haben, fragt sie zurück. Sie sind eben da, und sie schaut zum Pont Royal, der gar nicht die königlichste der Seinebrücken ist. Die schönste? Darüber kann man endlos streiten, und die eigene Meinung ändert sich so schnell wie die Stimmung oder das Wetter. Nun ist es ganz dunkel, und Madame zieht sich nach unten zurück, das Licht aus dem Bootsfensterchen spiegelt sich gelb und rot im dunklen Seinewasser. Neidisch könnte man werden auf die sacht schaukelnden Behausungen.

Aber da pflügt, weithin sichtbar, eine andere Macht heran, die den Fluß beherrscht. Dicht an dicht mit überhellen, grünlichweißen Suchscheinwerfern besetzt, bestreichen die Touristenboote mit ihrem Licht die Ufer. Wenn einen der Schein erwischt, muß man die Augen schließen. Diese merkwürdigen

Wassergefährte – wie Kommandostände in Bewegung – scheinen gegen einen Feind zu ziehen. Unter den Brücken halten ein paar Gestalten die Unterarme vors Gesicht. Das müssen sie alle paar Minuten tun. Die Lichtfülle ist jedenfalls an diesem Abend für die Katz, nur wenige Leute haben die Wasserreise gebucht. Der Regen will nicht aufhören. Ich tue das, was die wenigen Spaziergänger am Seineufer auch tun, einer nach dem anderen: Ich suche mir ein trockenes Plätzchen unter dem Pont Royal. Eine glatte, schmale Marmorbank ist in die Brückenmauer eingelassen, in den Steinkammern unter der Brücke raschelt es ein bißchen. Es ist nicht schwer, diesen Ort in Gedanken mit einem Menschengewimmel zu bevölkern, in den Hohlräumen und Eingeweiden der Brücke haben viele gewohnt, sich gestritten, sich geprügelt oder geliebt. Was gilt es schon, auf der Brücke zu sein? Drunter war das richtige Leben! Leider wimmelt es jetzt gar nicht, und die Stimmen der drei Clochards, die sich am anderen Ende des Brückenbogens für die Nacht eingerichtet haben, hallen gruslig von den Wänden wider. Clochards sind sie vielleicht, aber sehr junge, eine Frau sitzt bei ihnen, fast noch ein Mädchen. Unter dem dunklen Brückenbogen hervor kann ich den Pont Carrousel sehen. Wer wohl darunter Schutz gesucht hat? Irgendwie scheint er breiter, komfortabler, vielleicht einfach trockener – von weitem.

Und weil es gerade aufhört zu regnen, mache ich mich auf den Weg unter die nächste Zuflucht. Der Weg ist holprig und ungepflegt. Ein paar Trauerweiden versperren ihn, und ihre Zweige sind dicht wie Hinterhalte. Die an Pfosten angebundenen, neugepflanzten Bäumchen aber sind alle abgebrochen. Höchste Zeit, daß ich mir Gesellschaft suche für diesen nassen, dunklen Pfad. Es gibt da viele Möglichkeiten, Rimbaud oder Baudelaire, das wäre die feinere Brückenkumpanei, oder Zolas armen Florent, der aus lauter Anständigkeit mitten in den Freßbergen des Hallenviertels fast verhungert wäre. Sie passen mir alle nicht recht, und ich denke mir lieber Süskinds Jean Baptiste Grenouille aus, der diese Brücken bewohnte und beroch. Unter dem Pont Carrousel beispielsweise riecht es nach zweierlei Öl (Maschinen und Pommes frites), nach Flußschlamm, Essig (es kann auch Wein sein), nach Hundefell und Menschenpipi. Mein unsichtbarer Begleiter hätte noch dreihundert andere Dinge gerochen, aber ich lerne noch. Wieder denke ich an die belebten Zeiten auf und unter den Brücken, alles hat sich ja um den Fluß gedrängt, und die Brücken waren mit Häusern beladen, oft bis zum Zusammenbrechen. Hier kommt aber wieder nur eins von diesen merkwürdigen beleuchteten Kriegsschiffen, das, menschenleer an den menschenleeren Ufern, unter den menschenleeren Brücken vorbeifährt und bedrohlich und sinnlos blendet.

Es regnet wieder, und ein großes Bündel Tang treibt langsam wie ein Toter den Fluß hinunter. Später schwimmen ein Nachtschränkchen, dann ein Autoreifen und ein Schuh flußabwärts. Wahrscheinlich kommt alles, was der Mensch braucht, irgendwann hier vorbei, wenn man nur lang genug wartet. Und der Regen macht geduldig, geduldig, wie Grenouille war, wenn er einem Duft auf der Spur war. Die dunklen Bäuche der Brücken erscheinen mir plötzlich bedrohlich, die Ile de la Cité ist endlich erreicht, und ich steige hinauf ins Licht, zu den Menschen, Grenouille immer dabei. Auf dem Pont au Change, wo wir jetzt sind, hat er seinen Parfümeurmeister getroffen, dessen mit Gerüchen überfülltes Haus stand mitten auf der Brücke. Brücke? Man muß schon genau hinschauen, es ist eine Straße wie viele, ein wenig bucklig, Autos auch hier. Als Grenouille seinen Meister nicht mehr brauchte, ließ der Teufel oder Patrick Süskind einfach den Pont au Change einstürzen und den Meister samt Frau und Haus und allen Düften in der Seine ersaufen.

Gegenüber dem Kopf des Pont au Change ist eine Kneipe, ein Restaurant, mit gelb leuchtenden Fenstern. Lauter klatschnasse Jugendliche mit tropfenden Rucksäcken drängen hinein, verteilen sich und ihre Habe auf die dünnbeinigen Stühlchen und schauen in die Karte, während sie ernst die Lippen bewegen und wahrscheinlich Dollar oder Mark oder Kronen in Francs umrechnen. Das Lokal hat Stuckwände und Stuckdecken, alles in glänzendem Gelb wie aus Butter geschnitzt. Es riecht nach Tee und Chili con carne, nach Anis und geröstetem Brot. Und langsam steigt ein immer stärker werdender Dunst nach trocknenden Kleidern hoch. Ob Grenouille gewußt hat, wie nasse Rucksäcke riechen? Draußen ziehen unermüdlich die leeren Touristenboote vorbei, verschwinden unter der Brücke, kommen wieder zum Vorschein und lassen synthetische Musikfetzen am Ufer zurück. Wahrscheinlich langweilt sich der Schiffsführer und spielt an den Knöpfen seiner Tonbandansage herum. Nicht ohne Bedauern verlasse ich den warmen buttergelben Raum, um zurückzugehen zum Pont Neuf, der so heißt, obwohl er die älteste Pariser Brücke ist. Es ist gar nicht originell, aber für mich ist er die schönste von allen Brücken, ein verläßliches, gedrungenes Ding, das den Bug der Ile de la Cité quert, er erinnert mich an die Steinerne Brücke in Regensburg, die viel älter ist als dieser Pont Neuf, aber auch so rundlich und stämmig. Vielleicht gefällt mir aber weniger die Brücke als der dichte Geruch von Geschichten, die um den Pont Neuf herum erfunden oder erlebt worden sind. Die unverwüstliche Angélique ist ohne ihn ebensowenig denkbar wie Zolas Marktfrauen und Gerber oder ebenjener unheimliche Begleiter Grenouille, der mit dem Erriechen der vielen menschlichen Dünste heutzutage nicht mehr so beschäftigt wäre wie zu seiner Zeit. Es sei denn, er begegnete wie ich jenen zwei echten Clochards, ehrwürdigen Männern, die langsam von der Place Dauphine kommend ihr Nachtlager aufsuchen. Vielleicht werden sie hinuntergehen in den räudigen kleinen Park, vielleicht, obwohl das Licht der Bootsanlegestelle stört, an einen Brückenpfeiler. Sie ziehen einen kräftigen Duftschweif von Knoblauch, Moder und Ricard hinter sich her. Immer wieder

werden die Clochards nostalgisch aufbereitet, ihr angebliches Verschwinden elegisch beklagt. Warum sollten sie denn verschwunden sein? Die Arbeitslosen sind nicht weniger geworden, und die Alkoholiker auch nicht, nur eine gewisse Verjüngung ist zu beobachten. Diese beiden, die in lautes und unverständliches Gespräch vertieft an mir vorbeigehen, würden in jeden Touristenfilm passen. Ich würde sie gern anreden und trau mich nicht. Vielleicht wüßten sie Geschichten über die Brücken. Die *Legende vom heiligen Trinker* fällt mir ein, auch sie in Paris entstanden, vom unglücklichen Trinker Joseph Roth aufgeschrieben. So fängt sie an, und ich erinnere mich mühsam, während Grenouille verächtlich knurrt, weil er nichts riecht: »An einem Frühlingsabend des Jahres 1934 stieg ein Herr gesetzten Alters die steinernen Stufen hinunter, die von einer der Brücken über die Seine zu deren Ufern führen. Dort pflegen, wie fast aller Welt bekannt ist und was dennoch bei dieser Gelegenheit in das Gedächtnis der Menschen zurückgerufen zu werden verdient, die Obdachlosen von Paris zu schlafen oder, besser gesagt, zu lagern ... Es war, wie gesagt, bereits Abend, und unter den Brücken an den Ufern des Flusses dunkelte es stärker als oben auf dem Kai und auf den Brücken.« Ein gutes halbes Jahrhundert ist das her, und auch die Brücken sind nicht verschont worden von den Barbarenstiefeln, Roth hat sie kommen sehen und sich schnell noch totgetrunken, bevor sie einmarschierten.
Die Place Dauphine, die wie ein Tortenstück mit dem spitzen Ende an den Pont Neuf heranreicht, vertreibt mir fast die düsteren Gedanken. »Denn es war inzwischen unten finster geworden, indes oben, auf den Brücken und an den Kais, sich die silbernen Laternen entzündeten, um die fröhliche Nacht von Paris zu verkünden.« Das Licht auf der nächtlichen, tröstlichen Place Dauphine ist schwach und golden, ein besonderer Platz, wie ein Zimmer. Die Häuser umgeben einen schützend wie Zimmerwände, die Bäume stehen da wie vertraute Möbel, es ist ein ganz und

gar bescheidener, zufluchtsartiger Platz. In meinem gelehrten Brückenbuch, das ich mitgenommen habe, steht kein Wort über den Pont Neuf. Nur über den *Entwurf zur Erbauung einer massiven Brücke über die Seine bei Neuilly* ist seitenlang zu lesen, zweihundertsechzig Paragraphen hat der berühmte Brückenbauer Perronet da niedergelegt.

Die Beschaffenheit und Technik von Brücken bedenkt selten, wer über sie geht, und noch seltener, wer über sie fährt. Manchmal bleibt man zwar in der Mitte stehen und schaut hinunter, halb dran denkend, wie die bloß die Fundamente der Bögen so fest und ordentlich ins Wasser gekriegt haben, ohne dabei zu ertrinken. Und warum die einen brettflach und langweilig, die anderen gebuckelt, diese in weiten, jene in engen Bögen gebaut sind. Perronet war im achtzehnten Jahrhundert einer der größten Brückenbauer, und seine Prosa liest sich spannend: »Das, was wir von der Kraft wissen, mit welcher Steine dem Druck der daraufgelegten Last widerstehen, hat uns auf die Idee gebracht, daß man die Pfeiler bei weitem weniger stark machen könnte als gewöhnlich, also schwächer als den fünften Teil der Bogenweite … Aber da die Ursachen, wodurch Brücken zugrunde gehen, gewöhnlich in den Grundwerken liegen, so ist es nötig, die Dicke dieser Pfeiler durch breitere Fundamente zu verstärken und darunter Pfähle bis auf den festen Boden zu schlagen.« Aha. Der Begriff »Zugrundegehen« erhält, auf eine Brücke angewendet, eine ganz neue Wucht der Bedeutung. Und Perronet schreibt weiter so schöne Sätze wie: »So sind die Gründe, um deren Willen man in der Regel dem Wasser seinen freien Lauf lassen muß …« Das mit den dünneren Pfeilern wußte man noch nicht, als Pont Neuf und Pont Royal gebaut wurden, letzterer von 1685 bis 1689 vom vierzehnten Ludwig. Eleganz, sonst in allem gewünscht und gefragt, war bei einer Brücke nicht das Hauptproblem. Halten sollte sie, und so ist die königliche Brücke ein wuchtiges, eher bescheidenes Bauwerk geworden. Ich bin wieder bei ihr, auf dem nächtlichen Rückweg, diesmal in der Brückenoberwelt am rechten Ufer. Ach, auch Brücken haben Nacht- und Taggesichter, machen dunkle oder helle Gedanken. Grenouille hat sich von mir verabschiedet. Selbst er würde hier nur Abgase und Benzin riechen.

Der nächste Tag ist sonnig und ein Sonntag. Ich mache mich auf den Weg von jener Prachtbrücke aus, die dem dritten Alexander gewidmet ist und an deren Brückenköpfen riesige goldene Figuren schweben. Die neueren Brücken, erbaut mit allen Erkenntnissen der Ingenieurkunst, sind zwar breiter und glatter als die alten, verkehrsgeeigneter und für Aufmärsche geradezu wie geschaffen – aber langweiliger sind sie auch, trotz allem Pomp, den man an ihren Enden entfaltet. Bei den ganz neuen fehlt auch der, und so sind sie nur noch Verbindungsstücke von einem unsichtbaren Ufer zum anderen. Neue Brücken sind Fortsetzungen von Straßen, nur von unten oder von weitem als Brücken erkennbar. Alte sind Gebäude, ganz sie selbst, mit einem eigenen Gesicht und einem eigenen Leben. Wieder komme ich zum Pont Royal, heute liegt er in der Sonne, und die Kästen der Bouquinisten sind alle zugesperrt, leider. Gott sei Dank. Direkt an der Brücke, gegenüber, ist an einem hübschen, bescheidenen Haus eine Tafel. Sie vermeldet, daß hier, am 30. Mai 1778, Voltaire gestorben ist. Ich rechne nach. So alt ist der geworden? Vierundachtzig. Einige der Uferantiquare haben sich doch bequemt, ihre Kästen zu öffnen. Ein Buch über die Brücken? Nein, um Gottes willen, wer sollte denn so was kaufen? Darauf bliebe er sitzen, wenn er es hätte. Er hat aber keins, so kann ich ihm nicht das Gegenteil beweisen und kaufe nur ein furchtbar teures Fotoalbum über Tänzer aus den zwanziger Jahren. Besorgt sehe ich, daß immer mehr Buchhändler auf die entlangschlendernden faulen Sonntagstouristen nicht verzichten mögen und, noch nach Kaffee und der ersten Zigarette duftend, ihre Kästen aufschließen. Aus Erfahrung weiß ich, daß mich das teuer kommen wird, wenn ich

nicht schleunigst verschwinde. In drei langen, flachen Sprüngen setzt der Pont du Carrousel über den Fluß. Gestern, im Dunkel, habe ich unter seinem ersten Bogen gestanden und wenig von ihm gesehen. Die zwei Figuren am Tor des Louvre begrüßen ihn mit hochgerissenen Armen, als wollten sie Hurra schreien. Und wieder komme ich an einem Buch nicht vorbei, über Miniaturen. Da sind die alten Brücken von Paris zu sehen, jene, die längst eingestürzt oder ausgewechselt sind, ungelenke Holzkonstruktionen, auf denen es von Leben nur so wimmelt. Da treiben sie ganze Schafherden über die Seine, und gleich dahinter Bären. Wie das wohl gutgehen konnte damals?
Der Pont des Arts ist nur für Fußgänger, eine zarte Eisenkonstruktion, in deren Mitte Blumenkübel aufgestellt sind. Davor, am Ufer, steht ein frischer Baumstumpf, das helle Holz duftet noch stark, die Sägespuren sind ganz frisch. Der Stumpf hat mindestens einen Meter zwanzig Durchmesser. Ob der Baum krank war? Behauptet werden sie es schon haben. Groß wie ein Tisch ist der schräge Stumpf, ich mag gar nicht hinschauen. Auf dem Pont des Arts fotografieren Männer ihre Frauen. Dutzende, immer der gleiche Hintergrund. Die Seine und die Brücken, dann und wann ein Schiff.
Wieder die Insel, vorbei am Quai d'Orsay, die Polizisten lehnen schläfrig an den Gittern. Die vorherrschende Sprache ist Texanisch – jedenfalls nehme ich an, daß in Texas so gesprochen wird, wie ich es hier höre. Eine Lady beschwert sich sehr, weil da zwar der Pont Notre-Dame sei, nicht aber diese selbst, und wo man die denn finden könne. Überall sind Schilder, aber sie zeigen alle in verschiedene Richtungen, was gar nichts ausmacht, weil man so herum, aber auch andersherum zur Notre-Dame kommt. Bei der Sainte Chapelle ist das schon schwieriger, und eine andere Lady will gar nicht glauben, daß eine so berühmte Kirche zwischen lauter so scheußlichen Häusern steckt. Weg von den Brücken! Weg von den Brücken? Auf den Seine-Inseln betritt

und verläßt man fortwährend Brücken, ohne es zu merken. Ein Ausflug in die Sainte Chapelle muß erlaubt sein, zwischen den Brücken Pont au Change und Pont St-Michel. Natürlich ist das keine Kirche, in der man ausruhen kann. Keine stille Bank in wohltuendem Dämmerlicht, sondern lautes Gold, laute Farben, Tausende von bourbonischen Lilien. Man kann überhaupt nicht sitzen in dieser Kapelle, und ich weiß auch nicht, ob in den letzten Jahren jemand auf die Idee gekommen ist, darin etwa zu beten. Unten die Telefone mit den verschiedenen Kommentaren, in Japanisch und Serbokroatisch, der Stand mit den Postkarten und den Dias, wie überall. Weil die Chapelle so orientalisch aussieht, stört das nicht einmal. Andacht und Einkehr kann man ja woanders suchen, wenn man will, dazu ist der Unterhaltungswert dieser Kirche zu hoch! Der Aufgang ist nichts für so klaustrophobe Menschen wie mich, eine ganz enge Steintreppenspindel, rechts eine rauf, links eine runter. Ein arabischer Besucher droht steckenzubleiben. Das passiert hier sicher öfter. Schmale Lampen geben ein bißchen Licht auf die Schneckentreppe. Aber die große Fensterrose entschädigt für alles, für Minuten ist es in all dem Lärm ganz ruhig.
Zurück zum Pont d'Arcole, jetzt schaffe ich Notre-Dame auch noch, Notre-Dame am Sonntag. Auf der Straße bewegen sich sacht die ersten welken Blätter, zwischen denen die Tauben spazierengehen. Sicher gab es zu allen Zeiten Verkäufer, die sich um die große Kathedrale gedrängt haben. Was sie wohl früher verkauft haben? Grenouille meldet sich plötzlich wieder und redet etwas von verdorbenen, überwürzten Würsten und faulem Fisch, falschen Reliquien und wirkungslosen Heilwurzeln. Ja, ich kann es riechen. Jetzt allerdings riecht es nach feuchter Kunstseide, mikrowellenerhitzten Würstchen, grüner Limonade mit Waldmeistergeschmack und nach Abgasen. Eine Mopedgruppe veranstaltet ein kleines Rennen »Rund um Notre-Dame«, eine Skateboard-Fahrer-Gruppe läßt sich das nicht zweimal sagen und

saust los. Ich folge ihr langsamer um die Kathedrale herum, die umgeben ist von einem festen Kordon von Autobussen. In den Gäßchen vor der kleinen Brücke, die die Ile de la Cité mit der Ile St-Louis verbindet, ist es ruhiger, der Wind pfeift über das Brückchen, und es riecht wohltuend bürgerlich nach Ragout und frischem Brot. Kleine Läden wie auf dem Land, wenn die mächtige Kirche nicht im Hintergrund wäre, fühlte man sich wie in einem kleinen Flußdorf. Die Läden sind offen, die Frauen gehen in Hausschuhen und Nylonhaarnetzen nach Brot. Keine hundert Meter vom Kirchentrubel entfernt ist der Rhythmus gemächlich, so haben sie vor hundert Jahren wohl auch schon gelebt, hinter dem Rücken der großen Kirche. Die Ile St-Louis ist nüchterner, kleinbürgerlicher und verheißt den ordentlichen, trägen französischen Sonntag. Ich setze mich auf die Quaimauer und beobachte einen schlafenden Herrn, der, den ohnedies schon braunen Bauch der Sonne preisgegeben, hart an der Wasserkante allem Anschein nach tief und fest schläft. Es geht mir wie den Leuten, die einen Mondsüchtigen auf dem Dachfirst beobachten. Ich traue mich nicht, auch nur eine Bewegung zu machen, dabei hebt und senkt sich der braune Bauch friedlich. Irgendwann steht der Mann einfach auf, nur so, und geht weg, fast bin ich etwas enttäuscht. Nicht, daß ich ihn hätte hineinfallen sehen mögen, gewiß nicht – und die ganze Zeit habe ich etwas vergessen.

Nichts ist mit dem faulen französischen Sonntag auf der Ile St-Louis, ich habe etwas vergessen, was ich unbedingt sehen wollte, aber ich habe mich so die Brücken entlang über die Insel hin- und hergefädelt, daß ich das ausgerechnet ausgelassen habe: den Quai des Fleurs, den Blumenmarkt. Am Sonntag ist dort Vogelmarkt, ich habe sehr gemischte Gefühle, aber gesehen haben will ich es doch. Also zurück über das Brückchen, alles ist nah, aber man hört nichts, nur vereinzeltes Gezwitscher, wie man es von den Vögeln in den Bäumen auch hören kann. Der Vogelmarkt ist in vollem Gang, aber ganz still. Verschlossen die grünen

Blumenbuden, zwischen den Latten sieht man die eingesperrten Kübelpflanzen, teure, große Dinger, die wohl einen Dieb interessieren könnten. Die Vögel sind fast so still wie die Blumen. In winzigen Gehäusen sitzen sie aufgereiht, Kanarienvögel von fast weiß bis fast schwarz, von blaßgolden bis blutorange. Manche Leute haben kleine Pappschächtelchen in der Hand, aus denen es leise piepst. Beos schwätzen leise in ihren engen Käfigen, Nymphensittiche versuchen, sich vor den allzu nahen Menschengesichtern zu verstecken. In einem etwas größeren Käfig hocken voneinander abgewandt zwei Graupapageien, in einem schuhkartongroßen Gehäuse mindestens zehn Finken. Auch ein paar Karnickel stehen zum Verkauf, hoffentlich können sie das überall riechbare Aroma ihrer in Wein geschmorten Kollegen nicht identifizieren. Alle Tiere auf diesem Markt scheinen ergeben, hilflos ihrem ungewissen Schicksal gegenüber. Auf großen Tischen häuft sich Grünzeug für die Vögel, das bei uns so verhaßte Unkraut Vogelmiere wird hier in großen, saftigen Büscheln verkauft, Hirsekolben und braungoldene Sonnenblumenköpfe. Wie feingesponnene Drahtmauern türmen sich große komfortable Käfige in Gold und Silber, noch leer, aber das alles läßt doch eine angenehme Zukunft für die Vögel erhoffen! Ein dicker Mann sitzt auf einem umgedrehten Bierkasten und hat ein graues Vögelchen auf dem Finger sitzen, es sitzt einfach so da und dreht den Kopf hin und her. Es ist, höre ich, eine Nachtigall, und sie ist blind. Man blendet die Vögel, damit sie zahm werden.

Ich muß ziemlich lange laufen, ziemlich weit weg, wieder unter die Brücken, da ist es manchmal erträglicher als oben. Irgendwo hinter dem Pont Sully an der Universität ist eine kleine Straßenkneipe, von der aus man nur den Fluß und die Schiffe sieht, keine Brücke, kaum Menschen. Ich trinke einen Ricard, den ich nicht mag, aber ich sehe gern, wie das Eiswasser das Zeug undurchsichtig macht, ich rieche den Anis und verdünne ihn so lange, bis er wie Limonade schmeckt. Welche Brücke ist endgültig die schönste? Schwer zu sagen, vielleicht ganz unnötig. Wenn man mit jemandem, den man liebt, auf einer Brücke gestanden und in die Seine geschaut hat, ist die Brücke unvergeßlich, genau wie jene, unter deren Bogen man vielleicht Schutz gefunden hat. Vielleicht weiß man irgendwann ihren Namen gar nicht mehr, oder man verwechselt sie, war das jetzt vor oder nach dem Pont Carrousel? Wie ein Weberschiffchen ist man von Ufer zu Ufer gegangen, über die eine hin, über die nächste wieder zurück. Der Pont Neuf – gut, ja, aber es sind die Geschichten, die um ihn leuchten und das gräßliche Blendlicht der Anlegestelle vergessen lassen. Doch der Pont des Arts? Weil er so niedlich ist und so gut zu all den Pärchen paßt, die sich auf ihm abbilden lassen? Oder irgendwo, weit weg, eine ganz andere Brücke, der Pont Mirabeau vielleicht, über den es ein schönes Gedicht von Rimbaud gibt?

Benn schreibt: »Gelehnt ans Brückenwehr / Die hellen Wasser rauschen / Die Elemente tauschen / Sich hin und her.« Eine einzige Brücke – welche auch immer: Das ist gleichzeitig Abschied und Ankunft. Nur merkt man es bei denen, die lediglich Straßen miteinander verbinden, nicht mehr. Abschied: Zuletzt sitze ich am Pont St-Michel, einem winzigen Brückchen. Es soll ja nur ein kleiner Abschied sein.

Anne Devlin

Die Reise nach Nirgendwo

Die Schneestraße in die Alpen verläuft südöstlich von Lyon nach Chambéry, läßt dann die Autobahn hinter sich und geht nordwärts an den Westhängen des Montblanc in eine steile Gebirgsstraße nach Mégève über.

Das Ausflugscafé einige Meilen oberhalb des Dorfes war voll von siebzehnjährigen französischen Millionären – so kam es uns jedenfalls vor – und italienischen Großfamilien: Die Frauen trugen Pelzmützen zu ihren Skianzügen und zu viele Ringe, als daß es bequem gewesen wäre; ihre dickbäuchigen Männer rauchten beim Essen Zigarren; und die zwölfjährigen italienischen Mädchen bewiesen ein für allemal, daß vierzehn genau das richtige Alter zum Heiraten ist und Capulets Tochter nie so eine gute Eroberung gewesen wäre, hätte sie lange genug gelebt, um auszusehen wie ihre eigene Mutter. Es waren wahrscheinlich auch einige französische Großfamilien da, aber sie neigten weniger dazu, in Gruppen zusammenzusitzen. Der Ferienort an der Grenze zur Schweiz und Italien wirkte ziemlich kosmopolitisch; er bekräftigte gewissermaßen, daß sich die Reichen, genau wie ihr Geld, nicht voneinander unterscheiden und ihnen Grenzen vollkommen gleichgültig sind. Aus welchem Land sie auch kamen, sie hatten für ihre Kinder Kindermädchen, die diesen an den jeweiligen Tischen das Essen kleinschnitten und nicht Ski liefen. Am ersten Weihnachtsfeiertag schälte mir gegenüber eine schwarze Frau eine kleine Orange und fütterte damit ein dickes weißes Kind. Dieser Duft war der Grund, der Duft von Mandarinen!

Erster Weihnachtsfeiertag 1959; in Belfast fuhren die Busse; der durchdringende Orangenduft brachte die Erinnerung daran zurück. Mein Bruder, die Mandarinen in grünem und rotem Silberpapier auf dem Klavier im Wohnzimmer, das verlöschende Feuer im Kamin und die Erwachsenen schlafend in ihren Zimmern. Und in jenem Jahr, 1959, als ich acht war, hatte es zu schneien begonnen. Der Eisenrost für den Kessel quietschte, als ich ihn mit dem Fuß zu den Kohlen hinstieß.

»Du wirst dir noch die Pantoffelsohlen versengen«, sagte Michael John.

»Es ist so langweilig.«

»Wir könnten rausgehen.«

»Wie denn?«

»Alle fünfzehn Minuten kommt der Bus zum Rathaus vorbei.«

»Das erlauben sie uns nicht. Ich habe kein Geld und ...«

»Ach Amee, du bist bloß feige«, sagte er. »Renn einfach los, nimm den nächsten Bus bis zum Rathaus und komm mit ihm wieder zurück, ohne zu bezahlen.«

»Aber der Schaffner wird mich raussetzen!«

»Das ist ja gerade die Mutprobe. Du mußt sehen, daß du so weit wie möglich kommst. Derjenige, der es am weitesten schafft, hat gewonnen!«

Mein Bruder war klein, blond und boshaft; uns trennte ein Altersunterschied von zehn Monaten.

»Also gut, ich gehe.«

Joe ist groß, dunkel und meistens schweigsam; zwischen uns liegen zehn Jahre.

»Soll ich dir eine holen?« fragte Joe und stellte das Tablett mit dem Lunch vor mir auf den Tisch. »Amee, möchtest du eine?«

»Was?«

»Eine von den Orangen, die du immerzu anstarrst«, sagte er und reichte mir ein Glas kalten Rotwein.

»Entschuldige. Nein. Ich mag sie eigentlich nicht besonders.«
»Du zitterst ja.«
»Der Wind ist so kalt.«
»Brumm, brumm.«
»Entschuldige.«
Der Raum war so voll, daß die Fenster des Cafés beschlugen.
»Es wäre besser, wenn du aufhörtest zu atmen«, sagte er scherzhaft, als das Fenster neben uns anlief.

Die Reise stand von Anfang an unter einem schlechten Stern. Wie jeder unserer gemeinsamen Urlaube war auch dieser voll von Zwischenfällen und Mißgeschicken, oft entkamen wir nur mit Mühe und Not. Einmal, auf Kreta, wäre ich fast ertrunken. Ich fiel aus dem Boot des Freundes seiner Mutter und schluckte Unmengen Wasser. Ich weiß noch, wie er vom Deck auf mich herunterstarrte, als ich, nach Luft schnappend, auftauchte; früher war er im Sommer Rettungsschwimmer an einem Strand gewesen, aber ich schaffte es aus eigener Kraft bis zu den Felsen. Vor vier Jahren in der Schweiz, wo er damals arbeitete, fiel ich auf einem Gletscher der Jungfrau hin und rutschte kopfüber, die Skier nach hinten weggestreckt, auf den Abgrund zu. Ich schrie minutenlang, bevor ich merkte, daß ich mir wahrscheinlich den Hals brechen würde, wenn ich mich weiter so panisch verhielt. Ich hörte auf zu schreien und überlegte, wie ich mich retten könnte. Sogleich verringerte sich die Rutschgeschwindigkeit, ich drehte mich auf dem Schnee herum, brachte meine Skier zwischen mich und die Eiskante der Schlucht und kam zum Halten. Als ich genug Kraft gesammelt hatte, kletterte ich wieder hinauf. Wahrscheinlich war das, was diesmal passierte, einfach unvermeidlich. Ungefähr eine Stunde nachdem wir den Kanal überquert hatten, fuhr er in Béthune das Auto kaputt. Mit hoher Geschwindigkeit knallte er auf den Wagen vor uns. Ich sah den Zusammenstoß kommen und hielt den Atem an. Auf der Beifah-

rerseite hatten wir keinen Frontscheinwerfer mehr, und der Kotflügel war stark eingebeult.
»Warum hast du denn nicht gerufen, wenn du es kommen sahst?« warf er mir später vor.
»Energieverschwendung«, sagte ich. »Ich hätte es nicht verhindern können.«
Wir tauschten das Auto in Arrais gegen ein französisches aus, und den Rest der Fahrt in die Alpen verbrachte ich in ängstlicher Spannung.

»Wollen wir nicht getrennt Ski laufen?« schlug ich nach der ersten Woche vor. »Ich möchte ein paar Skistunden nehmen. Du läufst sowieso schon viel besser. Ich halte dich nur auf.«
Am zweiten Tag jener Woche kam ich um halb fünf vom Skiunterricht zurück und wartete im Café neben der großen Kabinenbahn. Jetzt waren so wenige Leute da, daß das Fensterglas fast klar blieb. Eine Familie saß an einem Tisch, und Skilehrer tranken an der Bar Kognak. Ich wartete eine halbe Stunde, bevor ich merkte, wie spät es war.

Draußen schneite es heftig, und es wurde sogar schon dunkel. Der Schnee nahm im Lichterschein eine blaue Färbung an. Vorsichtig zog ich die schwere Haustür hinter mir ins Schloß und lief über die Straße, um an der Haltestelle zu warten. Ich konnte sehen, wie er mich durch die Spitzenvorhänge im Wohnzimmer beobachtete. Die Kerzen am Weihnachtsbaum im Zimmer brannten, der Vorhang bewegte sich. Lautlos glitt der Bus heran. Ich stieg ein, und er fuhr genauso leise davon. Der Schaffner war weder auf der Plattform noch irgendwo im unteren Teil, daher ging ich nach vorn, kauerte mich auf einen Sitz und hoffte, daß er mich nicht bemerken würde, wenn er doch käme. Ansonsten war niemand weiter im Bus, außer zwei alten Damen mit Hüten und Einkaufskörben, in denen leere Lucozade-Flaschen lagen.

Der Schaffner polterte die Treppe herab. Er stand auf der Plattform und klimperte mit dem Wechselgeld. Ich konnte sein Spiegelbild im Glasfenster der Fahrerkabine sehen. Wenn ich Glück hatte, würde er mich in Ruhe lassen, ich war zu weit von der Plattform entfernt. Plötzlich kam er durch den Bus. Ich starrte unverwandt aus dem Fenster. Er pochte an das Glas der Fahrerkabine und sagte etwas. Der Fahrer nickte. Er sprach wieder. Die Angst vor einer Auseinandersetzung lähmte mich so, daß ich nicht hörte, was er sagte. Einen Augenblick lang schaute er in meine Richtung, blieb aber dort stehen. Wir näherten uns den Kinos am Ende der Straße. In diesem Moment beschloß ich, nicht die ganze Tour bis zum Rathaus mitzufahren. Ich stand schnell auf, ging durch den Bus und stand beklommen auf der Plattform. Als er vor der eigentlichen Haltestelle an der Verkehrsampel durch den Bus auf mich zukam, verlor ich die Nerven und sprang ab.
»He!« schrie er. »Du kannst hier nicht aussteigen.«
Es schneite noch mehr. Nassen Schnee. Meine Füße waren kalt. Ich schaute hinab und sah, daß ich noch meine Pantoffeln anhatte, rote Filzpantoffeln mit einem rosa Pelzbesatz. Ich muß ein seltsames Bild geboten haben, mit Dufflecoat und Pantoffeln im Schnee. Die Uhr der Presbyterian Assembly Buildings zeigte drei Viertel sechs. Der Viertelstundenschlag ertönte, und hinter mir fiel der Lichtschein aus einem geschlossenen Süßwarengeschäft auf einen Mann, den ich vorher nicht bemerkt hatte. »Du wirst dir deine schönen Pantoffeln naß machen«, sagte er.
»Ich trockne sie, wenn ich heimkomme«, sagte ich.
»Du wirst dir Frostbeulen holen auf die Tour.«
»Nein, werde ich nicht.«
Ich blickte unsicher auf meine Pantoffeln hinab; das Rot an den Zehen war etwas dunkler als der restliche Teil, und meine Füße waren unangenehm kalt.
»Mußt du vom Bus noch weit laufen?« fragte er.

»Nein. Ich wohne gleich die Straße hoch. Der Bus fährt an meinem Haus vorbei«, sagte ich.
»Bleib mal lieber hier drinnen stehen. Es ist trockener«, sagte er.
Ich gab keine Antwort. In diesem Augenblick bog eine junge Frau um die Ecke und kam vom Stadtzentrum her auf uns zu. Mühsam stakste sie auf ihren hochhackigen Schuhen durch den Schnee. Unter ihrem Mantel lugten beim Gehen ein schwarzes Kleid und eine weiße Schürze hervor. Die Frau blickte erst mich und dann den Mann an und blieb stehen. Sie zog eine Schachtel Zigaretten aus ihrer Schürzentasche und steckte sich eine an. Zuerst wartete sie mit mir an der Haltestelle, dann zog sie sich fröstelnd in den schützenden Ladeneingang an die Seite des Mannes zurück.
»Der Wind geht einem wirklich durch Mark und Bein«, sagte sie.
»Tja. Er kommt vom Lough rüber und pfeift bis rauf zum Black Mountain«, sagte er und schaute die Straße hinauf. Die Frau und ich folgten seinem Blick.
Ein oder zwei Wohnblöcke von uns entfernt lag die Puppenklinik, wo wir vor einigen Wochen mit meiner Mutter gewesen waren. »Laß doch die Flugzeuge, Michael John«, hatte sie geschimpft. »Warte ab, was dir der Weihnachtsmann bringen wird.«
Ich liebte dieses Geschäft mit all seinen Puppen, den reparierten und neu bekleideten. Auch meine Puppe war einmal von hier als Dame im weißen Reifrock aus Tüll und mit roten Samtschleifchen gekommen. Als wir sie dann in jenem Jahr in das Geschäft brachten, weil sie ein Bein verloren hatte, kehrte sie zu mir als spanische Tänzerin mit einem Petticoat aus verschiedenfarbigen Stofflagen zurück. Wir gingen immer nur mit meiner Mutter in die Stadt, wenn sie belebt und freundlich war, wenn im Kino die Vormittagsvorstellungen begannen und der Verkehr um das Zentrum herumströmte. Das Süßwarengeschäft am Kino, vor

dem ich jetzt stand, war dann immer geöffnet und verkaufte Regenbogendrops und weiße Schokoladenmäuse – letztere tauchten in meinem Strumpf wieder auf –, und es lagen auch Mandarinen im Schaufenster, wie ich jetzt zum erstenmal bemerkte.

Der Schnee, die Stille und die Dunkelheit hatten die Stadt verwandelt. In dem blaugrauen Licht war ihre reizvolle Lebendigkeit verblaßt, und sie wirkte fremd, tot. Ich wollte nach Hause zum Kaminfeuer im Wohnzimmer, ich begann krampfartig zu zittern, und dann kam der Bus.

»Ardoyne.« Die Frau schaute aus dem Eingang heraus. »Das ist meiner.«

Ich war so froh, daß ich die Mutprobe vergaß.

»Nicht der richtige für Sie?« fragte sie den Mann.

Er schüttelte den Kopf und schlug seinen Mantelkragen hoch.

»Fröhliche Weihnachten«, rief sie, als wir einstiegen.

Ich saß dreist auf dem Platz neben der Plattform, als der Schaffner kam, um zu kassieren.

»Ich habe mein Portemonnaie vergessen«, sagte ich. »Aber der Bus fährt an meinem Haus vorbei, meine Mami wird bezahlen, wenn ich nach Hause komme.«

»Ach nein, deine Mami wird bezahlen, wenn du nach Hause kommst!« äffte er mich nach. »Hat man so was schon gehört!«

Die junge Frau, die etwas weiter in den Bus gegangen war, wandte sich um. Wir waren erst ein paar Straßen von der Bushaltestelle weg, der Spielzeugladen lag hinter mir. Er war mit einem Drahtgitter verschlossen.

»Bitte, werfen Sie mich jetzt nicht hinaus«, sagte ich und begann zu weinen.

»Ich zahle ihr Fahrgeld«, sagte die junge Frau.

»Weiß deine Mami überhaupt, daß du fortgegangen bist?« fragte er und lief, da er keine Antwort erhielt, weiter zu der Frau. »Wo willst du denn eigentlich hin?« rief er zurück.

»Eine Haltestelle vor dem Krankenhaus«, sagte ich zaghaft.
»Royal-Victoria-Krankenhaus«, sagte er zu der Frau. Der Fahrscheinapparat ratterte einmal.
»Und Ardoyne. Endstation.« sagte sie.
Erneut ratterte der Fahrscheinapparat, und beide murrten, am ersten Weihnachtsfeiertag arbeiten zu müssen.
»Ich werde heute zu spät zum Abendessen kommen. Meine Leute sind sicherlich schon fertig, wenn ich da bin.«
»Tja, das kenne ich. Vor acht komme ich hier nicht weg«, sagte er. »Das ist es wirklich nicht wert. Gerade an diesem einen Tag im Jahr.« Er riß die Karten von der Rolle und gab ihr das Wechselgeld. »Und keine Überstunden.«
Irgendwer, ein Mann, stieg die Treppe zur Plattform hinab. Er trug eine Metallbüchse unter dem Arm. Der Schaffner zog an der Klingelschnur.
»Keine Überstunden? Sie spaßen«, sagte sie.
»So sind die Verkehrsbetriebe zu einem«, sagte er.
Vor der Haltestelle am Krankenhaus zog er wieder an der Klingelschnur. Ich stieg auf die Plattform hinab. Im Erkerfenster des Wohnzimmers konnte ich die Weihnachtsbaumkerzen erkennen. Dann sprang ich ab, lief auf das Haus zu und wünschte, ich hätte mich nicht zu sehr geschämt, um ihr zu danken. Aber sie hielt den Kopf gesenkt und sah mir nicht nach.
Michael John öffnete die Tür. »Hast du's geschafft?« fragte er beinahe ehrfürchtig. »Ich habe dich aus dem Bus steigen sehen. Du hast es geschafft!«
»Ja«, keuchte ich. Mein Herz pochte, und die Füße taten weh.
»Bis ganz zum Rathaus?«
»Natürlich.«
Er folgte mir ins Wohnzimmer.
»Aber sieh nur mal deine Pantoffeln an, Amee, die sind hinüber. Du bist in Pantoffeln rausgegangen. Sie werden es merken.«
»Nicht, wenn ich sie trockne. Keiner wird es jemals erfahren.«

Ich legte meine Pantoffeln auf das Kamingitter, stand da und schaute auf die rotverfärbten Zehenspitzen meiner weißen Strümpfe. Dann zog ich auch die Strümpfe aus und sah, daß sogar meine Zehen fleckig waren.
»Schau dir das an, Michael John! Meine Zehen sind verfärbt!« sagte ich. »Michael John?«
Die Haustür schloß sich gerade so leise, daß es kaum hörbar war.
»Michael John! Geh nicht!«
Vom Fenster des Wohnzimmers aus konnte ich sehen, wie er die Straße überquerte.
»Ich habe doch bloß so getan«, flüstere ich. »Ich habe es nicht geschafft.«
Aber er war zu weit weg. Und dann kam der Bus.
Ich wartete an jenem Fenster, bis die Scheibe von meinem Atem beschlug. Ich wischte sie mit der Faust ab. Hin und wieder prüfte ich die Pantoffeln, die am Kamingitter trockneten. Allmählich verlor sich das Dunkelrot, die Spitzen bogen sich nach oben, und es blieb nur ein dünner weißer Strich zurück. Ich ging erneut zum Fenster und horchte, ob der Bus nicht bald wiederkam. Mehrere Busse fuhren vorbei, aber Michael John tauchte nicht auf. Ich schlüpfte unter dem Samtvorhang hindurch, wo die Kälte abgefangen wurde, schaute durch das Glas und wartete. Ich konnte ihm die Wahrheit sagen, wenn er zurückkehrte. Da ging die Deckenbeleuchtung im Wohnzimmer an, und die Stimme meiner Mutter rief: »Ameldia! Was machst du denn da?«
Verärgert blickte sie im Zimmer umher.
»Du hast das Feuer ausgehen lassen! Wo ist Michael John?«

»Excusez-moi? Madame Fitzgerald?« fragte die Kellnerin im Café. Mein Skiausweis lag auf dem Tisch, sie schaute kurz darauf; das Foto und der Name bestätigten ihre Vermutung.
»Téléphone!« sagte sie und bedeutete mir, ihr zu folgen.
Die Skilehrer an der Bar drehten sich um und sahen zu, wie ich

zum Telefon vorbeiging. Sie waren die einzige Gruppe, die sich noch im Café befand. Ich hatte erwartet, Joes Stimme zu hören, doch statt dessen sprach am anderen Ende der Leitung eine Frau schnell französisch.

»Bitte, könnten Sie englisch sprechen?« fragte ich.

Sie wiederholte ihre Nachricht.

»Ihr Freund ist hier im Dorf in der Klinik. Wir haben ihn geröntgt. Er wird jetzt in Ihr Hotel zurückkehren. Sie möchten sich bitte dorthin begeben.«

»Ja. Aber was fehlt ihm denn?«

»Wie bitte?«

»Was ihm fehlt?«

»Ein Mißgeschick. Nichts Ernstes.«

»Danke schön«, sagte ich und eilte vom Telefon fort.

Draußen war es dunkel, und es schneite noch immer. Ich kannte zwei Wege ins Dorf zurück: den über die Berge, den wir vor einigen Tagen nach dem Skiunterricht hinuntergefahren waren, allerdings eine halbe Stunde früher als jetzt, bei Tageslicht, und den die Straße entlang, die wir am Morgen heraufgekommen waren. Ich konnte auch den Bus nehmen. Es war zwanzig nach fünf. Die Lifts und Kabinenbahnen hatten schon vor fast einer Stunde geschlossen. Der Bus, der immer unmittelbar nach dem Skiunterricht kam, war längst weg, ebenso die Skiläufer, die zurück in die Stadt wollten. Es schienen nur noch Leute, die hier arbeiteten, und Skilehrer dazusein, von denen die meisten hier oben wohnten. Man brauchte fünf Minuten, um auf Skiern den Berg ins Dorf hinabzufahren, und die Straße entlang fünfundvierzig, falls ein Bus kam. Kurz entschlossen wählte ich den kürzesten Weg zurück. Zum Skilaufen war es zu dunkel, also nahm ich meine Bretter auf die Schulter und begann zu Fuß die Piste entlang den Berg hinabzusteigen.

Anfangs folgte ich zuversichtlich den Skispuren, ermutigt durch den Anblick dreier junger Männer, die recht zügig vor mir her gingen. Auf halbem Weg nach unten – die Piste führte durch einen Bauernhof, der sogar tiefverschneit noch nach Landwirtschaft roch – kam ich an einer Frau vorbei, die in die entgegengesetzte Richtung ging. Sie schaute mich kurz an und sagte: *»Bonsoir, madame.«* Das Erstaunen in ihrer Stimme und das Gewicht der Skier auf meiner Schulter ließen mich innehalten. *»Bonsoir.«*

Ich nahme meine Skier auf die andere Schulter und merkte dabei, daß ich die vor mir Gehenden aus den Augen verloren hatte. Ich lief weiter bis zu einer Kehre, nahe einer Sennhütte, und stellte dort fest, daß sich der Weg gabelte. Es war keiner mehr vor mir, und als ich bergauf zurückblickte, sah ich, daß die Frau verschwunden war. Vorn, direkt unterhalb der Baumgrenze, blinkten die Lichter des Dorfes und verleiteten mich, den Hang hinunterzugehen. Der andere Weg führte mit weniger Gefälle um den Berg herum. Bei Tageslicht war es so einfach gewesen. Ich stand einen Augenblick da und starrte in die nasse graue Stille. Gab es wirklich zwei Pisten? Je länger ich in der Dunkelheit stand und mich umschaute, desto verwirrender wurde alles. Wenn ich nicht sofort weiterlief, würde es zu spät sein. Ich begann wieder, eilig bergab zu gehen, das Gewicht der Skier auf meiner Schulter und der glatte Hang trieben mich mit haarsträubender Geschwindigkeit auf die Baumgrenze zu. In den harten Abfahrtsstiefeln war es unmöglich, im Schnee Halt zu finden. Ich rutschte furchtbar, bis ich plötzlich zum Stehen kam. Meine Beine zitterten, und ich rang nach Luft. Falls ich noch einen Zentimeter weiterging, würde ich mir wahrscheinlich ein Bein brechen. Verlaufen. Ich hatte mich auch noch verlaufen. Wenn ich wenigstens sicher sein könnte, daß dies der richtige Weg war. Vielleicht war es doch der breitere, flachere. Ich kletterte wieder bergan bis zur Gabelung. Ein Licht in der Sennhütte weiter oben beruhigte mich. Ich konnte immer noch dort fragen.

Atemlos erreichte ich den Ausgangspunkt der beiden Wege. Ich näherte mich nicht der Hütte, sondern schlug zuversichtlich den breiteren Weg ein. Er schlängelte sich durch Schneewehen, die auf der Bergseite höher waren als zum Tal hin, aber ich sah auch, daß ich jetzt die Lichter des Dorfes hinter mir ließ und daß dieser Pfad, obwohl er leichter zu begehen war, direkt in einen Kiefernwald über mir führte. Ich kam zu einer kleinen Grotte an der Talseite des Hanges, und darüber, etwas weiter oben auf dem Berg, konnte ich die weiße Steinfassade einer verschlossenen Kirche erkennen. Ein Schneehaufen, der nur lose auf dem steilen Dach der Grotte gelegen hatte, rutschte still und langsam auf meinen Weg herab. Sekunden bevor ich dort war. Starrsinnig kämpfte ich mich hindurch. Das ist der falsche Weg, dachte ich, ganz sicher. Nachdem ich nun noch mehr kostbare Kraft vergeudet hatte, indem ich durch die Wehe gestapft war, blieb ich erneut stehen. Der Wind blies erbarmungslos. Das merkte ich jetzt zum erstenmal. Es war irgendwie bedrohlich, daß unschuldiger Schnee vertraute Wege so heimtückisch verwandeln konnte. Ich mußte zurückgehen. Ich drehte um und hastete zwischen Kirche und Grotte zurück; mit großer Anstrengung erreichte ich abermals die Kehre. Wenn ich jetzt jemanden träfe, würde er Freund oder Feind sein? Wenn ich zu dieser Sennhütte ginge, um zu fragen, würde ich dort willkommen sein? Wenn ich doch bloß irgendwie die Kraft finden könnte weiterzuklettern. Plötzlich verstand ich klarer denn je zuvor, daß Schicksal ebenso wie eine Liebesaffäre nur eine Frage des Zeitablaufes ist: Die richtige Person kommt zur richtigen Zeit vorbei; eine Kombination von durchlebten Augenblicken, die sich wie die Erinnerung immer wieder einstellen. Sie tauchen auf und stiften stets dieselbe Verwirrung in uns. Es war, als hätte ich mein ganzes Leben lang in der Kälte zwischen dem Vorhang und der Fensterscheibe gestanden. Wie dumm ich bin. »Diese ganze Reise ist sinnlos«, sagte ich laut zu niemandem, »ich hätte den Bus nehmen sollen.« Ich schloß die Augen und atmete mühsam.

»Wo ist Michael John, Ameldia? Warum hast du ihn gehen lassen? Du bist älter, du solltest vernünftiger sein! Welcher Bus? Um welche Zeit?«
Der Schaffner erinnerte sich an ihn. Er hatte kein Geld bei sich gehabt. Nein, er habe ihn nicht rausgeworfen. Am ersten Weihnachtsfeiertag wegen drei Pennies? Das war es nicht wert. Er erinnerte sich nicht, wann er ausgestiegen war. Er hatte ihn nicht aussteigen sehen. Zu Mariä Lichtmeß fand ein Trauergottesdienst statt; man wartete und wartete. Es gab keinen Sarg, nur Blumen in der Kirche und die Tränen meiner Mutter während des ganzen Gottesdienstes. Er war so vollständig davongegangen, daß er sogar aus meinen Träumen verschwand. Blond, klein und boshaft.

Als ich meine Augen öffnete, bildete sich weißer Nebel. Ich würde mich beeilen müssen, um zur Straße zu gelangen, bevor er mich völlig einhüllte. Jeder Schritt bergauf tat furchtbar weh, weil die Skier auf meiner Schulter immer mehr drückten. Als ich mich der Spitze des Hügels näherte und im Vorbeigehen den Geruch des Bauernhofes wahrnahm, hörte ich Stimmen. Zwei Mädchen und ein Junge erschienen, ich lief sehr langsam und ging weiter oben auf dem Hang an ihnen vorbei; ich war sehr hoch gestiegen. Sie waren auf dem Weg nach unten, und uns trennten nur ein paar Fußbreit Schnee. Sie blickten nicht zu mir herüber, und ich war nicht mehr neugierig, wo sich der richtige Weg befand. Wir gingen schweigend aneinander vorbei. Erschöpft gelangte ich wieder an die Straße, von wo ich losgegangen war. War an jenem Abend jemand, ohne es zu wissen, an ihm vorbeigelaufen?
Nun auf der Hauptstraße, wo der Verkehr vom Tage Spuren in den Schnee gegraben hatte, fiel mir das Gehen leichter. Meine Aufregung war verflogen wie der Gebirgsnebel. Aber ich hatte Hunger und war müde, und als ich den Parkplatz erreichte, wo

der Skibus wendete, war er leer, und niemand wartete. Ich steckte meine Skier in einen Schneewall und lehnte mich dagegen. Mein Gesicht brannte, und die Haare klebten mir nach der Anstrengung und der Angst beim Bergangehen an der Stirn. Ein Auto fuhr vorbei. Es war zu dunkel, um auf der Armbanduhr die Zeit abzulesen. Wenn ich weiter zur Straße auf die Lichter zuging, würde ich sie erkennen können. Ich war zu müde zum Gehen. Meine Schultern schmerzten. Ich konnte die Arme nicht über den Kopf heben. Die Sachen klebten mir am Leib. Die Kniekehlen waren feucht. Meine Lederhandschuhe sahen aufgequollen und aufgedunsen aus. Wieder fuhr ein Auto vorbei. Es mußte spät sein; vielleicht würde er kommen, um mich zu suchen. Wenn ich losgehen und mich an die Straße stellen würde, könnte er mich sehen. Ich war zu erschöpft, um mich zu bewegen, daher blieb ich, wo ich war. Dann ertönte das vertraute, heisere Knattern eines Motors, und ein Bus bog auf den Parkplatz.

»Mégève«?

»*Non*. Sallandes.«

»Oh.« Ich muß enttäuscht ausgesehen haben.

»*Dix minutes!*« versicherte er mir.

»Oh. *Merci, monsieur!*« sagte ich erleichtert.

Er war in der Hälfte der Zeit zurück, um mich mitzunehmen. Ich beförderte meine Skier in das Gestell hinten, und in wenigen Minuten sausten wir den Berg hinab auf das Dorf zu.

Um halb acht kam ich im Hotel an. Joe war nicht da. Die Röntgenaufnahmen aus der Klinik lagen auf dem Bett. Vielleicht hatte er sich Sorgen gemacht und war losgegangen, um nach mir zu suchen, dachte ich. Ich legte gerade meine nassen Sachen auf die Heizkörper, um sie zu trocknen, als er eintrat.

»Was in aller Welt ist denn passiert?« fragte ich beim Anblick der Armschlinge.

»Ach, irgendein Idiot hat heute nachmittag die Kontrolle verloren und ist mir in den Rücken gefahren. Ein arroganter Lümmel. Er hat sich nicht mal entschuldigt. Er sagte, ich hätte nicht plötzlich vor ihm abstoppen sollen.«

»Warum hast du denn angehalten?«

»Ein Mädchen war vor mir hingefallen. Ich hatte gehalten, um ihr zu helfen.«

»Trotzdem ist es gefährlich, nicht wahr? Du hättest sicherheitshalber um sie herumfahren sollen und dann erst anhalten.«

»Na ja, ich werde jedenfalls in diesem Urlaub nicht mehr Ski laufen können«, sagte er. »Es ist eine Bänderzerrung.«

»Tut es sehr weh?«

»Ein bißchen.«

»Tut mir leid. Wollen wir morgen nach Hause fahren?«

»Nun, wir könnten morgen statt am Freitag nach Paris fahren.«

»Ja, das machen wir, ich werde fahren«, sagte ich.

»Das ist nicht nötig. Ich schaffe es schon. Es macht mir nichts aus zu fahren«, sagte er. »Wie geht es dir denn? Alles in Ordnung? Hast du einen schönen Tag gehabt?«

»Joe, ich habe mich auf dem Berg verlaufen.«

»Wirklich?« sagte er. »Ach, übrigens, ich war unten und habe mit Madame gesprochen. Ich sagte ihr, daß wir früher abfahren. Sie war sehr mitfühlend, als sie die Armschlinge sah. Sie sagte, sie würde uns die restlichen Übernachtungen nicht anrechnen, obwohl wir bis Freitag bestellt hatten.«

»Ich habe versucht, den Weg hinunterzugehen, den wir auf Skiern hinuntergefahren sind, und konnte ihn nicht finden.«

»Das war dumm«, sagte er. »Warum hast du nicht den Bus genommen?«

»Ich weiß nicht.« Es war nicht das erste Mal in den zehn Jahren unseres Zusammenlebens und Nichtzusammenlebens, daß ich feststellte, daß ich ihm nichts zu sagen hatte. Er erriet nie das ganze Ausmaß meines Dramas; und jetzt sah er blaß und müde aus.

»Was ist denn los?« fragte er, als er merkte, daß ich ihn betrachtete.
»Nichts. Es ist nichts.«

Sogar auf dem Montmartre gab es Schnee und Kälte.
»Dort ist ein Hotel! Halt jetzt an!« sagte ich.
Wir waren den ganzen Tag gefahren, aber es schien, als hätten wir die Schneegrenze nie hinter uns gelassen.
»Halt an! Bitte. Das Hotel sah doch nett aus. Joe, ich dirigiere dich nicht eine Straße weiter.«
»Ameldia, es ist ein Fünf-Sterne-Hotel!« sagte er mit einer Stimme, die mich an meine Mutter erinnerte. »Wir steigen nicht in einem Fünf-Sterne-Hotel ab!«
»Ich bezahle«, sagte ich verschwenderisch. »Was es auch kostet, ich bezahle!«
»Aber Amee, du hast doch gar kein Geld!«
»Darüber rede ich mit dem Bankdirektor, nicht mit dir«, sagte ich. »Ich habe hier eine kleine Plastikkarte, die alles regelt. Also, willst du nun aussteigen? Bitte, Joe. Du siehst erschöpft aus!«
Wir nahmen ein Seitenzimmer auf der vierten Etage. Durch die Nylonvorhänge konnte ich den Pariser Verkehr und die Lichter des Eiffelturms sehen. »Wir können von hier zur Sacré-Cœur laufen. Ich glaube, ich erinnere mich an den Weg«, sagte ich.
Das letzte Mal war ich vor fünfzehn Jahren als Schulmädchen hier gewesen.
Im Restaurant gab es Mandarinen – ich schaute zu ihnen auf, als sie auf dem Obsttablett zum Nebentisch gebracht wurden – und mit Eiswürfeln bedeckte Weintrauben. Mich schauderte unwillkürlich. Ich kann mich nicht erinnern, daß wir in irgendeinem anderen Jahr Mandarinen gehabt hätten.
»Ich habe Weihnachten vergessen, meine Mutter anzurufen!« sagte ich plötzlich.

»Aus den französischen Alpen? Warum hättest du das tun sollen?« fragte er.
»Du weißt doch, wie sie sind, wenn ich Weihnachten nicht da bin.«
»Nein, weiß ich leider nicht, ich habe sie ja nie kennengelernt«, sagte er mit Nachdruck. »Und ich kann auch nicht verstehen, warum du glaubst, daß sie noch immer so versessen auf dich sind. Du bist jetzt dreißig, Ameldia, und du hast schließlich noch Brüder und Schwestern!«
»Ja, ich weiß. Aber ich war als einzige da, als ...«
»Vergiß es!« sagte er. »Ich habe nicht das ganze Geld ausgegeben und bin so weit mir dir gefahren, damit du jetzt wieder davon anfängst!«
»Madame? Monsieur?« Ein Kellner stand bereit und betrachtete uns, seinen Bleistift wie einen Dolch gezückt, um seinen Notizblock zu attackieren.
Als wir später über den Platz auf dem Montmartre gingen, packten Maler mit traurigen Augen gerade ihre Staffeleien ein. Ein Afrikaner breitete Armreifen und Elefanten aus Elfenbein auf einer Decke aus, und ich blieb stehen, um sie zu bewundern. Er fragte auf englisch: »Sind Sie Engländerin?«
»Non, Irlande.«
»Ah. *Irlande* ist gut«, sagte er, legte einen Arm um mich und zog mich zu seinen Waren hin. Ich fühlte mich wieder so schüchtern wie ein Schulmädchen und entwand mich seinem Arm, wobei ich ihm erklärte, ich hätte kein Geld, um etwas zu kaufen. Joe beobachtete mich aus einiger Entfernung, und ich sagte: »Sei nicht so mürrisch.«
»Ich bin nicht mürrisch«, antwortete er brummig.
»Wäre es nicht nett, auf ein Glas Wein in eine dieser Bars zu gehen«, sagte ich.
»Ach, die sehen mir sehr voll aus, und ich bin müde«, sagte er. »Weißt du, warum ich den Montmartre liebe?«

»Nein, aber ich bin sicher, du wirst es mir erzählen!« sagte er.
»Weil man kommen kann, wann man will, es ist immer alles geöffnet und voller Menschen.«
Ich wünschte, ich hätte ihn nicht zum Montmartre gebracht. Er schien sich inmitten all des Handels und Wandels auf den Straßen nicht wohl zu fühlen. Ich hatte vergessen, wie sehr er Märkte haßte. Er wurde erst wieder lockerer, als wir uns im Hotel befanden. Ich war nicht müde und konnte nicht einschlafen. Ich wälzte mich ruhelos umher und hielt so auch ihn wach.
»Wo hast du nur diesen Husten her?« fragte er.
»Ich muß mich irgendwo erkältet haben.«
Ich stand auf und ging zum Kühlschrank, um mir ein Glas Mineralwasser zu holen; als ich im Dunkeln die Tür öffnete, glaubte ich, Orangen zu riechen.
»Hast du Fruchtsaft verschüttet?« fragte ich.
»Nein«, sagte er müde. »Wann schläfst du endlich?«
Ich ging in den Duschraum, um das Wasser dort zu trinken und ihn nicht zu stören; als ich ins Schlafzimmer zurückkehrte, fand ich es darin viel kälter als vorher. Der Vorhang bewegte sich leicht und zog meine Aufmerksamkeit auf sich. Die Fensterscheibe war so klar, daß es aussah, als wäre sie überhaupt nicht vorhanden.
»Joe?« rief ich sanft. »Hast du das Fenster geöffnet?«
»Nein«, sagte er, ohne sich zu rühren.
Das Zimmer schien sich mit weißem Nebel zu füllen. Es ist wie auf dem Berg, dachte ich. Der weiße Nebel der Nacht draußen breitete sich anscheinend immer weiter aus.
»Komisch.« Es duftete sehr stark nach Orangen. »Jemand ißt Mandarinen!« sagte ich laut.
Joe antwortete nicht. Ich stieg ins Bett und legte mich zitternd hin. Die Wände des Raumes wichen allmählich vor dem Nebel zurück. »Nein, ich will das nicht mit ansehen«, sagte ich mit

Nachdruck. »Ich will das nicht mehr mit ansehen.« Ich verschloß fest die Augen vor der Dunkelheit und atmete behutsam.

Dort, wo die weißen Felsen des Antrim-Plateaus auf die schlammigen Ufer des Lough stoßen, schoben drei kleine Jungen, die nach Krabben fischten, einen großen Stein beiseite, und als einer von ihnen nach einer flüchtenden Krabbe ins Wasser langte, ergriff er statt dessen die kalte Hand meines Bruders. Im Mai stand ein verschlossener Sarg im Wohnzimmer, und die Schwestern Marias aus der Nachbarschaft kamen, um zu beten und Nachtwache zu halten.

»Ich will das nicht mit ansehen«, sagte ich. »Ich will das nicht mit ansehen.«

Ein Engel aus Portlandstein zeigte an, wo sich das Grab befand, und wir sangen: *»Blood of my Saviour wash me in thy tide.«* – »Er war für den Himmel bestimmt«, sagte meine Mutter oft, und das schien sie zu trösten. Jeden Sonntag gingen wir auf den Friedhof, meine Mutter und ich; zu Weihnachten legten wir immer Blumen und andere Gaben aufs Grab, bis schließlich der steinerne Engel alterte und pockennarbig und braun wurde. Es war das erste Weihnachten, an dem ich nicht ans Grab gegangen war.

Am Morgen zog Joe die Vorhänge beiseite und sagte: »Was für ein Anblick! Ich bin froh, daß ich gestern abend nichts davon wußte.« »Wovon nichts wußtest?« fragte ich und ging zum Fenster.

»Sieh nur!«

Ein Gewirr von steinernen Kruzifixen, Grabsteinen und Grabgewölben kennzeichnete die Gräber, die sich auf dem Platz unter unserem Fenster gegen die Seitenwand des Hotels drängten.

»Der Friedhof von Montmartre!« sagte er.

Ein steinerner Engel war nicht darunter.

»Wie unheimlich! Ich bin froh, daß wir abfahren«, bemerkte er

und schaute ein letztes Mal kurz hinunter, ehe er den Vorhang wieder fallen ließ.
Aber ich sah trotzdem noch etwas.
»Gestern abend«, begann ich, »war es im Zimmer sehr kalt, und ich habe dich gefragt, ob du ...«
»Nun komm doch endlich vom Fenster weg und beeile dich mit dem Packen«, entgegnete er. »Wir müssen die Mittagsfähre schaffen.«
Ich wollte ihm sagen, was ich jetzt wußte: daß die Zukunft bereits ein Teil von dem war, wozu ich wurde, und daß es, wenn ich dieses Werden anhielte, keine Zukunft geben würde, sondern nur eine endlose Wiederholung von Augenblicken aus der Vergangenheit, die ich gezwungenermaßen immer wieder durchleben müßte. »Es wäre besser, wenn du aufhörtest zu atmen«, hatte er gesagt. Aber das würde nicht gehen; denn es bliebe immer eine Erinnerung an das Gewesene – wie eine Schlinge; ein gefangener Augenblick, der, vollkommen fehl am Platze, in die Gegenwart hinüberreichte. Unerklärlich. Und ich wollte ihm, bevor es zu spät war, sagen, daß der Unterschied zwischen Lebenden und Toten so gering ist wie das Nichtvorhandensein eines Hauches auf Glas. Aber schon begab er sich eilends auf eine Reise woandershin.
Für den Himmel bestimmt, wirklich? Ja. Ganz und gar.

Hilde Domin

Die andalusische Katze

Am ersten Abend, als wir eingezogen waren, kam sie. Sofort stellte sich ein schweigendes Einverständnis zwischen uns her. Sie schien zu sagen: »Ich diene euch als Katze. Ich bin lebendiger als ein Sessel oder ein Tisch. Aber ich will so beständig um euch sein wie die Möbel. Wenn ihr eine Katze habt, ist es fast, als wärt ihr zu Hause.« Wir antworteten: »Du bis eine herrenlose Katze. Eine schwarze, dünne, herrenlose Katze. Du bist nicht schön, aber du bist lebendiger als die Möbel. Wie sind Durchreisende. Hier – und nicht nur hier. Trau uns nicht. Wir sind nichts Festes. Aber solange du uns hast, wird es fast sein, als habest du einen Herrn und ein Heim.«

Die Katze blieb bei uns. Es war keine schöne Katze, es war keine besonders lebhafte oder kluge Katze, aber es war eine bescheidene und unaufdringliche Katze, die nie vergaß, daß sie nur zu Gast war, auch wenn sie die Hauskatze spielte. Sie saß am Tisch und bettelte nie. Sie kam morgens auf die Terrasse vor dem Schlafzimmer. Aber sie schwieg und erhob nie die Stimme, um Einlaß zu verlangen, bis wir aufstanden und aufmachten. Wenn wir lasen oder schrieben, saß sie bei uns. Gingen wir spazieren, so begleitete sie uns bis auf die Landstraße, genau wie unsere eigenen Katzen es zu tun pflegten. Und bei unserer Rückkehr saß sie schon am Gartentor. Wir fühlten uns sehr zu Hause, nicht nur der Katze wegen.

Das Haus lag über dem Meer wie ein Schiff, mit Terrassen anstelle der Decks. Es war ganz von Geranien und Bougainvilleas umwachsen. Wenn man morgens die Augen aufmachte, sah man gleich auf das Meer, leuchtend glatt und blau. Der Sonnenaufgang wurde einem ans Bett gebracht wie ein Frühstück, zu einer annehmbaren Stunde, kurz vor neun.

Wir ließen unsere Bücher kommen und blieben in dem Haus, das wir für vierzehn Tage gemietet hatten. Wir blieben für eine längere Zeit. Aber doch nur für eine bestimmte Zeit. Das schien die Katze nicht zu verstehen. Wie die Tage vegingen, ohne daß wir abreisten, begann sie zu denken, wir seien gekommen, um zu bleiben. Die vielen Bücher über dem Kamin – da stellen wir sie auf, denn es war ein Kamin, der rauchte, ein Kamin, dessen schwarze Geschichte außen auf den roten Ziegeln zu lesen war, kurz ein Kamin, den man besser nicht anmachte – die vielen Bücher also über dem kalten Kamin beruhigten die Katze vollends über unsere soliden Absichten. Das erste Mal, als ich nach Málaga gefahren war, war sie verzweifelt dem Autobus nachgelaufen, so daß sie beinahe unter ein Auto gekommen wäre. Jetzt begann sie den Autobus mit freundlichen Augen anzusehen. Sie saß immer pünktlich auf der Mauer, um mich zu empfangen, wenn ich mit den Einkaufstaschen zurückkam. Die Fische in Málaga sind vorzüglich. Der Petersfisch mit dem Groschen des heiligen Peter auf dem Bauch war ihr der liebste, weil er einen so großen Kopf hat und auch an Schwanz und Flossen viel daran bleibt.

Im Januar – luna de enero, luna de amor, Januar, du Liebesmonat – bekam die Katze den Besuch mehrerer Verehrer. Die Kater, die unserer Katze den Hof machten, hatten es nahe genug. Sie brauchten nicht erst von einem der Dörfer oben auf den Hügeln zu kommen, denn sie trieben sich ohnedies auf dem Anwesen herum. Gleich zu Anfang, als sie sahen, wie erfolgreich sich die Katze hatte adoptieren lassen, hatten sie sich uns vorgestellt und um Aufnahme nachgesucht. Es waren ein weiß und rot gefleckter, mit unsympathisch impertinentem Blick, aber einem durchaus würdevollen Benehmen, ganz gut im Fleisch, was für seine

Lebenskunst sprach, und ein widerlich schleimiger schwarzer, ausgehungert und scheu, dem man es anmerkte, daß er selten auf Gegenliebe traf. Wir mochten beide nicht und wiesen sie ab. Sie lebten von gelegentlichen Almosen, wenn die anderen Häuser bewohnt waren.

Außerdem gab es noch einen abgemergelten gelben Windhund, der bisweilen unten am Strand erschien, ein hochbeiniges Gerippe, und dort, gelb auf dem gelben Sand, mit trauriger Gleichgültigkeit in den Muscheln schnupperte, die vom Essen der Fischer liegengeblieben waren. – Das Boot mit den drei Fischern gehörte zu dem Stück Meer vor unserem Haus. Im Morgenlicht lag es immer schon auf dem Wasser, schwarz wie die Möwen, ehe die Sonne steigt. Dann wurde es weiß. Aber obwohl sie den ganzen Tag fischten, hatten die drei Fischer nie mehr zum Verkauf anzubieten als hin und wieder einen Tintenfisch. Vielleicht fehlten ihnen ganz einfach die Geräte für einen ordentlichen Fang. Aber es schien ihnen nichts auszumachen, daß so gar kein Geld hereinkam bei diesem Leben, bei dem sie den ganzen Tag arbeiteten, ohne doch wirklich zu arbeiten. Am Mittag zogen sie das Boot ans Land und kochten ihre Muscheln. Dann schliefen sie in dem schmalen Schatten, den das Boot auf den Sand warf, und fuhren wieder hinaus, bis bei Sonnenuntergang die Schatten der Berge von Afrika hinter dem Horizont heraufstiegen.

Aber über den Fischern habe ich ganz die beiden Kater vergessen, die Verehrer der Katze. Dabei machte ihre Gegenwart sich im Januar fühlbar genug. Sie stürmten unser Haus und hetzten sich durch die Zimmer. Sie hangelten sich die Gardinen hinauf und bezogen lieber einen Posten hoch oben auf der Gardinenstange, statt das Feld zu räumen. Wenn man sie zu einer Tür hinausjagte, kamen sie zur nächsten herein.

Schließlich verschwanden sie. Die Katze war schwanger. Mit Mühe überzeugten wir sie, daß die sich in der Schreibtischschub-

lade anhäufenden Manuskriptseiten noch nicht für ein angemessenes Wochenbett ausreichten. »Vielleicht bis zum nächsten Mal«, vertröstete sie sich und nahm dann mit einer groben Decke im Fenstereck vorlieb. Es waren vier Kätzchen. Schön waren sie nicht. Das ließ sich bei den Eltern auch nicht erwarten. Zwei Kätzchen waren schwarz, zwei waren dreifarbig. Die schwarzen Kätzchen hatten weiße Pfötchen und einen weißen Kragen wie Waschbären. Wir nannten sie »Schneeweißchen« und »Schneepfötchen«, um der Katze eine Freude zu machen. Auf spanisch natürlich, denn sonst hätte sie es nicht verstanden. »Blancanieve« und »Blancamano«. Die Besitzerin des Anwesens hieß ohnehin Doña Dulce Nieves, »Frau Süßer Schnee«. Sie war eine schlechtgelaunte Blondine, die, nachdem sie die Häuser einmal mit großem Geschmack eingerichtet hatte, sich nicht weiter um sie kümmerte, denn sie wollte gar nicht erst wissen, was alles reparaturbedürftig war. Daher kam sie auch nie dazu, die Namensverwandtschaft zu feiern. – Den beiden anderen Kätzchen gaben wir Namen aus den Gesellschaftsanzeigen der Madrider Zeitung. Schöne und besondere Namen, wie sie nur in Spanien in den Zeitungen stehen.
Als die Mimosen blühten wie kleine, gefiederte Sonnen, machten die Kätzchen die Augen auf, blaue Augen, wie alle jungen Katzen. Vier weitere Katzenfrauen, was würde aus ihnen werden nach unserer Abreise?
Ich erkundigte mich bei dem liebenswürdigen Gärtner. Obwohl der Name Gärtner kaum auf ihn zutraf. Zudem war der Garten das einzige, was auf wunderbare Weise und ohne jedes Zutun funktionierte. Die Blumen gediehen von selbst. Die Blätter räumte der Wind auf. Die feuchte Meerluft begoß sie. Aber der Gärtner war für alles da, was auf dem Anwesen zu tun war oder doch zu tun gewesen wäre, eine Art Ariel auf dieser kleinen Kolonie von fünf Häusern, die »Die Wahrheit« hieß. Man läutete eine Schiffsglocke, die draußen hing. Dann ließ er die Arbeit

liegen und stehen, die er gerade in einem der Häuser begonnen hatte, und kam und versprach, den Wasserhahn oder den Herd zu reparieren oder was sonst gerade den tückischen kleinen Sprung vom schadhaften zum unbrauchbaren Gegenstand gemacht hatte. Da der Gärtner sehr nett war und alles lächelnd versprach, braun, schlaksig, mit blauen Augen und gewinnender andalusischer Grazie, nahm man seine Versprechen ebenso lächelnd an, obwohl wir bald lernten, daß sie nur als Trost gemeint waren. Wenn man oft genug geläutet hatte, kam der Gärtner auch wirklich zu einem ins Haus, und ehe die Schiffsglocke ihn aufs neue hinausrief, gab er den Gegenständen rasch einen kleinen Stoß. Entweder traten sie dann für eine Weile wieder in Tätigkeit, oder es war gänzlich aus mit ihnen. Ab und zu, ganz selten, nach langem Warten, wenn wir die richtige Mischung von Geduld und Ungeduld gehabt hatten, kam dann ein Fachmann, ein zünftiger Elektriker oder Schreiner, und flickte das Allernötigste, und wenn er wegging, sagte er zu dem Ding, das er repariert hatte, nach dem Brauch dieser Gegend: »Sei nett und halte, bis ich kassiert habe.«

Diese Handwerker sahen wir kommen und gehen. Was Ariel betraf, so ließ man einfach die Tür für ihn offen. (Man schloß nie etwas ab, die Schlösser funktionierten ohnehin nicht oder waren bereits durch Haken ersetzt, und Ariel war ehrlich. Nur beim Einkaufen mogelte er bisweilen.) Er kam und verschwand wie ein Geist oder ein Vogel und stellte den Kanister mit dem schlechten gelbbraunen Petroleum in die Küche oder drehte eine Birne aus, wo er sie gerade für entbehrlich hielt, um einen Gast im nächsten Haus zu Gefallen zu sein. Wir nannten ihn den Möwensohn.

Als der Möwensohn wieder einmal dabei war, einen Nagel einzuschlagen, wo eine Schraube fehlte – ich glaube, es war ein Scharnier des Fliegenschranks –, fragte ich ihn nach dem zukünftigen Geschick der vielen molligen Kätzchen. Er tat einen

ordentlichen Hammerschlag, so daß ein Stückchen grüner Kalk aus der Wand sprang und eine handbreite weiße Stelle hinterließ (keineswegs die erste), und teilte mir liebenswürdig mit, er werde sie ersäufen. »Sie haben nichts von einem Mörder«, protestierte ich. »O doch«, sagte er lächelnd, »dazu langt mir das Herz.« Da läutete die Schiffsglocke, und er legte den Hammer auf das Tablett mit den Teetassen, ließ die Säge schräg in der Küchentür und verschwand mit dem rituellen »Ich komme wieder«. Die Fliegenschranktür blieb unrepariert, was in Anbetracht der vielen Löcher des Drahtnetzes auch nicht so wichtig war.
Aber obwohl für die Kätzchen immerhin die Aussicht bestand, daß er sie zu eilig und daher nur halb ertränken würde, fühlte ich mich für sie verantwortlich. Doch es erwies sich als schwer, sie zu verschenken. Wem ich sie anbot, der hatte immer selbst schon ein paar Kätzchen zuviel. Ich beschloß, schlimmstenfalls die vier kleinen Katzen mit nach Málaga zu nehmen und sie dort feilzuhalten wie ein Hausierer. Irgendwelche Abnehmer mußte es in einer so großen Stadt doch geben. Zunächst jedoch bat ich das Aufwaschmädchen, oben im Dorf nachzufragen, und versprach ihr eine Prämie für jedes Katzenheim. Sie nickte unmerklich. Es war ein zartgliedriges, schüchternes und temperamentloses Geschöpf, wie es die Mädchen auf dem Lande an der andalusischen Küste sind, ein Mädchen, für das ein Lächeln bereits eine seelische Anstrengung bedeutete und bei dem man nie wußte, ob es gehört hatte, was man ihm sagte, so wenig schlug der Zeiger des Verstehens in seinen Augen aus.
Das Aufwaschmädchen brachte wirklich alle Kätzchen nacheinander im Dorfe Honigbach unter. Die Katze blieb alleine zurück. Schon als die Kinderzahl sich verminderte, hatte sie begonnen, uns ihre alte zärtliche Aufmerksamkeit wieder zuzuwenden. Sie schnurrte auch wieder. Trotzdem war es nicht mehr dieselbe Katze. Nicht nur, daß sie viel häßlicher geworden war. Seit langem verlor sie die Haare. Wir fürchteten, sie würde auf den

Ohren und an den Schulterblättern noch ganz kahl werden. Auch wurde sie zusehends bräunlicher. Ernstlich krank konnte sie bei alldem nicht sein, denn ihre Milch war den Kleinen vorzüglich bekommen. Sie hatte Zitzen wie die kapitolinische Wölfin, riesige fahlgraue Zitzen in dem immer dünner werdenden dunklen Fell. Aber wir waren ja nicht ihrer Schönheit wegen darauf eingegangen, mit ihr Hauskatze zu spielen. Schlimm war, daß ihr mit den Haaren irgendwie die höfliche Bescheidenheit abhanden kam. Seit sie im Ernst aufgehört hatte, eine herrenlose Katze zu sein, die für jede Gabe dankbar ist, seit sie das Betteldasein und seine Lehren vergessen hatte, hatte sie zu fordern begonnen, was einer wirklichen Hauskatze zusteht. Ihre Meinungen darüber, was einer solchen Katze gebühre, waren um so hochgespannter, als sie nie Hauskatze gewesen war und daher nicht wußte, daß nur in Sonderfällen die Katze die Hauptperson ist und im Bett der Hausfrau die Nacht verbringt. Sie kam jetzt mit Sonnenaufgang – die Sonne ging auch viel früher auf – und verlangte mit energischer Stimme ihr Frühstück. »Bringt mir eine frische Schale Milch«, sagte sie, »was gestern stehengebliebenen ist, soll ein anderer fressen.« Wenn wir uns taub stellten, kam sie halbstündlich und wiederholte ihre Mahnung. Auch sonst war sie anspruchsvoll geworden und maß sich Inspektionsrechte auf dem Spülstein und im Küchenschrank an.

Trotzdem war ich ziemlich bereit, für die letzten Wochen unseres Aufenthalts die Ansprüche der Katze anzuerkennen. Aber sie machte es mir schwer. Zwar lag sie schnurrend auf einem Stuhl neben mir, während ich Schreibmaschine schrieb. Hätte ich sie gebeten, sie hätte gewiß die Pfote aufs Blatt gelegt, damit der Wind es nicht fortwehte. Aber sie blieb nicht lange ruhig, sondern wandte sich in kleinen Abständen mit fragender Stimme an mich. Bald stellte sich heraus, daß sie um medizinischen Rat bat. An sich pflegen Katzen in derartigen Fällen sich an Gräser zu halten. Aber entweder waren die Gräser an dieser Küste nicht heilkräftig genug, oder die Katze fraß die falschen. Wir ließen uns von dem Möwensohn aus der Apotheke des nächsten Orts ein Stopfmittel mitbringen. Es waren grünliche Tabletten. Sie rochen nach Zimt. Tiere unter einem Kilo sollten alle fünf Stunden eine halbe davon bekommen. Was den Geschmack betrifft, so mußte er jedenfalls auf Tiere über einem Kilo berechnet gewesen sein. Die einzige Manier, wie die Katze die Tabletten fraß, war, wenn ich die zerstoßene halbe Pille in eine Kugel aus Speisebrei mit starkem Anchoviszusatz einwickelte. Auch so fraß sie sie nur morgens, wenn sie noch sehr hungrig war. Diese etwas andalusisch fragmentarische Kur hatte denn auch eine höchst unvollkommene Wirkung. Nach einigen Tagen überlegten wir mit dem Möwensohn, ob er sie nicht in den nächsten Ort mitnehmen und dort freilassen wolle. Schließlich würde sie binnen kurzem ohnehin wieder eine herrenlose Katze sein. Aber als wir sie daraufhin mit einem verdächtigen Halsband fanden, einem auf einer Seite offenen Drahtring, nahmen wir davon Abstand, die Hilfe des Möwensohns in Anspruch zu nehmen.

Ich beschloß, die Katze auf meiner nächsten Fahrt nach Málaga loszuwerden. Ich würde sie in der Nähe des Marktes aussetzen, wo sie von den zahlreichen, dort ansässigen herrenlosen Katzen gewiß sofort in die ortsüblichen Unterschlüpfe und Essenszeiten eingeweiht werden würde. Im Vergleich zu dem ungewissen Geschick einer Bettelkatze auf der »Wahrheit« war das eher eine Verbesserung für sie.

Als ich das nächste Mal morgens auf der Landstraße stand und den Autobus aus Algeciras anhielt, fuhr die Katze mit. Auf dem Fischmarkt kaufte ich ihr ein halbes Pfund Sardinen. Aber da weit und breit keine andere Katze zu sehen war – sie kommen erst nachmittags, wenn der Markt geschlossen ist, und räumen auf – und da ich die Katze keinen Schwierigkeiten aussetzen wollte, ließ ich sie in einer Nebenstraße, in einem Haustor. Ich legte das Paket mit den Sardinen vor sie auf den Boden. Die Katze sah mich zärtlich fragend an, als sie aus dem Korb stieg. Dann machte sie sich über die Sardinen her. Ich hatte ein schlechtes Gewissen, aber ich machte entschlossen kehrt und ging davon. Meine Absicht war, über den Fischmarkt zu gehen, wo sich meine Spur in unwiderstehlichen Fischdünsten verlieren mußte. Doch die Katze war schneller. Ehe ich den Markt erreicht hatte, hörte ich ihre klagende kleine Stimme neben mir. Sie konnte die Sardinen unmöglich aufgefressen haben. Wir gingen zu den Sardinen zurück. Mir schien, daß die Blumenverkäuferinnen an den großen Nelkenständen schon über mich lachten. Ich blieb neben der Katze stehen, streichelte sie und forderte sie auf, weiterzufressen. Die Katze nahm mit sichtlichem Unbehagen einen Fisch ins Maul und verlor mich dabei nicht aus dem Auge. Da kam ein Taxi vorbei. Das war ein seltenes Glück. Nie hatte ich ein Taxi in den engen Gäßchen am Markt gesehen. Ich stellte mich taub und blind und stieg ein und fuhr zu meinem Zahnarzt, der ganz in der Nähe wohnte. Es war ein solcher Lärm, daß die Klagen der Katze sofort übertönt wurden. Unter das Taxi war sie jedenfalls nicht gekommen, und es konnte nicht ausbleiben, daß sie sich in einer Gegend, in der so viele aufregend riechende Reste herumlagen, schnell trösten würde.

Der Zahnarzt war noch nicht da. Er pflegte erst nach elf zu kommen, wenn der elektrische Strom wieder angestellt wurde. Aber das Sprechzimmer hatte sich, wie jeden Morgen, bereits seit neun Uhr gefüllt. Es war ein ausgezeichneter Zahnarzt und sicher der schnellste, der je seine Hand in meinem Mund gehabt hat. Es war, wie wenn ein Film zu rasch gedreht wird. Denn um zwei wurde der Strom schon wieder abgestellt. Es mußte sehr anstrengend für ihn sein. Trotzdem bewahrte er das beruhigende Lächeln, ohne das sich in keinem Fall ein Patient einem Zahnarzt anvertraut. Aber man sah deutlich, wie dünn es auf seinem abgearbeiteten Gesicht lag. Er wirkte wie ein Zauberkünstler bei einem kritischen Akt.

Als ich vom Zahnarzt kam, begab ich mich schleunigst zum Einkaufen, denn es war nur noch eine Stunde bis zur Abfahrt des Autobusses. Gerade stand ich im Kolonialwarenladen, da hörte ich – es konnte doch wohl kaum sein –, wie mich die Katze rief. Und da kam auch schon eine schwarze Katze zur Tür herein. Ich mußte unter Verfolgungswahn leiden. Es gibt viele schwarze Katzen in Málaga, sagte ich mir. Aber noch ehe ich mich damit trösten konnte, hatte die Katze mich erkannt und stürzte mit einem heiseren Schrei, in dem sich die Wiedersehensfreude mit einem deutlichen Vorwurf mischte, auf mich los. Sie klammerte sich an mein Bein und stieg an mir herauf wie an einem Baum. Erschrocken kam der Angestellte um die Theke herumgelaufen, denn es war ihm peinlich, daß in seinem Laden eine Kundin von einer wilden Katze angefallen wurde. »Ach nein«, sagte ich, »lassen Sie nur. Es ist meine eigene Katze.« Dann ließ ich mir die Adresse eines Tierarztes geben. Natürlich war es auch nur ein Tierarzt für Tiere über einem Kilo. Er gab mir ein neues Rezept, das die Katze alle vier Stunden einnehmen sollte, in etwas heißer Milch. Am besten Tag und Nacht. Dann fuhren wir nach Hause. Mit einem Taxi. Den Autobus hatte ich versäumt.

Jetzt widmen wir die letzten Tage unseres Aufenthaltes ganz der Pflege der Katze, damit sie wenigstens gesund ist, bis wir abreisen. Denn dann muß sie ihr Bettelleben wieder aufnehmen, und in ihrem Zustand würde sie sich in den Häusern so unbeliebt machen, daß der Möwensohn in einer Anwandlung von Energie sie vielleicht doch noch völlständig ums Leben bringen würde. – In meinem Waschbecken haben wir neuerdings zwei Quallen installiert, eine hellblaue mit einem großen, rot abgefaßten Segel und eine reizende goldene Schirmqualle. Das Becken ist gerade groß genug, daß sie die Fußschnüre unter sich baumeln lassen können. Sie lagen am Strand in der Sonne und fühlten sich schlapp, aber sie haben sich gut erholt. Ich versorge sie mit Algen. Das Wasser ist ohnehin brackig, denn der Brunnen, aus dem es heraufgepumpt wird, liegt gleich am Strand. Aber wenn es auch den Tee verdirbt, die Quallen fühlen sich in ihrem Element. Nur wenn ich mich wasche, müssen sie mit einem Suppenteller vorlieb nehmen. Im übrigen lasse ich nachts immer das Licht über dem Waschtisch brennen, damit sie den Mond nicht vermissen. Das hat auch den Vorteil, daß ich nicht so tief schlafe und mir das Aufstehen leichter wird, um der Katze regelmäßig die Milch mit der Medizin zu wärmen. Die Kur scheint Erfolg zu haben. Aber beinahe freue ich mich auf die Abreise.

Isabelle Eberhardt

Rückkehr in den Süden

Auf der Straße von Bou-Saâda

Auf der Flucht vor der Gewöhnlichkeit Algiers, vor dem Lärm und den Massen der Stadt, wollte ich den Süden wiedersehen, das Land der wohltuenden Stille, und, sei es auch nur für einen Augenblick, das freie Leben noch einmal genießen, nach dem ich mich hier, in der feindseligen Atmosphäre der über und über von der »Zivilisation« erstickten großen Städte, schon so lange sehne.
Auf dem schnellsten Wege, fast heimlich kam ich bis nach Bou-Saâda; matt und schläfrig saß ich am Rand eines vom dunklen Grün der Gärten umrahmten Wadi.
Es war eine kurze, schnelle Abfolge von Visionen, wie Schleier, die sich plötzlich über den verschiedenartigsten Landschaften lüften und sich alsbald wieder darüber legen.
Unter einem schwarzen, vom Schirokko vernebelten Himmel sah ich zuerst die Silhouette von Bordj-Bou-Arreridj mit seiner alten, rötlichen Zitadelle; eine kleine Stadt, verloren in der riesigen Weite der von den Erntearbeitern schon kahlgeschorenen Ebene.
In einem von unzähligen Mücken wimmelnden Laden kann ich auf einer glühendheißen Bank eine kurze Ruhepause von einer knappen Stunde einlegen. Der Händler stammt aus dem Souf, vom Stamm der Zegoum. Beide in trauriger Stimmung – jeder auf seine Art – sprechen wir von dem Land, das dort unten, in weiter Ferne, unter der blendenden Sonne erstrahlt.
Schon geht es weiter mit einer schwankenden, mit Brettern

bedeckten, zweirädrigen Halbkutsche, die von zwei ausgehungerten Kleppern gezogen und von dem sogenannten Bou-Guettar geführt wird, einem Kutscher, der aussieht wie ein Straßenräuber. Es herrscht drückende Hitze; ein Mückenschwarm verfolgt uns; der Wagen macht ruckartige Sprünge, als hätte er epileptische Anfälle. Allerdings ist das immer noch besser als der »Postwagen«.

Mein Weggefährte und Führer ist Si Abou-Bekr, ein Mann von etwa vierzig Jahren, mager und kränklich, mit einem braungebrannten, asketischen Gesicht und einem verschlossenen, traurigen, fast düsteren Blick. Dieser Mann, der mit der Macht der verehrten Maraboutin von Bou-Saâda ausgestattet ist und ungeheure Reichtümer unter seiner Gewalt hat, trägt leuchtend weiße, aber abgenutzte und außerordentlich schlichte *Gandouras* und Burnusse. Sein Lebensstil ist der eines Armen, doch er erfreut sich großer geistiger Gelassenheit und Heiterkeit.

Während wir beide im hinteren Teil des Wagens sitzen und die Füße in der Luft baumeln lassen, unterhalten wir uns unbekümmert über die Dinge des Südens, unter anderem auch über den Glauben und die Rechtsprechung des Islam.

Si Abou-Bekr weiß genau, wer ich bin; er kennt meine Geschichte, und nachdem er meinen Fall aufmerksam studiert hat, befürwortet er meine Lebensweise.

Wie auch immer, als ich sehe, wie der Himmel lichter wird und die Landschaft sich verändert, je näher wir dem Süden kommen, kann ich meine Freude nicht mehr für mich behalten ... Die Landschaft wird herber und verlassener. Ab und zu entdecken wir einen kleinen Weiler aus Toub am Hang eines fruchtlosen Hügels. Auf halbem Wege, am Rand des Wadi von M'Sila, liegt eine Raststation; das rechteckige *Bordj* mit seinem großen Torweg, das sich oberhalb des murmelnden Flusses in einem Labyrinth aus Oleander- und Rosenstöcken erhebt, verleiht dieser

Station von Medjez trügerische Ähnlichkeit mit einer saharischen Karawanserei.
Wegen meiner Hautfarbe hält man mich für einen Kabylen, und einer der Einwohner von Medjez behauptet, mich in Tizi-Ouzou, wo ich nie gewesen bin, gesehen zu haben; er versteift sich darauf, in der Sprache der Kabylen mit mir zu reden ... Da wir bald wieder aufbrechen werden, belasse ich ihn in seinem Glauben; meine wiedergefundene Fröhlichkeit hilft mir, über derartige kleine Zwischenfälle zu lachen.
Wir fahren weiter und versuchen zu schlafen, ich oben auf einer Kiste und Si Abou-Bekr, zu einer Kugel zusammengerollt, hinten im Wagen ... Ein leichter Schlummer, der ständig unterbrochen wird; ungestalte Träume, durchsetzt mit Bruchstücken der Wirklichkeit.
Schließlich, noch vor der Morgendämmerung, erreichen wir M'Sila. Zu Fuß gehen wir durch eine lange Allee aus Maulbeerbäumen und gelangen zu einem großen Platz; in den Rinnsalen, die dort fließen, singen die Kröten ihr Lied. Ganz hinten sieht man Gebäude aus Toub, und vor einem maurischen Café sind Matten ausgebreitet: Dort schlafen die Bürger, die der Hitze ihrer Häuser entfliehen. Nachdem wir einige Grüße mit fremden Leuten ausgetauscht haben, die mir in meinem Halbschlaf wie Geister erscheinen, legen auch wir uns auf eine saubere Matte ...
Wie aus weiter Ferne höre ich noch die gebieterische Stimme eines Mannes, der in Wirklichkeit ganz nahe ist, auf der Schwelle des Cafés; er weckt die Schlafenden: »Das Gebet ist besser denn der Schlaf!« Weiße Gestalten bewegen sich, strecken sich, stehen auf. Mit klingenden Tönen schlagen Blechkannen gegen den Brunnenrand. Dann dämmert alles in das Nichts eines tiefen Schlafes hinüber.

Mittag. – Mit ihren geraden, monotonen Linien schneiden die gräulichen Toub-Mauern in den weißglühenden Himmel. In den staubigen Gassen, im kurzen blauen Schatten der schorfigen, rissigen, alterslosen Mauern, schlafen Männer in erdigen Burnussen in kunterbuntem Durcheinander mit den schwarzen Ziegen. Nur die Mücken sind geschäftig und schwirren überall herum, auf dem trockenen Unrat, den schwitzenden Gesichtern, den graubraunen Lumpen.

Alles schläft und seufzt in der zermürbenden Hitze. Mit einem fast unhörbaren hellen Rauschen fließt der Wadi durch sein Bett aus weißen Steinen, und in der Ferne erstrecken sich lustvoll die Gärten von Boudjemline in leuchtendem Grün.

Auf der Eisenbrücke, der häßlichen grauen Eisenbrücke, hockt ein blinder alter Bettler und entlockt seinem klangvollen *Benadir* dumpfe Töne, die im gewaltigen Schlaf der Umgebung so klingen, als wollten sie der Klage einen Rhythmus geben, der Klage des Alten, für den es keine Stunde mehr gibt: »Im Namen des Sidi Abdelkader-Djilani, des Herrn von Bagdad, des Herrn dort oben, gebt mir ein Almosen, o Muselmanen!«

Endlos wiederholt der Blinde seine Litanei, die niemand versteht, der niemand antwortet ...

In einer Vertiefung zwischen groben Mauern liegen zwei Männer auf einer Matte und scheinen geheimnisvolle Gespräche zu führen ...

Sicher geht es um etwas Ernstes, die komplizierte Politik des Südens oder vielleicht gar um ein Komplott ... Aber nein, der eine, ein schmächtiger *Taleb* mit einem schwarzen Bart und einer weißen Kapuze, erklärt seinem Gefährten schlicht und einfach den Ursprung des Traums.

»Die Seele«, sagt er, »belebt den Körper. Und manchmal nimmt der Schöpfer sie weg, sei es nur für den Augenblick, wie im

Schlaf, oder aber endgültig, wie im Tod. Die Seele ist eine lichtvolle Substanz, die, sobald sie frei ist von den Fesseln des Fleisches, Strahlen aussendet. Und je nachdem, ob diese Strahlen in die sichtbare Welt fallen, auf die Erde, oder ob sie aufs Jenseits ausgerichtet sind, sieht der Schlafende Städte, Landschaften, Bäume, Blumen, Menschen, die Propheten und die Heere, welche die Erde bevölkern ... Im Jenseits vermag er manchmal kleine Ausschnitte des Unbekannten nach dem Tode zu erkennen ... Dann erlöschen die Strahlen, und die Seele kehrt in ihr dunkles fleischliches Gefängnis zurück ...«

Und in der Mattigkeit des schlafenden M'Sila fahren die beiden Sophisten fort, ganz leise und langsam, mit geheimnisvollen Mienen, inmitten der unbeweglichen Kulissen von Erde und Sonne, ihre Dogmen von einst vor sich hin zu murmeln ...

Nach Sonnenuntergang. – Unter den schwarzen Deckenbalken eines baufälligen Saales aus verräuchertem altem Toub gruppieren sich fünf kaum zu vierkantigen Hölzern behauene Baumstämme, an denen die kräftigen Lebenslinien der dürren Bäume des Südens noch deutlich zu erkennen sind, zu einer seltsamen Familie. Im Schein einer armseligen, qualmenden Lampe sitzen drei Männer mit Kapuzen auf dem Kopf; sie spielen auf rissigen *Benadir*, wiegen sich im Takt und psalmodieren langsam die Litaneien des großen Heiligen von Bagdad, Sidi Abdelkader ... Und das gedämpfte rote Licht der Lampe läßt ihre verzerrten Schatten über die rauhen Wände wandern, auf denen man ab und zu kleine gelbe Skorpione oder graue Taranteln vorüberhuschen sieht.

Ringsum auf den Matten liegen dicht aneinandergedrängt zahllose, in Gewänder gehüllte Gestalten in lässiger Haltung; Adlernasen recken sich zu den Sängern; schmachtende, tiefschwarze oder goldbraune Augen geben sich halb geschlossen ihren Träumen hin ...

Zwei wunderschöne braungebrannte kleine Mädchen mit leuchtend grünen Kleidern, silbernen Spangen und roten, goldbestickten Seidenschals in den schwarzen Haaren stehen aufmerksam lauschend mit ernsten Mienen in der Mitte des maurischen Cafés: Tebherr und Oum-Henni, »Goldstaub« und »Friedensmutter«, die beiden Kleinen des Wirts.

... In einer schattigen Gasse öffnet sich eine Tür zu einem schummrig erleuchteten Hof. An der Wand entlang hocken die Frauen, in hellen Kleidern, geschmückt wie Götzenbilder, in Gold erstrahlend; sie bewahren die lange Regungslosigkeit von Statuen, während ihr Blick durch den Zigarettenrauch in die Ferne schweift ... Manchmal nähert sich ein Burnus, schleicht sich durch die Reihen und verschwindet im Hof; der weiße Burnus eines M'Sili, der blaue Burnus eines *Deïra*.

Dann erhebt sich eines der Götzenbilder unter dem lauten Geklimper des Schmucks und folgt dem Besucher in den heißen Schatten der armseligen Zellen.

Und so schläft M'Sila mit seiner Mischung aus Marabouts und Huren matt und feurig in der schweren Hitze der Nacht. Die *Benadir*, die alten religiösen Kantilenen und die klimpernden Armreifen der Ouled-Naïl singen ihm ein sanftes Wiegenlied.

M'Sila verbreitet den gleichen Zauber wie ein saharisches Ksar. Das gleichnamige Wadi, das am Grund einer breiten, tiefen Schlucht über Kieselsteine fließt, teilt den Ort in zwei Teile. Eine Eisenbrücke verbindet die beiden M'Sila.

Wir befinden uns im neuen, erst kürzlich erbauten Teil, wo die Straßen breit angelegt sind, wo es keine schattigen, geheimnisvollen Ecken gibt, wo alles – selbst die Bequemlichkeit – dem Geschmack des Roumi, seiner Vorliebe für gerade Linien geopfert ist.

Am anderen Ufer liegt die überhäufte, chaotische Altstadt mit all ihren schwärzlichen Toub-Häusern und ihren unbegradigten, namenlosen Straßen ohne Pflaster, lieblich improvisiert und dennoch einander ähnlich.

Den ganzen Tag weht der Schirokko; der heiße, verschlingende Wind hat uns seit der glühenden Hölle der Portes-de-Fer nicht mehr verlassen. Die fernen Horizonte stehen in Flammen und wirken vollends verzerrt, überall wirbeln graue Staubwolken auf und fegen über die Straßen. Die Mücken summen und stechen, außer sich vor Hitze.

Nur die am Rand des Wadi liegende Moschee mit ihren Fenstern, die sich zum Wasser hin öffnen, bietet noch eine einigermaßen kühle Luft; dort verweilen wir den ganzen Tag.

... Gegen Abend wechselt der Wind plötzlich seine Richtung, und während Si Abou-Bekr sich aufmacht, Reittiere zu besorgen und einige Besuche zu machen, setze ich mich allein an die hohe Böschung des Wadi.

Der Himmel ist jetzt fast vollkommen klar, und die Luft ist abgekühlt. In einem leichten, noch gelblich schimmernden Nebel geht die Sonne über der großen nackten Ebene unter, dem westlichen Vorfeld der Hodna-Ebene.

Vor mir zeichnet sich das alte, von leuchtend grünen, üppigen Gärten umgebene M'Sila in warmen Brauntönen von dem durchsichtigen Lila des Horizonts ab, während die Häuser der neuen Stadt hinter mir fast golden aus dem glänzenden Rosa der Abenddämmerung hervorspringen.

Frauen in blauen oder roten Gewändern steigen ins Bett des Wadi herab; sie tragen Behälter aus Ziegenleder oder schwere irdene Krüge ... Da sie barfuß über den Kies und den Sand gehen, scheinen sie wie Geister über den Boden zu gleiten und verleihen dem friedlichen, sanft melancholischen Reiz dieser Landschaft eine besondere Note.

Auch hier bereichert sich der sehr reale Rausch des Ortes und der Stunde um meine eigenen Erinnerungen, um die Bilder jener

Gegenden, die so schön sind, daß meine derzeitige Umgebung nur wie ein blasser Widerschein ihrer Pracht wirkt.
Die Frauen von M'Sila können sich nicht im entferntesten mit der eigentümlichen Anmut und dem geheimnisvollen Reiz der jungen Mädchen messen, die bei einbrechender Nacht durch die verzauberten Gärten des Souf schreiten, um das kühle Wasser der Brunnen zu schöpfen ...
Ah! Könnten die sommerlichen Abenddämmerungen Afrikas doch ewig dauern, könnte man die Träume des Poeten schützen vor der tyrannischen Dummheit der in die Banalität verliebten Menschen!
Doch mittlerweile stehen die Pferde schon vor der Moschee; wir müssen aufbrechen. Man gibt mir eine schöne weiße Stute mit einem roten Ledersattel; wir sitzen auf und steigen ins Bett des Wadi herab. Dort tummeln sich braungebrannte nackte Knaben, die ihre Hengste ins Wasser führen; die feurigen Tiere weiten die Nüstern, bäumen sich auf und grüßen meine zitternde Stute mit lautem Gewieher.
Gegenüber, im samtigen Grün der Gärten, aus dem sich die zerzausten Kronen einiger Dattelpalmen erheben, verstecken sich mehrere kleine, seltsam geformte *Koubbas* aus Toub. Mit ihren gestaffelten, zu einer seltsamen Spitze zusammenlaufenden Dächern wirkt eine von ihnen wie eine chinesische Pagode; ich liebe diesen Anblick, in dem ich die Spuren einer wilden, eigentümlich verwirrenden autochthonen Kunst aus der Vorzeit des Islam sehe.
Ein *Taleb* begleitet uns mit einem braven Maultier, das unser Gepäck trägt. Wir verlassen das Wadi und werfen einen letzten Blick auf M'Sila, ehe wir die große Ebene betreten.

Die Hodna-Ebene

Sie ähnelt der Wüste, diese Hodna-Ebene, die im Halbdunkel des Abends unendlich erscheint … Die bläulich schimmernden Berge verwischen in der Ferne und verschmelzen mit dem blassen Himmel, so daß der freie Raum keine Grenzen mehr zu haben scheint.

Die Pferde wittern diese ruhige und freie Weite … Sie möchten sich hineinstürzen, sich an einem schwindelerregenden Lauf berauschen.

Die ganze Ebene ist übersät von kleinen, niedrigen, blaßgrauen Sträuchern, Ton in Ton mit dem staubigen Boden. Einige ausgetrocknete kleine Schluchten; keine Welle, kein Hügel. Alles wirkt groß, monoton und einschläfernd. Gemächlich bewegen wir uns voran, lassen die Pferde im Schritt gehen; bald bricht die Nacht herein. Ein milder, schmeichelnder Hauch belebt die unverbrauchte, jungfräuliche Luft, unberührt von jedem Schmutz. Hier finde ich den geliebten Eindruck absoluter Stille wieder, den Eindruck eines gewaltigen Friedens, den nie etwas stört.

… Es ist schon finster, als wir plötzlich vor uns eine schwarze Mauer sehen: das *Bordj* von Si-El-Raâb, das den *Habous* der Zaouïa der Rahmania von Bou-Saâda gehört; die dichten Gärten ringsum bilden eine riesige, wirre schwarze Masse. Nach einem kurzen Essen strecken wir uns auf einer Decke im Hof aus, denn es ist heiß, und in den Toub-Häusern wimmelt es von Skorpionen. Der Garten, das *Bordj* und auch die außerhalb weidenden Pferde und Maultiere sind der Obhut einiger *Tolba*, Gebildeter, anvertraut, die dort ein zurückgezogenes Leben führen, allein in der Ebene, und ihre Freizeit dazu benutzen, alte Bücher zu lesen und zu beten, wie die Mönche.

… Es ist schon die zweite schlaflose Nacht, und uns fallen die Augen zu … Doch die Flöhe, die Plage der *Douars*, lassen uns

keine Ruhe ... Die *Tolba* sind daran gewöhnt und schlafen tief. Schließlich überwältigt die Müdigkeit auch meinen Gefährten. Nachdem ich ganz allein übriggeblieben bin, stehe ich auf und lege mich draußen auf den trockenen, warmen Boden. Dort erwarte ich die Stunde unseres Aufbruchs – ich warte, bis der Mond aufgeht; verträumt ergebe ich mich der Finsternis, dem schwindelerregenden Himmelszelt und lasse die Sterne auf mich fallen ... Ich lausche meinem Herzen, das wieder zum Leben zurückfindet, ich bin glücklich; die Lebenskraft meiner Jugend zu fühlen, die ich angesichts des vielen Leids oft vergesse ...
Endlich, als sich der zur Sichel deformierte fahle Mond über der Ebene erhebt, die mir mit baufälligen Gemäuern übersät und mit kleinen, üppigen Gärten wie mit Lustwäldchen bepflanzt scheint, gehe ich hinein, um Si Abou-Bekr und die *Tolba* zu wecken, die tief in der kühlen Morgenluft schlafen. Wir brechen auf. Schläfrig und benommen sitzen wir im Sattel. Es herrscht tiefe Stille, nur von Zeit zu Zeit schnaubt oder stolpert ein Pferd. Die *Tolba* versuchen, eines jener langsamen Lieder des Südens anzustimmen, die einem helfen, die großen monotonen Räume zu überwinden: »A-ya-â-â-ya-â-â! ... Ich rief, und niemand gab mir eine Antwort ... A-ya-â-ya-â-ya-â-â! ... Ich flehte, und niemand gab mir ein Almosen ...«
Dann verstummt die Traumstimme wieder, und wir setzen unseren Geistermarsch schweigend fort.
Bald darauf gelangen wir in eine Gegend, wo die Pferde nur widerwillig weitergehen, wo sie immer wieder erschreckt zurückweichen: Am Boden wächst eine Unzahl runder Büsche, die unten schwarz und oben silbern sind und von weitem wie liegende Menschen oder Gespenster aussehen. Um nicht aus dem Sattel zu fallen, müssen wir nun endgültig wach werden.

... Der Tag bricht an. Aus der bläulich schimmernden Ferne weht uns köstliche Frische entgegen, und die Trägheit der Nacht weicht der jugendlichen, fröhlichen Erneuerung, welche diese erste Stunde des Tages in den grenzenlosen, verlassenen Gegenden des Südens stets mit sich bringt ...

Wir kommen in eine Ortschaft mit etwa zwanzig Toub-Häusern, die verschlafen am Wege stehen, wo nur die wilden Hunde wachen und uns mit heiserem Gebell begrüßen ... Es ist das Dorf Saïda: kein Baum, kein Grashalm.

Danach verschwinden wir wieder in dem silbrigen Gesträuch, aus dem sich die eigentümliche, melancholische Klage des *Kérouan* erhebt, des Wüstenvogels, der auf dem Boden lebt und vorzugsweise nachts sein Nest verläßt, um zu singen.

Als wir die westliche Bucht der Hodna-Ebene erreichen, ist die Nacht endgültig vorbei: Vor uns erstreckt sich eine bräunlichgelbe, einfarbige *Sebkha* mit glatter Oberfläche, ohne eine einzige Unebenheit, ohne ein Gras. Die *Tolba* steigen vom Pferd, um das *Fedjr*, das Morgengebet, zu sprechen.

Seit nahezu einem Jahr hatte ich die Härte der arabischen Sättel und Steigbügel nicht mehr gespürt; jetzt fühle ich mich zerschlagen, mit weichen Knien und schmerzhaften Gliedern.

Der *Taleb* Si Ali, der uns die erste Strecke begleitet hatte, verläßt uns, um nach M'Sila zurückzukehren.

Nun besteigt Si Abou-Bekr das Maultier, und wir machen uns auf den Weg durch die *Sebkha*.

Rot und schon voll entflammt geht die Sonne auf. Fast im gleichen Augenblick beginnt die Hitze ...

Baniou. – Ein grau-weißes Militär-Bordj auf der Höhe. Eine Pappelallee führt zu den Brunnen, die heißes, trübes, verpestetes Wasser führen. Ringsum stehen einige Toub-Bauten. Unten sieht man Sand, echten Sand, zwar etwas rötlich, aber fein und trocken. Hier und dort finden sich Tamariskenbüsche; an ihren versandeten Wurzeln bilden sich, wie bei allen saharischen Bäumen, kleine Hügel. In ihrem Schatten machen wir Rast; gierig

trinken wir den flüssigen Schlamm und einen scheußlichen Kaffee voller Mücken.
Es wird immer heißer, und wir machen uns wieder auf den Weg. Zwei Stunden vergehen, dann erreichen wir Bir-Khali. Dort gibt es einige Toub-Häuser, die den Sommer über leerstehen, und einen Brunnen mit ungewöhnlich reinem und fast kühlem Wasser. Wir trinken voller Gier, wie rasend ... Ein passenderes Wort fällt mir nicht ein.
Dann folgen die drückenden Mittagsstunden in der nackten, ausgeglühten Ebene. Doch vor uns liegen die Berge, die den Horizont beschließen, und zwischen zwei steil aufragenden Hörnern Bou-Saâda auf seinem niedrigen Hügel. Ganz deutlich kann man die *Casbah* oberhalb der Stadt und das Schwarz der Gärten erkennen.
In Wirklichkeit fängt hier die ewige Illusion des Südens wieder an: Die Stadt erscheint uns nahe, aber so viel wir auch reiten mögen, der Abstand scheint sich nicht zu verringern. Auf die Dauer wird diese Vision der verzauberten Stadt, die am Horizont entflieht, beängstigend.
Die Hitze ist unerträglich.
Unsere Lippen werden trocken und rissig. Der Schirokko zerfrißt uns die Haut.
Ein Kameltreiber, den wir überholen, gibt uns zu trinken; dann dauert es nicht lange, bis der Mann und sein großes, langsames Tier sich verzerren und ihr Bild mit den kaum sichtbaren Wellen der Grenzenlosigkeit der Ebene verschmilzt.

Bou-Saâda

Bou-Saâda, ein anmutiger Anblick; ich erlebe es wie eine Vision, umgeben und vergoldet vom Strahlenkranz der Sonne, eingefaßt in das lebhafte Smaragdgrün seiner Gärten!
Das Wadi Bou-Saâda fließt im großen Bogen am Fuß der Stadt über die weißen Kieselsteine. Links wachsen die dichten Gärten wie ein Urwald über die gelben Toub-Mauern hinaus, gekrönt von den königlichen Federbüschen der Dattelpalmen. Rechts tauchen hinter einem Gürtel aus Feigen, Oleander und Granatapfelbäumen die hohen, zu einer angenehmen und sehr saharischen Unordnung gruppierten irdenen Häuser auf. Wir waten durchs Wasser, zu dem sich unsere halb verdursteten Tiere hinunterbeugen, und folgen dem Bett des Wadi bis zu einem kühlen Brunnen, der am Fuß der Stadt einem Felsen entspringt: »Aïn-Bessem« – der lächelnde Brunnen. Wir trinken noch einmal.

... Auch Bou-Saâda ist durch eine tiefe Schlucht in zwei Städte geteilt, die durch eine Brücke miteinander verbunden sind.
Auf der einen Seite befinden sich die europäischen Bauten, das Arabische Bureau und das Friedensgericht. Auf der anderen das alte Durcheinander von geformter Erde, das wahre Bou-Saâda.
Die zweigeteilte Stadt ist eng von hohen rötlichen Hügeln umschlossen; dahinter ragen die Berge auf, die seltsamen Berge der südlichen Gebirgskette, geschichtet und gestaffelt, mit abfallenden Terrassen, von denen einige weit überhängen.
Das Volk von Bou-Saâda ist ähnlich wie das Volk der Sahara zutiefst an die alten Bräuche, die Sitten von einst gebunden ...
Je mehr man sich von den kosmopolitischen und korrumpierten großen Städten entfernt, um so stärker scheint dieses Volk in die verflossenen Jahrhunderte hinabzusteigen.
Braungebrannte Gesichter unter dem weißen Turban oder dem

mit einem Schnürchen aus beigem Kamelhaar befestigten Schleier; männliche und asketische Gesichter, graubraune, in tiefen Höhlen liegende Augen, in denen unter der Burnuskapuze eine dunkle Flamme brennt, Rosenkränze um den Hals, Haltungen aus einer anderen Zeit, fast könnte man sagen, aus einer anderen Welt.

Die weibliche Tracht ist schwieriger zu tragen: Die tiefgegurteten, zu einer griechischen Tunika drapierten Mousselingewänder und die voluminöse, in die Breite gehende Haartracht stehen nur großen, schlanken und vor allem sehr geschmeidigen Frauen. Und solche sind es nicht, die man auf der Straße sieht, sondern armselige, verbrauchte alte Mumien, die einen kläglichen Eindruck machen.

... Wir lassen unsere Betten – Matten und Teppiche – unter den Arkaden eines großen Hauses richten, das zur Zaouïa gehört und in einer abgelegenen Ecke des neuen Stadtteils liegt, in der Nähe des Friedensgerichts, von dem es durch ein tiefes Schlammloch mit einem wunderschönen Garten, einem Chaos aus kräftigem Grün, getrennt ist.

Unmittelbar vor uns befindet sich, wie zum Kontrast, ein europäischer Garten, eine dürftige Pflanzung mit Mimosen und schlecht angeschlagenen, schwächlichen Maulbeerbäumen, das Ganze abgegrenzt durch einen traurigen Stacheldraht. – Wie erbärmlich wirken diese Gärten mit ihrer symmetrischen Ordnung, ohne Überraschungen und ohne Charme, neben den prächtigen arabischen Gärten, die völlig willkürlich gepflanzt werden, die einer Phantasie entspringen, welche der Natur sehr nahe steht und ebenso reich ist wie sie!

Die mürrischen Soldaten der Strafkompanien, die armen zerlumpten Gefangenen und ihre Wächter verstehen sich im Gegensatz zu dem unwissenden und poetischen *Fellah* nicht darauf, die hellen Weinreben mit dem dunklen Blattwerk der Feigen zu verbinden, die Lorbeeren zwischen die mächtigen Palmen zu setzen und den dichten Schatten der Apfelbäume mit dem fleischfarbenen Rot der Granatäpfel zu schmücken.

Die Zeit verfliegt; im Morgengrauen machen wir uns auf den Weg zu der Zaouïa an der reizvollen Wüstenstraße von Djelfa.
Der Weg folgt zunächst dem Wadi Bou-Saâda, dann schlängelt er sich im hellen Morgenlicht zwischen den bläulichen Bergen hindurch.
Der Sommer hat die Wiesen und das Maquis ausgetrocknet. Alles nimmt die neutralen, aber unendlich verschiedenen Töne des Bodens an. Ziegelrot, Gelblichbraun, Ockergelb, Ockergrün, namenlose, kaum unterscheidbare Aschfarben, alle möglichen Lilaschattierungen, das erstaunliche Spektrum der Grautöne, blasses Rosa und fahles Weiß. Diese Neutralität der Farben, ihre fehlende Schärfe verleihen dem Lichterspiel einen besonderen Reiz, der nirgendwo anders zu finden ist – er ist das Wunder der glühenden Regionen.

In der Zaouïa

Wieder nähern wir uns dem Wadi, das an beiden Ufern mit gleichmäßig grünen Gärten bepflanzt ist; eine fast unwahrscheinlich frische und liebliche Gegend.
Auf einer glatten Fläche erheben sich einige Toub-Häuser: eine weitere Rückzugsstätte der Tolba, die ebenso wie ihre Gärten zu der Zaouïa von El-Hamel gehört.
El-Hamel, »Der Verirrte«: ein poetischer Name, der ausgesprochen gut zu diesem grandiosen wilden Ort paßt, der tatsächlich verloren in einem Tal liegt, das zur einen Seite immer enger wird und sich zur anderen, zum Wadi hin, einem weiten, azurblauen Horizont öffnet.
Nun erscheint auch die Zaouïa auf der Höhe: zwei große Gebäu-

de, ein leuchtend weißes, das eher europäisch wirkt, und das andere aus hellem Toub mit spärlichen, schmalen Öffnungen.
Unterhalb der Zaouïa findet sich eine kleine Ansammlung irdener Häuser, dann folgt das Dorf des Chorfa-Stammes, ein malerisches Durcheinander kleiner Häuser, die wie all diese Toub-Konstruktionen baufällig wirken.
Noch weiter unten entfaltet sich ein Meer aus grünenden Pflanzen, überragt von Dattelpalmen wie von einem prächtigen Baldachin. Das alles hebt sich zart und klar in der reinen Bergluft von den unbestimmten Farbtönen des Hügels ab. Dieser Ort vermittelt ein ganz besonderes, ganz eigenes Bild, das weder an die Sahara noch an die gewöhnliche Landschaft der Hochplateaus erinnert.
In einem kleinen, sehr armseligen und schlichten Zimmer aus Toub in Si Abou-Bekrs Heim schlafe ich sofort auf einem Teppich ein, während ein fröhliches Kommen und Gehen uns willkommen heißt.
Beim Erwachen finde ich dort jene ruhigen, verschwiegenen und höflichen Gespräche wieder, die überall dort, wo die große islamische Sorglosigkeit noch unangetastet und unberührt ist von der zersetzenden europäischen Unruhe, die langen Stunden der immer gleichen Tage vertreiben.
Hier, an diesem abgeschiedenen Ort mit seinem grandiosen und zugleich einfachen Rahmen, erstickt der Lärm unserer erbitterten und nutzlosen Kämpfe im tiefen, regungslosen Schweigen, und die laufenden Ereignisse, die im Grunde immer die gleichen sind, werden nur als Zwischenfälle erlebt.
Um mit diesen verschlossenen und empfindlichen Menschen zu reden, muß man ihre Vorstellungen kennen und sie sich zu eigen gemacht haben, man muß sie auf ihre antike Quelle zurückgeführt und geläutert haben ... Dann ist das Leben leicht, dann kann man sich sanft in dieser Welt der Burnusse und Turbane wiegen – einer Welt, die der Beobachtung des Touristen auf

immer verschlossen bleibt, wie aufmerksam und intelligent sie auch sein mag.
Wenig sprechen, viel zuhören, sich niemandem preisgeben: das sind die Regeln, die man befolgen muß, wenn man von den arabischen Milieus des Südens akzeptiert werden und sich dort wohl fühlen will …

Nachdem wir mehrere Vorplätze und weitläufige, düstere Höfe durchquert haben, gelangen wir in einen großen Innenhof, eingeschlossen von sehr hohen und uralten bräunlichen Toub-Wänden. In der Mitte wächst ein junger Feigenbaum, der diesem von tiefer Stille beherrschten Ort in wenigen Jahren seinen Schatten spenden wird. In diesem Hof sahen wir eine Art Bett, eine große polierte, auf vier Steinsockeln ruhende Platte. Es war der Aufenthalt des verstorbenen Marabout Sidi Mohammed Belkassem.

Besuch bei Lella Zeyneb

In einer Ecke, neben der Tür, die zu den Wohnungen führt, sitzt eine Frau in der schlichten weißen Tracht von Bou-Saâda auf einer Art Steintreppe. Ihr faltiges Gesicht ist von der Sonne gebräunt, denn sie reist viel in der Gegend umher. Sie geht auf die Fünfzig zu. In den schwarzen Augen mit dem außerordentlich sanften Blick flackert das Licht der Intelligenz, wie verschleiert von großer Traurigkeit. Alles, ihre Stimme, ihre Gebärden und die Art und Weise, wie sie die Pilger empfängt, läßt auf große Schlichtheit schließen. Es ist Lella Zeyneb, die Tochter und Erbin Sidi Mohammed-Belkassems.
Der Marabout, der ohne männliche Nachkommenschaft geblieben war, ernannte sein einziges Kind, das er wie den besten *Taleb* auf arabisch unterrichtet hatte, zu seinem Nachfolger im Falle

seines Todes. Er hatte seine Tochter auf eine sehr andersartige Rolle vorbereitet als die, welche der arabischen Frau gemeinhin zukommt; und heute leitet sie die Zaouïa und die Khouans, die der Bruderschaft angeschlossen sind.

Die Zaouïas sind keine »Schulen des Fanatismus«, wie es manche Autoren behaupten, die sie nur dem Namen nach kennen. Neben der Erteilung des muselmanischen Unterrichts erfüllen die Zaouïas die Funktion, Tausenden von Armen, Waisen, Witwen und Gebrechlichen, die ohne sie ohne Obdach und ohne Hilfe wären, mit den Wohltaten ihrer Barmherzigkeit beizustehen.

Mehr als alle anderen ist die Zaouïa Lella Zeynebs eine Zuflucht für die Ärmsten unter den Armen, die aus allen Himmelsrichtungen herbeiströmen.

Lella Zeyneb, die unter einer schmerzhaften Halsentzündung leidet, kämpft mutig gegen alle Feinde, die ihr aus mancherlei Eifersucht erwachsen; unbeirrt verfolgt sie ihr Werk der Hingabe und Entsagung.

... Mein Fall, meine Lebensweise und meine Geschichte stoßen bei der Maraboutin auf lebhaftes Interesse. Nachdem sie alles gehört hat, stimmt sie mir zu und versichert mir ihre immerwährende Freundschaft. Doch plötzlich wird sie traurig; ich sehe Tränen in ihren Augen.

»Meine Tochter ... ich habe mein ganzes Leben gegeben, um auf den Pfaden Gottes Gutes zu tun ... Und die Menschen erkennen das Gute nicht an, das ich ihnen tue. Viele hassen und beneiden mich. Obwohl ich auf alles verzichtet habe: ich habe nie geheiratet, ich habe keine Familie, keine Freunde ...«

Angesichts dieses ungerechten Schmerzes, den sie vielleicht seit Jahren verbirgt und der nur in Gegenwart einer anderen Frau zutage tritt, deren Schicksal ebenso ungewöhnlich ist wie das ihrige, werde auch ich traurig.

Von Zeit zu Zeit erschüttert ein rauher Husten Lella Zeynebs

Brust. Mit Schrecken merke ich, wie krank sie ist! Sie, die da ist, um über die große, unglücksreiche Familie zu wachen, die sich um sie schart. Was soll aus der wohltätigen Zaouïa werden, wenn Lella Zeyneb eines sicher nicht mehr fernen Tages stirbt?
Die Persönlichkeit dieser Frau, die im Zölibat lebt und eine wichtige religiöse Rolle spielt, dürfte im muselmanischen Abendland wohl einmalig sein und hätte es sicher verdient, gründlicher studiert zu werden, als ich es während meines viel zu kurzen Aufenthalts in der Zaouïa tun konnte …
Ich verbringe die Nacht allein, in einem großen, gewölbten Raum. Der von den Bergen kommende Wind rüttelt heftig an den Fensterläden. Es weint und ächzt im ganzen Tal und zwischen den Gräbern des nahen Friedhofs.
… Am frühen Morgen weckt mich eine unerhört sanfte, melancholische Traumstimme.
»Gott ist einzig in seiner Art, und er ist hilfreich … Er wurde nicht gezeugt, und er zeugte nicht … Gott hat kein Ebenbild!« singt die Stimme, langsam, langsam.
Ich stehe auf; traurig und versonnen denke ich daran, daß dies der letzte Tag ist; ich gehe zum Fenster: Unten wandelt ein Greis und rezitiert die Verse des heiligen Buches nach einer uralten Weise.
Ich nahm Abschied von Lella Zeyneb und verließ die Zaouïa von El-Hamel …

In Bou-Saâda besteige ich einen unförmigen, mit Juden überfüllten Lastwagen, der nach Aumale fährt, eine Strecke von hundertdreißig Kilometern über holprige, ausgefahrene Wege.
Zunächst umgibt uns noch rotbrauner Sand, wir sehen vereinzelte Tamarisken, einen weiten, leeren Horizont, der dem Horizont der Sahara gleicht und von dem ich mich wieder einmal entferne.
Die ersten Stationen sind mir noch vertraute, geliebte Bilder: zerfallene *Bordjs* mit Palmengruppen im Hintergrund. Dann ver-

ändert sich alles. Wir nähern uns den Hauts-Plateaux, die Landschaft wird streng und traurig, sie strahlt eine Traurigkeit aus, die ich nicht mag. Es ist zu Ende …
Nach so vielen anderen ist nun auch dieser siebentägige Traum verflogen, und fast möchte ich mich fragen, ob das alles überhaupt stimmt, ob diese ganze blitzartige Zauberei nicht ein Hirngespinst gewesen ist, ob dieses Bou-Saâda, diese Zaouïa und diese Maraboutin in ihren weißen Schleiern nicht nur meinem Heimweh nach dem Vergangenen entsprungen sind.

Wie sehr sollte ich mich noch nach Bou-Saâda sehnen, seinem unvergleichlichen Licht, seinem lebhaften und malerischen Gewirr! Wenig später kam ich an das langweilige Ténès, wo ich lange Monate Seite an Seite mit den *Fellah* des Tell lebte. Dort konnte ich die Beziehungen zwischen den Eingeborenen und den Kolonialherren aufmerksam studieren … Der arabische Bauer hat die gleiche Geduld wie der russische Bauer. Der Kolonialherr ist meistens ein wackerer Mann, der seinen Nachbarn nicht versteht.
Ich fuhr oft nach Algier, um dort zu schreiben. An einem Regentag traf ich Abou-Bekr unter den Arkaden.
»Kommen Sie nicht mehr, uns da unten zu besuchen? … Die Bäume fangen gerade an zu blühen … Die Maraboutin spricht oft von Ihnen …«
Und zwei Tage später war ich wieder auf dem Weg nach Bou-Saâda, trotz der noch kalten Jahreszeit leicht gekleidet und fröhlich, als wollte ich in den Garten gehen und Blumen pflükken.

Tränen des Mandelbaums

Für Maxime Noiré, den Maler der brennenden Horizonte und der weinenden Mandelbäume

Bou-Saâda, die fahlrote Königin, schläft genüßlich im Kleid ihrer dunklen Gärten, unter der Wacht ihrer violetten Hügel am steilfallenden Rand des Wadi, in dem das Wasser über die weißen und rosa Kiesel rauscht. Wie nachlässig über die kleinen irdenen Mauern gebeugt, weinen die Mandelbäume ihre weißen Tränen, während der Wind ihnen sanft über die Kronen streicht; ihr zarter Duft erfüllt die weiche Lauigkeit der Luft und beschwört eine zauberhafte Melancholie herauf ...

Es ist Frühling: Unter dem äußeren Anschein der Mattigkeit, dem Anschein eines rührenden Endes aller Dinge, keimt kraftvolles Leben voller Liebe und voller Glut, und der starke Saft steigt von den geheimnisvollen Quellen der Erde auf.

In Bou-Saâda herrscht die Stille des Südens; wie in allen arabischen Städten sieht man nur wenig Menschen auf den Straßen. Doch im Wadi bewegen sich manchmal lange Züge von Frauen und Mädchen in leuchtender Tracht.

Violette, smaragdgrüne, rosa, zitronengelbe, himmelblaue, orange, rote oder weiße *Mlahfas*, bestickt mit Blumen und bunten Sternen; auf den Köpfen das schwere Gebäude der saharischen Haartracht, bestehend aus Zöpfen, Gold- oder Silberbändern, zierlichen Ketten, kleinen Spiegeln und Amuletten, oft auch gekrönt mit Diademen, an denen schwarze Federn befestigt sind ... Die ganze Pracht zieht vorbei, schillert in der Sonne; Gruppen schließen sich zusammen und gehen auseinander, wie ein in den Farben sich verschiebender Regenbogen, wie liebliche Schmetterlingsschwärme. Und manchmal tritt eine Schar weißgekleideter Männer mit ernsten, braungebrannten Gesichtern und Kapuzen auf dem Kopf schweigend aus den ockrigen Gassen ...

Seit Jahren sitzen zwei alte Frauen von morgens bis abends vor einer Hütte aus sonnengetrocknetem Schlamm. Sie sind in dunkelrote *Mlahfas* gehüllt, deren dickes Wolltuch in schweren Falten über ihre erstarrten Körper fällt. Nach dem Brauch des Landes färben sie ihr graues Haar mit Henna in einen leuchtenden Orangeton, flechten es und schmücken es mit roten Wollzöpfen; in den schlaffen Ohrläppchen hängen schwere Ringe, deren Gewicht von Silberketten aufgefangen wird, die in den Seidentüchern der Haartracht befestigt sind. Halsketten aus Goldmünzen, gehärtetem aromatischem Teig und starken ziselierten Silberplatten bedecken ihre welke Brust; bei jeder ihrer seltenen und langsamen Bewegungen klimpert der ganze Schmuck, besonders die Reifen an den Fesseln und den knochigen Handgelenken. Regungslos, wie alte vergessene Götzenbilder, sitzen sie da und schauen durch den blauen Rauch ihrer Zigaretten den Menschen nach, die keinen Blick mehr für sie haben, den Reitern, den Hochzeitszügen, den Kamel- oder Maultierkarawanen, den altersschwachen Greisen, die einst ihre Liebhaber waren, der ganzen Bewegung des Lebens, das sie nicht mehr berührt.

Ihre trüben, durch die Kajalstriche übermäßig vergrößerten Augen, ihre trotz der Falten gepuderten Wangen und ihre rotgemalten Lippen – diese ganze Aufmachung wirft eine Art unheilvollen Schatten auf die beiden abgezehrten, zahnlosen alten Gesichter.

... In ihrer Jugend hatten die stets braungebrannte Saâdia mit der feinen römischen Nase und die weißhäutige, zerbrechliche Habiba die Männer aus Bou-Saâda ebenso wie die Nomaden betört.

Jetzt sitzen sie da, reich, geschmückt mit den Produkten ihrer früheren Habgier, und betrachten in Ruhe und Frieden den schillernden Schmuck der großen Stadt, in der sich Tell und Sahara begegnen, in der sich die Rassen Afrikas vermischen. Sie sitzen da und lächeln, lächeln über das Leben, das – unbeweglich und ohne sie – weitergeht, oder auch über ihre Erinnerungen … Wer weiß?

Wenn die langsame, klagende Stimme des Muezzin die Gläubigen zum Gebet ruft, erheben sich die beiden Freundinnen und knien mit ihrem klimpernden Schmuck auf einer unbefleckten Matte nieder. Dann gehen sie an ihren Platz zurück, ebenso versonnen wie zuvor, als erwarteten sie jemand, der nicht kommt.

Nur selten tauschen sie ein paar Worte aus.

»Sieh doch, Saâdia, da hinten geht der Kadi Si Châlal … Erinnerst du dich an die Zeit, als er mein Liebhaber war? Ein schmucker Reiter war er damals! Wie geschickt er seine schwarze Stute in die Höhe steigen ließ! Und wie freigiebig er war, obwohl noch ein einfacher *Adel*. Und jetzt ist er alt … Er braucht zwei Diener, die ihm auf sein Maultier helfen, das ebenso brav ist wie er selbst; und die Frauen wagen nicht mehr, ihm ins Gesicht zu sehen … diesem Mann, der mich mit seiner Glut verzehrte, dem ich die Augen mit Küssen bedeckte!«

»Ja … Und Si Ali, der Leutnant, der einfache Spahi, der mit Si Châlal gekommen war und den ich so unbändig liebte? Erinnere dich! Auch er war ein kecker Reiter, ein hübscher Kerl … Wie habe ich geweint, als er nach Médéa ging! Er dagegen lachte, er war glücklich, man hatte ihn zum Brigadier ernannt … Er hatte mich schon fast vergessen … So sind die Männer … Er starb letztes Jahr … Gott sei ihm gnädig!«

Manchmal singen sie Liebeslieder, die aus ihren Mündern mit den meckernden, schon erloschenen Stimmen recht seltsam klingen. Und so leben sie unbekümmert mit den Geistern verflossener Tage und warten, bis ihre Stunde schlägt.

… Langsam steigt die rote Sonne hinter den von leichtem Nebel verhüllten Bergen auf. Ein purpurner Schein fällt über die Dinge, wie ein Schleier der Scham. Die ersten Strahlen verwandeln die

Kronen der Dattelpalmen in Sprühfeuer, und die tönernen Kuppeln über den Marabout-Gräbern wirken wie aus massivem Gold. Für einen kurzen Augenblick entflammt die ganze fahlrote alte Stadt, wie ausgeglüht von einer inneren Flamme, während die unteren Teile der Gärten, das Bett des Wadi und die schmalen Pfade mit unscharfen Umrissen im Schatten verharren, erfüllt von blauem Rauch, der die Formen zerfließen läßt, die Ecken abrundet und geheimnisvolle Weiten zwischen den niedrigen Mauern und den ziselierten Stämmen der Dattelpalmen öffnet ... Am Flußufer wirft der Schein des weißglühenden Tages einen rosigen Hauch über die verstreuten, zu weißem Schnee erstarrten Tränen der nachdenklichen Mandelbäume.

Vor dem Heim der beiden alten Freundinnen zerstreut der Wind die Asche des erloschenen Herdfeuers und trägt sie in einem kleinen Wirbel davon. Doch Saâdia und Habiba sind nicht an ihrem gewohnten Platz.

Von innen hört man eine bald heisere, bald schrille Klage. Rings um die Matte, auf der Habiba wie ein formloses Paket aus rotem Stoff liegt, hocken Saâdia und andere ehemals Verliebte und beklagen die starre Regungslosigkeit, bekleidet mit seltsam glitzernden Edelsteinen; die Frauen zerkratzen sich die Gesichter mit den Nägeln, und rhythmisch begleitet der klimpernde Schmuck die Klage der Weinenden. In der Dämmerung war die altersschwache und verbrauchte Habiba ohne Agonie sanft in den Tod hinübergedämmert; die Triebfeder des Lebens war mit der Zeit zerbrochen.

Mit reichlichen Wassern wird der Leichnam gewaschen, dann hüllt man ihn in weißes, mit wohlriechenden Essenzen besprengtes Leintuch und legt ihn, das Gesicht nach Osten gewandt, zur Ruhe. Gegen Mittag kommen die Männer und tragen Habiba zu einem der unbegrenzten Friedhöfe, wo der Wüstensand nach

Lust und Laune seine ewigen Wellen gegen die zahllosen kleinen grauen Steine branden läßt.

Es ist zu Ende ... und Saâdia, die allein zurückgeblieben ist, hat ihren Platz wieder eingenommen. Mit dem blauen Rauch ihrer ewigen Zigarette verflüchtigt sich der letzte Rest des Lebens, der ihr noch bleibt, während die Mandelbäume an den Ufern des sonnigen Wadi und im Schatten der Gärten nicht aufhören, mit der lächelnden Traurigkeit des Frühlings ihre weißen Tränen zu weinen ...

Bou-Saâda,
den 3. Februar 1903

Deborah Eisenberg

Reisen mit leichtem Gepäck

In der besten Zeit, als es an den Nachmittagen noch warm und der Himmel ganz besonders blau war und als noch der Geruch von faulenden Äpfeln vom Boden aufstieg, fuhren Lee und ich mit unseren Sachen im Transporter auf der Suche nach einem Flecken, wo wir bleiben konnten, von den Bergwiesen herunter.

Am Abend vor unserem Aufbruch gingen wir rüber zu Tom und Johanna, um uns zu verabschieden. Johanna sah aus wie Glas, aber Tom war rot im Gesicht und brutal guter Stimmung. Er reichte Lee die Flasche mit Jack Daniels, schlug ihm auf die Schulter und redete wie ein Wasserfall über Orte, an denen er gelebt, über Leute, die er gekannt, über Wetten, die er gewonnen hatte, und so weiter, deshalb vermutete ich, daß er und Johanna sich gestritten hatten, bevor wir kamen.

»Viel unterwegs gewesen?« fragte Tom mich.

»Nein«, sagte ich. Er wußte, daß ich nicht viel unterwegs gewesen war.

»Na, es wird dir Spaß machen«, sagte er. »Es wird dir Spaß machen.«

Tom zeigte guten Willen, wahrscheinlich, weil ich wegging.

»He«, sagte er zu Lee. Es war schon vorbei mit dem guten Willen. »Werdet ihr Miles besuchen?«

»Möglich«, sagte Lee. »Ja, könnten wir eigentlich machen.«

»Wer ist Miles?« sagte ich.

»Ist er immer noch mit dem Mädchen zusammen?« sagte Tom. »Die, die –«

»Nein«, unterbrach Lee lachend. »Er ist wieder mit Natalie zusammen.«

»Tatsächlich?« sagte Johanna. »Hör mal, wenn du ihn siehst, sag ihm, daß ich immer noch den Parka trage, den er damals bei uns vergessen hat.« Tom starrte sie an, aber sie lächelte nur.

»Wer ist Miles?« sagte ich.

»Jemand, der früher mal hier in der Gegend gewohnt hat. Bevor ich dich mit rauf in die Berge gebracht habe«, sagte Lee und wandte sich mir zu. Immer, wenn er an etwas anderes denkt, sind seine Augen wie ein loderndes Feuer in einem leeren Lagerhaus. Ich hielt den Atem an.

Nach dem Abendessen gingen Lee und ich wieder rüber zu uns, und als wir in Sichtweite des Hauses waren, versuchte ich, es mir einzuprägen. Aber es sah bereits aus wie ein Skelett, wie etwas Totes an einem Strand.

»Das genau ist es«, sagte Lee. »Alte Knochen. Der Panzer einer Schildkröte. Du tust dir weh, wenn du versuchst, mehr daraus zu machen.«

Ich sah wieder hin, ließ Knochen Knochen sein und fühlte mich leicht. Mit dem Haus wollte ich auch die alten Knochen meiner Bedürfnisse und Ansichten zurücklassen. Ich wollte unbelastet sein, ein Krieger wie Lee. Als wir uns kennenlernten, hatte Lee zu mir gesagt: »Ich habe das Gefühl, als müßte ich mich um dich kümmern.«

»Das ist gut«, hatte ich gesagt.

»Nein, ist es nicht«, hatte er gesagt.

Ich fragte mich, ob er je an die Orte dachte, an denen er gelebt hatte, an andere Gesichter, alte Freundinnen. Hin und wieder schien er gebeugt von dem Gewicht eingemotteter Erinnerungen. Aber wenn man mit leichtem Gepäck reisen will, dachte ich manchmal, muß man in Kauf nehmen, daß man notwendigerweise alles Schwere irgendwo einlagern muß, und in solchen

Momenten dachte ich, daß ich mir ebenso für ihn wie für mich so sehr wünschte, Lee bliebe bei mir.

Am ersten Abend unserer Fahrt machten wir halt in Pennsylvania.

»Wir sind ganz in der Nähe von Miles und Natalie«, sagte Lee. »Es wäre nur logisch, morgen bei ihnen vorbeizufahren.«

»Wo wohnen sie?« frage ich.

Lee holte eine große Straßenkarte hervor. »Sie sind hier drüben, in Baltimore.«

»Das ist weit«, sagte ich, seinem Finger folgend.

»In gewisser Weise schon«, sagte er. »Andererseits, sieh dir mal Pittsburgh an.« Sein Finger landete Zentimeter von unserem Standort entfernt. »Oder Columbus.«

»Oder Louisville!« sagte ich. »Sieh mal, wie weit das ist – nach Louisville!«

»Das findest du weit?« sagte Lee. »Na, dann hör mal zu – fertig? Poplar Bluff!«

»Tulsa!« sagte ich. »Warte – Oklahoma City!«

Wir fingen beide an zu schreien.

»Cheyenne!«

»Flagstaff!«

»Needles, Barstow, Bishop!«

»Eureka!« kreischten wir beide gleichzeitig.

Wir lehnten uns zurück und betrachteten die Karte. »Das war vielleicht 'ne Reise«, sagte Lee.

»Werden wir die machen?« sagte ich.

Lee zuckte die Achseln. »Wir fahren so weit, wie wir Lust haben«, sagte er.

Nach alldem schien die Strecke nach Baltimore ein Katzensprung zu sein, aber als wir ankamen, hatte ich es satt, in unserem Transporter zu sitzen, und ich hoffte, Natalie und Miles waren Leute, die von sich aus darauf kämen, uns etwas zu essen zu machen.

»Was ist, wenn sie mich nicht mögen?« sagte ich, als wir parkten.
»Warum sollten sie dich nicht mögen?« sage Lee.
Ich wußte es nicht. Ich kannte sie nicht.
»Sie werden dich mögen«, sagte Lee. »Sie sind Freunde von mir.«
Wie sich herausstellte, nahm ihre Wohnung ein ganzes Stockwerk des Gebäudes ein, das durch geschwungene Wände aus Glasbausteinen unterteilt war. Um uns herum waberte Dunkelheit, die das Licht in der näheren Umgebung seiner Quellen komprimierte, und das Geräusch unserer Schuhe auf dem Holzfußboden echote aus der Ferne zu uns zurück.
Natalie mußte ungefähr in meinem Alter sein, aber man konnte wahrscheinlich auf unendlich viele Arten zwanzig sein, stellte ich entsetzt fest. Sie ließ uns auf walfischgroßen Ledersofas Platz nehmen und brachte uns auf einem kleinen Tablett etwas zu trinken, und sie trug einen einzelnen riesigen roten Ohrring. Es war klar, daß sie, Miles und Lee sich schon oft und viel unterhalten hatten. Es gab intensive, für alle gleichbedeutende Momente des Schweigens, und wenn einer von ihnen etwas sagte, war es, als fiele ein Stein in einen stillen Teich. Ich beobachtete Natalies Ohrring, den ein Komma ihres schwarzen Haares in ständig wechselnde Formen teilte. Nach einiger Zeit standen Lee und Miles auf. Sie wollten sich ein Gebäude in einem anderen Teil der Stadt ansehen. »Brauchen wir irgendwas, Schatz?« fragte Miles Natalie.
»Bring ein paar Flaschen Wein mit«, sagte sie. »O ja, und Kleber für den hier.« Sie öffnete die Faust, und in ihrer Handfläche kam ein zerbrochener zweiter roter Ohrring zum Vorschein.
»Was ist los?« hörte ich Lee sagen. Er meinte mich.
Natalie und ich gingen rüber in die Küche, um Abendessen zu machen, und sie fragte mich, wie lange Lee und ich schon zusammen seien.
»Er ist so toll«, sagte sie. »Denkt ihr daran, zu heiraten?«
»Eigentlich nicht«, sagte ich. Wir hatten ein einziges Mal dar-

über gesprochen, kurz nachdem wir uns zusammengetan hatten. »Es scheint ziemlich überflüssig zu sein. Kann ich irgendwas helfen?«

»Hier«, sagte sie und gab mir ein Messer und eine Zwiebel. »Miles und ich haben geheiratet. Seine Eltern haben uns dazu gebracht. Sie sagten, sie würden Miles nicht mehr unterstützen, wenn wir nicht heiraten.«

»Ist es anders als vorher?« sagte ich.

»Irgendwie schon«, sagte sie. »Es hat sich im Grunde als ganz okay rausgestellt. Wenn es sonst ein Problem oder so was gab, haben wir nur so lange geredet, bis wir es irgendwie loswaren. Während wir jetzt, glaube ich, versuchen, es zu lösen. Kann Lee immer noch keine Brunnenkresse ausstehen?«

»Doch«, sagte ich. Brunnenkresse? dachte ich.

»Wir verstehen uns sehr gut«, sagte Natalie, »aber trotzdem wäre ich nicht überrascht, wenn es morgen vorbei wäre.«

»Natalie«, sagte ich, »kannst du mir die Ohrläppchen durchstechen?«

»Klar«, sagte sie. »Laß mich nur eben erst das hier fertig machen.« Sie nahm mir das Messer und die Zwiebel wieder ab. Sie war immer noch ganz, weil ich nicht gewußt hatte, was ich mit ihr machen sollte.

Als Lee und Miles zurückkamen, warf ich den Eiswürfel, den ich an mein Ohrläppchen gehalten hatte, ins Waschbecken, und wir setzten uns alle zum Abendessen.

»Gut«, sagte Lee und hob sein Glas. Lee und ich tranken Wein immer aus denselben Gläsern, aus denen wir alles andere auch tranken, und es war auch nie die Sorte Wein, über die man große Worte verlieren mußte, so daß Lee mit seinem anmutig erhobenen Glas merkwürdig aussah. So merkwürdig, daß es schien, als werde der Tisch ein wenig angehoben und schwebe in dem vibrierenden Halbdunkel.

»Es ist merkwürdig, nicht wahr«, sagte ich und spürte die Merkwürdigkeit wogen, »daß wir auf diese Weise unsere Körper am Leben erhalten.«

Miles hob die Augenbrauen.

»Ich meine«, sagte ich und vergaß, was ich meinte, als ich bemerkte, daß Lee die Brunnenkresse aus seinem Salat herausgepickt hatte, »ich meine, daß es sonderbar ist, so hier zu sitzen, in Körperhaltern um eine Scheibe herum, und kleine Häufchen Materie auf kleinen Metallschaufeln von kleineren Scheiben in unsere Münder zu befördern. Ich finde das eine merkwürdige Art, unsere Körper am Leben zu erhalten.«

Ich sah die anderen an.

»Kommt mir auch merkwürdig vor«, sagte Miles. »Normalerweise liege ich auf dem Fußboden. Mit dem Kinn in einem Trog. Lutsche Bonbons.«

»Miles«, sagte Natalie und kicherte.

In dieser Nacht wollten die sauberen, sauberen Laken nicht warm werden, und so stieg ich aus dem Bett, zog Lees Jacke an, setzte mich hin und sah Lee beim Schlafen zu. Wohlig drehte er sich um, und im Mondlicht sah er so zufrieden und so gefährlich aus wie ein Löwe. Ich betrachtete ihn und wartete auf den Tagesanbruch. Dann würde er aufstehen, ich würde ihm seine Jacke wiedergeben und wir würden diesen Ort verlassen, an dem er Wein aus einem Weinglas trank und Fremde ihn so gut kannten.

Am Morgen fragten Natalie und Miles, ob wir bleiben wollten, aber Lee sagte, das ginge nicht. Wir hatten vorgehabt, im Spätsommer loszufahren, erzählte er ihnen, und wir seien spät dran. Draußen sahen wir, daß das Licht bereits fahl und über dem Highway gebündelt war, und wir fuhren schnell dem Sonnenuntergang und dem Winter entgegen. Die meiste Zeit waren wir still, und wenn wir sprachen, dann leise, wie Cowboys im Fernsehen, die mit einem Hinterhalt rechnen.

An jenem Abend kauften wir in einem Drugstore ein Medikament, weil mein Ohr geschwollen war und ich Fieber hatte. Ich legte den Kopf zurück und sank in gleitende Träume, aus denen ich im freien Fall erwachte.

»He«, sagte Lee und strich mir das Haar aus dem Gesicht. »Du schläfst. Weißt du das?« Er zog mich in seinen Schoß, und ich schmiegte mich in sein düsteres graues T-Shirt. »Also, Killer«, sagte er. »Willst du hierbleiben, oder willst du mit mir nach hinten kommen?«

Am nächsten Tag war mein Fieber verschwunden, und meinem Ohr ging es besser.

Eine Zeitlang hielten wir uns noch in Gegenden auf, wo die Autobahnen dicke Knäuel bilden und sich nachts Scheinwerfer und Bremslichter strahlend ineinander verflechten. In der Dunkelheit fuhren wir dann immer von der Autobahn ab, um auf einem Parkplatz oder am Rand einer kleinen Landstraße zu übernachten. Morgens weckten uns dann, verstärkt durch unsere metallene Muschel, Hitze oder Kälte, und, in die Decken verwikkelt, schliefen wir miteinander, während Tanklaster vorbeidonnerten und den Transporter erzittern ließen. Dann schauten wir aus dem Fenster, um zu sehen, wo wir waren, und fuhren weiter, um einen Imbiß zu suchen.

Wir gaben mehr Geld aus, als wir erwartet hatten, und Lee sagte, sein Freund Carlos, der in St. Louis wohnte, könne ihm vielleicht für ein paar Tage Arbeit besorgen. Lee suchte ein paar Zettel durch und fand Carlos' Adresse, doch als wir dort ankamen, erzählte uns eine Gruppe von Leuten, die auf der Eingangstreppe standen, daß Carlos umgezogen sei. Die Gruppe sah aus wie eine Delegation aus Repräsentanten verschiedener Größen und Altersstufen der Menschheit, die darauf wartete, einem bestimmten Reisenden eine entsetzliche Mitteilung zu machen. Einer von ihnen gab uns die neue Adresse von Carlos in der Nähe von Nashville. Lee hatte Carlos nie erwähnt, darum ging ich davon aus, daß sie keine sehr engen Freunde waren; aber es schien, als hätte die Erwartung Lee Lust darauf gemacht, ihn zu sehen, denn wir ließen die Gruppe auf den Stufen stehen und fuhren gen Süden.

Lee und Carlos überschlugen sich fast vor Wiedersehensfreude.

»Wie willst du dein Geld verdienen?« fragte Carlos, nachdem wir uns im Wohnzimmer niedergelassen hatten.

»Nichts Großes«, sagte Lee. »Nur ein kleiner Nebenverdienst. Ich bin derzeit clean.«

»Also, weißt du«, sagte Carlos. »Warum übernimmst du nicht für ein oder zwei Wochen den Laden. Ich mußte den Kerl rausschmeißen, der ihn geführt hat, und hab mich in letzter Zeit selbst drum gekümmert, aber das wäre für mich eine Gelegenheit, mich ein paar anderen Sachen zu widmen, die ich im Auge habe.« Carlos machte für sich und Lee zwei Bier auf. »Kann ich dir was bringen?« fragte er mich und runzelte die Stirn.

»Ich hätte auch gern ein Bier«, sagte ich.

»Hier«, sagte er. »Warte. Ich hol dir ein Glas.«

»Fährst du noch oft zurück nach Miami?« sagte Lee.

»Zu viele Leute derzeit, falls du verstehst, was ich meine«, sagte Carlos. »Außerdem habe ich weitgehend aufgehört, mich mit Sachen zu befassen, die ich nicht vor Ort regeln kann. Ich lebe eben jetzt hier, aus welchen Gründen auch immer. Und ich habe mein Geschäft. Ich weiß nicht. Das ist eine Grundlage, weißt du? Etwas, worauf man aufbauen kann.« Er wandte den Blick von Lee und seufzte.

Tagsüber, wenn Lee und Carlos weg waren, saß ich hinten und beobachtete, wie das rußige Licht von einer Seite des Hofes zur anderen wanderte. Manchmal spielte ein kleiner Junge in einem angrenzenden Hof und stieß mit einem Stock in die Grasklumpen dort, die steif waren und grau von Schmutz. Auch er selbst war grau von Schmutz und grau unter dem Schmutz. Seine Nase lief, und der blaue aufgenähte Bär vorne an seinem Overall sah erstaunt aus.

Ich fragte mich, was dieser Junge im Sinn hatte – ob sein Angriff auf das Gras eine Art selbsterdachter Vorbereitung auf ein Erwachsenenleben mit Autorität und sinnvollen Tätigkeiten war, oder ob er erwartete, immer an diesem staubigen Fleckchen zu leben, dem Tod entgegen, in Bärenoveralls von wachsender Größe. Ich gewöhnte mir an, ins Haus zu gehen und den Fernseher einzuschalten, wenn ich ihn sah.

In der Nacht, bevor wir Carlos verließen, blieben Lee und ich lange auf. Wir hatten uns nicht viel zu sagen, und nach einer Weile stellte ich fest, daß ich hungrig war.

»Was? Nach *dem* Essen, das ich gekocht habe?« sagte Lee. »In Ordnung, gehen wir irgendwo hin.«

Auch Carlos war noch auf und saß mit Kopfhörern im Wohnzimmer.

»Phantastisch«, sagte er. »Hier gibt's einen Laden, der die ganze Nacht offen hat, mit sensationellen Burgern.«

»Burger«, sagte Lee. »Ißt du den Mist immer noch?«

Auf dem Weg zum Restaurant bildeten Lee und Carlos mit ihren Jacken und Jeans, mit ihren Stiefeln und Gürteln eine Phalanx, und ich war stolz darauf, Hunger gehabt zu haben. Ich bestellte eine Kriegermahlzeit, und kurz darauf stellte die Kellnerin einen Teller mit spitzengeränderten Spiegeleiern, einem Berg Kartoffeln und gebuttertem Toast vor mich hin, und Lee und Carlos servierte sie riesige, wohlriechende Burger.

»Werdet ihr Kathryn besuchen?« frage Carlos.

»Ich weiß nicht«, sagte Lee. »Kommt drauf an.«

»Ich würde sie selbst gerne sehen, wenn ich so drüber nachdenke«, sagte Carlos, während er einen Pommes-frites-Balken auf ein Pommes-frites-Haus zirkelte, das er gerade baute. »Sie war immer die Größte. Wißt ihr, es ist herrlich, euch bei sich zu haben, aber es macht mir gleichzeitig bewußt, wie sehr ich andere Leute vermisse. Vielleicht sollte ich an die Küste fahren oder so

was. Oder zumindest irgendeine Romanze mit Zukunft anfangen.«
»Was ist mit Sarah?« sagte Lee.
»Sarah«, sagte Carlos. »Mein Gott.« Er wandte sich mir zu. »Hat Lee dir von diesem Fräuleinwunder erzählt?«
»Nein«, sagte ich.
»Na, also, hör mal, Mann«, sagte Carlos kopfschüttelnd. »Wenn ich gesagt habe ›mit Zukunft‹, dann habe ich an jemanden gedacht, bei dem man keine Angst haben muß, ihm im Wohnzimmer zu begegnen.« Er schüttelte wieder den Kopf und fing an, mit dem Messer auf den Tisch zu trommeln. »Obwohl sie zweifellos eine scharfe Lady ist. Na ja, du kennst sie.«
»Wir müssen sehr früh aufstehen«, sagte ich.
»Ist schon in Ordnung«, sagte Lee, aber Carlos stand auf. Er sah erschöpft aus.
»Ja, tut mir leid«, sagte er. »Beenden wir die Versammlung.«

Während der nächsten Tage dachte ich häufig an Carlos. Sein Gesicht war überschattet gewesen, als wir uns verabschiedeten, so daß ich mich nicht mehr daran erinnerte, und ich stellte mir vor, wie ich, wäre ich seine statt Lees Freundin gewesen, bei ihm geblieben wäre in diesem Wohnzimmer, das das Licht geradezu aufzusaugen schien, und wie ich von drinnen die Tür ins Schloß hätte fallen und den Motor des Transporters hätte starten hören.
Lee und ich fuhren ein Stück zurück Richtung Osten, um uns die Smokies anzusehen. Wir parkten den Transporter auf einem Campingplatz unter einem blutergußfarbenen Sonnenuntergang und machten uns zu Fuß auf den Weg, um etwas zu essen zu besorgen, was wir auf einem Feuer im Freien kochen konnten. Obwohl es kühl war, gab es Mücken, und der ausgefahrene Lehmweg war rutschig und schmatzte unter den Füßen, deshalb gingen wir in ein Grillrestaurant, wo unter flimmernden Neonröhren bleiche Familien einander anschrien.

Ich hatte Kopfschmerzen. »Es ist unglaublich«, sagte ich, »wie schnell jeder Ort, an den man kommt, zum Zuhause wird. Wir haben gerade erst unseren Wagen auf den Campingplatz gestellt, und schon ist er unser Zuhause. Gestern war Carlos' Haus wie ein Zuhause. Und das scheint jetzt schon wieder Jahre her zu sein.«

»Das ist das Gute am Reisen«, sagte Lee. »Es erinnert einen daran, was das Leben wirklich ist. Fertig?« sagte er. »Gehen wir.«

»Gehen wir«, sagte ich. »Gehen wir nach Hause.« Ich schob meinen Finger unter den Baldachin seines T-Shirt-Ärmels, was er jedoch nicht weiter zu bemerken schien.

Irgendwann kamen wir in ein Gebiet, wo Hügel in der Sonne flimmerten, von denen Lee sagte, es seien Uranerzabfälle, und wo der Mondschein den Stacheldraht imposant erscheinen ließ, der, wie Lee sagte, Testgebiete und unterirdische Raketen einzäunte. Alles war ziemlich eben, aber ich hatte das Gefühl, wir würden die Gegend vertikal statt horizontal durchqueren. Ich hatte das Gefühl, hinter Lee angeseilt zu sein und mich eine nackte Felswand hochzukämpfen, wobei der Halt meiner Füße so unsicher war, daß ich es nicht wagen konnte, irgendwo anders hinzusehen als auf die Steilwand, an die ich mich klammerte.

»Wovor hast du Angst?« sagte Lee.

Ich sagte ihm, ich wüßte es nicht.

»Denk drüber nach«, sagte er. »Es gibt nichts in deinem Kopf, das nicht dir gehört.«

Ich fragte mich, ob ich umkehren sollte. Ich konnte Tom und Johanna anrufen, dachte ich, doch im selben Moment wurde mir klar, daß sie keine wirklichen Freunde von mir waren. Im Grunde kannte ich Johanna gar nicht besonders gut, und Tom und ich fanden uns, um ehrlich zu sein, sogar unsympathisch. Einmal, vor Monaten, als ich vorbeigekommen war, um mir eine Schraubzwinge zu leihen, war ich mit ihm ins Bett gegangen. Er schien es zu wollen, und ich muß wohl gedacht haben, ich würde mich in seiner Gegenwart weniger unwohl fühlen, wenn ich es täte.

Das war, wie sich herausstellte, ein Irrtum. Ich fühlte mich hinterher mindestens so unwohl wie vorher, und er sagte lediglich, mein Körper sei besser, als er erwartet habe. Es dauerte lange, ehe ich kapierte, daß er in erster Linie mit Lees Freundin geschlafen haben wollte.

Als ich an jenem Nachmittag mit der Schraubzwinge, die Tom mir noch in die Hand drückte, nach Hause kam, hatte ich das Gefühl, Lee hätte den Nachmittag damit verbracht, sich mit Johanna herumzuwälzen, nicht ich mich mit Tom, und meine Brust zersprang vor Eifersucht. Ich konnte die Hände nicht von Lee lassen, was ihm auf die Nerven ging – er versuchte, irgend etwas mit einem alten Motorrad anzustellen, das seit Ewigkeiten auf dem Hof herumstand.

»Lee«, sagte ich, »fühlst du dich von Johanna angezogen?«

»Was ist denn das für eine Frage?« sagte er und suchte etwas zwischen den Teilen, die auf dem Boden ausgebreitet lagen.

»Eine fragende Frage«, sagte ich.

»Jeder fühlt sich von jedem angezogen«, sagte er.

Ich mich nicht. Ich fühlte mich beispielsweise nicht von Tom angezogen.

»Warum meinst du, ist sie mit Tom zusammen?« sagte ich.

»Er ist in Ordnung«, sagte Lee.

»Er ist entsetzlich, Lee«, sagte ich. »Und er ist gemein. Er ist eitel.«

»Du gehst mit Leuten zu hart ins Gericht«, sagte Lee. »Tom ist total verkniffen, das ist alles. Er hat Angst.«

»Es ist nichts Besonderes, Angst zu haben«, sagte ich.

»Na ja, Tom kann halt nicht damit umgehen«, sagte Lee. »Er fürchtet, keine Sicherheiten zu haben, auf die er zurückgreifen kann.«

»Armer Kerl«, sagte ich. »Er kann auf meine zurückgreifen. Also, fühlst du dich von Johanna angezogen?«

»Hör auf«, sagte Lee, stand auf und wischte sich seine Hände an einem öligen Lappen ab. »Okay? Werd nicht geschmacklos, bitte.« Dann war er hineingegangen, ohne mich anzusehen.

Jetzt war zu Hause immer dort, wo Lee und ich gerade waren, und ich mußte meine Angst unterdrücken, indem ich dem Augenblick entgegenkletterte, da Lee mich auf ebenen Boden hinaufziehen würde und wir unsere Seile abstreifen und uns umsehen würden, um das Terrain zu sondieren, auf dem wir uns befanden.

Wir hatten Probleme mit dem Transporter und beschlossen, unsere Reise zu unterbrechen, weil Lee jemanden in der Nähe von Denver kannte, bei dem wir wohnen konnten, während er den Wagen reparierte. Wir hielten vor einem kleinen Apartmenthaus und drückten auf eine Klingel, neben der Dr. Peel Prayerwheel stand.

»Wie ist sein richtiger Name?« fragte ich Lee.

»Das ist sein richtiger Name«, sagte Lee.

Peel hatte eine nervöse Stimme, die in einem sanften Strom aus seinem mächtigen Körper plätscherte. Er hatte, abgesehen von einer kahlen Stelle oben auf dem Kopf, langes Haar. Sorgfältig schattierte Tätowierungen bedeckten seine Arme, seinen Hals und wahrscheinlich alles unter seinem T-Shirt.

Wir standen mitten in der Küche. »Wir lassen eure Sachen in dem anderen Zimmer«, sagte Peel, »und ich stelle mir hier ein Feldbett auf. Das ist das beste, das ist das beste.«

»Wir wollen dir keine Unannehmlichkeiten machen, Peel«, sagte Lee.

»Nein, nein«, sagte er. »Ich freue mich riesig, dich und deine Liebste in meinen vier Wänden zu beherbergen. Bin schließlich oft genug zu dir gekommen. Als ich im Krankenhaus war. Alles, was ich für dich tun kann. Das meine ich ernst. Das weißt du, Kumpel.«

»Er hat mich bei sich aufgenommen«, sagte Peel und wandte sich zu mir. »Er war wie eine Familie.« Peel blieb stehen, wo er stand, und blinzelte zu Boden, aber er konnte sich anscheinend nicht entschließen, was er noch sagen wollte.

Während Lee in der Stadt nach Ersatzteilen suchte oder an dem Transporter arbeitete, saßen Peel und ich meist am Küchentisch und tranken riesige Mengen Tee.

»Vielleicht möchtest du ein Bier«, sagte er eines Nachmittags.

»Klar«, sagte ich.

»Kommt sofort. Kommt sofort«, sagte er und zog sich die Jacke über.

»Oh, nicht, wenn wir dafür aus dem Haus müssen«, sagte ich.

»Bestimmt nicht?« sagte er. »Wirklich? Wir können gehen, wenn du willst.«

»Nicht, wenn du keins willst«, sagte ich.

»Nein, nein«, sagte er. »Trinke nie Alkohol. Unkontrollierbare Substanz. Springt direkt aus der Flasche, schwups! … Na ja, war nicht wirklich schlimm, nur eine peinliche Situation …« Dann lief er aus irgendeinem Grund dunkelrot an.

Wenn Lee nach Hause kam, öffneten Peel und ich Suppendosen und Tüten mit Salzcrackern. »Hab wie ein Irrer gekocht«, sagte Peel. »Aber das habe ich inzwischen hinter mir. Hinter mir.«

Eines Morgens, als wir aufstanden, stand Peel mitten in der Küche.

»Morgen, Peel«, sagte ich.

»Morgen«, sagte er. »Morgen.« Er stand da und sah zu Boden.

»Möchtest du einen Tee?« sagte ich.

»Nein, danke«, sagte er. Dann sah er Lee an.

»Hör mal, Kumpel«, sagte er. »Hab heute morgen von meiner Mutter 'nen Scheck gekriegt.«

»War das gut oder schlecht?« fragte ich Lee später. Lee zuckte die Achseln. »Wovon lebt er normalerweise?« sagte ich.

»Invalidenrente«, sagte Lee. »Er war bei der Army.«

Nachts fühlte ich mich so einsam, daß ich Lee aufweckte, aber als wir miteinander schliefen, dachte ich die ganze Zeit an Peel, wie er in der Küche stand und zu Boden sah.

Eines Morgens, während Lee zum Tanken fuhr, trank ich eine letzte Tasse Tee mit Peel.

»Danke, Peel«, sagte ich. »Du warst sehr nett.«

»Nicht wirklich«, sagte Peel. »Das kann man nicht behaupten. Ich hatte ein paar Probleme, mußt du wissen, und dein Typ hat sich um mich gekümmert. Er und Annie, die beiden haben mich aufgenommen. Er ist ein prima Kerl. Und er kann froh sein, daß er dich hat. So was sehe ich, kleiner Kumpel. Er hat viel Glück, was das angeht.«

Ich streckte die Hand aus und berührte eine von Peels Tätowierungen, ein nacktes Mädchen mit Teufelshörnern und riesigen Engelsflügeln.

»Das ist meine Lady«, sagte Peel. »Gefällt sie dir? Das ist die Lady, die auf meinen Arm fliegt.«

Ein oder zwei Tage darauf hielten Lee und ich irgendwo an und setzten uns nach hinten und aßen Sandwiches. Dann studierte Lee die Karten, während ich mich mit seinem Rückgrat beschäftigte, wobei ich meine Lippen so formte, daß sie sich über jeden einzelnen Wirbel stülpen ließen.

»Hör auf damit«, sagte Lee. »Es sei denn, du willst ein oder zwei Stunden verlieren.«

»Macht mir nichts aus«, sagte ich.

»Oh, Mensch«, sagte Lee. »Wir sind ganz in der Nähe von Cedar City.«

Ich sah Lee über die Schulter. »He, Las Vegas«, sagte ich. »Ich hatte eine Freundin in der Schule, die nach ihrer Hochzeit dorthin gezogen ist.«

»Willst du sie besuchen?« sagte Lee.

»Eigentlich nicht«, sagte ich.

»Es ist nicht allzuweit«, sagte er. »Und eine Dusche und ein paar Quadratmeter Wohnraum können wir immer gebrauchen.«

»Nein«, sagte ich.
»Warum nicht?« sagte Lee. »Wenn sie deine Freundin war.«
Ich sagte nichts.
Lee seufzte. »Was ist los?« Er drehte sich um und legte die Arme um mich. »Erzähl.«
»Wir werden nie allein sein«, sagte ich in sein T-Shirt.
»Wir sind jetzt allein«, sagte Lee.
»Nein«, sagte ich. »Wir sind ständig unterwegs zu irgendwelchen Freunden von dir, bei denen wir wohnen.«
»Das ist doch nur eine Übergangszeit«, sagte Lee. »Bis wir einen Platz finden, wo wir beide bleiben wollen. Außerdem, sie ist nicht *meine* Freundin – sie ist *deine* Freundin.«
»Früher mal«, sagte ich. Dann sagte ich: »Außerdem, wenn wir bei ihr wohnten, würde sie deine Freundin werden.«
»Klar«, sagte Lee. »Meine Freundin und deine Freundin. Die Leute, bei denen wir bisher waren, sind jetzt auch deine Freunde.«
»Nein«, sagte ich und ließ langsam Tränen in sein T-Shirt sickern.
»Na ja, sie wären es, wenn du sie als Freunde akzeptieren würdest«, sagte Lee. Seine Stimme war angespannt vor lauter Mühe, nicht die Geduld zu verlieren. »Du bist diejenige, die sie nicht an sich ranläßt.«
»Jemand wird nicht ein Freund, nur weil er zufällig neben einem steht«, sagte ich.
Lee ließ mich los. Er seufzte, lehnte den Kopf zurück und legte die Hände über die Augen.
»Es tut mir leid, daß du so unglücklich bist«, sagte er.
»Es tut mir leid, daß ich Probleme mache«, sagte ich.
»Du machst keine Probleme« sagte er.
»Na, dann wird es aber höchste Zeit«, sage ich. »Du interessierst dich so wenig für mich, daß ich dir nicht mal Probleme mache.«

»Weißt du«, sagte Lee, »manchmal hab ich das Gefühl, ich interessiere mich mehr für dich als du dich für mich.«
»Klar doch«, sagte ich. »Wenn sich für jemanden interessieren heißt, daß man nichts von ihm will. Übrigens, weißt du was?« sagte ich, hatte aber selbst keine Ahnung, was ich als nächstes sagen wollte, und so war es halt irgend etwas, das mit einem Schwall von Schluchzern, denen ich freien Lauf ließ, aus mir herausbrach. »Wir haben all deine Freunde besucht, weil du nicht mit mir zusammensein willst, und du willst sogar, daß Leute, die ich kenne, dir dabei behilflich sind, nicht mit mir zusammenzusein, aber meine Eltern, die nicht einmal eine Tagesfahrt von hier entfernt wohnen, die rufen wir noch nicht mal an, weil ich mich dann als ein reales Wesen entpuppen könnte, und dann müßtest du dir überlegen, was du mit mir anfängst, statt darauf zu warten, daß ich mich in nichts auflöse, weil du mich über hast, während wir weiterhin von einem deiner Freunde zum nächsten fahren und andere Leute zu deinen Freunden machen, und dann werden sie dir alle dabei helfen, dir auszudenken, wie du mich verlassen kannst, damit du zurück kannst zu Annie, wer immer sie ist, oder du zermalmst mich zu irgendeiner Paste, wie du es, wenn ich es mir recht überlege, wahrscheinlich auch schon mit Annie gemacht hast.«
»Oh, mein Gott«, sagte Lee. »Was ist denn jetzt los?«
Ich legte den Kopf auf seinen Arm und heulte laut und naß.
»Ist gut«, sagte Lee und schlang wieder die Arme um mich. »Okay.«
»Komm«, sagte er nach einer Weile. »Wir suchen ein Telefon und rufen deine Eltern an.«
Ich blinzelte noch immer die Tränen weg, als wir auf einen riesigen Parkplatz fuhren, an dessen Horizont ein ebenfalls riesiger Supermarkt stand, der keine sichtbare Stadt versorgte. Es war Abend geworden, und der Supermarkt und die kleineren Läden,

die an ihm dranhingen, waren geschlossen, obwohl überall drinnen noch Licht brannte.

»Da«, sagte Lee. »Da ist ein Telefon, ganz da hinten.« Er griff nach dem Schalthebel, aber ich sprang hinaus.

»Ich gehe zu Fuß«, sagte ich.

Rundherum war ein niedriger Ring von Bergen, die sich dunkel vom grünlichen Himmel abhoben, und die Nacht füllte allmählich die Senke, in der wir uns befanden. Die gläserne Telefonzelle, so einsam auf dem Parkplatz, sah aus wie ein winziges, primitives Raumschiff.

Ich sprach selten mit meinen Eltern, und das Wohnmobil, in dem sie nun schon seit Jahren wohnten, hatte ich noch nie gesehen. Es ist völlig unmöglich, dachte ich, daß ich nur die Wählscheibe dieses Telefons drehen muß, um mit ihnen zu sprechen. Warum sollten die Menschen, die meine Eltern sind, am anderen Ende dieser Leitung wohnen?

Als ich mich in der Telefonzelle hinsetzte und die Tür schloß, ging ein Licht an. Wenn ich den Hörer abnahm, würde er vielleicht Anweisungen von sich geben. Wie überrascht Lee wäre, wenn er sähe, daß die kleine Glaskiste anfinge zu beben und dann vom Boden abhöbe und im Bogen über die Berge davonflöge. Ich nahm den Hörer auf, womit ich lediglich das Freizeichen auslöste, und wählte die Nummer meiner Eltern.

Meine Mutter sei zum Kartenspielen, erzählte mir mein Vater.

»Warum bist du nicht mitgegangen?« sagte ich. »Ich dachte, du spielst auch gerne.«

»Da dachtest du falsch«, sagte mein Vater. »Und überhaupt«, sagte er, »kann ich den Abschaum nicht ausstehen, den sie hier aufgerissen hat.«

»Na ja«, sagte ich, »du hast doch bestimmt auch deine eigenen Freunde gefunden.«

»Freunde«, sagte mein Vater. »Die armen Schweine haben es

mit Hängen und Würgen bis zu einem Trailerpark geschafft, aber man könnte meinen, sie hausten in Rolls-Royces.«
»Na ja«, sagte ich.
»Und neugierig sind sie auch«, sagte mein Vater. »Diese Leute sind so neugierig, das ist schon nicht mehr komisch.«
»Tut mir leid, das zu hören«, sagte ich.
»Mir macht das nichts aus«, sagte mein Vater. »Ich geh sowieso nicht weg. Meinem Bein geht es zu schlecht.«
Mir wurde flau im Magen.
»Was von Mike und Philly gehört?« sagte ich.
»Ja – Philly kommt ganz gut klar, wie mir scheint«, sagte mein Vater. »Ganz gut. Hab gerade vor ein paar Wochen mit ihm gesprochen. Er scheint irgend so 'nen Club zu managen.«
»Wahrscheinlich einen Puff«, sagte ich, aber nicht ins Telefon.
»Was?« sagte mein Vater.
Ich sagte nichts.
»Was?« sagte er wieder.
»Das ist prima«, sagte ich. »Und was ist mit Mike?«
»Mike«, sagte mein Vater. »Er hat sich wieder von Sharon getrennt. Dieser Clown. Sharon hat angerufen und gefragt, ob wir die Kinder eine Zeitlang nehmen. Natürlich hätten wir das gemacht, wenn es gegangen wäre. Ich glaube sowieso, daß sie für die Kinder nicht das beste ist.«
Ein Greyhound-Bus war auf den Parkplatz gerollt, und ein Mann mit einem kleinen Koffer in der Hand kletterte heraus. Ich fragte mich, wohin er gehen könnte. Er ging hinein in die Dunkelheit, und dann war auch der Bus in der Dunkelheit verschwunden.
»Was ist mit dir?« sagte mein Vater. »Was hast du für Pläne? Hast du immer noch diesen Freund?«
»Ja«, sagte ich. Ich sah hinüber zum Transporter. Er sah winzig aus vor dem riesigen Fenster des Supermarktes, der seinerseits vor der Bergkette am Horizont winzig aussah. »Wir haben übrigens überlegt«, sagte ich, »euch zu besuchen.«

»Mein Gott«, sagte mein Vater. »Erzähl mir nicht, dieser Typ will dich heiraten. He«, sagte er argwöhnisch, »von wo rufst du an?«

Es war fast völlig dunkel, und in den Bergen verstreut sah man einzelne kalte Lichter. Da oben, dachte ich, wohnten vielleicht Menschen in kleinen ranchartigen Häusern, wo auf kargen Rasenflecken Dreiräder mit den Rädern in der Luft und kaputte Spielsachen lagen wie Waffen auf einem verlassenen Schlachtfeld.

»Ich habe gefragt, von wo du anrufst?« fragte mein Vater wieder.

»Von zu Hause«, sagte ich. »Aber ich muß jetzt aufhören.«

Sobald ich aufgehängt hatte, begann das Telefon zu klingeln. Das mußte die Vermittlung sein, die mehr Geld haben wollte. Es klingelte immer noch, als ich in den Transporter kletterte, aber dort konnte ich es kaum hören.

Lee und ich saßen eine Weile nebeneinander. »Es ist friedlich hier«, sagte ich.

»Ja«, sagte Lee.

»Es war niemand zu Hause«, sagte ich.

»Gut«, sagte Lee – es gab verschiedene Gründe dafür, daß er so tat, als glaubte er mir, dachte ich –, »fahren wir weiter.«

In dieser Nacht entschuldigte ich mich.

»Ist schon gut«, sagte Lee.

»Nein«, sagte ich. »Und ich mag deine Freunde, wirklich. Es hat mir Spaß gemacht, bei ihnen zu wohnen.«

»Es wird nicht mehr vorkommen«, sagte Lee.

»Wir können nicht im Motel wohnen«, sagte ich. »Und es ist schön, ab und zu aus dem Transporter rauszukommen.«

Lee sagte nichts.

»Außerdem«, sagte ich, »wissen wir gar nicht, wohin wir wollen.«

Ich fragte mich, ob Lee eingeschlafen war. »Was ist mit deiner

Freundin Kathryn –« sagte ich leise, für den Fall, daß er tatsächlich schlief – »die, von der Carlos gesprochen hat? Hast du Lust, sie zu besuchen?«
»Na ja«, sagte Lee schließlich, »sie wohnt nicht allzuweit von hier.«
Kaum daß wir vor Kathryns Haus aus dem Transporter geklettert waren, kam ein Mädchen aus der Tür gerannt und flog Lee in die Arme. Sie lachten und küßten sich und lachten wieder.
»Maggie«, sagte Lee, »was machst du denn hier?«
»Tja, Lee«, sagte sie, »Buzzys Partner ist aufgeflogen, und darum bin ich eine Zeitlang hier, für den Fall, daß irgend jemand nach irgend jemandem sucht.«
»Ja?« sagte Lee. »Ist Buzzy hier?«
»Er ist oben in Portland«, sagte sie. »Er meinte, es sei besser, wenn wir in verschiedene Richtungen verschwänden, bis sich die Sache ein bißchen beruhigt hat. Ich denke, er hat da oben eine Kleine.«
Lee sah sie an und schüttelte den Kopf.
»Keine Sorge, Baby«, sagte sie. »Ich werde gewinnen, das weißt du. Ich gewinne immer.« Lee lachte wieder.
Drinnen streckte Kathryn ihre Hände aus, und Lee nahm sie. Dann sah sie mich an. »Dir ist kalt«, sagte sie. »Bleib am Kamin, ich hol dir was zum Überziehen.«
»Ist schon gut«, sagte ich. »Außerdem habe ich Sachen im Wagen.« Aber sie nahm eine riesige weiche Wolldecke von der Rückenlehne des Sofas und wickelte sie langsam um mich.
»Du siehst aus wie eine Prinzessin«, sagte Maggie. »Stimmt's? Sieh mal, Lee – sie sieht aus wie eine Prinzessin, die unter einem – wie gehen noch diese Geschichten? – unter einem bösen Zauber steht.« Kathryn machte einen Schritt zurück und schaute mich an.
Wir tranken heißen Apfelschnaps mit Zimt aus großen Gläsern, und das Licht des Feuers besprenkelte uns mit Schatten, Kathryn,

Maggie und Lee redeten, und ihre Worte zerstreuten und wandelten sich im Rhythmus des Feuers.

In meinem Körper breitete sich Benommenheit aus, und mein Kopf versuchte zu begreifen, was meine Ohren hörten. Maggie hatte das Zimmer verlassen – das bekam ich mit –, und Lee und Kathryn redeten über Carlos.

»Ich vermisse ihn. Weißt du das, Lee?« sagte Kathryn. »Ich denke an viele Leute, aber Carlos vermisse ich.«

»Du solltest ihn anrufen«, versuchte ich zu sagen, aber meine schläfrige Stimme brachte es nicht fertig.

»Na ja«, sagte Lee.

»Warte«, wollte ich meine Stimme sagen lassen. Ich wußte, daß ich nicht mehr lange würde zuhören können. »Er hat von dir gesprochen ...«

»Ich weiß nicht«, sagte Lee. »Ich habe festgestellt, daß er mir irgendwie leid tut. Es war ziemlich schrecklich. Ich hab mich gehaßt für dieses Gefühl, aber er scheint einfach nicht erwachsener geworden zu sein. Er wird einfach nicht erwachsen, und die Sache ist die, er hat die Nerven verloren.«

»Kathryn«, wollte ich sagen und konnte nicht und konnte nicht, »Carlos will dich sehen.«

Hilflos tauchte ich in den Schlaf, und es muß eine Weile gedauert haben, bis ich mich wieder an die Oberfläche gekämpft hatte, denn als ich endlich wieder da war, sagte Lee gerade: »Ja, das ist sie. Sie ist sehr nett. Im Augenblick haben wir allerdings ein paar Probleme. Und ich weiß nicht, ob ich ihr noch weiter helfen kann.«

Ich hörte das, als triebe eine große Kugel neben mir, knapp außerhalb meiner Reichweite. Ich versuchte, sie festzuhalten, sie in diese oder jene Richtung zu dirigieren, aber sie dümpelte auf der Oberfläche davon, während ich wieder untertauchte.

Ich wachte in die Wolldecke verwickelt und schwitzend in einem Bett in einem anderen Zimmer auf und konnte Lees und Kathryns Stimmen als Gemurmel hören. Ich warf die Decke von mir und streifte meine Kleider ab, und schon verschlang der Schlaf mich wieder.

Am Morgen erwachte ich erschöpft und verklebt von nicht vergossenen Tränen. Ich wickelte mich in die Decke und folgte den Stimmen und dem Kaffeeduft in die Küche, wo Maggie, Kathryn und Lee Pfannkuchen aßen.

»Das ist eine sensationelle Wolldecke«, sagte Maggie. »Heute morgen siehst du darin aus wie Aschenputtel.«

Ich ließ die Decke fallen. »Jetzt sehe ich damit aus wie Lady Godiva«, sagte ich, ohne zu lächeln. Kathryns Lachen blitzte in dem Raum auf wie Diamanten.

Als ich wieder in die Küche kam, waren die anderen bereits bei der zweiten Runde. »O Gott«, sagte Maggie. »Erinnerst du dich noch an die Apfelpfannkuchen, die du immer gemacht hast, Lee? Das waren die besten.«

»Die hab ich lange nicht mehr gemacht«, sagte Lee. »Vielleicht mach ich sie an einem der nächsten Tage zum Frühstück.«

»Wenn wir länger bleiben, möchte ich gerne ein paar Sachen in der Stadt besorgen«, sagte ich und stand wieder auf.

»Immer mit der Ruhe«, sagte Lee. »Wir fahren später rein.«

Kathryn und Maggie gaben uns eine Liste mit Sachen, die sie brauchten, und wir machten uns auf den Weg.

»Kathryn ist sehr schön«, sagte ich. »Maggie auch.«

»Ja«, sagte Lee.

»Kathryn und du, ihr scheint enge Freunde zu sein«, sagte ich.

»Wir sind alte Freunde«, sagte Lee. »Die Gefühle gegenüber alten Freunden ändern sich nie.«

»Wie bei Carlos«, sagte ich. »Sag mal, warum macht Maggies Freund ihr solchen Ärger?«

»Er ist ein Arschloch«, sagte Lee.

»Kathryn hat keinen Freund«, sagte ich.

»Nein«, sagte Lee.

»Sie muß sich einsam fühlen da oben«, sagte ich.

»Ich glaube nicht«, sagte Lee. »Außerdem kommen oft Leute zu ihr.«

»Ja«, sagte ich.

»Wie Maggie«, sagte er. »Leute, die was brauchen.«

Wir stellten den Wagen auf den Parkplatz vor dem Einkaufszentrum und gingen in den Supermarkt, den Eisenwarenladen und den Drugstore, und Lee kletterte zurück in den Wagen.

»Du kannst schon vorfahren«, sagte ich. »Ich muß noch was erledigen.«

»Das ist ein weiter Weg, zurück zu Fuß«, sagte Lee.

»Ich weiß«, sagte ich.

»Du bist sicher, daß du den Weg weißt?« sagte er.

»Ja«, sagte ich.

»Es ist kalt«, sagte er.

»Ich weiß«, sagte ich.

»In Ordnung«, sagte er, »wenn du es so willst.«

Ich fühlte mich wesentlich besser. Ich fühlte mich ziemlich gut. Ich schaute mich auf dem Parkplatz um und sah Leute, die die Arme mit Paketen voll hatten oder Kinder an der Hand hielten. Ich sah zu, wie der Transporter hinausglitt auf die Straße und wie er in der Kurve der kommenden Tage beschleunigte. Bald, das wußte ich, würde Lee bei Kathryns Haus vorfahren; bald würde er durch die Tür treten, und sie würde sich umwenden; und bald – nicht an diesem Nachmittag natürlich, aber schon recht bald – würde ich wieder auf diesem Parkplatz stehen, eine Fahrkarte in der Hand, und darauf warten, in den Bus steigen zu können, der so überraschend vor mir auftauchen würde, als käme er aus dem Nichts.

Marieluise Fleisser

Katalanisches Karussell 1930

Eine Eigentümlichkeit meines Gefährten ist sein Verhältnis oder vielmehr sein Unverhältnis zum Geld. Es gibt Menschen, die das Geld lieben, Menschen, die es hassen, und Menschen, die es als notwendiges Übel empfinden. Draws gehört in keine dieser Kategorien. Er hat überhaupt keine Einstellung zum Geld. Es ist ihm eine wesensfremde Erfindung, deren Dasein er immer wieder vergißt, bis sie sich ihm auf das unangenehmste bemerkbar macht. Diese Sorglosigkeit eines großen Herrn aber bringt es mit sich, daß ihn fremde Menschen für reich halten. Der imaginäre Reichtum kann recht hinderlich werden und uns in unfreiwillige Abenteuer verwickeln, aus denen es nur ein Entrinnen mit geschundener Haut gibt.

»Im Keller ist es duster, und in der Hölle brennt kein Licht«, pflegt Draws im Ton eines Weltmannes zu sagen. Er nimmt es nicht tragisch, wenn er irgendeinem gewieften Gauner auf den Leim ging. Wohingegen ich auf den Spuren menschlicher Verderbtheit wie ein aufgescheuchter Vogel flattere.

»Du könntest wirklich etwas weniger großartig auftreten, damit wir zu den Sorgen der Armen nicht noch die Sorgen der Reichen haben«, ist mein Singen und Sagen.

Als wir das patriarchalische Andorra vorübergehend verlassen, deckt Draws sich in paradiesischer Ruhe mit einem Betrage ein, der den Härten einer spanischen Weltstadt keinesfalls entsprechen dürfte. Meine Absicht, unserer Reisekasse eine weitere Summe als stille Reserve zu entnehmen, stößt auf seinen erbitterten Widerstand. Augenscheinlich versetzt ihn die Wichtigkeit, die ich solchem Teufelszeug beimesse, in Raserei, und er hält die Geringfügigkeit der vorgesehenen Summe für die Beschwörungsformel, die die Billigkeit unseres Abenteuers zwangsläufig nach sich zieht.

»Wenn wenig mitgenommen wird, wird eben wenig ausgegeben«, sagt er. »Das ist alles einfach. Also los!«

Noch bei der Einfahrt in Barcelona steht ihm der Entschluß, sich nicht rupfen zu lassen, in seiner ganzen Schärfe auf der Stirn geschrieben. Also schleppen wir unsere Koffer mit eiserner Orientiertheit an einer langen Reihe von Anreißern vorbei. Wir bleiben unschlüssig stehen, als wir niemanden mehr abwehren müssen.

»Ich würde dich ja mit den Koffern in einem Lokal verfrachten und mich allein auf die Suche machen«, sagt Draws. »Aber das geht in Spanien nicht.«

Er benutzt die Anwesenheit eines Verkehrsschutzmannes, um mich nächtlicherweile bei den Koffern am Rande des Trottoirs anzusiedeln, und durchstreift die anliegenden Straßen. Ziemlich niedergeschlagen kehrt er zurück, da die Hotels während der Pfingstfeiertage überfüllt und nur sehr teure Zimmer zu haben sind.

Dieser Vorgang wiederholt sich einige Male, bis wir glücklich in einer Gegend sind, in der es keine Hotels gibt. Mit wildem Entschluß entfernt Draws sich immer weiter auf seiner Streife und kommt zwei geschlagene Stunden nicht wieder. Ich mache mich mit dem Gedanken vertraut, daß er sich den Namen der Straße, in der er mich verließ, nicht gemerkt hat. Schon will ich nach dem Bahnhof zurückfahren, da entsteigt er, Triumph im Gesicht, ohne Mantel und Hut einer Taxe und erzählt mir während der Fahrt, daß er bis ins Herz der Stadt nach der Plaza Catalunya laufen mußte, damit ein Schutzmann zwar nicht sein Katalanisch, aber sein Französisch verstand und ihn an das Hotel Suizo auf der Plaza del Angel wies. Wie sich später herausstellt, ist die Auskunft gut. Aber unsere aufreibende Sparsamkeit aus den Bergen sollte ihr frühzeitiges Ende finden.

Während wir vor dem kleinen Engelsplatz im Freien sitzen, eine Flasche süßen »Old fin Malaga« und das Bewußtsein genießen, daß uns niemand aus unseren Prachtzimmern mit den roten Steinfliesen vertreiben kann, scheucht uns eine Musik auf. Sie zieht uns durch die engen Gassen der Altstadt auf einen freien Platz neben einem Kloster, dessen Türme verstümmelt und dessen Tore zugemauert sind. Hier strömt um Mitternacht das Volk Barcelonas zum katalanischen Nationaltanz, der Sardana, zusammen.

Rücken gegen Rücken reiben sich Tausende von taktmäßig hüpfenden Kreisen aneinander. Ihre Arme heben und senken sich in geschlossenen zuckenden Ketten. Der Wechselsprung ihrer Füße sticht den Boden unnachahmlich flink in einer Gebärde triumphierender Selbstbehauptung.

Sie tanzen ohne Unterschied der Geschlechter, auch Männer untereinander. Man sagt, daß die Sardana an die Adresse Madrids gerichtet ist und die jahrhundertealten Selbständigkeitsbestrebungen Nordspaniens unterstreicht. Man sagt, daß es die Sardana ist, die den Traum von der katalanischen Unabhängigkeit nicht aufhören läßt.

Neue Gruppen bilden sich hinter uns. Plötzlich fängt man auch dort zu tanzen an, und wir treiben unversehens in einer Brandung von Püffen und Rippenstößen. Was können wir tun, als in eine der Ketten einspringen und mitmachen, so gut es geht? Bald tanzen alle anwesenden Katalanen.

»Nun aber in die Grandenbetten!« sagt Draws und ißt erschöpft von einer Netzmelone. Er schlürft den süßen Saft kundig wie ein Eingeborener und nennt mich seine kleine Katalanin.

Barcelona scheint überhaupt nicht zu schlafen. Die Untergrundbahn fährt die ganze Nacht, und im Morgengrauen spazieren in den Straßen nicht weniger Leute als in anderen Städten am

Mittag. Indessen zeigt es sich, daß alles relativ ist und die Geräusche der Nacht gegenüber dem Tageslärm eine sakrale Ruhe bedeuten.
Ich zähle, daß die verschiedenen Kirchenglocken mit ihrem mehr oder minder andauernden Geläute allein siebzehn Minuten jeder vollen Stunde benötigen, um den Stundenwechsel anzuzeigen. Es wird sogar mit der Zeit geprahlt. Dazu ziehen endlose bezweigte und bebänderte Prozessionen mit auftrumpfendem Schmettern durch die Straßen, und von den übrigen Einwohnern Barcelonas scheint jeder zweite den Besitz eines Autos in die Welt zu posaunen, in dem er unter ostentativem Hupen spazierenrast. In der winkligen Altstadt ist man bei der Enge der Gassen und der Rücksichtslosigkeit der Fahrer genötigt, durch einen Sprung in die nächste Haustür sein Leben zu retten. Weiß Gott, dies Barcelona trumpft auf, und zwar auf einem Hinterland von steinverwüsteter Dürftigkeit! Es übertifft andere Hauptstädte durch die pomphafte Übersichtlichkeit seiner breiten Straßen, die in einem scharfen Strahlenstern von der Plaza Catalunya abspringen. Die Plaza Catalunya selbst mit ihren Farblichteffekten ist allnächtlich das prahlerische Freudenfeuer, das eine Stadt ihren Bewohnern entzündet.
Gleich dahinter steht das aufgestaut, was sein Gesicht mystisch verzwittert, Altstadt, verschachtelte Gassen, umstellte Kirchen von beängstigender Wucht, geduckte Häuser, Fahnen und Wimpel aus allen Löchern, Fischgeruch aus allen Wohnkellern, Rosenkranzhandlungen, Trödelläden mit Hexenkram, gärendes Mittelalter.
Wer denkt daran in den Ramblas, wo es die elegantesten und bestangezogenen Conchitas gibt, die unnachahmlichsten Pedros und zwischen sieben und zehn Uhr abends das dichteste Menschentreiben? Das Innere der Kaufhäuser ist mit einem grandiosen Kitsch ausgestattet. Die Mole des künstlichen Hafens ist ein Bollwerk gegen die See von bombastischen Ausmaßen. Die

Hauptpost ist ein Riesendom mit zimmergroßen Schreibtischen. Ihre Beamten stehen mit unbeschreiblicher Grandezza hinter den Schaltern und sind wortkarg wie Könige, wenn man sie innerhalb des üblichen Kundendienstes um eine Aufklärung bittet. Kurzum, die Stadt stürmt auf uns ein wie eine Kavalkade, und das alles hat etwas Forciertes über das tatsächlich bestehende Bedürfnis hinaus. Es ist ein Wunschtraum, eine Rauschgebärde von Riesen, die scheckige Ausgeburt von Gehirnen, die ihr Land unausschöpfbar reich wähnen, es ist grotesk.

»Weißt du eigentlich«, sagt Draws, »daß nicht einwandfrei feststeht, wieviel Einwohner Barcelona hat?«

Die Sonne drückt heiß, und ich werde die Einwohner nicht auszählen.

In einem Wiener Restaurant kneift ein Herr im grauen Anzug bei unserer Annäherung ein Auge zu und winkt mit dem Schnupftuch, als habe er uns erwartet.

»Das ist auch einer von jenen, denen Barcelona auf den Deez gefallen ist«, äußert Draws nachsichtig. Ich bin erstaunt, daß er weder boxt noch warnt, sondern sich gesellig an den Tisch nebenan setzt.

Unser Unbekannter reicht die neueste Nummer einer deutschen Zeitung herüber, stellt sich vor und erzählt hurtig, daß wir Zimmer an Zimmer wohnen. Alle diese Lebenszeichen begründet er mit dem Zufall des gleichen Hotels und der vertraulichen Mitteilung, daß für Mann und Frau die Zeit komme, wo sie sich miteinander ausgesprochen haben. Er sei nämlich mit seiner Frau da.

»Sie werden entschuldigen, bittschön. Meine Frau und ich haben Sie gestern ankommen sehen. Ich sagte gleich, das sind Deutsche. Landsleute in der Fremde sind halt angewiesen aufeinander. Meine Frau ist jetzt im Hotel. Wir sehen uns heute nachmittag einen erstklassigen Stierkampf an. Haben Sie eigentlich schon einen Stierkampf gesehen? Aber Sie können sich keine Karten mehr beschaffen, weil Pfingstsonntag ist. Alles ausverkauft. Eigentlich bin ich kein echter Landsmann von Ihnen, bloß ein halber. Ich bin geborener Pole. Wenn es nach mir ginge, hätte ich mich längst naturalisieren lassen. Ich lebe seit Jahren in Wien. Übrigens kann ich Ihnen vielleicht doch Karten für den Stierkampf besorgen. Durch mich bekommen Sie sicher bessere Plätze, weil ich mit den Leuten bekannt bin. Sie täten mir direkt einen Gefallen wegen meiner Frau. Bittschön, ich telefoniere nur einmal mit meiner Frau.«

»Du mußt nicht immer mißtrauisch sein«, sagt Draws. »Man erlebt nichts auf Reisen, wenn man vorsichtig ist. Der Mann fühlt sich vielleicht wirklich einsam.«

»Geht in Ordnung, schon erledigt«, sagt der Pole. »Bittschön, ich habe die Karten für Sie bestellt. Nun werden Sie mir wohl nicht den Schaden zufügen und mich damit aufsitzen lassen.«

Der wildfremde Mann läßt sich die Karten absolut nicht bezahlen, und wir nehmen an unter dem Vorbehalt, daß wir uns revanchieren.

»Was sind wir doch für eine internationale Familie«, seufzt der Mann. »Mein Vater ein Pole von reinstem Wasser. Meine Mutter Russin aus Nowgorod. Ich wäre gern deutsch. Meine Frau ist Engländerin und war zuvor mit einem Franzosen verheiratet. Und, bittschön, jetzt werden wir im Hotel erwartet.«

Er macht keinen forschen Eindruck trotz des eleganten Sakkos, eher treuherzig und ein wenig krank. Er sagt, er hat es im Magen, und das heimelt einen eigentlich an. Es stempelt ihn zum harmlosen Patienten, der einem nicht an die Gurgel will. Seine Frau, die gepudert und geschminkt ist wie eine Maske, begrüßt uns steif. Sie gleicht seine Zutunlichkeit durch betonte Zurückhaltung aus.

Sie ist indigniert über den rötlich gefärbten Sand der Arena, hält sich beim Stierkampf die Augen zu und schaut höchstens hin, wenn der Liebling des Volkes mit dem privilegierten altspanischen Haarknoten und den federnden Bewegungen einem unter den Zuschauern seinen Hut zum Halten hinaufwirft, was als Gunstbeweis gilt und dem Torero Glück bringen soll. Ich bin selber froh, als wir den von Lustschreien brodelnden Ring einer triebhaft angestachelten Masse verlassen, während der chevaleske Sieger über den schwarzen Stier einen Strohhutregen über sich ergehen läßt.

Draws hat den glücklichen Instinkt, sogleich nach dem Kampf die Eintrittskarten zu erstatten, indem er mit bigottem Kotau die entsprechende Rechnung in einem der exklusivsten Tanzlokale bei Jerez und Melonen wieder flott macht. Die Revanche nach wenigen Stunden bleibt auch in den folgenden Tagen seine Taktik, so daß alle Versuche des Paares, uns ihm tiefer zu verpflichten, durch diese Umsicht überholt werden. Es ist ein stillschweigender Wettlauf, der für beide Teile ziemlich kostspielig sich steigert.

Der Pole wartet auf Geld, das laut einem Telegramm bereits am Mittwoch an ihn abgegangen ist. In der Bar unseres Hotels wünscht er, daß seine Frau ihm Getränke spendiert, aber sie schlägt ab. Wirklich, ein merkwürdiges Paar! Uns scheint, daß seine Frau eine Reise auf eigene Faust unternommen und ihn, als kein Geld mehr da war, durch einen telegrafischen Hilferuf nach Barcelona zitiert hat.

Vor Wermut mit Eis bleiben wir bis morgens fünf Uhr auf der Plaza del Angel sitzen. Die subtropische Schwüle der Sommernacht ließe sowieso keinen schlafen. Die konventionelle Engländerin geht zusehends aus sich heraus und legt, je beflissener der Mann sie zu unterbrechen versucht, desto rücksichtsloser Bekenntnisse aus ihren beiden Ehen ab.

»Glauben Sie ja nicht, daß wir Engländerinnen arrogant sind«, sagt sie plötzlich. »Das mag so wirken vor lauter Bestreben, nicht aufzufallen. In Wirklichkeit sind wir die scheusten Wesen. Aber wenn eine Engländerin einmal in eine schiefe Lage gebracht wird und ihre Konventionen fahren lassen muß, dann wird sie das haltloseste Geschöpf auf Erden. Dann ist sie rettungsloser verloren als eine Französin oder eine Deutsche.«

Der Pole hält still, als hätte er eins mit dem Knüppel vor den Kopf bekommen. Sie bemerkt es und überschüttet ihn mit einem Sturz von Zärtlichkeiten. Gleich darauf erzählt sie, daß sie jede Nacht ohne Hemd und ununterbrochen Zigaretten rauchend im Bett liegt, bis der Tag hell wird. Sie kneift die Augen zusammen in einer plötzlich reißenden katzenhaften Bewegung und bekommt heftige Nervenschläge bei unerwarteten Geräuschen.

Nach Schluß des Barbetriebs hat Draws die fixe Idee, uns nach dem Hafen zu schleifen. Er zerrt alle mit, auch den mauzenden Polen, der ganz sicher weiß, daß der Hafen um diese Zeit geschlossen ist. Am Pasco de Colón kehren wir ebenso abrupt wieder um. Der Pole ist inzwischen mit seiner Ansicht durchgedrungen. Es fängt zu regnen an, und wir erheitern uns in der Via Lajetana, indem wir einer ahnungslos wandelnden respektierlichen Dame Kugeln aus Papierservietten auf den aufgespannten Regenschirm legen. Draws sagt, das sei die Strafe dafür, daß die Dame zu so ungewöhnlicher Zeit und mit einem so würdigen Gehaben sich allein in den Straßen Barcelonas verlustiere. Trotz des Strichregens bleibt er vor dem Riesenkomplex der Staatlichen Weinverwertungsgesellschaft stehen und zählt ausdauernd die Fensterscheiben, während die Engländerin mich eine patente Frau nennt und der Pole in der märchenhaften Vorstellung schwelgt, daß das Staatliche Weinverwertungsgebäude ein Riesenbordell sei. Sein Gehirn ist völlig aufgeweicht.

Es sind freudige Pfingsten, nehmt alles in allem! Die Hitze zerrt. Der Lärm zerrt. Das polnische Paar zerrt. Und die Katalanen zerren nicht minder. Letztere sogar buchstäblich, als Draws die Unvorsichtigkeit besitzt, ein paar Manschettenknöpfe zu kaufen, und ihm ein paar Hemden im Muster so gefallen, daß er sie nach Andorra schicken lassen will. Sogleich stürzen sich zwei Kommis auf ihn, knöpfen ihm die Weste auf, reißen an seinen Hosenträgern, deren Qualität sie im Vergleich mit ihren eigenen Hosenträgern mit schnöden Ausdrücken bedenken. Sie lüpfen seine Hosenschläuche und halten verlockend ihre besten Socken gegen sein Bein. Sie entblößen ihn seiner Jacke und nehmen mit handfesten Griffen Maß für ein Dutzend Oberhemden, die sie spätestens übermorgen in sein Hotel liefern werden. Kurzum, sie wollen ihm den halben Laden verkaufen, und Draws bezahlt vor Schreck eine Baskenmütze, die er mitzunehmen vergißt. Sie liegt, falls sie nicht unrechtmäßigerweise weiterverkauft worden ist, noch heute in der Höhle des Löwen. In seiner Verwirrung läßt Draws sich beim Friseur nebenan die Haare schneiden und wird dort zunächst gewaltsam gebadet und massiert, ehe er das eigentlich Gewünschte erhält. Das ist Barcelona, wenn man nicht spanisch spricht!

Während wir auf spanisch sprachlos sind, geht der südliche Elan über uns weg wie eine Walze, und es wird fast als Erholung empfunden, wenn uns mittags der Pole nach der Hauptpost schleppt und Recherchen über den Verbleib seines Geldes anstellt. Polen sind wenigstens Mitteleuropäer. Er zeigt ein zweites Telegramm seines Vaters, daß das Geld abgegangen sei. Er jammert uns seine Verlegenheit vor am Kai, beim Denkmal des Columbus, in der Calle de la Universidad und unter den künstlich bizarren Felsengrotten des Parque Güell.

»Meine Mutter wird sich furchtbar aufregen«, sagt er. »Sie meint natürlich, ich muß hier verhungern.«

Dann pumpt er von dem Kellner des Wiener Restaurants, den er kennt, zum drittenmal einhundertundsiebzig Peseten. Wenn er Geld in die Hand bekommt, gibt er es sofort hemmungslos aus, und die Engländerin kauft sich aus Protest gegen seine Verschwendungssucht einen farbenschillernden Regenmantel, ein Paar Flechtschuhe aus Palma auf Mallorca und einen neugeborenen Weinglaspinscher. Sie haben in zehn Tagen für dreitausend Peseten Schulden in Barcelona gemacht und hecken die phantastischsten Pläne aus, um sich aus der Affäre zu ziehen. Der Pole will uns einreden, daß die »Phönix«, die mit seinem Vater in Geschäftsverbindung stehe, für ihn Bürgschaft leisten wird, und die Engländerin macht ebenso geheimnisvolle wie ergebnislose Besuche bei einem Fürsten.

»Wenn ich bloß hier schon heraus wäre«, wehklagt sie und streitet mit ihrem Mann, da ein Teil allein nach Wien fahren soll, um zu sehen, wo er Geld auftreibt. Jeder will derjenige sein, der wegfährt.

Offenbar fasziniert von der Drawsschen Sorglosigkeit vermuten sie Reichtümer bei uns. Sie hängen sich an wie die Kletten, und ich werde nachgerade zornig, weil das Paar mit seinem nichts als mondänen Tagesprogramm uns das Erlebnis der fremden Stadt verstellt.

Inzwischen ist das eingetreten, was ich befürchtete, wir sitzen selber im Dreck. Wir können die Hotelrechnung nicht mehr bezahlen. Unser guter Fondista Señor Don Miguel Montaña, der unser Hauptgepäck in Andorra in Verwahrung hat, würde vielleicht mit sich reden lassen. Aber wir können an unser andorranisches Hotel weder telegrafieren noch telefonieren, da der Mistral die Masten umgerissen und die Leitungen zerstört hat.

Draws benutzt die schnurrige Situation zu einer großen Aussprache mit dem Polen. Er deutet an, daß es sinnlos sei, wenn sie ihr gutes Geld dem besseren nachwerfen, das sie von uns erwarten und niemals bekommen, weil wir, um uns zu revanchieren, schon unser eigenes gutes Geld bis auf den letzten Pfennig opferten und bereits selber in Verlegenheit seien. Draws hofft, ihn mit einem Schlag loszuwerden. Statt dessen bietet der unverwüstliche Pole ihm freigebig Geld von besagtem Kellner an. Er verlangt die kleine Gegengabe, daß Draws bei der Deutschen Bank um zehntausend Peseten für ihn gutsteht. Er wankt und weicht nicht. Er läßt an unserer Seite ergriffen die illuminierten Wasserkünste im

Park der Weltausstellung auf sich wirken, obwohl er sie auswendig kennt. Er verführt uns zu einem italienischen Film, in dem d'Annunzio persönlich mitspielt. Er zählt uns im Hotel die Mispeln in den Magen und will unbedingt einen deutschen Arzt beschaffen, als Draws im stickigen Speisesaal seinen einzigen spanischen Luftröhrenanfall bekommt und schweißgebadet dem schweren Ölgeruch der Fischgerichte entflieht.
Zweifellos hält er unsere triftigen Gründe für Ausreden und meine geplante Abreise für ein taktisches Manöver meines Gefährten, um der schönen Engländerin ungehindert den Hof zu machen.
»Sie sind unter Umständen raffinierte Gauner, mit denen du allein nicht fertig wirst«, sagt Draws, und so bleibt es an mir hängen, daß ich nach Andorra fahre und die fehlenden Amüsierpistolen aus unserer Sparkasse beschaffe.
Das ist der Tag, an dem der Pole Geld durch die Post erhält, wenn auch nicht in der erwarteten Höhe. Er benimmt sich, als habe die Post persönlich ihm den Fehlbetrag unterschlagen, und holt zähneknirschend zu seinem massivsten Streich aus, einem Telegramm an seine Mutter, daß er schwerkrank in Barcelona liege und sie bitte, ihn in eigener Person zu holen.
»Habe ich sie erst einmal hier, rückt die Alte das Geld schon heraus.« Das war sein allerletzter Versuch, und es hieß noch einmal warten.
Nein, Gauner in diesem Sinne waren sie nicht. Ein echter Gauner hätte keine Bombe auf den Platz vor der Hauptpost getragen, weil er angeblich sich in die Luft sprengen wollte.
Das Ende fing damit an, daß der Pole seine Frau hartnäckig mit Draws in die Einsamkeit schickte und, als ein greifbares Ergebnis ausblieb, das letzte Vertrauen in die Verve seiner platinblonden Gattin verlor. Das Vertrauen zu sich selbst war ihm sichtlich schon früher abhanden gekommen. Er warf jedenfalls die Nerven und eine Bombe weg zur Überraschung aller, die es ihm nicht

zutrauten, und zwar dort, wo die Via Lajetana in den Paseo de Colón mündet und die von ihm schwer verdächtigte Hauptpost sich eines versteinten Daseins erfreut.
Das aber hätte nicht kommen dürfen, daß die nicht sachgemäß behandelte Bombe frühzeitig losging und unser protestierender Pole plötzlich nur mit einem Schlips bekleidet und im übrigen abgeschält bis auf die geschundene Haut auf dem öffentlichen Platz stand. Nach einer Legende wagten die hinzueilenden Polizisten nicht, ihn zu berühren, sie banden sich Taschentücher vor die Augen und spielten Blindekuh. Mitleidige Einwohner mußten Tischtücher und Badelaken aus den Häusern reichen, damit die Blöße verhüllt und der Delinquent verhaftet werden konnte. Erst dann erkannte er sein Tun und brach in einen Weinkrampf aus. Ob es wahr ist, daß ihm gleich darauf die Frau mit dem Fürsten durchging? Nun, wir müssen Augenzeugen glauben. Ich war nicht dabei. Beschwören will ich nichts.
Beschwören will ich, daß ich in überstürzter Eile die Stadt der Revolution und heißen Temperaturen verließ und zur Verwunderung der biederen Andorraner ohne den Alemano in unserer Fonda ankam.
»Monsieur viendra«, sagte ich siegessicher.
Der Reserveschlüssel tut seine Pflicht. Ich entreiße unserem stahlgezähnten Koffer seinen wichtigsten Inhalt, die Amüsierpistolen, stürze zum Autobus zurück und bringe das Geld persönlich zur schnellsten Weiterleitung nach der spanischen Grenzstadt Seo de Urgel, wo die Drähte intakt sind. Ein Paragraph des Weltpostvereins tritt in Aktion.

Martha Gellhorn

Bummeln auf Booten

Während des schrecklichen Jahres 1942 lebte ich sicher und behaglich in der Sonne, und ich haßte es. Nachrichten erreichten uns in regelmäßigen Abständen übers Radio, und keine war gut. Aber wir begriffen nicht, wie schlecht es stand. In Bröckchen und (wie ich jetzt sehe) geschickt zensiert, gaben uns die Nachrichten keinen Gesamtüberblick. Der einzige Krieg, den ich verstand oder den ich mir vorstellen konnte, war ein Krieg zu Lande. Und der erschütterte einen ja schon genug: Die Deutschen schwappten wie eine Flutwelle über Rußland hinweg, und Rommel trieb sein Unwesen in der Wüste. Ich glaube, meine Ignoranz war typisch. Das große Publikum – die meisten von uns gehörten dazu – erkannte nicht, daß die tödliche Gefahr auf See lauerte. Wir würden den Krieg verloren haben, wenn wir weiterhin Schiffe in dem furchtbaren Ausmaß von 1942 verloren hätten: Frachtschiffe, von denen in den Ruhmesarien undankbarerweise kaum je die Rede ist; ohne die Großbritannien aber verhungert und unser Krieg von Rußland bis Nordafrika liegengeblieben wäre wie ein Motor ohne Treibstoff. 1508 alliierte Handelsschiffe mit insgesamt 8 336 258 Bruttoregistertonnen sanken in einem Jahr auf den Grund des Meeres. Ich kann mir das kaum selbst plastisch vor Augen führen, geschweige denn anderen. Ich komme der Sache wohl am nächsten, wenn ich es ein Zu-Tode-Bluten nenne.

Dann begannen die amerikanischen Nachrichtensendungen in großer Erregung über deutsche U-Boote zu berichten, die entlang der Ostküste der USA, im Golf von Mexiko, in der Karibik und sogar noch vor Brasilien Schiffe versenkten. Mir gefiel der Ton nicht. Es klang so prahlerisch, als wolle man uns weismachen, auch wir in unserer durch nichts zu erschütternden Sicherheit seien in Gefahr. Was wir nicht waren. Es hat auf nordamerikanischem Boden seit 1865 keinen Krieg mehr gegeben. Das Leiden in Europa und im Fernen Osten entzog und entzieht sich dem amerikanischen Vorstellungsvermögen. Niemand weiß wirklich, was der moderne Krieg bedeutet, wenn er ihn nicht zu Hause erlebt hat. Aber ich zeigte Verfallserscheinungen: Statt dort zu sein, wo ich hingehörte, nämlich bei den Leuten, die mit ihrem Leben zahlten, hörte ich vom Krieg im Radio und zog durch die Karibik, um über diesen Nebenkriegsschauplatz zu berichten und über die, wenn es sie überhaupt gab, unbedeutenden U-Boot-Aktivitäten in nahegelegenen Gewässern.

Dreiundvierzig Jahre später brachte ich mich dazu, die Tatsachen herauszufinden, und entdeckte mit Bestürzung, daß allein 1942 in der Karibik 251 Handelsschiffe versenkt worden waren. Im August und September – das waren die Monate, in denen ich durch diese Gegend bummelte – waren die Verluste am größten: 71 Schiffe in 61 Tagen. Da ich damals davon weder eine Ahnung hatte noch hätte haben können, da dies Informationen höchster Geheimhaltungsstufe waren, versuchte ich mein Bestes mit dem schwachen Material, das mir zur Hand war. Ich liebe den Journalismus, er bringt immer eine Chance, etwas Neues zu sehen und zu lernen, und mich interessierte alles, was ich sah, ich war allerdings von der Bedeutung meines Auftrags nicht gerade überwältigt.

In Haiti erwarteten die dort ansässigen Deutschen, gutbehandelte und vor Stolz platzende internierte Nazis, daß Deutschland im nächsten Jahr siegen und sie selbst zu mächtigen Gauleitern würden. Puerto Rico war jetzt ein riesiger See- und Luftstützpunkt; ich holte mir die Erlaubnis zu einem Flug mit einer Fliegenden Festung auf Anti-U-Boot-Patrouille. Die Mannschaft war prima, der Trip aber eher wie eine Busfahrt, die Flüge mit der CNAC hatten mich verwöhnt. Die kleinen braunen, sanften Puertoricaner, die in armseligen Slums wohnten und viel zu jung darin starben, waren die Leute, die mir am besten gefielen. Ihre Söhne bewarben sich eifrigst als Freiwillige bei der US-Armee. Bei 50 Dollar im Monat und soviel Essen, wie sie wollten, war dies ihre erste Chance, ein annehmbares Leben zu führen.

Alle überlebenden Seeleute von torpedierten Handelsschiffen wurden nach Puerto Rico gebracht, ehe man sie auf anderen Schiffen wieder losschickte. Man erkannte sie sofort in den Bars entlang des Hafens: hagere Männer in neuen, billigen Zivilkleidern, die noch an einer besonderen Art von Feuerschock litten. Ich hing dort herum und hörte ihnen mit Mitleid und Bewunderung zu, aber es war mir klar, daß ich nicht wirklich begriff. Rettungsboote waren außerhalb meiner Erfahrung.

»Ich glaube, der zehnte Tag war ungefähr der schlimmste. Da gab ich fast ganz die Hoffnung auf.« – »Einer von den Kumpeln drehte ein bißchen durch, so um den vierzehnten Tag, weißt du noch, Bert?« – »Du sahst selber auch nicht gerade gut aus, John.« – »Du kannst es an ihren Augen ablesen, verstehst du, kriegen so'n Kuckucksblick. Hatte einen Kumpel, der wollte sich umbringen.« Ein einsamer Junge in der *Condado-Bar* erzählte mir immer wieder, daß Kapok viel besser sei als die alten Rettungsgürtel, Kapok gehöre in alle Schiffe. Er kam aus Brooklyn. Achtzehn Tage lang war er in einem Rettungsboot herumgetrieben. Er sprach von einem Mann, der sich in den Tauen eines Rettungsbootes verfing, kurz nachdem der Torpedo getroffen hatte. »Der Mann muß wohl gesprungen sein, aber nicht weit genug, und dann hing er da, verstehn Sie, also tot.« Wie war das denn in einem Rettungsboot? »Weiß nicht mehr, ich glaube, in Ordnung.«

Ich schrieb über solche Dinge, weil ich den Auftrag dazu hatte, und Charles Colebaugh, der rührend-nette Redakteur von *Collier's*, war damit zufrieden, ich jedoch nicht. Inzwischen wußte ich, daß in dieser Region Krieg herrschte, wenn er auch unter dem klaren blauen Wasser unsichtbar blieb, und es kam mir uninteressant und langweilig vor, über einen Krieg zu berichten, ohne Kampfhandlungen und eigene Beobachtungen schildern zu können. Es mußte eine bessere Möglichkeit geben, den Job anzugehen.

Um meine Spesen bei *Collier's* zu rechtfertigen, sagte ich mir, ich könnte doch Überlebende aus torpedierten Schiffen aufsammeln oder geheime Verstecke von U-Boot-Nachschub oder verborgene feindliche Funkgeräte aufspüren; jedenfalls fand der Krieg hier auf See statt, und daher sollte ich mich auch auf See begeben. Mein heimlicher Traum, den ich wohlweislich für mich behielt, war es, tatsächlich ein U-Boot zu sichten. St. Thomas, eine amerikanische Insel, war mit dem Flugzeug von Puerto Rico aus einfach zu erreichen. Danach gab's keine offizielle Weiterbeförderung mehr – bis zur nächsten amerikanischen Basis auf Antigua, etwa 275 Meilen entfernt, wie mir die Landkarte zeigte. Dazwischen lag eine Kette kleiner Inseln mit verlockenden Namen wie Tortola, Virgin Gorda, Anguilla, St. Martin und St. Barthélemy, Saba, St. Kitts. Was auch immer dabei herauskommen würde, ich bekäme eine unbekannte Welt zu sehen.

In St. Thomas versuchte ich, eine Schaluppe zu mieten. Ein alter Neger, der für den Handelsverkehr zwischen den Inseln Boote mit Vorkriegsstandard vermittelte, erklärte mir, niemand auf St. Thomas sei so dumm, in der Hurrikansaison den Hafen zu verlassen. Weder er noch sonstwer von den Ortsansässigen mache sich um U-Boote Sorgen, aber um Hurrikane sehr wohl, und ihre Bibel, ein Almanach für die Gegend, sage einen schlimmen Sturm für diesen Monat voraus. Als ich die hier lebenden Weißen um Rat fragte, fragten sie zurück, ob ich denn nicht von den U-Booten gehört hätte, fast gleich nebenan in der Anegada-Pas-

sage. Sie sagten mir auch, kein Weißer könne in diesen Schaluppen der Einheimischen reisen. Ich solle besser bis nach dem Krieg warten und eine Yacht mieten wie jeder andere.
Da über mein Vorhaben auf der Insel geredet wurde, hatte das den Besuch eines vierschrötigen Texas-Majors zur Folge, dem man die Wache über die Insel anvertraut hatte. Er brachte mir eine Miniatur-Derringer mit Perlmuttgriff und Silberplattierung. Sie sah genauso aus wie eine Waffe für eine Geistesgestörte im Negligé, aufgeputzt mit Straußenfedern, die vorhat, ihren Liebhaber zu erschießen. Er gab mir vier Kugeln, stumpfe zweiunddreißiger, zeigte mir, wie man dieses todbringende Spielzeug lud, und sagte ganz ernsthaft, daß die Pistole einen Mann in zwei Hälften pusten würde, und ich solle nicht zögern, sie zu gebrauchen. »Sie wissen ja gar nicht, was alles passieren kann, wenn Sie ganz allein da draußen sind.«
Ich sagte, ich könne seine wertvolle Pistole nicht annehmen, hätte noch nie eine Handfeuerwaffe gebraucht und sei niemals um meine Ehre besorgt. Er blieb aber hartnäckig, bis ich mich schließlich bedankte, das hübsche Ding in Kleenex wickelte, die Kugeln in einen Luftpostumschlag steckte und das Ganze unten in meinem Koffer vergrub. Irgendwo auf der Reise muß ich sie dann versenkt haben. Nach diesem Komödienauftakt brach ich in einem uralten Motorboot nach Tortola auf, ein Vier-Stunden-Trip.
Mein Herz hüpfte vor Freude. Das tut es immer, außer bei Regen, sobald ich merke, daß ich nicht mehr nach der Landkarte reise. Und unheilbar ist das Leiden auch. Das Motorboot kippte mich – durchnäßt von Gischt, aber in bester Stimmung – in Roadtown an Land, einem Haufen ungestrichener Hütten entlang einer staubigen Straße. Es gab zehn weiße Inselbewohner und 7000 Schwarze, keine Autos, einige Fahrräder und ein Taxi: ein Ruderboot. Der britische Kommissar, gleichzeitig Arzt, der den kleinen Vorrat an Arzneien verwaltete, war auch noch Friedens-

richter und Herausgeber der mit der Hand vervielfältigten Zeitung, und er fand kein Gefallen an meinem Vorhaben, aber reichte mich weiter an den örtlichen Krämer, Mr. de Castro, einen weißhaarigen, würdevollen Schwarzen.

Mr. de Castro machte mich mit seinem Sohn Carlton bekannt, dem Besitzer eines Kartoffelboots namens *Pilot*, einer zehn Meter langen Schaluppe mit einem Segel und dem Kartoffelbehälter. Die Fracht wurde von Insel zu Insel verkauft, auf der Rückfahrt nahm man mit, was immer zum Kauf angeboten wurde, vornehmlich Rum und Tabak, die man vorzugsweise auf die heimatliche Insel schmuggelte.

Carlton de Castro war der Star von Tortola, fünfundzwanzig Jahre alt, kaffeebraun, mit gebogenen Augenwimpern, gelockten Koteletten und goldenen Schneidezähnen. Er trug eine Kapitänsmütze über einem Ohr und hatte eine drollige Art, sich zu geben – wie ein Pariser Nachtclub-Apache, der den Seemann spielt. Sein Boot, so sagte er, sei »sauber wie Feuer«, aber er war wegen des »hurry-cane« nicht sehr wild auf den Trip. Ich hielt ihm Banknoten von *Collier's* unter die Nase und korrumpierte ihn. Am nächsten Morgen würden wir auslaufen.

In der Zwischenzeit ging ich einkaufen, denn ich mußte mich ja ernähren. Carlton wollte zwei Fässer mit Wasser und Steine als Ballast beibringen, der Rest war von mir zu besorgen. Ich erstand die übliche, scheußliche Notverpflegung wie Dosen mit Bohnen, Sardinen, Tee, Kekse und ein Objekt, das sich Super-Sanitär-Kübel nannte, aus grauem glänzenden Email; schließlich noch einen großen schwarzen Regenschirm als Schutz vor Sonnenbrand. Der Kommissar lieh mir großzügigerweise zwei Militärdekken und ein Kopfkissen.

Dann schüttete es vom Himmel, als wolle es niemals mehr aufhören. Das Meer sah aus wie frisch gerührter Zement. Es verschlug mich in den *Social Inn*, eine kaum erklärliche Herberge – warum sollte sich auch jemand hierher verirren? – mit zwei schmutzigen Schlafzimmern, in denen Bierflaschen und Zigarettenkippen in die Ecken gefegt worden waren, Andenken an die Überlebenden von einem englischen Schiff, die vor ein paar Tagen nach Puerto Rico geschafft worden waren. Regen stob durch die Fensterläden und unter der Tür hindurch. Es gab kein elektrisches Licht, schlimm für jemanden, der gern liest, und der einzige Platz zum Sitzen war unter dem fleckigen Moskitonetz auf dem Rand des Himmelbetts. Ich fürchtete, alles in Brand zu setzen, wenn ich eine Kerosinlampe unter dieses Zelt mitnahm. Der *Social Inn* erinnerte mich an das *Palace Hotel* in Kweilin, wenn es auch keine Wanzen gab, und für kleine Gnaden muß man stets dankbar sein. Es regnete und regnete. Ich saß zwischen meinen Konservendosen, aß ab und zu daraus und las Krimis, solange das schwache Tageslicht anhielt.

Von Zeit zu Zeit wagte ich mich unter meinem neuen Regenschirm in den strömenden Regen hinaus, um den einzigen Patienten im Ein-Zimmer-Hospital zu besuchen, einen jüdischen Flüchtling aus Wien, der, wie ich glaubte, wohl im Sterben lag; er war so gelb und dünn und vom Fieber ausgezehrt. Wahrscheinlich hatte er Malaria und Gelbsucht. Er war den Nazigaskammern entkommen und hatte auch den »Blitz« in London als Feuerwächter überlebt. Durch eine wirre Laune des Schicksals, wie sie Kriege kennzeichnen, war dieser Mann, ursprünglich Parfumhersteller, von der britischen Regierung nach Tortola geschickt worden, damit er eine Tabakindustrie aufbaute. Natürlich konnte man Tabak hier nicht anpflanzen, und er wollte entweder sterben, um der hoffnungslosen Langeweile der Insel zu entkommen, oder nach England zurückkehren und in die britische Armee eintreten. Er besaß eine klarere Vorstellung über die Gründe, die zu diesem Krieg geführt hatten, als irgend jemand sonst hier in der Gegend und war wild entschlossen, aktiv an ihm teilzunehmen.

Ich kam mir hartherzig vor, ihn hier sterben zu lassen unter zwar freundlichen, aber doch verständnislosen Fremden. Aber wenigstens konnte er mit mir reden, wir kannten beide die Nazis, uns verband der Haß auf sie. Aber als nach drei Tagen der Regen aufhörte, sagte ich auf Wiedersehen und versicherte ihm wider besseres Wissen, er werde genesen. Vielleicht ein Jahr später schickte er mir ein Foto von einem rundlichen, lächelnden Mann. Weihnachtskarten folgten. Er hatte sich auf St. Thomas niedergelassen, war verheiratet, hatte geschäftlich irgendwie mit Parfum zu tun und war von seinem neuen Leben entzückt. Ich liebe Happy-Ends und ganz besonders solche aus jenem Krieg. Es gab viel zu wenige davon.

Die *Pilot* setzte um sieben Uhr morgens Segel; ich winkte den Zuschauern huldvoll zu, Mr. de Castro senior und einem älteren Amerikaner, dessen Sohn in Australien stationiert war. Der Amerikaner hatte mir die Hand geschüttelt, wie man nach einer Beerdigung die Hinterbliebenen begrüßt, und gesagt: »Meine Liebe, ich hoffe, Sie wissen, was Sie tun.« Vor mir liegen zwei vergilbte und unscharfe kleine Schnappschüsse von der *Pilot* mit der Mannschaft und mir, und ich verstehe jetzt sein Aufnimmerwiedersehen-Verhalten.

Die *Pilot* auf See sieht aus wie die Zelluloidschiffchen, mit denen Kinder in Badewannen spielen. Auf dem anderen Foto bin ich vorn in der Mitte zu sehen, in meinem Reiseaufzug, bestehend aus kurzen Shorts, Hemd, Sandalen, umgeben von barfüßigen schwarzen Männern: Carlton (Cahltin) mit einem schicken bunten Tuch um den Hals; George (Gawge), ein netter Riese mit randlosem Filzhut und ausgefransten Hosen bis zur Wade; Walter (Walteh), in schmutziger, ärmelloser Weste und Shorts; Voosten, nackt bis zur Taille, und Irvine, in einem Hemd, das er offen und flatternd wie einen Mantel über Unterhosen trug. Sie sehen aus wie Bösewichter. Ich hielt sie für nette Burschen, bis auf Carlton, der mir zu eitel war. Und das dubiose Boot machte mir keine Sorge.

Die *Pilot* war einmal weiß gewesen. Das Deck fiel nach hinten ab, ohne Handlauf. Die Kajüte war anderthalb Meter lang, breit und hoch; ich konnte darin weder stehen noch liegen oder gar sitzen, denn es war darin so heiß wie in einer Sauna. Mittschiffs auf der Backbordseite war ein kleines Beiboot an Deck festgezurrt. Man sah Wurmlöcher darin, und es gab nur ein Ruder. Bestenfalls hätte es drei Leute gefaßt, ehe es vollief und sank. Es gab keine Rettungsgürtel, keinen Sextanten, kein Logbuch, kein Barometer und keine Seekarten. Ein Kompaß baumelte am Heck an der Ruderpinne. Das einzige Segel glich einer Patchwork-Bettdecke.

Das Beiboot war nicht so lang, wie ich groß bin. Carlton legte die Lukenabdeckung so hinein, daß sich eine Art Liegesitz ergab, konvex über zwei Drittel der Länge, dann ein Knick und ein konkaves Stück. Ich breitete auf dieser Fläche die Decken aus, schob das Kissen an ein Ende, meine Beine unter den Sitz und ließ mich mit dem Schirm als Schattenspender häuslich nieder. Nun mußte ich mich nur noch ducken, wenn der Baum herüberschwang.

Das Meer sah völlig ruhig aus, aber das täuschte. Lange Wellen bewegten sich wie Muskeln unter der Meereshaut. Die *Pilot* senkte und hob sich in kurzen, ruckartigen Bewegungen. Soweit es ging, legte ich mich in dem Beiboot zurück. Ich fühlte mich nicht sonderlich gut, weigerte mich aber, darüber nachzudenken. Wenn dies das beste Verhalten der *Pilot* bei bestem Wetter war, dann zog ich es vor, nicht weiter vorauszuschauen. Stunden später, wir segelten noch immer an den Küsten Tortolas entlang, wurden wir von einem anderen kleinen Segelboot begrüßt.

Carlton rief den Vorbeisegelnden, einem alten Mann mit Sohn, zu: »Wassachste, Mann, wassachste?«

Der alte Mann schrie: »O Gott, Mann, wohin gehste?«

»Ganz umme Welt, Junge.«

»Was für Fracht?« fragte der Sohn.

»De Dame«, sagte Carlton, woraufhin alle Männer auf beiden Booten vor Lachen kreischten.

Fünf Stunden später begann die Mannschaft sich anzubrüllen. Das war die Art und Weise, wie Befehle gegeben und befolgt wurden. Es war Nachmittag, und wir machten am Pier des wunderschönen Strands von Virgin Gorda fest, weil Irvine Geld von seiner Frau holen wollte. »Sie hat de Kasse«, sagte er. Mit *Collier's*-Dollars, aufgeteilt nach Rang, und mit ihren eigenen konnte jeder Mann kaufen, was er wollte, und es verkaufen, wo er konnte – freier Warenverkauf ohne Kontrollen.

Ein Neger mit weißem Haar und Schnurrbart, einem weißen Tropenhelm und rosafarbener Sonnenbrille empfing mich im Namen Seiner Majestät von Großbritannien. Es war Mr. Samuel Flax, der Regierungsvertreter für diese Insel. Er stiftete mir einen Dosenöffner, da ich meinen im *Social Inn* hatte liegenlassen, und führte mich zu der schönsten Bucht, die ich bisher in der ganzen Welt gesehen hatte. »Oh, Moddom, der Krieg ist sehr schwer«, sagte Mr. Flax. »Wir bekommen kein Mehl und so was, fast. Und die armen Männer, wo werden torpediert. Ja, Moddom, wir können nur hoffen, daß der Allmächtige uns beschützt.«

Der Krieg schien zu fern, um wahr zu sein; es gab nichts zu tun für den Allmächtigen auf Virgin Gorda, und diese kleine Bucht war eine Stelle, an der sich seit Anbeginn der Zeiten nichts geändert hatte, ein Halbkreis aus weißem Sand, an den Seiten gerahmt von gewaltigen, fast kubischen, glatten Felsen, die sich übereinanderschoben und so kühle Höhlen formten, mit türkisblauem Wasser über dem gefurchten Sand des Meeresbodens. George schlug ein paar Kokosnüsse auf, aus denen ich trank. Mr. Flax warnte mich davor, die Blätter des Manchineelbaums zu berühren, wenn meine Haut naß sei, weil ich dann Blasen, so groß wie ein Zwei-Schilling-Stück, bekäme. Und dann überließen sie mich einer der größten Freuden im Leben – nackt in einem sauberen tropischen Meer zu schwimmen.

Um zehn an diesem Abend segelten wir weiter. Der Mond stand am Himmel, voll und klar; der Himmel war samtschwarz, mit Sternen bestäubt, also jener Himmel, der auf Kreuzschiffen romantische Liebesaffären heraufbeschwört. Wir steuerten geradewegs auf die Anegada-Passage zu, ein geheimnisvoller Name, berüchtigt als Jagdrevier der U-Boote. Diese Strecke war die längste der Route, neunzig Meilen zwischen Virgin Gorda und Anguilla. Wenn ich auch meine Matratze aus Lukenplanen mit gemischten Gefühlen benutzte, von der Schönheit, der Ruhe, der unermeßlichen Weite des Raums war ich hingerissen, auch aufgeregt, denn nun bewegten wir uns ja in einer richtigen Kriegszone; wer konnte wissen, was noch geschehen würde? Es begann wieder zu regnen, ich kauerte unter meinem Schirm, und es war überraschend kalt. Die Nacht entwickelte die unangenehmste Qualität aller Nächte, nämlich lang zu sein. Bei Sonnenaufgang lag Virgin Gorda noch in Reichweite eines Schwimmers. Mittags war die Insel immer noch nah. Der Wind blähte kaum das Segel.

Das Besondere an der *Pilot* bei Flaute war, daß sie auf der Stelle eine Gigue wie auf Schlaglöchern tanzte. Flaute, das klingt nach Sichtreibenlassen auf einer Luftmatratze im Swimmingpool. So war es nicht, jedenfalls nicht auf der *Pilot*. »Gigue« ist auch nicht ganz richtig, es war mehr ein gleichzeitiges Stoßen und Rollen.

Am vorigen Tag, als der Wind den Geruch wegblies, hielt ich die Mahlzeiten der Mannschaft einfach nur für grobes Zeug. Gawge, der Koch, stellte ein Holzkohleöfchen neben dem Beiboot auf, wohl weil das verhinderte, daß Öfchen und Töpfe und Lebensmittel von Deck schlingerten. Er buk dann ein Pfannenbrot namens »Dumb Johnny Cake«, machte Tee und Reis mit Fisch und Zwiebeln. In der windstillen Hitze aber, während die Sonne auf meinen Sonnenschirm und das Öfchen neben mir glühte, wurde mir von dem Geruch des Fischs und der Zwiebel im Verbund mit dem rollenden Gigue-Tanzen des Boots ausgesprochen übel. Ich hatte keine Seekrankheit vorhergesehen, und ich konnte mich auch nur erinnern, zweimal richtig seekrank gewesen zu sein, aber ich wußte noch gut, daß dies eines der übelsten Leiden des Fleisches ist, die einem widerfahren können. Ich erreichte nie das aktive Stadium der Krankheit; mir war nur andauernd speiübel.

In diesem abgestumpften Zustand reduzierte ich meine Hoffnung auf ein einziges Ziel im Leben: nur runter von der *Pilot*. Dies geschah Jahre, bevor ich den geistigen und medizinischen Wert von Alkohol erkannte; wenn ich allein reiste, führte ich keinen mit.

»George, wie lang war die längste Flaute, in der ihr je gesteckt habt?«

»So zehn Tage, meine ich.«

Schon war mir klar, warum die Überlebenden in Puerto Rico von Männern erzählten, die durchdrehten, die aus ihren Rettungsbooten springen wollten. Wie konnten sie nur zehn Tage, achtzehn Tage ohne Schutz vor dieser unbarmherzigen Sonne aushalten, in noch kleineren Booten treibend, erschöpft von der unaufhörlichen Bewegung, mit knappen Rationen oder gar keinen, mit einem Schluck Wasser am Tag bei quälendem Durst?

»George, wenn wir fünf Tage in der Flaute liegen, springe ich über Bord. Zehn Tage halte ich nicht aus.«

Er lachte. »Redense kein Unsinn, wir werd'n hier nich länga rumhäng'n.«

»George, bist du mit dem Kochen fertig?«

»Ja, 'm, nehm's Essen mit für die Jungs.«

Aber der Geruch hielt an.

Weit im Norden zogen Wolkenstreifen über den Himmel. Drei schwarze Vögel, die aussahen wie Dornier-Flugzeuge, flogen, scharf konturiert, mit weit ausgebreiteten, unbewegten Flügeln, hoch über uns.

Ich rief Irvine am Ruder zu: »Was sind das für Vögel?«
»Kenn'n Namen nich. Wir nennense einfach Hurry-Cane-Vögel.«
Für gewöhnlich sprachen die Männer untereinander Karibik-Englisch, ein unentwirrbares Sprachknäuel. Für mich verwendeten sie ihre Version von reinem Englisch. Wenn sie sprachen, klang es so, als bellten sie sich gegenseitig an, und jeder Satz hatte am Ende den Tonfall einer Frage. Jetzt, da das Segel schlaff herunterhing, schliefen sie im Laderaum. Irvine nickte am Ruder ein. Ich hatte Bücher bei mir, konnte aber nicht lesen, weil das pausenlose Stampfen die Buchstaben auf den Seiten hüpfen ließ und sich ein bohrender Kopfschmerz zu meiner Übelkeit gesellte. Ich beobachtete das Meer, in der Hoffnung, weit weg einen Geleitzug zu sehen, ein Patrouillenflugzeug, irgend etwas, was die Monotonie durchbrach, und wurde aufgemuntert von vier fliegenden Fischen.
Gegen Nachmittag erschienen aus dem Nichts Schwärme von winzigen, durchsichtigen, roten Ameisen und fingen an, mich zu beißen. In der Morgendämmerung hatte ich den zerdrückten Leib einer sehr dicken Spinne auf meinem Kissen gefunden und sofort im Boot nach dem Gefährten gesucht, aber vergeblich. Sie sah aus wie eine jüngere Tarantel mit haarigen Beinen, aber grau und nicht schwarz. Da ich mich noch bewegen konnte, schien es mir ein guter Zeitpunkt zu sein, das Schiff von Insekten zu reinigen, von kräftigen, zirpenden Kakerlaken in der Kajüte und diesen wahnsinnig machenden Ameisen. Ich kroch aus dem Beiboot und taumelte zur Kajüte, um Flit zu holen. Die Kajüte war mein Lagerraum und mein Badezimmer, der Standort des Super-Sanitär-Eimers und eines Kübels Seewasser zum Duschen.
Als ich Flit versprühte, erfaßte eine plötzliche Brise, nicht mehr als ein Flüstern von Wind, meinen Schirm, den ich dummerweise offen im Beiboot gelassen hatte, und trug ihn weg. Ich sah,

wie er versank, wogend wie der Badeanzug einer altmodischen Dame, und ich kämpfte mit den Tränen. Es war, als hätte ich meinen letzten Freund auf Erden verloren. Zu all der Übelkeit würde ich jetzt auch noch schmerzhaft tomatenrot verbrennen, Brandblasen bekommen, mich pellen, nur damit die neue Haut wieder verbrannte. »War'n schöner Schirm«, sagte George mitfühlend. Tief in einer Grube von Selbstmitleid sitzend, sagte ich mir, der versunkene Schirm sei nun einfach zuviel. Warum nur, warum war ich mit der falschen Haut geboren worden, wo ich doch die Sonne so verehre? Protest aus Kindermund klingt so: »Das ist ungerecht.« Es ist ungerecht, dachte ich. Sind Ameisen und Seekrankheit und dieses stilliegende Boot nicht schon genug? Und hätte fast losgeheult über meinen Schirm.

Ich hatte keine Ahnung gehabt, daß ein Tag so lang dauern kann. Wenn er sich auch von den endlosen Tagen in China unterschied, er war kaum weniger schlimm.

In der Nacht kam eine Brise auf. Wieder öffnete sich der Himmel, um Regen herunterzuschütten, aber wir kamen vorwärts. Die Mannschaft ruhte sich abwechselnd auf Steinen im Lagerraum aus. Ich lag naß und frierend im Beiboot und flehte den Wind an, nicht aufzuhören – ja, das ist ein guter Wind, blas, blas, hör um Gottes willen nicht auf. Meine Zaubersprüche versagten. Wir waren zwar am Morgen nicht mehr in Sichtweite von Land, aber die Flaute war wieder da. Carlton war trübsinnig. Ich noch mehr, betrachtete es aber als schlecht für die Moral, wenn der Passagier Anzeichen von Ängstlichkeit zeigte.

»Gefällt mir nich«, sagte Carlton.

»Warum?«

»Einfach, gefällt mir nich.«

»Glauben Sie, irgendwo entwickelt sich ein Hurrikan?«

»Kann's nich sagen.«

»Was dann sonst?«

»Weiß nich, wann wir da ankommen. Ham uns kaum bewegt die ganze Nacht. De Brise is wieda weg, sehn Se?«
Ich versuchte, mir aus einer Decke, die ich über das Beiboot legte, ein Halbzelt zu machen, aber erstickte fast darunter, naß vor Schweiß. Ich dachte, ich sollte zur Abwechslung mal über Deck laufen und fiel auf meinen unsicheren Beinen fast über Bord. Die Mannschaft zog sich in den Laderaum zurück, schweigsam, sich langweilend. Bis auf den Mann am Ruder, das uns nirgendwohin steuerte. Ich saß in der Kajüte auf dem Boden; ich war nicht in der Lage gewesen, alle Kakerlaken zu töten, und sie machten mich wild. Zurück ins Beiboot, in dem ich über meinem heimlichen Traum für diese Reise brütete:
Während ich in der Nacht durch diese U-Boot-verseuchten Gewässer segelte, würde in der Nähe einer kleinen Insel ein Periskop aus der Karibik auftauchen, gefolgt von den Haifischflanken dieses Unterwassermörders. U-Boote mußten ja auftauchen, um ihre Batterie neu aufzuladen (ich wußte damals so wenig wie heute, wovon ich rede). Sie brauchten Trinkwasser, würden ein Boot an Land schicken, um ihre Fässer aufzufüllen, oder was immer U-Boote verwendeten. Blind vor Kopfschmerzen und Übelkeit, dazu rot gebraten, rollte ich wie eine Wurst auf der Plane herum, und die *Pilot* stampfte und verhöhnte mich. Was wollte ich noch sagen, wenn dieser denkwürdige Augenblick stattfand? »Guten Abend, Herr Kapitän, wie geht's?« Ich hoffte, ein U-Boot käme hoch aus der See und versenkte uns, jetzt auf der Stelle. Nur zwei Tage und zwei Nächte dieser Art, und ich war ein Fall für die Klapsmühle.
Warum plärrten die ausgemergelten überlebenden Seeleute nicht wie Verrückte, wenn sie schließlich Land erreichten oder endlich auf See aufgefischt wurden? Ich hätte besser daran getan, nach meinem kleinen Probelauf auf der *Pilot* von ihren Qualen zu schreiben. Und nicht, wie ich's in Puerto Rico getan hatte, nachdem ich sie in Bars getroffen und ohne Erfolg versucht hatte

zu verstehen, was sie mitgemacht hatten. Ich nahm an, daß es sich in dem Augenblick, wenn der Torpedo traf, anfühlte wie ein Artillerievolltreffer auf ein Gebäude. Soweit konnte ich ihren Geschichten noch folgen, aber nur bis zum Augenblick des Auftreffens. Über Explosionen konnte ich mitreden.

Meine Vorstellungskraft reichte nicht aus, mir die Nachwirkungen, die Rettungsboote, vorzustellen, wenn die Überlebenden untereinander die Tage verglichen, die sie herumgetrieben waren, ehe man sie rettete. Nun aber gelang es mir, diese Tage voller Qualen nachzuempfinden, und ich fand es viel schrecklicher, von einem versteckten Gegner auf See angegriffen zu werden, als irgend etwas, was zu Lande geschah. Auf dem Land konnte man, wenn man noch lebte, wegkriechen oder ausgegraben oder weggebracht werden, Hilfe erhalten; man mußte nicht hilflos tagelang auf dem Wasser warten, ohne je zu wissen, wie das Ende sein würde. Wie viele starben in den Rettungsbooten vor Erschöpfung, mit ausgedörrten Körpern, wie viele starben an unversorgten Wunden? Die Überlebenden hatten nichts darüber gesagt.

Es ist wahr, daß wir ein Reservoir persönlicher Erfahrungen brauchen, um Verständnis zu entwickeln. Jede neue Erfahrung speist das Reservoir, die kleinste hilft.

Irvine, der wieder an der nutzlosen Ruderpinne stand, sagte: »Müssen ja irgendwann ankommen.« Er war ein netter Mensch.

»Ich glaube es nicht.«

»Wir müssen, muß gehn.«

In der Nacht peitschte wieder der Regen das Meer. Wenn man in einem Rettungsboot triebe, käme der Regen bestimmt wie vom Himmel geschickt, würde in allem, was Wasser nur fassen kann, gesammelt werden. Nach einem brennenden Tag kam es mir wie eine weitere Ungerechtigkeit vor, unter einer nassen Decke in nasser Kleidung schlottern zu müssen. Aber ich war schon über das Stadium der Empörung hinaus, war in der von geballter Unbequemlichkeit und Langeweile ausgelösten Lethargie versackt, die das echte Zeichen einer wahren Schreckensreise ist. Die Bewegung der *Pilot* schien unverändert zu sein – Rollen und Stoßen, Rollen und Stoßen.

Ich muß gedöst haben, als der Wind das Segel blähte, und wurde von Walteh am Ruder geweckt, der rief: »Cahltin, komm und kuck! Anguilla da vorne!« Die Nacht war schwarz, ohne jeden Stern, und doch sahen sie Land, eine dunklere Linie gegen das Meer. Wir würden sicher nicht umgehend in Anguilla ankommen, aber daß Land in Sicht war, ließ Hoffnung aufkeimen. Als wir morgens um acht ankerten, sagte Carlton mit so feierlicher Stimme wie Kolumbus, als er die Neue Welt entdeckte: »Schließlich haben wir es erreicht.« Es hatte drei Nächte und zwei Tage gedauert, neunzig Meilen durch die Anegada-Passage zu segeln, diese gefährliche Kriegszone, und an aufregenden Dingen waren uns drei Hurrikan-Vögel und vier fliegende Fische begegnet.

Carltons Schwiegermutter lebte auf Anguilla. Wir kletterten einen Hügel hinauf, der sich unter meinen Füßen bewegte, und einen felsigen Pfad entlang, der ebenfalls sanft wogte; ich hätte noch auf der *Pilot* sein können. In der Tür einer baufälligen Bude begrüßte mich eine alte farbige Frau in knittrigen Baumwollstrümpfen und einem verschossenen Sack aus Kretonne, von einer Sicherheitsnadel zusammengehalten; sie hieß die Heimatlosen und Seekranken in ihrem Schloß willkommen. »Ich bin Mutter Stoughten«, sagte sie. »Wir sind alle Fremde in einem fremden Land.« Es klang, als läse sie aus der Bibel vor, sehr anmutig. Mittels einer Waschschüssel und eines Eimers Wasser konnte ich in dem kargen Raum ein Bad nehmen. Mutter Stoughten schickte ein Kind los, von einem Nachbarn Bretter zu borgen, damit ich auf dem Gästebett ausruhen konnte, einem leeren Eisengestell. Von einem andern Nachbarn lieh sie Eier

und zwei Tassen, und in kürzester Zeit fütterte sie uns mit einem köstlichen Frühstück aus Eiern und trockenem, schwerem Brot und schwarzem Tee.
»Lieber Junge«, sagte Mutter Stoughten zu Carlton, »weißt du nicht, wieviel Angst du andern bereitest, wenn du in diesem Monat herumfährst?«
Carlton murmelte etwas.
»Es ist sehr rücksichtslos von dir.«
»Werd keinen Ärger kriegen«, sagte Carlton in seine Tasse hinein.
»Ah ja«, seufzte sie. Da Carlton aus der großen Welt kam, denn Tortola war im Vergleich zu Anguilla das Zentrum der Zivilisation, sagte sie: »Was für Nachrichten gibt es vom Krieg?« Sie sprach immer mit diesem kultivierten Akzent, der jetzt so klang, als rezitiere sie Gedichte.
»Immer gleiche«, sagte Carlton.
»Haben sie die Marne schon erreicht?«
»Nein, 'm.«
»Gut so«, sagte Mutter Stoughten glücklich.
Ein Zeitschriftenfoto von Prinzessin Elisabeth und Prinzessin Margaret war an die Wand geheftet, zwei blonde Mädchen, die Arme umeinandergelegt, und ein korrekt koloriertes Foto von König und Königin in Krone und Hermelin. »Wir wollen hoffen, daß der Krieg bald vorbei ist«, sagte Mutter Stoughten. »Im Namen aller armen Leute. Ich vertraue darauf, daß es der königlichen Familie gutgeht. Wenn Sie sich ausgeruht haben, meine Liebe, wird Sie unser Magistrat empfangen wollen.«
Ich fragte mich verblüfft, wozu wohl Anguilla einen Magistrat brauchte. Die Bevölkerung schien in einem Dutzend Hütten, ähnlich der von Mutter Stoughten, konzentriert zu sein, um Pfade herum verstreut in der unmittelbaren Nähe dichten Buschwerks. Da es also einen Magistrat gab, erforderte das Protokoll einen Besuch. Der Magistrat wohnte in einem großen, kahlen

Haus auf einem kahlen Hügel und war ein farbiger Arzt, der in Schottland ausgebildet worden war. Sein Mobiliar war ärmlich, doch der Raum war reichlich geschmückt mit Lithographien von zotteligen Bergziegen oder vielleicht Schafen und Glockenblumen, von Glen Nevis, der Beschriftung nach, und mit Ansichten von Edinburgh Castle und mit Gruppenfotos, auf denen der Arzt als junger Mann mit einer schottischen Baskenmütze auf dem Kopf unter weißen Freunden in Kilts zu sehen war. Sein Wohnzimmer schrie vor Heimweh nach diesem fernen, kalten Land.

Er lud mich zu einem frühen Lunch ein, warnte mich aber, es werde nicht gut sein. Offenbar pflanzten die Leute hier kein Gemüse an, vielleicht war Gemüse nie Teil ihrer Ernährung gewesen. Als Früchte hatten sie Bananen und Mangos, die von selbst wuchsen. Ihre ständige Sorge war die Knappheit an Mehl. Wenn Mehl überhaupt kam, dann auf wenig verläßlichen Handelsbooten wie der *Pilot*. Wenn es Fleisch gab, dann wahrscheinlich von Ziegen am Ort und sehr zäh.

Wir aßen Ziegenfleisch und als besondere Leckerei zum Dessert Pfirsiche aus der Dose; dabei erzählte der Doktor von Schottland. Nach dem Essen brachte er mich genauso elegant und höflich wie Mutter Stoughten zum Pier zurück, wo Carlton wartete. Am Pier lagen zwei auf Strand gesetzte Rettungsboote, ein Stahlboot mit Motor und Sonnensegel vom amerikanischen Frachter *Thomas McKean* und ein großes, offenes Ruderboot, so wie früher alle Rettungsboote waren, von einem englischen Schiff. Die Amerikaner waren hier nach acht Tagen gelandet, was schon schlimm genug war. Die Engländer waren dreiundzwanzig Tage auf dem Meer herumgetrieben, und der Magistrat-Doktor sagte, die Männer seien furchtbar krank gewesen. Wir sahen schweigend die Boote an. Die Insel Anguilla war weit weg von der Welt, so weit, wie man nur weg sein kann, doch der Krieg war an ihr Ufer geschwappt. Die Wirkung war wie ein Traum, wunderlich, unglaublich, als hätte es Steine geregnet.

Als der Doktor sich von seinen schönen Erinnerungen an Schottland losreißen konnte, erklärte er mir eine politische Verirrung aus jüngster Zeit. Den französischen Inseln war unter dem Vichy-Regime verboten worden, Fremde zu empfangen. Das brachte jedermann in Verlegenheit und zog unangenehme Verdächtigungen nach sich. Seit die französischen Inseln also geschlossen waren, verbreiteten sich Gerüchte. Die französischen Inselbewohner wurden beschuldigt, den Deutschen zu helfen. Ich hatte schon auf St. Thomas davon gehört. Der Doktor sagte, es sei unmöglich, er kenne die Leute von St. Martin gut, es seien anständige Leute wie die Leute auf Anguilla, wie alle Leute auf diesen kleinen Inseln. Sie würden niemals den Deutschen mit ihrer Grausamkeit beistehen. »Töten da unschuldige Seeleute«, sagte der Doktor, so als ob dies das schlimmste aller Verbrechen wäre und nicht zum üblichen Kriegsgeschehen zählte.
Er gab mir einen Brief mit an seinen Kollegen, den weißen Bürgermeister von Marigot, auf der französischen Seite von St. Martin, einer einzigartigen Insel, die halb französisch, halb holländisch ist. Um St. Martin herumzusegeln, zur Seite der verbündeten Holländer, würde einen Tag lang dauern, falls der Wind mitmachte, wogegen wir die französische Seite gegenüber von Anguilla vor Einbruch der Nacht erreichen konnten. Der Bürgermeister von Marigot war ein zivilisierter Mensch und würde mir, obwohl ich nach Vichy-Recht feindliche Ausländerin war, sicherlich erlauben, zu landen und mit dem Taxi auf die holländische Seite zu fahren. »Es ist sehr dumm und traurig«, sagte der Doktor, »wir haben auf diesen Inseln immer in Freundschaft zusammengelebt. Wir sind uns untereinander immer willkommen gewesen. Wir sind doch alle menschliche Wesen und Nachbarn.«
St. Martin wirkte so nah, als könne man leicht hinüberrudern. Die schnelle *Pilot* zockelte in fünf Stunden hinüber. Wir ankerten kurz vor Sonnenuntergang. Eine Stunde früher beobachtete

ich von meinem Parkettplatz im Beiboot aus eine hochformelle Zeremonie. Walteh, der schmutzigste der Crew, zog aus der Hosentasche eine kleine, zerknitterte Union-Jack-Flagge. Carlton hatte sich umgezogen, er trug eine bizarre Kostümierung, möglicherweise, um so den Franzosen imponieren zu können. Sie bestand aus einer blauen Satin-Lastex-Badehose, bedruckt mit gelben Palmen und tropischen Vögeln. Als Kapitän überwachte er, Haltung annehmend, das Hissen der Flagge. Als Irvine seine Arbeit beendet hatte und die Fahne an der Mastspitze flatterte, sahen sie mit Stolz zu ihr hinauf.

»Seid ihr denn alle Engländer?« fragte ich.

»Ja, 'm«, sagte Irvine, »de andern wechseln. Auf St. Thomas sinse jetzt amerikanisch. Alle wechseln, aber wir bleib'n imma de selben ollen Engländer.«

Mehr ruckend als segelnd kamen wir an der Buhne vorbei in den Hafen. Ein weißes Haus mit rotem Dach, ein weißes Haus mit schwarzen Fensterläden, ein gelbes Haus standen aufgereiht hinter dem grauen steinernen Damm. Zwischen dem Damm und den Häusern spielten Männer Boule. Hinter diesem sehr französischen Mittelmeereindruck säumten dreistöckige Holzhäuser die einzige staubige Straße von Marigot, aneinandergebaut wie französische Stadthäuser, jedes mit langen Fenstern und langen Fensterläden hinter den Balkonen im zweiten Stockwerk, jeder dekoriert mit kuriosem Gitterwerk. Französisch-viktorianische New-Orleans-Architektur, dachte ich, und es hätte nicht hübscher sein können. Die Häuser waren in Pastelltönen gestrichen, rosa und blau und grün und gelb, weiß abgesetzt, wenn auch der Anstrich alt und blättrig war. Hier konnte man auch ohne frische Farbe leben. Marigot verfiel mit Würde.

Draußen vor der Stadt, wo ein paar Häuser verstreut an staubigen Pfaden lagen, war St. Martins Dschungel, kein echter, der ohnehin schrecklich ist, sondern einer aus großen (für mich) namenlosen Fliederbäumen und Flamboyants, Magnolien, Kapokbäu-

men, Brotfruchtbäumen, Königspalmen und ausgefransten Bananenbäumen, dazwischen Hibiskus und Bougainvillea, verwildert und üppig, um Farbe ins dunkle Grün zu sprenkeln.
Ich fühlte mich scheußlich und sah scheußlich aus in meinen schmutzigen Kleidern, mit meinem verfilzten Haar. Transparente Hautstreifen flatterten von jeder Körperstelle, die noch nicht vom Sonnenbrand blasig geworden war. Ein Gepäckträger führte mich die Hauptstraße entlang, an der vornehme Kreolendamen sich auf den Balkons Luft zufächerten und von Haus zu Haus schwatzten. Das Geschwätz stoppte, als sie mich anstarrten. Vielleicht dachten sie, ich sei eine neue Sorte von weiblichen Überlebenden. Der Gepäckträger brachte mich zur Polizeistation. Trotz Vichy regte sich niemand über Carlton und seine Mannschaft auf; sie waren ja Inselkumpel. Es gab da eine Grenze, wie weit man unsinnigen Anweisungen folgte. Falls man mich zur *Pilot* zurückbeordern sollte, war ich entschlossen zu toben, zu winseln und zu behaupten, mein längst entfernter Blinddarm sei geplatzt. Ich sehnte mich verzweifelt nach einem Bett, auf dem ich liegen konnte, bis ich meine Landbeine wiederbekommen hätte.
Der Chef der Gendarmen grub in seinem Garten an der Polizeistation. Er las den Brief des Magistrats von Anguilla. Er zog den zweiten und dritten Gendarm zu Rate, die in der Station Domino spielten. Ich erklärte, daß ich nur darum bäte, ein Taxi mieten zu dürfen, so daß ich zur anderen Seite nach Phillipsburg überwechseln könne. Das Taxi konnte ohne Erlaubnis des Bürgermeisters nicht zur Verfügung gestellt werden. Das Telefon des Bürgermeisters war kaputt. Er wohnte standesgemäß auf seinem Besitz außerhalb der Stadt, und es war heiß. Weder der zweite noch der dritte Gendarm noch der Gepäckträger hatten Lust, dorthin zu gehen. Guter gallischer Instinkt und ebensolche Ritterlichkeit triumphierten. Der Chef-Gendarm sagte: »Sie bleiben besser über Nacht hier. Sie können den Bürgermeister am

Morgen besuchen. Wir heißen Sie mit offenen Armen und Herzen willkommen. Es gibt keinen Grund, warum wir's nicht tun sollten.« Keinen Grund außer den ermüdenden Direktiven vom Gouverneur in Martinique, und der war weit weg.

Der Gepäckträger, der meinen Koffer schleppte, sagte, das Hotel werde von einem baskischen Ehepaar geleitet. In Wirklichkeit sagte er »baskihsch«, und ich rückte dicht auf, als er anfügte: »Se kommen hier nach so'n Krieg, den se in ihr Land vor fünf Jahr hatt'n, so ich erinner. Arme Leute, sieht aus, se können nich nach Haus. Se sprech'n Englisch nich so gut wie wir.«

Mrs. Higuera war mittleren Alters, aufgedunsen, dick, bleich, sichtlich mitgenommen vom Wechsel hierher aus ihrem frischen Klima daheim. Sie saß an einem Tisch unter einer Kerosinhängelampe, trug Haarwickel und einen Kimono und lauschte Mr. Higuera, der seinen Gästen seine Ansichten kundtat. Mr. Higuera trug den beliebten spanischen Stoppelbart, graue Borsten, die zwei Tage alt aussehen – niemals länger, niemals sauber rasiert, ein spanisches Geheimnis. Sein Haar war ein dicker, aufrecht stehender grauer Schopf. Sein Hemd, eigentlich für einen festen Kragen gedacht, geknöpft mit einem Kragenknopf; zerbeulte grünlichschwarze Hosen, von Hosenträgern gehalten. Er war ein kräftiger Brocken Mann, und seine Ansichten waren genauso kräftig seine eigenen.

Ich hatte Tausende wie ihn während des Kriegs in Spanien gesehen. Ihre Niederlage war auch meine. So wacklig im Kopf wie auf den Beinen sagte ich: »*Salud, amigos! Viva la Republica!*« Trotz des Vichy-Regimes und all seinem verachtenswerten Drumherum würde ich »*Viva la Republica!*« sagen, sooft ich wollte, solange ich lebte.

Mr. und Mrs. Higuera standen sofort auf und umarmten mich und fragten mich laut auf spanisch aus. Ja, ich war in Madrid auf der Seite der Republik gewesen. Ja, in Mexiko und Kuba gab es jetzt viele Basken, unter ihnen große *pelotaris*. Wir waren Busenfreunde innerhalb von drei Minuten. Die Gäste beobachteten uns mit einiger Verwunderung, bis sich die Higueras ihrer guten Manieren erinnerten und Monsieur Louis, einen jungen Geschäftsmann aus Guadeloupe mit vaselinegefettetem Haar, und Monsieur Jean, einen blonden französischen Jungen in den Zwanzigern, vorstellten. Mr. Higuera erklärte auf spanisch, daß Jean ein guter Junge sei, er habe sich von Frankreich aus nach Martinique in Marsch gesetzt, als die verdammten Hurensöhne, die deutschen Faschisten, Paris eingenommen hatten. Sie waren hier in den Ferien. Außerhalb der fünf französischen Karibik-Inseln waren auch sie durch höhere Gewalt zu feindlichen Ausländern geworden, ohne große Wahlmöglichkeiten, was Reisen und Transportmittel betraf.

Das Hotel der Higueras war genau das Richtige für jemanden, der sehr viel Zeit mit Tagträumen unter demoralisierten Verdammten in der Südsee verbracht hatte. Das Erdgeschoß bestand aus einem einzigen Raum, an den sich die Küche hinter einem Perlenvorhang anschloß. Ein großer weißer, mit Kerosin betriebener Eisschrank stand in einer Ecke, war aber seit einem Jahr außer Betrieb. Die anderen Möbelstücke waren eine laute Nähmaschine, mit einem Handrad angetrieben, vier quietschende Rohrschaukelstühle und drei kleine Eßtische, bedeckt von karierten Tischtüchern mit Fett- und Weinflecken. Der Hoteldiener, ein farbiger Mann, der einen Overall und einen herunterhängenden Strohhut trug, deckte die Tische, als müsse er ein schwieriges Puzzlespiel lösen. Die Beigaben bestanden aus Fliegen, Spinnennetzen, Insekten, die sich an der Kerosinlampe umzubringen beabsichtigten, schmutzigen Gläsern, überfüllten Aschenbechern und Küchenqualm. Basken sind daheim für ihre Sauberkeit bekannt. Das Exil und die Hitze hatten an der offenen Herzlichkeit der spanischen Armen nichts geändert. Wir aßen Schweinefraß, lebten wie die Ferkel, trieften vor Schweiß und waren vom Hotel der Higueras begeistert.

Mein Bett gefiel mir. Es war ziemlich übel, aber eine Verbesserung gegenüber dem Beiboot. Die Matratze schien mir mit Kokosnußschalen ausgestopft zu sein, die Bettücher und der Kissenüberzug zeugten sowohl vom Kollaps der Higueras wie vom Mangel an Waschmitteln. Der Geruch von Moder wehte überall wie Weihrauch. Ich klammerte mich ans Bett, das sich wie ein Schaukelpferd benahm, und fragte mich, ob die gute Erde je wieder stillstehen würde. Ich hatte die Nase voll von der *Pilot*, aber ein weiterer Zug von Schreckensreisen ist es ja, daß man sich, wenn man sich einmal darauf eingelassen hat, es sich nicht wieder anders überlegen und aussteigen kann.

Am Morgen stattete der Bürgermeister mir einen Besuch ab. Er hatte eine feine, polierte schwarze Limousine, kaum sechs Jahre alt. Auf dieser Insel war das, als besäße man die Staatskutsche von England. Er war dick, blond, rotgesichtig und kräftig, in den Vierzigern, auf St. Martin geboren und der reiche Mann am Ort. Er fuhr mich nach Phillipsburg. Der französische Junge kam mit, um sich die unbekannte Welt der Alliierten anzusehen. Die einzige Pension in Phillipsburg gehörte einer gebildeten farbigen Frau, die bedauerte, mich nicht aufnehmen zu können. »Das Haus ist für eine Dame noch nicht wieder hergerichtet. Wir hatten diese zweiunddreißig holländischen Überlebenden hier, und sie tranken viel Punsch und rauchten eine Menge Zigaretten – versuchten, sich abzulenken, arme Männer. Ich habe noch keine Zeit gehabt, nach ihnen aufzuräumen.«

Weitere Schiffbrüchige überall, noch mehr versenkte Schiffe, deutsche U-Boote, die noch immer in der herrlichen See lauerten, wo es doch die Lebensregel für Inselleute ist, auf dem Wasser zu helfen, nicht zu töten.

»Arme Männer«, sagte der Bürgermeister so bedauernd wie seine offizielle Feindin, die farbige holländische Bürgerin. »Ich habe ein bißchen Waschmittel übrig, Mrs. Thomas, falls Sie das für Ihre Wäsche brauchen.« Wir schwiegen, als wir zurückfuhren, vielleicht dachten auch sie an diesen seltsamen Krieg, den man nicht sehen konnte, und an die Seeleute, die ihn erleiden mußten. Dann sagte der Bürgermeister auf französisch, als höfliche Geste gegenüber dem französischen Jungen: »Ich habe meine offizielle Pflicht getan. Sie können nicht in Phillipsburg bleiben, also müssen Sie in Marigot bleiben. Niemand kann von mir erwarten, daß ich eine Dame zwinge, in dieser erbärmlichen Schaluppe wegzufahren. Ich habe noch nicht viele Amerikaner kennengelernt, Madame, aber verzeihen Sie, sind solche Ideen bei Ihnen üblich, mit einem Boot dieser Sorte in Kriegszeiten zu reisen? Es wäre schon zu Friedenszeiten eine Katastrophe.«

»Wie anders hätte ich St. Martin besuchen können?«

»Nun, das ist wahr. Ich bezweifle, daß es zehn Leute hier gibt, die nicht auf der Insel geboren sind, aber die Hälfte von uns glaubt, wir sind Franzosen, die andere Hälfte glaubt, sie sind Holländer. Wir haben keine Grenzen zwischen uns, und unsere Sprache ist das Englische. Wir leben seit drei Jahrhunderten friedlich zusammen. Ich glaube, so einen Ort gibt es nur einmal auf der Welt.«

»Sie sind gut dran«, sagte der französische Junge. »Die Insel ist arm und nicht von militärischer Bedeutung. Sie können hier für immer in Frieden leben.«

»Wir sind gut dran«, sagte der Bürgermeister.

Carlton wartete am Hotel. »Kein Wind«, sagte er, »sieht aus, als wär der Wind tot für imma.«

»Prima«, sagte ich, »ich will ohnehin nicht fort. Ich würde gern einen Monat hierbleiben.«

»Ich nich. Ich nehm Sie bis Antigua mit, dann fahr ich nach Haus. Je früher nach Haus, je besser. Ich riech den Hurry-cane irgendwo.«

Mit einer Vesper in der Tasche, Wasser und dicken Sandwiches, machte ich mich auf, die Insel zu erkunden. St. Martin war eine Trauminsel. Verschwiegene kleine Sandbuchten schmiegten sich in die Küste. Ich wählte eine weit von der Stadt weg, umgeben von dichtem Buschwerk, das ganz blank war vom Regen, eingerahmt von wedelnden Königspalmen. Unter einem porzellanblauen Himmel saß ich nackt am flachen Wasser und beobachtete ganze Schwärme von Fischen, erkannte jedoch nur silbrige kleine Barrakudas. Und watete hinaus, um im glasklaren nilgrünen Wasser zu schwimmen, wo man bis auf den Sand hinuntersehen konnte und noch mehr Fische entdeckte, die ins seidige, tief saphirgrüne Meer hinauszogen. Und schwamm zurück, um im Schatten Sandwiches zu mampfen, und wieder hinaus zum Schwimmen. Die Sonne war keine Tortur, sondern ein Segen, so wie ich sie immer empfunden hatte, ehe ich mit der *Pilot* lossegelte. Ich vergaß den Krieg, er war der Alptraum von jemand anderem. Ich war in dem Zustand der Gnade, den man zu Recht Glück nennen kann – Körper und Geist in heiterem Einklang. Das geschieht einem als himmlische Überraschung beim Reisen, und darum werde ich nie aufhören zu reisen. Die Zeit stand still. Ich wollte in der ruhenden Zeit verweilen, neue Badebuchten finden, im Dschungel herumlaufen und Geschichten über die Leute auf diesen Inseln ersinnen. Die Higueras hatten nicht erklärt, wie oder warum sie von Bilbao nach Marigot geflüchtet waren, und auch die Diskretion ist ein Nebenprodukt des Krieges, man drängt sich nicht in persönliche Angelegenheiten. Ich wußte auch nicht, welcher Umschwung oder welche Furcht den französischen Jungen veranlaßt hatten, aus Frankreich zu fliehen. Schon rankten sich erfundene Geschichten um sie. So sorgenfrei hatte ich mich seit meinen Mädchentagen nicht mehr gefühlt, als ich nur mit einem Rucksack gereist war und Europa für mich entdeckt hatte.

Der Wind blieb günstig, das heißt tot – vier Tage lang. An jedem Tag schwamm ich von einer schönen Bucht aus, wanderte durch den Dschungel, fand Orchideen und blühende Lilien, lauschte den Vögeln und den Geschichten in meinem Kopf. Das Glück war chronisch geworden. Dann kehrte die Wirklichkeit in Gestalt von Carlton zurück, der günstigen Wind ankündigte und ungeduldig war, fortzukommen. Ich sagte traurig *au revoir* und schüttelte den meisten die Hand und kletterte mit einem neuen Regenschirm zurück ins Beiboot.

Unser nächster Halt war St. Barthélemy, immer nur kurz St. Barts genannt, eine weitere französische Insel. Wir ankerten im Hafen der Hauptstadt namens Gustavia, denn St. Barts war einst schwedisch. Die Hauptstadt bestand aus einer Handvoll Häusern, einer Schule, einer Kirche, einer winzigen Werft, wo an einem Kartoffelboot gearbeitet wurde und es gut nach frischem Holz roch, einer Bar und einem tristen Kramladen.

Obwohl St. Barts ein sehr kleines und verlassenes Eiland war, war man dort auf snobistische Weise stolz. Mehr Weiße als Schwarze lebten hier. Die weiße Bevölkerung waren die Nachfahren von ein paar alten normannischen Seefahrern. Seit Jahrhunderten heiratete man untereinander, und so waren es arme, magere Leute mit schlechten Zähnen und krank aussehenden, häßlichen Gesichtern und häufig verwirrten Köpfen, aber eben erkennbar weiß. Hinter dem kleinen Hafen gaben ein paar standfeste Häuser Zeugnis von ebenso standfesten Schweden, wenn auch der Dschungel um sie herum- und sogar in sie hineinkroch. Mir wurde ein Zimmer in einem Haus angeboten, das der Besitzer vor zwei Monaten verlassen hatte. Ich mußte mir durch Ranken und Kletterpflanzen einen Weg eine verfaulte Treppe hinauf bahnen und mich gebückt durch dichtes Gebüsch kämpfen, um die Latrine und ein Badehaus im hinteren Teil zu erreichen.

St. Barts hatte keinen Bürgermeister, keine Gendarmen und keine Bürokratie. Es war vom Krieg noch weiter entfernt als St. Martin, die Einwohner interessierten sich einfach nicht dafür. Das einzige Zeichen, daß sich die Zeiten geändert hatten, war der Gesang, mit dem der Tag der Kinder in der Schule nahe meinem neuen Heim begann und endete. Die Lieder waren fröhlich, und die Wörter bedeuteten den kleinen schwarzen Kindern nichts. »Rette Frankreich, Marschall, wir folgen dir.« Vorher hatten sie *»Allons enfants de la Patrie«* gesungen, und das würden sie auch wieder singen, wenn wir den Krieg gewonnen hatten. Mich ärgerte diese aufgezwungene Verehrung des Marschalls, ich verachtete diese dümmliche alte Vaterfigur, die ihren Namen für die Kollaboration mit den Nazis hergab.

Wenn die Kinder ihre herkömmlichen Lektionen in Französisch sangen, hörte ich mit Vergnügen zu. Der Lehrer sang die Frage vor, dünne Stimmchen sangen unisono die Antwort zurück. »Welches sind die vier Elemente?« sang der Lehrer. »Die vier Elemente sind Erde, Luft, Feuer und Wasser«, sangen die Kinder. Sie sangen Geschichte, das Alphabet, Arithmetik und Literatur. Das hatte viel Charme und trainierte das Gedächtnis sicher bis zur Perfektion, aber es dauerte ziemlich lange, sechs und eine halbe Stunde täglich, mit einer zweistündigen Mittagspause. Der Unterricht war überall in der Metropole Gustavia zu hören.

Als ich über die Planken von der *Pilot* zum Pier ging, hatte da ein junger Franzose gestanden, ebenfalls blond, ebenfalls Jean heißend, und mich beobachtet. Er sah sich die Zwiebelschalen und Fischköpfe an, die Überbleibsel vom Lunch an Deck, den schäbigen Rumpf und das schäbige Segel, das Auftreten der Mannschaft, die schon bei der Abreise nicht in frischer Wäsche gesteckt hatte und nun wirklich ranzig vor Dreck war, sowie mich, die ich mich nicht mehr ganz so schlimm schälte, aber doch ein trauriges Bild abgab. Seinem Gesicht konnte ich entnehmen, daß er uns für Abschaum hielt, andererseits erweckte ich sein Mitleid. Ich mußte in irgendwelchen obskuren, üblen Schwierigkeiten stecken, wenn ich gezwungen war, so zu reisen. Er schlug mir vor, mich zu einer schönen Bucht zu bringen, sobald ich meinen Koffer losgeworden war. Er wollte mit Harpune und Taucherbrille Hummer fangen, eine angenehme Art zu fischen;

aber er war nicht auf Spaß, sondern auf Essen aus. Die Nahrung hier war karg und erbärmlich, er fischte aus Not.
Ich folgte ihm auf einem engen Pfad durch dunklen, kümmernden Dschungel und keuchte vor Hitze. Dies war nicht das leuchtende Grün von St. Martin, dies war klaustrophobisch, und es erinnerte mich sofort an Schlangen. Jede Insel hatte ihre eigene Persönlichkeit und Atmosphäre. St. Barts war gespenstisch, ich weiß nicht, warum. Schon im Augenblick, als wir landeten, hatte ich das Gefühl, den Ort nicht zu mögen. Ich hatte kein Verlangen zu bleiben, keine Wellen des Glücks würden mich hier überrollen. Die Bucht war anziehend, aber nicht zu vergleichen mit den schönen halbmondförmigen Sandstränden von St. Martin. Jean fischte mit Geschick und Konzentration und spürte Hummer auf, während ich schwamm und auf einen guten Wind hoffte, aber schnell.
Wir waren spät losgegangen, weit gegangen, Hummerfang braucht Zeit; es war dunkel, als wir nach Hause aufbrachen. Jean wirkte nervös, was die Zeit anging, als hätte er eine Verabredung. Wir hatten uns gegenseitig keine Fragen gestellt, ganz nach Kriegsetikette. Er sprach von den weißen Einheimischen und sagte: »*Ils sont pratiquement gaga, ils ne savent même pas comment se nourrir, ils n'ont pas assez d'intelligence ni d'ênergie de cultiver des légumes. Ils passent leurs temps en étant fiers d'être blancs comme si c'était un acte de génie.*« Wenn er seine Nachbarn so wenig mochte, warum blieb er dann? Aber ich fragte nicht danach. Im Dunkeln sprang eine kleine, wilde Katze, kaum mehr als ein Kätzchen, aus den dampfenden Wäldern und hüpfte den Pfad entlang, steifbeinig wie eine Gazelle. Sie war ihrer Umgebung perfekt angepaßt: gefleckt mit Brauntönen. Ich fing sie und hielt sie fest in den Armen.
Jean bog auf einem unsichtbaren Pfad in den Dschungel ein, ich zog mit meiner Katze weiter nach Gustavia, wo ich sie in meinem muffigen Zimmer mit Kondensmilch fütterte, so daß sie zu einer

anschmiegsamen, schnurrenden, anhänglichen Katze wurde. Jetzt würde ich auf der *Pilot* Gesellschaft haben. Das Lieben ist eine Gewohnheit wie jede andere auch, und man braucht dafür etwas in der Nähe, an dem man täglich üben kann. Ich mochte die Katze, die Katze schien mich zu mögen. Ich konnte den kommenden Tagen im Beiboot mit besseren Gefühlen entgegensehen, ich hatte ja die Katze zum Reden und zum Spielen.

Am Morgen brachte ich die Sprache aufs Wetter. Wann würden wir aufbrechen? Ich wollte nach Saba, einer holländischen Insel, die im Dunst der Hitze vor uns aufstieg wie ein grüner Vulkan. Carlton war mit jedem Tag defätistischer geworden. Einmal abgesehen vom unbeständigen Wind, wußte ich nicht, was mit ihm los war. Er sah mich nicht mehr an, stand nur mürrisch rum und betrachtete seine Füße.

»Sie sagen, es dauert nur vier Stunden, nach Saba zu segeln, Carlton.«

»Wohl eher acht oder zehn.«

»Es sind zweiundzwanzig Meilen.«

»Einige sagen zweiundzwanzig, einige fünfundvierzig.«

»Ich möchte sehr gern dahin.«

Er sagte nichts.

»Was wurmt Sie, Carlton?«

»Wetter gefällt nich. Saba hat kein Ankerplatz.«

»Lassen Sie uns frühmorgens lossegeln. Ich könnte mir die Stadt ansehen, und wir können für die Nacht hierher zurückkommen, wenn Sie meinen, daß es drüben nicht sicher ist.«

Carlton hatte ganz offensichtlich von dieser Reise die Nase voll. Immer wenn wir einen Hafen erreichten, wurden sie bezahlt. Nun hatten sie ein paar gute Geschäfte gemacht, und ein paar Geschäfte waren genug. Fast soweit, ihm die Hölle heiß zu machen, was dumm gewesen wäre, ging ich bis ans Ende des Piers, setzte mich und rauchte, um meine üble Laune zu besänftigen. Jean erschien und setzte sich neben mich. Ohne Vorrede stürzte

er sich in Offenbarungen. Er war ursprünglich nach St. Barts gekommen, um sein Boot reparieren zu lassen. Ich erfuhr, daß er, als der Krieg begann, eine kleine Erbschaft als Boot-Tramp verplempert hatte. Er wollte St. Barts verlassen und sich den Freien Franzosen anschließen. Er schämte sich, auf dieser friedlichen Insel in Sicherheit zu leben, wo er doch eigentlich für sein Land kämpfen sollte. Aber er konnte nicht weg. Er war durch einen Voodoo-Zauber an die Insel gefesselt; besonders unangenehm, daß die Hexe seine Geliebte war.
Jedesmal, wenn er zu verschwinden versuchte, erwischte es ihn. Bei seinem ersten Fluchtversuch verlor er sein Boot, ein kompletter Schiffbruch, und er hatte noch Glück, daß er im Beiboot zurückkam. Und immer, wenn einer der seltenen Besucher ihm seitdem eine Mitfahrt anbot, wurde er von einer lähmenden Krankheit daran gehindert. Er breitete diese unheimliche Geschichte bei hellem Sonnenschein aus, während wir rauchten und unsere Beine vom Pier baumeln ließen. Wenn man annahm, daß er nicht verrückt war, dann war er wohl schon zu lange auf dieser Gespenster-Insel. Ich sagte ihm mit Bestimmtheit, Voodoo-Zauber sei Quatsch, und er könne mit uns kommen und sich von Antigua aus nach England durchschlagen. Der scharfe Ton schien ihn zu beleben. Er wollte nun auf der *Pilot* mitfahren, bat aber darum, daß wir nachts lossegelten, und beschwor mich, das Geheimnis zu wahren, damit die Hexe nicht von seinen Plänen erführe.
Er nahm mich dann mit nach Hause zu seiner Hütte aus geflochtenem Schilf, und auch ich war von der Hexe beeindruckt. Sie war sehr schön, groß, mit üppigen Kurven, glatter brauner Haut, dichtem, welligen Haar bis zu den Schultern und großen grünen Augen: lebender Beweis dafür, daß die Rassenmischung eine Menge Gutes tut. Sie stand auf der Türschwelle, die Hände in den Hüften, und sah die blonde, sich häutende Besucherin mit unverhüllter Verachtung und Mißbilligung an. Ich wußte nicht,

wie ich reagieren sollte, unterwürfig oder bissig? Jean, bei Tageslicht offenbar selbstbewußt, trug ihr auf, Essen zu bringen. Reis und Hummer und gebackene Bananen. Köstlich. Vielleicht entschädigte ihn ihre Kochkunst für ihre Hexerei. Sie bewegte sich langsam, anmutig wie ein Panther; mit jeder Geste ließ sie ihren Groll spüren. Sie weigerte sich, mit uns zu sprechen oder zu essen. Da ich mich nicht gerade erwünscht fühlen konnte, kehrte ich nach dem Lunch zum offenen Hafen zurück, fort von den unangenehmen Wäldern, und traf den Schulmeister, einen Franzosen mittleren Alters, der mit einer Insel-Schwarzen verheiratet war. Er war auch nicht gerade fröhlich und erzählte, was für ein Fehler es sei, eine schwarze Frau zu heiraten. Man versank in ihren schlampigen Gewohnheiten und erzeugte Herden von lärmenden, dummen Mischlingskindern. Es war sinnlos, den Schulkindern etwas beizubringen. Wieso brauchten sie die Kultur von *la belle France* auf St. Barts? Aber er deutete nicht an, daß er auf mein Schiff kommen und fliehen wollte. Ich stieg in mein Zimmer rauf und fütterte mein schnurrendes Kätzchen, das einzige zufriedene Lebewesen, das ich bislang getroffen hatte.
Carlton war wütend über die Abfahrt bei Nacht. »Kein Grund dazu. Ich kenn dieses Wasser nicht. Doof. Ich bin für die *Pilot* verantwortlich.« Ich blieb hartnäckig. Ich hatte es Jean versprochen, ich hatte die Hexe gesehen. Ich selbst wäre nur zu glücklich gewesen, diesen giftig-grünen Augen entkommen zu können. Gegen Mitternacht tauchte Jean an der Mole auf, zähneklappernd, mit blutunterlaufenen Augen. Er hatte hohes Fieber. Das einzige, was er tun konnte, war, zum Pier zu kommen, um mir zu sagen, wir sollten nicht warten. Rettung war nicht möglich, er würde nie in der Lage sein zu verschwinden. Er sah seinem Schicksal voller Verzweiflung entgegen. Offensichtlich glaubte er an schwarze Magie. Ich aber stellte mir vor, daß seine dämonische Geliebte sein Essen mit giftigen Pilzen, Schlangengift, Katzenpisse, was immer zur Hand war, vermischen konnte, mit

allem, was der Verdauung abträglich war, wann immer er ruhelos wurde. Ich drängte ihn, dennoch mitzukommen, krank, wie er war. Vielleicht verlor die Zauberei mit den Seemeilen ihre Wirkung. Er wollte aber meine Sicherheit nicht gefährden, das Wetter war auch ohne böse Zauberformeln unsicher genug.

Ich hielt ihn für eine tragische Figur. Ich stellte mir sein Leben vor, angekettet an diese grünäugige, finstere Hexe, die, wenn sie seiner müde war, einen giftigen Sud brauen und ihn umbringen würde. Zehn Jahre später traf ich Jean auf St. Martin wieder. Er hatte eine hübsche weiße Frau und ein Baby, ein richtiges Haus über einem prächtigen Strand und ein Vergnügungsboot. Ich wagte es nicht, ihm Fragen zu stellen, und er trug mir auch keine Informationen über die Hexe oder seine Flucht aus ihren Klauen an. Er wirkte gesund, glücklich und erfolgreich.

Carlton, der nun erfuhr, daß wir keinen zusätzlichen Passagier hatten, spuckte voll Abscheu aus und sagte, er lege sich jetzt im Laderaum schlafen, er sei kein Idiot, wir könnten im Morgengrauen segeln. Ich verbrachte unnötig eine Nacht, oder die Hälfte davon, im Beiboot, doch die kleine Katze machte es sich bei mir auf dem Kopfkissen bequem.

Vielleicht sorgte die Hexe für den Sturm, um mich festzuhalten. Wahrscheinlicher waren es die Ausläufer eines Hurrikans, aber ein Sturm war es in jedem Fall, ein viel zu starker Wind für unser Flickensegel. Und hohe Wellen mit schaumigen Kronen schlugen über uns zusammen. Ich wußte nicht, daß Katzen seekrank werden können. Meine Katze zitterte und miaute erbärmlich und erbrach dünne gelbe Bäche. Als nichts mehr zu erbrechen war, wogten ihre Flanken. Ich fühlte mich wie ein Ungeheuer: das arme kleine Ding gekidnappt zu haben und solchem Elend auszusetzen! Dann war ich zu beschäftigt mit der Betreuung der Katze, um mein eigenes Elend, die Nässe und die blauen Flecken zu spüren, während wir über die Wellenberge und Wellentäler nach Saba tauchten.

Saba ist eigentlich die Spitze eines Vulkans, und es gibt keinen Hafen an seinen steilen grünen Flanken. In der Nähe des Lands ließ der Wind nach, vielleicht war der Sturm nach Norden abgezogen. Walteh balancierte auf Deck und blies in eine Concha-Muschel, ein Geräusch wie ein schwaches Nebelhorn. Die sich auftürmenden grünen Felsen von Saba blieben still, und niemand erschien auf der gewaltigen Stufenleiter, die man in den Fels geschlagen hatte. So eine Treppe war mir seit Tschungking nicht mehr begegnet, und ich zweifelte, ob ich es hinauf schaffen würde – mit Beinen wie Spaghetti.

»Dies hier acht Faden tief«, sagte Carlton vorwurfsvoll, »auf offener See.«

»Aber der Wind läßt doch nach, Carlton. Bestimmt könnt ihr bis zum Morgen ankern. Ich komme gleich nach der Morgendämmerung zurück. Ich möchte der Katze eine Pause gönnen.«

Carlton schnaubte zur Antwort. Ein holländischer Polizeibeamter, sehr schmissig in Gamaschen und Militärkragen, war die Stufen heruntermarschiert und winkte mich von einem Streifen Kiesstrand aus an Land. Ich zahlte Carlton die Hafengebühr; er hatte nun fünf Siebtel seines Gesamthonorars erhalten. Irvine und Voosten entfernten die Planen, setzten das Beiboot ins Wasser und ruderten mich und das Kätzchen zu den Kieseln, ein Ruder achtern wie die Gondolieri in Venedig. »Leben Sie wohl, hoffe, Sie sind sehr glücklich mit Ihrer kleinen Katze«, sagte George, der sanfte Riese.

»Nicht ›Leben Sie wohl‹, nur gute Nacht, George.« Ich wartete, um sicher zu sein, daß das Beiboot nicht unterging, bevor es zur *Pilot* zurückkam.

Der holländische Polizeibeamte trug netterweise meinen Koffer, wenn dies auch bestimmt unter seiner Würde und nicht sein Job war. Ich wankte hinter ihm her die Stufen hoch, das schreiende Kätzchen in den Armen. Bergsteigen! Das Dorf oben hieß offensichtlich Bottom, weil es auf dem Boden des Kraters erbaut worden war. Bottom besaß einen liebenswerten, niedlichen holländischen Charme und erschien mir wie ein schöner Septembertag in einem kühlen Land. Die Straßen waren korrekt im rechten Winkel angelegt und ordentlich gefegt. Die kleinen Häuser bestanden aus weißen Brettern mit Fundamenten aus Feldsteinen. Weiße Raffgardinen steckten hinter blitzblanken Fenstern. Es könnte durchaus Blumenkästen vor den Fenstern gegeben haben, ich weiß es nicht mehr.

Die schwarzen Einwohner kamen mir besser genährt vor als sonstwo, würdige Bürger mit Selbstachtung in sauberer, gestärkter Kleidung. Überall schon war ich fasziniert gewesen von der Art und Weise, wie die Karibik-Schwarzen den Ton ihrer jeweiligen Kolonialmacht übernahmen. Man konnte die Nationalität einer jeden Insel erkennen, ohne daß man sie gesagt bekam, als ob nationale Gene und Chromosomen von weit entfernten Regierungen hierher übermittelt worden wären. Nach dem Aussehen der Leute auf Saba, ihrer Stadt und dem kurzen Blick auf Phillipsburg zu urteilen, waren die Holländer die beste Kolonialmacht in diesem Teil der Welt, wie sie es auch im Fernen Osten, in Niederländisch-Ostindien, gewesen waren.

Der holländische Polizeibeamte lieferte mich im Regierungsgästehaus ab. Ich bin, wie ich schon überdeutlich gemacht habe, eine Reinlichkeitsfanatikerin und war außer mir vor Freude. Hier konnte man vom Boden essen, wenn einem nach solchen Verrenkungen zumute war, und es gab obendrein frische Eier und Butter und Milch und frisch gebackenes Brot. Dann war da ein richtiges Duschbad, das reichlich Wasser spendete, ein echtes Klo aus dem zwanzigsten Jahrhundert, ein funktionierender Kühlschrank, ein angenehm duftendes Schlafzimmer mit einem Himmelbett und schneeweißem Bettleinen und einer Nachttischlampe und einem makellosen Schrank mit Kleiderbügeln. Ich sagte der Katze, endlich seien wir auf die Füße gefallen. Es gab auch Alberta, die Hausdame der Herberge, die ein gestärktes weißes Kleid trug und einen Panamahut; sie war vierundsechzig Jahre alt, flink und sorgfältig und sprach Karibik-Englisch mit holländischem Akzent.

»Sie von Ammorika, Moddom?«

»Ja, Alberta.«

»Oh, Moddom, was tun wir ohn Ammorika? Ammorika hilft mir jeden Tag in mein Leben. So viele nätte farb'ge Leute von Saba gehn da zur Arbeit und se senden uns Menge Kleidä und Essen. Gott segne Ammorika, Moddom.«

Ich dankte ihr im Namen der Vereinigten Staaten, und sie fragte mich nach dem Krieg, aber ehe ich antworten konnte, sagte sie: »Als wir hört'n, sie greif'n Holland an, Moddom, da gab's kein trocken Auge auf de Insel. Lassen Sie uns nicht von Krieg sprech'n.« Ich wollte auch lieber von Futter für meine Katze reden und mich selbst mit Seife und Wasser traktieren. Ich sehnte mich nach dem herrlichen, sauberen Bett.

Bei Sonnenuntergang fing es zu regnen an, und der Wind verstärkte sich zum Sturm. Im Zickzack zuckten Acetylenblitze über den Himmel, und der Donner dröhnte wie Artilleriefeuer zwischen den Bergwänden rings um den Krater. Kalt und schlaflos aus Sorge um die *Pilot*, tröstete ich die Katze, derentwegen ich mit jeder Minute ein schlechteres Gewissen hatte. Warum hatte ich sie nur im Dschungel von St. Barts aus ihrem Familienleben gerissen? Wie erging es der Mannschaft? Schließlich sagte ich mir, daß sie von Beruf Seefahrer waren, auf dem Meer zu Hause, und wissen mußten, was zu tun war. Und ich schlief unruhig, wachte in der Morgendämmerung auf und eilte die vielen Stufen hinunter.

Die *Pilot* war verschwunden. Mich packte plötzlich das große Zittern, denn ich stellte mir vor, sie sei mit allen Leuten an Bord gesunken. Bis mir ein alter Fischer sagte, das Boot sei abgesegelt, sobald ich auf der Treppe nach Bottom hinauf außer Sicht war. Er sagte mir, Saba sei bei solchem Wetter kein Platz zum Ankern, ihre eigenen kleinen Fischerboote lägen an der anderen Inselseite auf dem Strand. Carlton und die Männer hatten an die *Pilot* und an ihr Leben zu denken; ich verstand sie, wünschte aber, sie hätten sich wenigstens verabschiedet. Dann fiel mir ein, daß George das ja so nett getan hatte. Jetzt saß ich auf Saba fest. Immer dankbar sein für kleine und große Gnaden: Welches Glück ich doch hatte, hier statt auf der gruseligen Insel St. Barts festzusitzen.

Die Sonne schien von einem blauweißen Himmel. Die grünen Kraterwände milderten den Wind. Es war ein schöner Tag und ein schöner Ort. Ich hatte keinen Grund zur Klage. Alberta brachte dem Funker eine Nachricht – ob er St. Kitts, dreißig Meilen entfernt, anfunken würde (oder was immer) und bitten könne, mir ein Motorboot zu schicken? Der Funker sagte Alberta, daß ihn der Sturm im Augenblick lahmgelegt habe, aber er würde St. Kitts so bald als möglich anfunken. Nach einem gewaltigen Frühstück wusch ich mir das Haar. Alberta wusch meine Kleider. Ich ging am Krater spazieren wie in einem Park. Die Katze tummelte sich um mich herum. Ich sah gepflegte Kühe. Ich konnte diesen Leuten für ihre Ordnung und ihren Verstand nur Beifall spenden: Sie bauten Gemüse an, hüteten Hühner und Kühe, machten Butter und Käse und hielten ihre Puppenstubenhäuschen und Gärten hübsch. Ich fragte mich, wo auf Erden man solchen Frieden wie in Bottom finden würde.

Der Krieg ist zu teuer, als daß man ihn auf nutzlose Orte verschwendet. Der Krieg hatte die kleinen Inseln völlig isoliert, sie hatten untereinander kaum Kontakt, und draußen in der Welt waren sie unbekannt. Die ganze Karibik hinunter blieben diese kleinen grünen Juwele, nur Stecknadelköpfe auf der Landkarte, gnädig unbeachtet.

Nun, da ich im reinen Glück lebte und gutes Essen bekam, fing ich an, nervös zu werden. Das Rumpeln im Himmel könnte den nun schon so oft angekündigten Hurrikan voraussagen. Ein

Hurrikan würde mich hier unbegrenzt festhalten. Hier gab es keine Gesellschaft, kein Café und keine Bar, wo ich hätte in einer Ecke sitzen und zuhören können. Die Wellen waren zu hoch und die Luft zu kühl, als daß ich vom Kiesstrand aus schwimmen gehen konnte. Die Bürger blieben bei Nacht still in ihren Häusern, und das einzige Licht in Bottom nach neun Uhr war das meine. Die aufmerksamen Holländer hatten im Wohnzimmer des Gästehauses Bücherregale aufgestellt und Bücher auf die Regale. Ich hatte meine eigenen ausgelesen, und ohne etwas zu lesen, wäre ich wohl doppelt so zappelig geworden. Denn vor vierunddreißig Jahren war ich gar nicht so vernarrt in Ruhe und Frieden: Ich liebte Überraschungen und Aufregungen und Spaß und Risiko und seltsame Leute. Ich kränkte Alberta mit meinem Eifer wegzukommen und belästigte den Funker mit bohrenden Fragen.

Alberta weckte mich am dritten Morgen mit einem Frühstückstablett und Nachrichten. »Se ham ein Schnellboot, das wartet auf Se, Moddom. Das kost Se sechzig Dollar. Mein Gott!« Ich verschlang das leckere Frühstück, während Alberta meinen Koffer packte, küßte sie, gab ihr ein Trinkgeld, griff mir die Katze und rannte die langen Stufen hinunter. Das Schnellboot war eine ölige, zehn Meter lange Barkasse mit einer stinkenden, alten Maschine und hieß *Queen Mary*. Ihre Höchstgeschwindigkeit betrug fünf Knoten. Die drei Seeleute trugen Ölhäute. Das Meer sah schrecklich aus, endlos schwankende Bergspitzen. Ich wikkelte die Katze in meinen einzigen Sweater, der ihr vielleicht half, mir nicht, und richtete mich auf eine neue Schreckensreise ein. Sie dauerte sechs Stunden und war die Wasserversion meiner Lastwagenreise zum Nordfluß. Ich glaubte, ich bräche mir das Steißbein, so hart knallte ich ständig gegen den Pumpenschacht, neben dem ich kauerte. Naß bis auf die Haut, erfroren und seekrank schwor ich, daß ich niemals mehr übers Meer reisen würde, wenn ich Antigua erreicht hätte. Das Meer war zum

Schwimmen da und wunderbar zum Schwimmen, ansonsten haßte ich es.
Die Maschine machte soviel Krach – wie auch das Boot selbst, wenn es in die Wellentäler schlug –, daß ich die gequälten Klagelaute der Katze nicht hören konnte, und ihre kleinen Ströme von Erbrochenem fielen in all der Nässe ringsum nicht auf. Ein Matrose, der mit dem Fuß steuerte, sprach mich an. Inmitten dieser Hölle lehnte er sich herüber und rief: »Was halten Sie so von der Kriegssituation?«
Wir legten am Sandy Point an, wie man mir mitteilte. Ich stieg wie zerschlagen aus und fürchtete, meine Katze sei gestorben. Meine erste Handlung war, den Sweater auszuwickeln und den kleinen, zitternden Körper zu trocknen. Der Hafenmeister, Mr. Williams, ein freundlicher farbiger Herr, sagte: »Oh, meine Liebe, es ist gegen das Gesetz, Hunde und Katzen zu importieren.« Ich hielt eine Rede, deren Eloquenz mich selbst fast zum Weinen brachte. Mr. Williams war sichtlich gerührt. Er würden den *Honourable Treasurer* anrufen; in der Zwischenzeit bat er die Katze und mich in den Komfort seines Büros.
Als Mr. Williams den Schatzmeister erreichte, sagte er: »Sir, hier ist ein weiblicher amerikanischer Journalist mit einer kleinen Katze. Sie behauptet, daß die Katze immer mit ihr reist. Sie gibt an, sie hat die Katze immer bei sich. Sie ist hier nur im Transit, Sir, und bittet um Erlaubnis, die Katze einzuführen.« Am anderen Ende der Leitung war offensichtlich ein gefühlvoller Mann. »Danke, Sir«, sagte Mr. Williams und wandte sich mir lächelnd zu, ein netter Mann, froh, mir einen Gefallen tun zu können. »Der H. T. sagt, daß dies ein Ausnahmefall ist und die Katze frei mitgeführt werden kann.«
Basseterre ist die Hauptstadt von St. Kitts und war damals so tot, daß ich mir wie lebendig begraben vorkam. Das Hotel und das Gästehaus waren längst geschlossen, und es war niemand auf der Straße, den man fragen konnte. Die weißgekalkten Häuser an

der Meeresseite blätterten ab und standen leer. Ich wußte nicht, was ich sonst tun sollte, also klingelte ich einfach an den Türen. Eine nette, kleine alte Lady, mit schnell und ungleichmäßig verteiltem Reispuder auf dem Gesicht, öffnete eine Tür. Ja, sie würde mir ein Zimmer geben, aber nicht gegen Geld. Sie wünschte, ganz klarzumachen, daß sie keine Pensionsgäste aufnahm, sie nahm Schiffbrüchige auf wie mich.

Sie hatte sechs Hurrikane in ihrem überladenen Haus an der Meerseite überstanden, ein Haus, das vor Sesselschonern und viktorianischem Mahagoni und Zierporzellan in Eckschränken platzte. In ihrer Jugend war sie in einer Barke nach England gesegelt, dreißig Tage an Bord – eine schreckliche Vorstellung. Jetzt saß sie in ihrem Wohnzimmer und lauschte Tag und Nacht den Rundfunknachrichten, die von ferner Gewalt sprachen. Sie hörte auf nichts anderes als das, was aus dem Radio kam.

Ich war schon wieder in einer tristen Stadt gestrandet, bis sich das Wetter beruhigte. Die *Queen Mary* war bereit, mich in einer Neun-Stunden-Fahrt des Elends nach Antigua zu bringen, aber nicht, solange das Barometer »herumsprang wie ein Kork im Wasser«. Ein Matrose würde mich *knock up* (nach englischem Sprachgebrauch, erschütternd für jeden Amerikaner), sobald das Barometer sich beruhigte.

Ein Artikel für *Collier's* war überfällig. Mühselige Reisen wie diese waren alles andere als billig, ich mußte meine Ausgaben erklären und auch verdienen. Aber was konnte ich schreiben? Keine geheimen Verstecke für U-Boote, keine feindlichen Funkstationen hatte ich gesehen, nicht einmal einen einzigen Überlebenden getroffen, geschweige denn gerettet. Ich setzte mich hin und schrieb über die Reise, wie sie gewesen war, über jedes Detail, jede Person, jedes Gespräch. Auch mein Kopf muß wohl auf der *Queen Mary* zu Bruch gegangen sein. Die maximale Länge eines *Collier's*-Artikels waren 5000 Wörter; sofern ich richtig rechne, ohne Seite für Seite auszuzählen, war der Reisebericht, den ich in Basseterre schrieb, 11 000 Wörter lang.

Charles Colebaugh nahm ihn zum Lesen mit nach Hause und bekam einen Lachkrampf davon. Er reichte ihn dann im Büro herum, wo jeder sich auskichern durfte. Viel später sagte mir Charles in New York, der Artikel sei die Kosten zweimal wert gewesen, da er so viele Leute damit versöhnt habe, daß sie an ihren Schreibtischen sitzen bleiben mußten. Er sagte, weil der Krieg den Leuten das Reisen unmöglich machte, wären sie begieriger darauf als gewöhnlich. Aber nachdem man mich gelesen hatte, müsse sich jeder vernünftig denkende Mensch glücklich schätzen, zu Hause zu sein, obwohl mir die Orte, die Bedingungen, die Fahrten manchmal sehr wohl zugesagt hätten. Ich steckte das Spesengeld mit Dank und Entschuldigungen in die Tasche und vergaß alles, bis ich jene vergilbten Seiten unter meinen Papieren fand.

Neun Stunden auf der *Queen Mary* waren für mich eine Prüfung und für meine Katze fast das Ende. Aber der Gedanke an Antigua hielt mich aufrecht. Die Engländer liehen Antigua als Basis an die Amerikaner aus, und die Amerikaner entfachten wie üblich ihren ökonomischen Hurrikan. Geld spiele keine Rolle, die Amerikaner wollten das, was sie wollten, sofort – rasch den Krieg gewinnen und dann nach Hause in Gottes Land. Die Inselbewohner waren wie betrunken von all der Aufregung und all dem Geld. Da die Gefahr auf Schiffe zur See beschränkt war, war das Leben auf Antigua ein wüster Spaß: Filme und Drinks mit Eiswürfeln und PX-Zigaretten und eine Musikbox und prächtige Typen in Uniform.

Amerikaner waren lustiger, bevor Amerika die mächtigste Nation auf Erden wurde. (Andererseits sind die Engländer, seit sie vom Empire erlöst sind, viel lustiger geworden, als sie bis dahin waren.) Ich hatte nur Augen für die tollen uniformierten Burschen. Von mir gedrängt, über ihre Arbeit zu reden, taten sie so, als wären sie beim Hausputz. Vier Monate später waren alle deutschen U-Boote aus der Karibik und aus den südamerikanischen Küstengewässern verjagt, und sie kamen nicht wieder. Auf See war es wieder so friedlich wie zu Land.

In Antigua holte ich mir die Idee für meinen letzten *Collier's*-Artikel von der Air Force. Die Methode im Krieg war, herumzuhängen und zuzuhören, bis jemand etwas sagte, was nach einer guten Schlagzeile klang. Ein Hauptmann aus dem Süden, ein Bomberpilot, zog mich wegen seiner Manieren und seiner Redeweise an. Außer Dienst war er eine Maus von einem Meter fünfundachtzig – ich wartete immer darauf, daß er zwischen den Wörtern oder beim Kaugummikauen einschlief. »Da unten in Surinam haben sie all den Kram. Bauxit, wissen Sie, haben's in Minen oder so. Man braucht Bauxit für Aluminium, und man braucht Bauxit für Flugzeuge, also sind diese kleinen ollen U-Boote der Krauts verrückt nach Schiffen, die Bauxit als Fracht haben, können's nicht abwarten, sie zu versenken. Die kleinen ollen Kraut-U-Boote versuchen, unsere Kriegsanstrengungen kaputtzumachen, und wir versuchen, ihnen Bomben auf den Kopf zu schmeißen. Kann noch kaum sagen, wer gewinnt.«

Also, das klang aufregend. Bauxit, Aluminium, bedrohte Schiffe, Kriegsanstrengungen. Nach weiterem Befragen sagte die große Haselmaus: »Jaa, wir ham so'n paar olle Flieger da unten und 'n paar gottverlassene Soldaten. Trampen hin und her und verteidigen die Gruben oder so. Das is'n harter und doofer Job, weil die Krauts lauter U-Boote da ham, und die kommen raus aus'm Wasser.« Paßte genau. Ich konnte über unsere Jungen an einer abgelegenen Front schreiben. Die Leser von *Collier's* konnten gar nicht anders, als mit mir zufrieden zu sein. Für mich reichte schon das Wort Surinam. Eine Gegend, die einen solchen Namen trug, die mußte ich sehen.

Pan Am stoppte zum Auftanken in Paramaribo, Surinam, auf dem Weg nach Rio. Und mir war klar, daß es mit der Katze und

Pan Am Schwierigkeiten geben würde, einer Luftfahrtgesellschaft, die den Krieg sehr ernst nahm und den Reisenden gern die Fenstergardinen zuzog, wann immer man in die Nähe eines Flugplatzes kam, den jeder dann am Boden ungehindert sehen konnte. Ich besorgte mir einen großen Korb und verschaffte mir Rückhalt bei der Air Force, falls der schlimmste Fall eintreten sollte, was auch geschah. Die kleine Katze geriet in ihrem Korbgefängnis in Panik und kratzte und jammerte und verriet sich so. Pan Am weigerte sich, die Katze zu befördern. Die Air Force hatte mich bis zum Flugzeug begleitet, für den Fall, daß man mir diese Gemeinheit antat, und so übergab ich den Korb an sie. Sie lachten wie die Verrückten und rieten mir, die Ohren steifzuhalten: »Krieg ist die Hölle, opfere die Katze deinem Land wie ein Mann. Komm, lächle, Mädchen. Wir passen auf sie auf wie ihre Mutter.«

Sie hatten feierlich geschworen, es zu tun, aber ich traute ihnen nicht: Sie würden bestimmt vergessen, sie zu füttern oder ihr Trost zu spenden, dieser verwaisten Katze, weit weg von zu Hause. Ich haßte Pan Am und war wild vor Kummer, wovon ein herzzerreißender Brief an meine Mutter Zeugnis ablegt. Abgesehen davon, daß ich die Katze liebte und arg vermißte, hatte ich ihr Leid zugefügt; sie verdiente etwas Besseres als dieses unsichere Leben. Die Air-Force-Leute dachten ohne Zweifel, ich sei eine Kandidatin für die Gummizelle, als ich sie per Luftpost mit Fragen nach Gesundheit und Wohlergehen meiner verlassenen Katze bombardierte.

Die schnellste Art und Weise, Surinam zu beschreiben, ist es, ein paar der Anfangssätze aus dem alten Artikel, den ich für *Collier's* schrieb, zu stehlen.

»Die Holländer, denen Surinam gehört, gaben jährlich 1 600 000 Dollar dafür aus und vergaßen es. Surinam war gerade 3 000 Quadratmeilen Dschungel mit trägen kaffeefarbenen Flüssen, einer Hauptstadt, ganz wenigen sogenannten Städten, einem

Streifen Küste, mehr oder weniger vom Dschungel freigehackt, 1 900 Europäern, die dort lebten, um die Kolonie zu verwalten oder Geld zu machen, 162 000 anderen Leuten, von bernsteinfarbenen Javanern bis zu rußschwarzen Buschnegern, Goldminen, Bauxitminen, Zuckerrohr- und Kaffeeplantagen, Balatabäumen, anderen landwirtschaftlichen Ladenhütern, kleinen örtlichen Industriebetrieben und einem Klima, das man einfach nicht aushalten kann, aber an das man sich schließlich gewöhnt. Es liegt, heiß und unbekannt und unbedeutend, zwischen Britisch- und Französisch-Guayana vor der Nordostküste Südamerikas. Der Atlantik, im allgemeinen grau oder blau oder grün, erstreckt sich längs der pfannkuchenflachen Küste von Surinam und besteht noch 20 Meilen davon entfernt aus purem braunen Schlamm. Das Binnenland ist meistens nach Schätzungen kartographiert worden, weil niemand in der Lage war, es zu vermessen. Einige der Flüsse sind über eine gewisse Strecke landeinwärts schiffbar, falls es Gründe geben sollte, sie zu befahren. Es gibt in ganz Surinam 120 Meilen Eisenbahnstrecke und seit dem Krieg 177 Meilen Straße. Wer sonst irgendwohin möchte, muß sich mit einer Machete durchhacken.«

Niemand stieg auf dem blendendweißen Sandflugfeld aus der Pan-Am-Maschine. Niemand tat das jemals, es sei denn auf Befehl der US- oder der holländischen Regierung. Die Hitze war sensationell. Ich stand geblendet und betäubt da, und der Pan-Am-Agent, ebenfalls benommen, weil er einmal einen Passagier zu betreuen hatte, sagte: »Sie gehen besser aus dem Sand raus, Sie bekommen sonst Flöhe unter Ihre Zehennägel. So eine hier übliche Art Flöhe, die man rausschneiden muß.« Ich trug Sandalen. Sobald er sich um das Ausladen der Fracht und der Post gekümmert und gesehen habe, daß aufgetankt worden war, würde er mich nach Paramaribo mitnehmen. Ich solle doch in dem Ein-Zimmer-Büro warten.

Die Hangars der Air Force waren aus Stroh. Neben ihnen be-

stand die US-Basis aus einer Sammlung von Kasernen und Hauptquartieren – gleich aussehende Holzgüterwagen. Der Dschungel war hinter den brennenden Sand zurückgedrängt worden und sah aus wie eine hohe Mauer aus verknoteten grünen Tauen. Die Militärgüterwagen waren mit Anti-Floh-Laufstegen verbunden. Männer mit Badetüchern um die Hüften und kräftigen, offenen Stiefeln an nackten Füßen eilten von den Duschen zu den Kasernen. Andere bewegten sich zügig zwischen den Gebäuden hin und her, sie trugen die regulären Armeehosen, die mit der Schere in ausgefranste Shorts verwandelt worden waren, dazu Khakihemden und die gleichen schlappenden Stiefel. Niemand trat neben die Laufstege. Sie schienen mir unvorstellbar jung zu sein, im Oberschulalter, und noch weniger vorstellbar fröhlich. Eigentlich hätten sie alle selbstmordgefährdet sein müssen. Flöhe, Sonnenblindheit und Hitzschlag. Nicht ein Baum. Nicht eine Handbreit Schatten irgendwo.
Die Oberfläche der neuen, schmalen Straße vom neuen, großen Flugfeld bestand aus Bauxitlehm, hellrot und staubend. Nach einer Stunde heftigen Geschütteltwerdens und Schluckens von rotem Staub kamen wir in der Hauptstadt an. Der Pan-Am-Agent mißdeutete mein Schweigen aus sprachloser Dankbarkeit als Schock. »Es ist ziemlich hart«, sagte er. »Aber ich nehme an, Sie müssen nicht lange bleiben.« Ich hatte vor, so lange wie möglich zu bleiben. Obwohl ich bis vor zwei Tagen niemals von Paramaribo oder Surinam gehört hatte, meinte ich jetzt, an einen Ort gekommen zu sein, von dem ich seit Jahren geträumt hatte. Die Stadt war an einem braunen, stagnierenden Dschungelfluß entlang gebaut. Holzhäuser im Karibik-Stil, ähnlich wie in St. Martin, aber mit einer komischen Andeutung holländischer Giebel, reihten sich an den Staubstraßen. Der Pan-Am-Agent setzte mich beim Hotel ab und sagte bekümmert: »Hans und Gertie werden sich um Sie kümmern.« Hans und Gertie waren jung, blond und schwabbelig, wie es Leute in den Tropen werden,

wo es zu heiß ist, um vom Stuhl aufzustehen, und schrecklich nett. Das *Paramaribo Grand Hotel* war drei Stockwerke hoch, mit zerschlissenen Läufern auf den Treppen und kaputten, ameisenzerfressenen Möbeln in den Zimmern. Es gab ein kratziges Plüschsofa in der Halle, Korbsessel mit Löchern in den geflochtenen Sitzen und Tische mit beschmierten Linoleumflächen. Mir gefiel es – und jedem anderen auch. Wenn das Soldatenvolk zwei Tage Urlaub hatte, dann kam es hierher, als verbrächten sie ein Wochenende in Paris.

Ich ging sofort vor die Tür, um mir die Stadt anzusehen. Die kleinen Frauen des Ostens, Javanerinnen und Inderinnen, watschelten barfuß in Sarongs und Saris umher und trugen dabei ihr ganzes Vermögen an Gold- und Silberschmuck. Holländische Frauen trampelten auf Fahrrädern vorbei. Kreolinnen, enorm üppig unter gestärkten Röcken, balancierten Körbe auf ihren Köpfen. Mädchen, glorreiche Ergebnisse der Mischung aus malaysischem, chinesischem und afrikanischem Blut, flanierten vorbei, um ihre Kleider und auch Frisuren vorzuführen, die aus den neuesten Filmzeitschriften kopiert waren. Farbige Polizistinnen in grünen Uniformen regelten den Verkehr: ein Stabsauto, eine Limousine, den Marinegeländewagen und Horden von Fahrrädern. Regierungsangestellte der verschiedensten wohlvermischten Farbtöne in schicken weißen Anzügen und mit Aktentaschen beäugten vorsichtig die Frauen, wie es auch die holländischen und amerikanischen, stadtfein gekleideten Soldaten taten.

Die Leute waren das Beste an Paramaribo. Doch die Läden, javanische, indische, holländische, chinesische, waren auch nicht zu unterschätzen; am anziehendsten Jonas Home Industries, wo man örtliche Produkte kaufen konnte, wie etwa eingemachte Taranteln und Buschnegerkämme, offensichtlich aus gefeilten Haizähnen hergestellt.

Gegen fünf Uhr war mir schwindlig vor Glück, und ich ließ mich auf einem zerborstenen Korbsessel in der Hotelhalle nieder, um mir den laufenden Klatsch anzuhören. Um fünf Uhr kamen pünktlich die Moskitos. »Die sind in der Gewerkschaft«, bemerkte ein Soldat, »arbeiten von fünf bis fünf.« Es waren die größten Moskitos, die mir irgendwo begegnet waren, und ohne jede Furcht; sie sausten heran, ließen sich auf Armen und Beinen nieder und starben saugend, worauf andere die ersetzten, die man gerade totgeschlagen hatte. Wenn die lodernde Sonne unterging, weigerte die Luft sich, kühler zu werden, trotz nächtlicher Wolkenbrüche. Es war Regenzeit. Der lauwarme Regen ermunterte die Moskitos und ließ die Straßen zu Sumpfland werden, das dann eine halbe Stunde nach Sonnenaufgang zu dickem Staub getrocknet war. Zwischen fünf und sechs am Morgen gab es ein wenig frische Luft zu atmen.

Innerhalb eines Tages meinte ich, schon jahrelang glücklich im *Paramaribo Grand Hotel* zu wohnen, ganz im Einklang mit dem geschäftigen Leben am Ort.

Unter meinen neuen Freunden waren der Singer-Nähmaschinen-Mann, der so viel und so weit wie nur möglich in diesem Land umherreiste, um Zahlungen für seine Ware zu kassieren; ein holländischer Missionar von irgendeiner Station im Inneren; ein englisches Paar auf Ferien von einem entfernten Goldfeld. Aber es gab ja noch meinen Job, ich konnte nicht einfach vergnügt herumtollen.

Mein Job waren »unsere Jungen« und das Bauxit und die Kriegsanstrengungen. Ich fuhr hinaus zur Basis. Der Kommandeur war neunundzwanzig, der Geschwaderchef dreißig. Sie waren die alten Männer, und manchmal wurden sie »Sir« genannt; beide waren klug und lustig und wußten diesen erdrückenden Außenposten so zu steuern, daß die Arbeit getan wurde, die Männer gesund und unwahrscheinlich zufrieden blieben. Die Offiziere wohnten in der gleichen Art von Unterkunft wie die Männer, die Offiziersmesse war von derjenigen der Soldaten nur durch einen Vorhang getrennt, der nie geschlossen wurde. Der Offiziersclub hatte zehn minimal bequeme Sessel, drei abgewetzte Kartentische und eine improvisierte Bar. Ich fing an, die Basis zu mögen, und kaufte mir ein Paar Turnschuhe zum Schutz vor Sandflöhen.

Als ich den Burschen erzählte, daß ich beabsichtigte, über ihre edlen Anstrengungen und die Bauxitgruben zu schreiben, fielen sie vor Lachen um. Sie sagten, wenn ich auch nur einen Satz über eine Bauxitgrube schreiben könnte, würden sie mir einen Preis geben, die Haut einer sechs Meter langen Boa Constrictor, die den Club der Gemeinen schmückte. Der Barmann protestierte. »Das könnt ihr nicht machen, die gehört uns allen.« – »Unsinn«, sagte der Kommandeur, »ihr wißt doch, ihr Leute würdet eure Großmutter verkaufen. Geld, Geld, das ist alles, woran ihr denkt. Was, wenn ich euch 50 Dollar dafür biete?« – »Läuft nicht«, sagte der Barmann. »Streitet euch nicht«, sagte der Geschwaderchef, »sie gewinnt sowieso keinen Preis.«

Gewinn oder Verlust, sie waren bereit, mich zu der größten Bauxitgrube in einem Marineschnellboot zu schicken, das den Fluß patrouillierte und viel schneller war als die Barkasse. Ich bedankte mich und fragte, ob sie mir nun ihren ehrenvollen Auftrag erklären könnten. Der Kommandeur sagte, die Air-Force-Leute seien verwöhnt, die reinsten Schwächlinge, die jeden Tag mit ihren Maschinen aufsteigen und sich abkühlen könnten. Die Air-Force-Leute sagten, das Heer lebe in schändlicher Sicherheit, man möge nur an die Gefahren denken, denen sie sich täglich am Himmel ausgesetzt sähen. »Was für Gefahren denn?« fragte ein Leutnant aus dem Heer. »Der Motor könnte ausfallen«, sagte die Luftwaffe.

Das Schnellboot schoß den schlammigen Fluß hoch, der sich durch Mauern aus Dschungel wand. Nach einem mehr als ausreichenden Stück dieser wenig abwechslungsreichen Landschaft hielt es am Flußufer; ein Leutnant und ein Fahrer und ein Jeep

warteten. Wir fuhren ein kurzes Stück landeinwärts. Wir klärten die Bauxitsituation sehr schnell. Man zeigte mir die Grube. Sie sah aus wie ein offenes Geröllfeld, umgegraben, umgepflügt. Der Fahrer gab mir etwas Lehm, rötlich, mit weißen Streifen drin, der in meiner Hand zerbröselte. »Das ist der Grund, warum wir hier sind«, sagte der Leutnant resignierend. Die Anlage, die mit dem Lehm das machte, was damit zu machen war, sah aus wie eine Ansammlung von Schuppen und Silos, rot eingestaubt und still. Ein Soldat marschierte ständig darum herum.
»Interessant?« fragte der Leutnant. Er sah keinen Tag älter aus als siebzehn.
»Oh, sehr.« Wir waren noch nicht aus dem Jeep ausgestiegen.
»Ich schätze, Sie haben jetzt nichts dagegen zurückzufahren«, sagte der Leutnant. »Ich würde keinen Hund bitten, auf einen Drink in mein Zelt mitzukommen.« – »Es gibt sowieso kein Eis«, sagte der Fahrer. »Krieg ist die Hölle.« Er sah keinen Tag älter aus als sechzehn.

Albina, auf der holländischen Seite des Marowijne-Flusses, war ein Handelsposten für Gold und Balata, das in Eingeborenenkanus antransportiert wurde. Guttapercha wird aus dem Milchsaft des Balatabaumes gemacht, und es ist nützlich im Krieg, wenn ich auch nicht weiß, warum. Arrowak-Indianer, Kariben und Buschneger lebten in Dörfern rund um Albina. Die Kariben waren nach einem tobenden Leichenbegängnis stockbetrunken, man konnte das Kassava-Gebräu überall riechen. Ein holländischer Zivilist half mir hinüber zur Strafkolonie St. Laurent in Französisch-Guayana und erzählte dem französischen Wachposten, ich sei eine Touristin, die kleine Schmucksachen kaufen wolle, welche die Sträflinge herstellten. Er hatte mich ermahnt, nicht Englisch zu sprechen, also redeten wir laut ein grammatisch falsches Deutsch, und der Posten war zufrieden.
Französisch-Guayana war eine Strafkolonie, die Teufelsinsel, das

berüchtigste Gefängnis, eine solche Schande für das 20. Jahrhundert, daß die Franzosen besser über ihre *mission civilisatrice* geschwiegen hätten. Jetzt ist sie aufgegeben, so daß sich die Franzosen mit besserem Gewissen brüsten können. Die Sträflinge, Skelette mit stumpfen Augen in rot und weiß gestreiften Pyjamas, schlugen Holz im Dschungel, bis sie vor Erschöpfung und Krankheit starben. Eine der senkrechten Mauern dieses Gefängnisses stieg aus dem Fluß auf, der voller Krokodile und Piranhas war. Ein drei Meter hoher Zaun aus Eisen, mit Stacheln besetzt, schloß es zur Stadtseite hin ab. In der Dämmerung patrouillierten Wachen mit Mausern den Zaun. Kam ein Gefangener ihm zu nah, wurde er erschossen. Die Gesichter der Wachen entsprachen ihrer Arbeit, es war ein ekelhafter Ort. Ich beeilte mich wegzukommen.

Einige der Gefangenen waren tatsächlich nach Albina geflüchtet, nahmen lieber den Fluß als Risiko auf sich als den sicheren, langsamen Tod in St. Laurent. Es war ihr Traum, sich den Freien Franzosen in Westafrika anzuschließen, aber es gab keine Transportmöglichkeiten dorthin. Sie waren den Holländern dankbar dafür, daß die sie wie menschliche Wesen behandelten. Wir saßen im Staub und rauchten amerikanische Zigaretten, und sie erzählten mir, seit die Vichy-Regierung Frankreich übernommen habe, versuchten die Behörden in Guayana, die Gefangenen durch Hunger, Überarbeitung und Strafen zu vernichten. Die Vichy-Franzosen waren gelehrige Schüler der Nazis. Niemand könnte länger als drei Monate überleben, wenn die Bestrafung begann. Die Hälfte der Männer, etwa 700, waren im Gefängnis von St. Jean de Maronie gestorben. Viele Männer starben jeden Tag in St. Laurent.

Die holländischen Offiziere und gemeinen Soldaten waren älter und weniger fröhlich als die amerikanischen. Aus guten Gründen, aber die Holländer und Amerikaner kamen gut miteinander aus, respektierten einander und akzeptierten freundschaftlich ihre unterschiedlichen Gewohnheiten und Eigenarten. Die Holländer hatten den Krieg schon in Holland erlebt, und ihre Familien lebten noch im besetzten Heimatland. Sie schrieben sich durchs Rote Kreuz, und man konnte es einem Mann am Gesicht ablesen, wenn er einen schlechten Tag hatte, weil er einen Antwortbrief erwartete und keiner gekommen war. In den Briefen aus Holland konnte nicht viel mitgeteilt werden, aber solange noch welche in bekannter Handschrift ankamen, wußten die Männer, daß ihre Familien lebten, und das reichte.

Sie bildeten javanische und indische Truppen auf dem Platz vor dem Hotel aus, jeden Morgen ab fünf. Noch spät am Abend brannten die Lichter in den Büros der Kommandantur. Surinam war neben den winzigen karibischen Inseln das letzte Land, in dem sie ihre eigene Flagge hissen konnten.

Nachdem ich mich an dieser entlegenen Front prächtig unterhalten hatte, schrieb ich meinen Surinam-Artikel, gab ihn zur Post, und nun wäre es an der Zeit gewesen, nach Hause zu reisen. Aber ich kaufte erst einmal eine Landkarte und war sehr enttäuscht. Denn auf der Karte war so wenig enthalten wie in Surinam selbst: die Hauptstadt, ein paar Ansiedlungen nahe der Küste und mehrere Flüsse. Die Landkarte zeigte mir den Saramacca-Fluß, der sich von Paramaribo aus mal durch grüne, mal durch weiße Flächen wand, die einen grüner Dschungel, die anderen unbekanntes Land. Der Fluß war eine blaue Linie bis zu einem kleinen christlichen Kreuz, wo sich vermutlich der am weitesten gekommene Reisende zum Sterben niedergelegt hatte. Hinter dem Kreuz bestand der Fluß nur noch aus blauen Punkten, die seinen unbekannten Lauf – durch einen dicken weißen Fleck – andeuten sollten. Der Saramacca, was für ein verführerischer Name, schrie förmlich danach, erforscht zu werden. Wie konnte nur jemand annehmen, ich ließe mir diese Gelegenheit entgehen. Und warum mußte überhaupt jemand

wissen, was ich trieb? Eine Entdeckungsreise war etwas ganz Neues für mich.
Ein schwarzer Dandy bot sich mir als Reiseführer, Dolmetscher und Organisator an. Ich weiß nicht mehr, wie dieser seltsame Typ in mein Leben trat. Vielleicht durch den Eigentümer von Jonas Home Industries, mit dem ich mich über seine Waren unterhalten hatte; ich sagte ihm vermutlich, daß ich gern den Fluß hinauffahren würde, um mal selbst Ausschau zu halten, wo diese entzückenden Schlangen in Flaschen, riesigen Tausendfüßler und Affenschädelrasseln herkamen. Der Dandy behauptete, sein Name sei Harold; ich habe niemals jemanden getroffen, auf den der Name Harold weniger paßte. Für mich war er Mr. Dandy. Er trug eine so dunkle Sonnenbrille, daß er augenlos aussah, eine rote Fliege, einen verschwitzten, verbeulten Homburg und einen Anzug in gleicher Verfassung. Ich war mir sicher, er hatte die Syphilis, weiß der Himmel, warum. Er war klebrig-höflich und insgesamt widerlich.
Ich muß wohl vor Hitze wirr im Kopf gewesen sein, denn sonst finde ich keine Erklärung dafür, daß ich mich mit diesem einzigen Begleiter ins Unbekannte wagte. Nicht daß ich gern einen Freund mit hineingezogen hätte, nicht nach China, aber die Katze wäre schon ein großer Trost gewesen. Mr. Dandy war für die gesamte Ausrüstung und den Proviant verantwortlich. Ich packte so unerläßliche Dinge wie Zigaretten und Bücher in einen Korb, behielt mein Zimmer und kündigte an, daß ich für eine Weile Freunde besuchen würde. Es kam mir nicht empfehlenswert vor, über meine Forschungsreise zu reden, bevor ich nicht das Totenkreuz auf der Karte hinter mich gebracht hatte und zurückgekehrt war.
Mr. Dandy und ich machten uns ein paar Stunden lang in einem Taxi auf den Weg und stiegen dann auf dem Fluß in einen ausgehöhlten Baumstamm um, den drei Buschneger, die Lendenschurz und Stricknadeln im Haar trugen, paddelten. Ich war

beleidigt wegen der Stricknadeln. Konnten sie nicht zwischen einem Touristen, der Lokalkolorit schnuppern möchte, und einer angehenden Forscherin unterscheiden? Über meine unfreundlichen Bemerkungen zu den Stricknadeln erstaunt, sagte Mr. Dandy, diese Burschen trügen sie immer. Warum sie sich denn meiner Meinung nach sonst die Mühe machten, Geld zu verdienen, wenn nicht, um hübsche Haarnadeln zu kaufen? Ich wurde an Bord gehievt, nahm auf einem Haufen aus Zelt und Moskitonetz Platz, und wir fuhren den Fluß hinauf.

Paddeln ist nicht gerade eine schnelle Form zu reisen, und die Strömung stand gegen uns. Wir bewegten uns sehr langsam über den Fluß, der breit und braun war wie alle Flüsse hier und so eingezwängt vom Dschungel, daß man nichts sehen konnte außer einer hohen, staubigen grünen Barriere zu beiden Seiten des leblosen Wassers. Ich hörte das unangenehme Quaken irgendwelcher Vögel, aber ich sah sie nie. Mr. Dandy strotzte vor furchterregenden Belehrungen – ich dürfe meine Hände nicht in den Fluß tauchen, oder sie würden abgebissen. Ich hatte keineswegs das unbändige Verlangen, meine Hände in etwas zu tauchen, das mir wie dicker, heißer Schlamm vorkam, und ich glaubte ihm auch nicht. Um die reiche Irre, die sie fürs Paddeln bezahlte, zu unterhalten, warf die Mannschaft etwas von dem breiigen Fraß, den sie zu sich genommen hatte, ins Wasser, und sofort begann es zu kochen. Das Futter wurde nach unten gerissen, und der Fluß mit all seinen verborgenen Reizen floß glatt weiter. Ich behielt die Hände bei mir und überlegte, ob diese Baumstämme wohl jemals kenterten. Kaum bereit, es zuzugeben, war mir nach dem ersten Tag doch viel weniger nach Entdekkungen zumute.

Mr. Dandy machte einen Platz aus, an dem der Dschungel ein paar Meter zurückgewichen war, und da kampierten wir dann für die Nacht. Pedantisch und wieder ganz unheilschwanger sagte mir Mr. Dandy, ich solle mich wegen der Moskitos bei Sonnenuntergang in mein Kinderzelt verkriechen.

»Ich bin auch in Paramaribo nicht bei Sonnenuntergang unter mein Moskitonetz gesprungen, und da gibt es Millionen von Moskitos. Sehen Sie sich meine Arme an.« Meine Arme sahen aus, als hätte ich die Masern.

»Diese hier sind schlimmer, glauben Sie mir, Moddom, sie machen Sie krank.«

»Was, glauben Sie, machen sie in Paramaribo? Die halbe Stadt hat Malaria.« Diese Woche war der Konsul umgefallen, letzte Woche hatte der Zensor das Zittern und Schütteln bekommen. Was Krankheiten anging, hatte man gewöhnlich die Auswahl zwischen Malaria und einer einheimischen Art von Ruhr.

»Nein, schlimma als Malaria, glauben Sie mir, Moddom.«

Oh, verdammt, ich wollte nicht neben ihm sitzen, eingehüllt in den Rauch des Feuers, das er zur Moskitoabwehr entzündet hatte. Es war auch so schon heiß genug. Ich konnte nirgendwo lesen. Fester Boden war besser als das Beiboot, aber ich war mir nicht sicher, was ich vorzog, naß vom Regen zu frieren oder schweißnaß zu ersticken. Mr. Dandy summte am rauchenden Feuer. Die Stricknadeljungen, mit denen ich kein Wort wechseln konnte, weil sie eine eigene Sprache sprachen, schienen sich in den ausgehöhlten Baumstamm gelegt zu haben. Ich war wieder bei den nur zu gut bekannten langen Nächten angekommen.

Am nächsten Tag rettete mich ein Buschnegerdorf davor, nur ausdruckslos auf den Dschungel zu starren. Sie hatten sich Land freigehackt und lebten in spitzen Strohhütten, splitternackt, aber eingefettet und somit glänzend und nach ranziger Kokosnußbutter stinkend, der hier verbreiteten Elizabeth-Arden-Hautcreme. Mr. Dandy erklärte, die Haut sei das Anziehendste an einer Frau, und ich verstand das gut, denn die Damen bestanden hauptsächlich aus riesigen Hinterteilen, als trügen sie ihr Kissen mit sich, und Hängebrüsten. Kleine Lederbeutel, die Zaubermittel gegen böse Geister enthielten, hingen zwischen allen Brüsten. Ein paar der Männer trugen einen braunen Baumwollsack, der ihre Geschlechtsteile faßte. Ich war überrascht, daß ein nackter schwarzer Mann für ein an Weiße gewöhntes Auge nicht nackt aussieht. Die Körper der Männer waren bis zur Hüfte vom Kanupaddeln muskulös und kräftig, aber sie hatten dürre Beine. Das Dorf empfing mich mit viel Drücken, Tatschen, Zwicken und lachendem Gejohle. Sie behandelten mich wie eine Zirkusnummer und nicht wie eine Entdeckerin.

Die Vorfahren dieser Schwarzen, die als Sklaven hierher gebracht worden waren, flohen in die Freiheit und den Busch. Seit zweihundert Jahren hatten sie keiner Regierung Tribut entrichtet, keinen Herrschern gehorcht außer den eigenen und in Unabhängigkeit vom weißen Mann gelebt. Nichts hatte sich für sie geändert, bis auf ihre Verpflanzung aus dem afrikanischen Busch in den südamerikanischen Busch. Sie hatten nicht einmal etwas für Stricknadeln übrig. Trotzdem gefiel es mir dort nicht recht, mir wurde von den mich umgebenden Körpergerüchen übel. Die Leute wirkten jedoch glücklich, sie lebten in ihrem eigenen Stil, wie sie es immer getan hatten. Die Freiheit war genug.

Mr. Dandy steckte tief in der Unterhaltung mit dem Häuptling und bemerkte meine zunehmend dringlicher werdenden Zeichen zum Aufbruch nicht. Ich war der schmerzhaften Kniffe nun müde und gerade dabei, ihn anzubrüllen, als er zu mir kam. Jedesmal, wenn ich ihm ins Gesicht sah, versetzte es mir einen Schock: schwarze Löcher statt Augen. »Der Häuptling sagt, sie sollen Missy Wilhelmina erzählen, er ist traurig, hören zu müssen, daß sie nicht nach Hause kann.«

»Missy Wilhelmina?«

»Sie wissen doch, die Königin.«

»Richtig, ich sag's ihr das nächste Mal, wenn ich sie sehe. Nun aber los, ich möchte hier schnell raus.«
Nun kam eine Flußbarkasse an uns vorbei, die eine Ladung kamerabehängter, winkender Amerikaner trug, die Männer in den bekannten Hemden mit aufgedruckten tropischen Blumen, die Damen mit Haarnetzen und Plastiklockenwicklern gegen die ruinöse Feuchtigkeit. Ich weiß nicht mehr, wer sie waren oder wie sie dort hinkamen. Können sie eine Gruppe von Bauxit-Managern auf Urlaub gewesen sein? Wir holten sie ein an der großen Lichtung im Dschungel, von der aus ein Damm zu einem primitiven Bretterbungalow führte. Ein weißes Paar lebte hier, ein dickbäuchiger, haariger Amerikaner mittleren Alters und ein junges Mädchen. Der Mann pries das Leben in Sünde, weit entfernt vom Schwachsinn der modernen Welt. Das Mädchen, eine frühe Vorläuferin ihrer heutigen Hippieschwestern, erschien mir wie jemand, der im Dunkeln singt, um sich Mut zu machen. Ein paar Buschneger tauchten auf und stampften in einem Schlottertanz umher. Die Touristen waren lärmend begeistert und richteten ihre Kameras auf die edlen Wilden.
Ich hielt die Touristen, aber auch das weiße Pärchen, für verrückt. Wir neigen dazu, den Splitter im eigenen Auge zu übersehen, und so unterließ ich es, daran zu denken, daß die Touristen und das weiße Paar womöglich mich und meine Baumstammhorde für unglaublich verrückt hielten.
Wir kampierten wieder, wieder zog ich mich bei Sonnenuntergang in mein Zelt zurück, konnte nicht lesen, fand den Boden hart und die Nacht äußerst lang. Mr. Dandy versicherte mir immer wieder, wir seien nahe an dem christlichen Kreuz auf der Karte. Er hätte mir genausogut versichern können, wir wären in der Nähe von Paris.
Am dritten Tag erreichten wir ein anderes Flußdorf, wo jeder gut eingefettet war und nach der modischen ranzigen Kokosnußbutter zum Himmel stank. Ich tauschte chinesische Höflichkeiten

mit dem betagten Häuptling, bis ich durchdringende Schreie hörte, einen Körper unter Marter. Ich verlangte zu erfahren, was los sei, und bekam von allen Anwohnern und Mr. Dandy nur ein festes Schweigen zur Antwort. Die Schreie waren die einer Frau. Ich rannte durch das Dorf und fand heraus, daß die Laute aus einer verschlossenen Strohhütte kamen. »Holt sie raus«, schrie jetzt auch ich, »was macht ihr da, helft ihr doch! Hört auf, sie zu quälen«, brüllte ich, »was ist das, helft ihr!« Ich gab wütend meine Befehle, jemand mußte einfach das Schreien beenden. Die schwarzen Leute waren vor mir zurückgewichen, und ihre Gesichter drückten einen starren Zorn aus, der mich erschaudern ließ. Mr. Dandy, der die Situation, wie immer sie war, begriff, packte mich am Arm und zog mich trotz meiner Proteste fort. Er drängte mich in den ausgehöhlten Baumstamm, und unsere Mannschaft paddelte in vollem Tempo davon, verfolgt von einem schlechtgezielten Steinhagel aus den Händen jüngerer Dorfbewohner. Ich konnte aus Mr. Dandy keine sinnvolle Erklärung für diese Vorkommnisse herausquetschen. Entweder wußte er nichts oder wollte nichts sagen, ich hatte mich in Buschangelegenheiten eingemischt, und Mr. Dandy war dankbar, daß wir unbeschädigt davongekommen waren.

In all den Jahren seither habe ich keinen Anlaß gehabt, diese Episode irgend jemandem zu berichten. In diesem Sommer allerdings, als ich in meinem Gedächtnis kramte, erzählte ich sie einer Freundin, als wir auf ihrer Terrasse in der Schweiz saßen, Wein tranken und den herrlichen Sonnenuntergang über der Kluft grüner Hügel des Rhône-Tals und den gezackten Schneebergen dahinter beobachteten. Ich bewunderte diese Aussicht, die ich geradezu inbrünstig liebe, und plauderte geistesabwesend weiter: »Ich habe nie begriffen, worum es bei diesem Aufruhr ging.«

»Vielleicht bekam sie ein Kind«, sagte meine Freundin.

Das war mir nicht eingefallen und natürlich die Antwort. Natürlich. Sie schlossen eine Frau allein in einer Hütte ein und ließen sie sich ausschreien, diese Kokosnußbutter-Wilden. Und da es ein uralter Geburtsritus war, seit undenklichen Zeiten Brauch, waren sie sowohl erschreckt als auch beleidigt, als ich mich einmischte. Ich begriff, daß Mr. Dandy mir einen echten Dienst erwiesen hatte. Ich konnte mir nun vorstellen, daß eine gutgezielte Steinigung gefolgt wäre, wenn er nicht so schnell gehandelt hätte.

Vielleicht später an jenem Tag der Niederkunft oder auch am folgenden Tag kamen wir zu einem Holzfällerlager. Drei schwitzende, freundliche weiße Männer steuerten eine schwarze Arbeitertruppe beim Baumfällen; es ging um seltene Hölzer, vermute ich, da sich ein so kleines Unternehmen für Papierholz oder durchschnittliches Bauholz nicht gelohnt hätte. Ich war angenehm überrascht zu hören, daß ich wenigstens meine Stimme nicht verloren hatte. Mr. Dandy war, was Informationen betraf, genauso nutzlos wie Mr. Ma, dazu fehlte es ihm noch an Mr. Mas Charme. Wir reisten schweigend. Die Holzfäller haben mir sicherlich etwas zu ihren Bäumen gesagt, aber Informationen sind etwas, was ich ständig suche und als erstes vergesse. Ein kleiner schwarzer Junge lief einen vier Stockwerke hohen Baumstamm hinauf, geschickter als jeder Affe, und erschreckte mich furchtbar. Ich dachte, er wolle nur angeben und würde dabei zu Tode stürzen. Ich löste bei meinen weißen Genossen laute Heiterkeit aus, nicht etwa durch witzige Bemerkungen, sondern einfach nur dadurch, daß ich mit meiner lächerlichen Expedition dorthin gelangt war.

Am fünften oder sechsten Tag war ich bereit, das Entdecken den Entdeckern zu überlassen, die ich nun ihrer Ausdauer wegen verehrte, aber zugleich für eine besondere Sorte von Wahnsinnigen hielt.

Ich konnte nicht sagen, wo wir uns befanden, vielleicht waren wir an dem Grabkreuz schon vorbei, vielleicht lag es noch

Wochen vor uns. Das Scheitern eines Unternehmens: juckend von Insektenstichen, eingequetscht in ein Kinderzelt und einen Baumstamm, schmutzig, durstig nach kaltem Wasser, krank von jedermanns Gerüchen, einschließlich der meinen, der Langeweile einer echten Horrorreise ausgeliefert. Wir kehrten um. Ich freute mich auf die Fleischtöpfe der Zivilisation in Paramaribo.

Dann traf mich das Fieber. Ich dachte, es sei Malaria, aber Malaria ist zwar übel, aber nichts im Vergleich zu dem, was der Saramacca hervorbrachte. Meine Knochen fühlten sich an wie gebrochen, ich wimmerte vor Schmerzen, wenn ich mich bewegte, und schließlich konnte ich es nicht mehr. Ich wurde zum Schlafen ans Ufer getragen und konnte nur wimmernd neben das Zelt kriechen, bis zum letzten Atemzug sittsam in bezug auf unvermeidliche menschliche Bedürfnisse. Mr. Dandy schüttelte mich und schrie: »Moddom, Moddom«, wie ein Butler, der vermeldet, daß das Haus brennt. »Wach werden, Moddom! Sie reden und weinen!«

»Was?« Der Mann war verrückt. Ich hatte doch fest geschlafen.

»Trinken Sie etwas Tee, Moddom. Ist gut gegen Schmerzen. Ich sagte Ihnen ja, diese Moskitos sind schlimmer.«

»Was?« Ich konnte mich zum Trinken nicht aufrichten. Mr. Dandy mußte mich wie eine Krankenschwester betreuen. Er hatte seine schwarze Brille abgenommen, die nun orangerote Augen preisgab, wie die Dotter der chinesischen tausendjährigen Eier. Sein Atem war auch schlecht. Er war in großer Aufregung, vielleicht befürchtete er, ich würde sterben, eine schwache weiße Frau, und es ihm überlassen, die Sache den Behörden in Paramaribo zu erklären. Ich wünschte, er würde aufhören zu atmen und weggehen.

Ich war ungerecht zu Mr. Dandy. Es war nicht seine Schuld, daß ich beschlossen hatte, den Saramacca zu erforschen. Er machte seinen Job gut und tat mehr als das, wozu er sich verpflichtet hatte. Die Stricknadeljungen stellten aus Schlingpflanzen eine Art Tragbahre her. Mr. Dandy brachte mich an Bord und ließ das Boot so schnell wie bei einem Bootsrennen ohne Halt von der Morgen- bis zur Abenddämmerung paddeln. An die Rückreise habe ich nur eine schwache Erinnerung. Sie kann nicht mehr als zwei oder drei Tage gedauert haben. Mr. Dandy lieferte mich im Hotel ab, wo ich unentdeckt auf allen vieren die Treppe zu meinem Zimmer hinaufkroch und dort liegenblieb, ohne auf den Gedanken zu kommen, Gertie einen Arzt holen zu lassen. Aber ich bin mir da nicht sicher: War ich zu krank, klar zu denken, oder zu beschämt zuzugeben, wo und wie ich krank geworden war. Später diagnostizierte mein eigener Arzt diese schreckliche Krankheit als Dengue, volkstümlich und zu Recht »Knochenbruchfieber« genannt. Sie soll immer wiederkommen, tat es aber nie.

Das Fieber fiel von selbst in wenigen Tagen. Ich erzählte Gertie Lügen, um mein Gesicht zu retten: Ich hätte eine Allergie, die öfter solche Fieberanfälle auslöse. Ich wolle keinen »unserer Jungen« sehen, da ich den Kummer und die Verlegenheit bei Abschieden nicht ertragen könne. Wenn auch das Fieber verschwand oder sich wenigstens abschwächte, so hatte ich noch heftige Schmerzen in allen Gelenken. Ich sagte Gertie, daß ich in aller Stille mit dem nächsten Flugzeug nach Norden verschwinden würde.

»Haben Sie eine schöne Zeit bei Ihren Freunden verbracht?« fragte Gertie.

»Eine sehr schöne Zeit.« Mr. Dandy, die Buschneger et cetera. Sogar das Greifen nach einer Zigarette tat zum Weinen weh. Als ich am letzten Tag in Paramaribo versuchte, mich mit Hilfe meiner Arme (weil mir die Beine den Dienst versagten) aus einem Stuhl zu erheben, rutschte ich aus, fiel auf mein Handgelenk und brach es. Es war nur ein schärferer Schmerz unter all den anderen Schmerzen. Ich schickte nach Klebeband, band das

Handgelenk fest und schlurfte, das Wrack einer erfolglosen Entdeckerin, zum Flugzeug.

Im Flugzeug war es köstlich kalt, wir flogen ohne Druckausgleich am Himmel, und wie durch ein Wunder oder durch die Kühlung verschwanden die Gliederschmerzen, nur mein Handgelenk tat mehr weh. Als ich in mein glückliches Heim zurückkam, gab mir jeder einen freundlichen Willkommenskuß und fragte, warum ich das schmuddelige Klebeband trüge. Aber alle waren zu beschäftigt, um sich Reisegeschichten anzuhören.

Das Geld, nicht der Krieg, hat das alte Leben auf den Inseln zerstört. Der Krieg brachte nur die erste kräftige Dosis Geld ins Land. Ich bin dankbar dafür, daß ich all die verträumten, schönen, kleinen Inseln in der Karibik kennengelernt habe, bevor die Dollars über ihnen ausgeschüttet wurden. Zuerst kamen die überwinternden Reichen, dann die Sommertouristen zum Spartarif. Nun scheffelt man überall das ganze Jahr lang Geld. Es ist eine Erfolgsstory. Es ist der Fortschritt.

Als ich das letzte Mal die wunderschöne kleine Bucht auf Virgin Gorda sah, war sie voller sonnengebräunter Leiber und von Booten eingekreist, von der Vergnügungsyacht bis hin zum Gummiboot, und es gab Flaschen und Plastikabfall auf dem Meeresboden und Picknickreste auf dem Sand. Reiche sind nicht weniger ekelhaft im Umgang mit der Natur als die Armen. Der *Social Inn* würde heute auf Tortola unglaubwürdig prähistorisch wirken, wo man Monate im voraus bucht, sich Zimmer in zehn verschiedenen Hotels reservieren läßt oder sich eine luxuriöse Eigentumswohnung kauft. Die *Pilot* ist in den beiden schicken Seehäfen undenkbar. St. Martin, das ich zuerst und am meisten geliebt habe, ist eine blühende, zerstörte Insel. Eine große Rollbahn auf der holländischen Seite nimmt Jets auf. Phillipsburg und Marigot sind Städte mit schnellem Wachstum. Schmucke Häuser von Ausländern sprenkeln die Hügel. Es gibt große

Hotels und miserable Motels, Kasinos und Boutiquen, Supermärkte und Waschsalons, Snackbars und ausbeuterische Restaurants, Scharen von Besuchern und reichlich Dreck auf den Stränden. Der Fortschritt braucht Platz und ist wertvoller als Bäume.

Lächerlich, über die vergangene Einfachheit und Ruhe und Schönheit zu murren, wo ich doch leben kann, wo ich möchte, und die Inselbewohner dort vor Anker liegen, wo sie nun mal sind, und vermutlich sind sie wild auf den Fortschritt. Wenn ich sie nun sehe, dann glaube ich nicht, daß sie von seinen anzeigenüblichen Vorteilen profitieren. Sie waren immer knapp bei Kasse, aber niemals hungrig, niemals übervölkert oder gehetzt. Sie arbeiteten, wenn es nötig war, und nicht eine Minute länger. Frei von lästigen Behörden, lebten sie in einer engen Gemeinschaft, so zufrieden, wie Sterbliche es nur sein können. Wenn sie das Abenteuer brauchten oder Konsumartikel, dann gingen sie als Seeleute fort, oder sie emigrierten wegen der Dollars, aber sie alle kamen zu Besuch zurück oder um durchs Alter zu dämmern und wußten, daß sie zu dem zurückkehrten, was sie verlassen hatten, die Heimat veränderte sich nicht, die Heimat war sicher. Jetzt arbeiten sie auf ihrer Insel für Ausländer, und obwohl sie mehr Geld besitzen als jemals zuvor, fühlen sie sich arm im Vergleich. Und sie sind nicht mehr die selbstsicheren, müßigen, schwatzhaften, unkomplizierten Menschen, an die ich mich erinnere. In weiteren zehn Jahren mögen sie so verbittert sein wie die Schwarzen in Harlem.

Zwischen zwei Flügen mietete ich in diesem Winter am Flughafen von Phillipsburg ein glitzerndes Mercedes-Taxi, weil der Eigentümer graues Haar hatte und St. Martin gekannt haben mußte, bevor die Insel zur Goldgrube wurde. Er hatte schon so lange Besucher aus dem Norden gefahren, daß er amerikanisch klang: »Nun, Madam, jeder hat gute Arbeit und 'ne Menge Geld. Sehn Sie all die kleinen Häuser da, die sie sich gebaut haben?

Haben alles drin, was sie wollen, schöne Sachen. Haben Geld auf der Bank. Jedem auf St. Martin geht's gut. Aber die alte Eintracht ist vorbei, vorbei für immer.«
Die Karibik ist ein Urlaubsparadies geworden, und eine Welt ist verlorengegangen. Dies trifft meine Gefühle sehr schmerzlich, wie Mr. Ma gesagt hätte. Denn ich habe sie geliebt, diese Welt, ihr Aussehen, ihr Klima, ihr argloses Leben ohne Ziel, und sie war die beste für einen einsamen Schwimmer. Ich mag keine Urlaubsparadiese, und ich kann sie mir nicht leisten.

Marianne Greenwood

Hochzeitsreise ins Apachenland

Die Weihnachtsfeiertage sind vorüber. Über mein yucatánsches Fischerdorf hat sich wieder der Frieden gesenkt. Der Regengott, keineswegs zufrieden mit den mageren Touristenopfern der modernen Zeit, hat seit fünf Monaten keinen Tropfen fallen lassen. Der Brunnen ist versiegt. Auch die Fischerei ist noch nicht in Gang gekommen. Das Dorf leidet an einem kollektiven Kater.

Dagegen gibt es kein besseres Heilmittel als noch ein Glas, und als eine Einladung zu einer Hochzeit im Nachbardorf Hunucmá eintrifft, leben alle wieder auf. Eine richtige Mestiza-Hochzeit mit allem, was dazugehört! Die Mädchen kräuseln ihre langen, glatten Indianerhaare in tausend Locken, die *huipiles* und Unterröcke mit Spitzenborte werden gebügelt, goldene Ohrringe, die beim Kaufmann verpfändet wurden, holt man sich mit dem Versprechen ab, sie schon am nächsten Morgen an ihren Platz in Doña Natalias Schuhschachtel unter der Theke zurückzubringen.

Quer über die Plaza von Hunucmá zieht die Prozession mit den Gästen aus Sisal: an der Spitze Doña Higinia mit Don Pedrin, dann ich und nach mir alle Kinder und Enkel, so viele, daß ich sie kaum zählen kann. Ganz zuletzt schwänzelt Higinias haarloser Maya-Hund. In der Kuppel der ockerfarbenen Barockkirche steht ein kleiner Junge und ruft mit einer altmodischen Glocke die Gemeinde zusammen, und wir schließen uns den Dorfbewohnern an. Unter den Gewölben der Kirche fliegen Tausende von Schwalben aus und ein, die ihre Nester in den Ornamenten der korinthischen Säulen haben. Ihr Gezwitscher mischt sich mit dem Gesang, den Gebeten der Gläubigen und dem Gemurmel des Priesters. Die Heiligen stehen, in prächtige Gewänder gekleidet, in ihren Nischen und scheinen ganz vergessen zu haben, daß die französischen Piraten bei einem Besuch in Hunucmá 1751 alles aus der Kirche gestohlen haben, außer den Heiligen und der Jungfrau Maria, die sie allerdings auszogen und völlig nackt zurückließen.

Eine kleine Glocke bimmelt, und die Braut kommt herein, geführt von ihrem Vater, einem noblen Indianer mit Adlernase. Die Braut selbst sieht aus wie eine gefangene Schwalbe, umweht von einem zarten Tüllschleier unter einem Myrtenkranz und gekleidet in das traditionelle yucatánsche Brautgewand aus blanker weißer Seide mit spitzengesäumten Volants. Sie weint. Sie weint unablässig. Sie weint während der gesamten Zeremonie. Plötzlich weiß ich, daß sie einen anderen liebt. Ihre schönen schrägen Augen sind überquellende Brunnen, ihr Kopf auf dem graziösen Schwanenhals ist gebeugt. Die Worte des Priesters ertrinken in dem immer eifrigeren Gezwitscher der Schwalben, und das Ja, das sie flüstert, ist in ihrem Herzen ein Nein, und in diesem Augenblick stirbt etwas in ihr.

Ich beglückwünsche mich zu meiner hartnäckigen Weigerung, mich als offizielle Fotografin engagieren zu lassen. Der bedauernswerte Fotograf schleicht in den Altarnischen herum und muß sich jedesmal, wenn er sich vorwagt, zuerst niederknien und bekreuzigen, mehrmals in verschiedene Richtungen, bevor er seine Kamera und das Blitzlichtgerät bereit und das Brautpaar im Objektiv hat – und immerzu schielt er nach dem Priester, um sicher zu sein, daß er abgewandt seine Litaneien murmelt, das Weihrauchfaß schwenkt oder mit der Hilfe eines pausbäckigen, rotgekleideten Meßdieners das Gewand wechselt. Sobald der Priester Anstalten macht, sich umzudrehen, verschwindet mein Kollege und versteckt sich unter dem Umhang eines Heiligen

oder hinter einer engelumschwebten Maria, um wieder hervorzuschnellen wie ein Springteufel, wenn der Priester sich abwendet. Es ist spannend wie echtes Kasperletheater. Doch der Fotograf meistert alle Schwierigkeiten mit Bravour. Was hätte ich arme Protestantin in dieser Situation bloß angefangen?
Wieder liegen wir auf unseren jetzt empfindlich schmerzenden Knien, während das Brautpaar die Kommunion empfängt. Dann bimmelt die Glocke wieder, und der Bräutigam führt seine weiterhin weinende Braut, gefolgt von den Gästen, in die Hütte, in der das Hochzeitsfest abgehalten wird. Der Pfad hinauf zur Hütte ist von Piqualablüten an hohen Sträuchern gesäumt. Ach! Heute morgen waren die jasminartigen Kelche weiß; sie sind rosa, als wir ankommen, um die traditionelle Schokolade mit Zimt und Vanille zu trinken, die eine traurige Braut mit zitternder Hand serviert, während man zu den Klängen eines alten Trichtergrammophons die Jarana tanzt und Don Pedrin mit seiner schmelzenden Aguardiente-Stimme von Hoffnung, Glaube und Liebe singt, während Doña Higinia ihm den Text zuflüstert, den er jedesmal vergißt – ja, bis der letzte Gast gegangen ist und die Tortillabäckerinnen im dichtbelaubten Garten Feierabend machen. Da sind die Piqualablüten plötzlich flammend rot, und der Bräutigam sagt zu seiner Braut:
»Cox wenel men le Ka-no tu Yok-ti quetch!« Was in bestem Maya bedeutet: »Komm, laß uns schlafen gehen, die Hängematte weint nach dir!«
Früher am Abend ist die Braut an jedem Gast vorbeigegangen, um uns Gelegenheit zu geben, Geldscheine an ihren Brautschleier zu stecken – für die Hochzeitsreise, wie es hieß. Sie vergoß noch immer Tränenströme, während sie uns Stecknadeln reichte, und jeder befestigte seinen Beitrag je nach Geldbeutel und Laune.
Wohin die mit dieser wandernden Bank am Brautschleier bezahlte Reise gehen sollte, weiß ich nicht, aber ich will statt dessen

von einer anderen Hochzeitsreise erzählen, einer Hochzeitsreise ins Apachen-Land.

Außer den legitimen Flitterwochen, die ich mit meinen Ehemännern verbracht habe, bin ich einmal auf eine besondere Hochzeitsreise gegangen, die an Spannung alle anderen übertraf. Ich denke, wie viele andere Leute, daß junge Paare auf ihrer Hochzeitsreise kaum etwas anderes wahrnehmen als einander und sich selbst, wohin diese auch führt. Meine Freunde Shirley Sells und Richard Johnson hatten diese Spannung jedoch durch ein Jahr des Zusammenlebens schon vorweggenommen, und daher hatte ich, als sie mir vorschlugen, bei ihrer Hochzeitsreise die Dritte im Bunde zu sein, keine allzu großen Skrupel, das Angebot anzunehmen. Sie sollte ins Land der Apachen im südliche Arizona führen, genauer gesagt, in die White Mountains. Es war übrigens Shirleys dritte und Richards zweite Ehe. Shirleys vorhergehende Männer waren, wie sie selbst, echte Navajo-Indianer gewesen; Richard dagegen war nur zur Hälfte Navajo, zur anderen Mohave. Er hatte jedoch in Washington das Volk der Navajos in ökonomischen Fragen vertreten, was ihn für Shirleys sehr konventionelle Familie trotz der Stammesmischung akzeptabel machte.

Aus all diesen Gründen war die Trauung selbst keine traditionelle Navajo-Hochzeit, sondern eine schlichte Zeremonie, die vor dem Wohnwagen stattfand, in dem ich als Gast des jungen Paares wohnte. Der Wagen stand im Hof von Shirleys Elternhaus in Window Rock, wo die Verwaltung der Navajos ihren Sitz hat. Die Navajos haben keine Priester, keine Kirchen, nicht einmal ein Wort für Religion, und Missionare und andere neugierige Leute brauchten Hunderte von Jahren, um so etwas wie Religion bei ihnen zu entdecken. Nun ist die Wahrheit, daß für den Navajo ALLES Religion ist; das ganze Leben ist heilig und alle Dinge, alle Tätigkeiten, die Natur, das All und der kleinste Wurm, alles hat seine Bedeutung und gehört zum Glauben der

Navajos. Was sie anstreben, ist körperliche und geistige *Harmonie* in allem, eine Balance zwischen dem Bösen und dem Guten, die mit der Hilfe ihrer mythologischen Wesen hergestellt wird. Diese gleichen in vielem den Göttern Griechenlands; Menschen, die zu Götterwesen geworden sind und über die kein allmächtiger Gott herrscht. Man könnte Regale füllen mit den mittlerweile erschienenen Büchern über die Legenden der Navajos, die zugleich ihre Geschichte sind, und über ihre Zeremonien und Sitten: rund fünfzig komplizierte, schwer zu lernende Lieder, manche davon so lang, daß es bis zu zehntägige Zeremonien braucht, um sie zu rezitieren. Ein *hataali*, Medizinmann oder Liedersänger, auch *singer* genannt, kann in seiner Lebenszeit unmöglich mehr als drei, vier davon lernen und spezialisiert sich auf diese. Denn würde er die Lieder schlecht rezitieren oder bei der Instruktion der Tänzer die komplizierten Bewegungen falsch vermitteln, wäre das Ergebnis das umgekehrte, und statt der Heilung einer Krankheit oder Abwendung eines Unglücks könnte der Hilfesuchende mit Blindheit oder Taubheit geschlagen werden.

Nun dachten wir überhaupt nicht an solche Komplikationen, außer vielleicht der Vater der Braut, Oberhaupt und bekannter »Ahner«. Einen Ahner ruft man beispielsweise bei einer Krankheit, und durch Handzittern, durch Beobachtung der Sterne oder indem er sich in Trance versetzt, erkennt er die Art des Übels und verschreibt das Heilmittel: die Zeremonie, die dafür am geeignetsten ist. Denn der Indianer heilt nicht die Krankheit, er heilt den Patienten – das heißt, er versucht, den psychologischen Grund der Krankheit herauszufinden, und setzt bei ihrer Heilung Psychologie ein. Nachdem die Art des Übels festgestellt ist, wird der *hataali* gerufen, der auf genau diese Zeremonie spezialisiert ist. Wie gesagt, vielleicht hatte Vater Sells schon in den Sternen gelesen, wie sich die neue Ehe seiner Tochter gestalten würde, denn er wirkte nicht besonders enthusiastisch, als er die Trauung vor den fünf Zeugen vollzog: drei schöne Schwestern Sells, Cindy, Candy und Liz, ein Bruder und ich, die Brautjungfer. Die Braut trug ein Kleid aus dem blanken Samt, aus dem die Navajo-Hemden gemacht sind, braun diesmal. Eine vielleicht nicht sehr hoffnungsvolle Farbe, doch sie bildete einen schönen Hintergrund für alle Türkise und Korallen in ihrem reichen Schmuck, der von den berühmten Silberschmieden der Navajos stammte.

Mutter Sells ließ sich nicht blicken. Ich weiß nicht, ob sie das Hochzeitsmahl zubereitete, bestehend aus *fried bread* und *mutton stew*, duftend von Chili und Zwiebeln, oder ob der Grund für ihr Fernbleiben war, daß nach der Tradition im Navajo-Land Schwiegermütter und Schwiegersöhne sich nicht sehen sollen, nicht einmal aus der Ferne – eine Sitte, die sie vor dem in der übrigen Welt so häufig vorkommenden Schwiegermutterkomplex bewahrt. Tatsächlich, Mutter Sells aß nicht mit uns, aber ich konnte mir schwer vorstellen, daß sie und ihr Schwiegersohn sich künftig nie begegnen würden, da sie Wand an Wand wohnten und sich bis zu diesem sonnigen Frühlingstag in Arizona über ein Jahr lang täglich gesehen hatten.

Zu trinken gab es Eistee und Kaffee, denn im Reservat wird kein Alkohol verkauft, nicht einmal Bier. Selbst bei den großen Festen und Rodeos, an denen ich teilgenommen habe, habe ich nie einen betrunkenen Navajo gesehen.

In Richards großem Kastenwagen ging es dann auf zur Hochzeitsreise, in einem Regen von Reis, wir drei auf dem Vordersitz, der Fond leer bis auf eine Matratze. Ich sollte bald erfahren, wofür dieser Platz gedacht war, außer zum Schlafen. Statt Richtung Westen zum magischen Canyon de Shelly (oder Che) zu fahren, wie versprochen, nahm Richard Kurs auf Süden und überquerte in Höchstgeschwindigkeit bald die unsichtbare Grenze zum Land der »Bleichgesichter«. Und siehe da, nur zehn Meter hinter dieser Grenze lag ein riesiges Schanklokal mit einem Spirituosenladen, dessen Besitzer ein weißer Mann aus Gallup war. Das Geschäft lief auf Hochtouren, und viele Indianer taumelten betrunken umher. Es war ein wahrhaft trauriger Anblick. Wir kauften drei Kästen Bier mit je vierundzwanzig Flaschen, was mir ziemlich viel erschien, zumal mir an Bier wenig liegt. Die Kästen wurden auf die Matratze gepackt, und nachdem wir uns an der Bar für die Reise gestärkt hatten, rasten wir gut gelaunt zurück durch die großartigen, kargen Wüsten des Reservats, in denen sich seltsame Sandsteinformationen und flache Berge erhoben, die *mesas*, mit schwindelerregend hohen, senkrecht abfallenden Hängen; und das in allen Schattierungen von Rot, die man sich nur vorstellen kann – von Scharlachrot und Burgunder bis hin zu Zyklamen und tiefstem Rosa. Hier wuchsen Artemisia und knorrige Eichen, verkrüppelte *soap-wood* und Yuccapalmen. Bäume sahen wir nur vereinzelt, bis wir den duftenden Nadelwald des Reservats erreichten.

Am Canyon de Shelly hielt Richard den Wagen an, und wir konnten in das tiefe Tal hinabsehen, aus dem sich die enorme Formation erhebt, die bis zu seinem Rand reicht und Spinnenfrau heißt, nach einer Gottheit der Navajos. Tief unten schlängelte sich ein kleiner Fluß entlang, und einzeln stehende Bäume und bebaute Flächen leuchteten wie Smaragde in dem rubinroten Canyon, in dem sich viele Ereignisse in der Geschichte der Navajos abgespielt haben. Dies ist das Herz von *Dinetah*, Navajo-Land, von seinen Kindern so sehr geliebt, daß sie alles opfern, um es zu behalten.

Nach einigen stärkenden Bieren setzten wir die Reise fort. Der Anblick der *mesas*, in denen die Hopi-Indianer, die Erbfeinde der Navajos, wohnen, gab Anlaß zu nicht ganz druckreifen Kommentaren des Brautpaares. Ich wußte, daß kurz vor unserer Reise ein Hopi einen langjährigen Prozeß um ein großes Stück Land gewonnen hatte, das seit Hunderten von Jahren von Hopis und Navajos gemeinsam bewohnt worden war. Die knapp zehntausend Navajo-Indianer, die dort seit undenklicher Zeit ihr Heim gehabt hatten, mußten jetzt umgesiedelt werden, und ich verstand die Empörung meiner Freunde. Sie schienen schwarzzusehen für die Zukunft ihrer Landsleute. Die Mormonen, erklärten sie, steckten hinter der ganzen Angelegenheit. Sie hätten sich, nach der »Bekehrung« einiger Hopi-Führer, mit einer Firma zusammengetan, zum Zweck der Gewinnung von Kohle und Uran aus ihrem heiligen Big Mountain. Dies wird gravierende Folgen für das Grundwasser und das Fortbestehen des gesamten Reservats haben.

»Die Hopis glauben, sie seien die einzigen Nachfahren der Anasazis, der Alten«, schnaubte Shirley, die Akademikerin ist und am Navajo Community College im Lake-Tsaile-Reservat lehrt. »Da müssen sie sich jetzt allerdings umstellen, denn man hat bei Gallup und im westlichen Colorado Überreste von Navajo-*hogans* gefunden und noch ältere im Chaco Canyon. Die Navajos waren schon hier, als die riesigen Städte der Anasazis entstanden. In Wirklichkeit sind wir die Nachfahren der Anasazis, denn sie sind nicht einfach spurlos verschwunden, sondern in den Navajos aufgegangen.«

»Ja, unser gemeinsamer Freund Ray Locke hat viel geforscht und schreibt ein weiteres *Book of Navajo* mit neuen Erkenntnissen«, sagte ich.

Raymond Friday Locke hat eine Reihe von Büchern über die Indianer Amerikas verfaßt, darunter *The Book of Navajo*, das die Geschichte dieses Stammes so genau beschreibt, daß es im Reservat als Lehrbuch benutzt wird. Er gilt als einer der hervorragendsten Spezialisten auf diesem Gebiet, was erstaunlich ist für einen so jungen und bescheidenen Mann. Ray, der halb Choctaw, halb Creek ist, hat außerdem das *Mankind Magazine* in Los Angeles begründet, das sich zu einem großen Teil mit den Indianern Amerikas, ihrer Geschichte und ihren Lebensbedingungen beschäftigt. Ich habe viele Jahre für ihn gearbeitet, als er der Chefredakteur war. Ich bin glücklich, daß er mein Freund ist, obwohl ich nicht behaupten kann, Indianerin zu sein. Vielleicht bin ich es in meiner Seele, denn ich fühle mich stets zu ihnen hingezogen, wo immer wir uns begegnen.

»Ich weiß, daß Ray mir zustimmt«, sagte Shirley. »Wir haben unsere Atapascan-Sprache behalten, aber die Kultur und die Traditionen der Anasazis übernommen. Die Legende von einem wilden Stamm, der die Anasazis aus ihren Städten vertrieb, ist nicht wahr. Die Städte, die im 10. Jahrhundert entstanden, wurden nach Dürreperioden verlassen, das ist durch die Dendro-Chronologie bewiesen.«

»Und was ist das?«

»Die Datierung durch Jahresringforschung. Anfang des 12. Jahrhunderts hat es mehrere Dürreperioden gegeben, und als später, zwischen 1276 und 1299, die schlimmste und längste eintrat, haben alle Asanazis ihre Städte verlassen.«

»Sei nicht so kleinlich«, weist Richard seine neue Frau zurecht. »Hopis sind schließlich auch Indianer.«

»Sollen wir uns etwa auch noch mit diesen Rundschädeln mit viereckigen Gehirnen drin identifizieren? Die glauben, sie seien in fliegenden Untertassen von einem anderen Planeten gekommen! Hoffentlich werden sie bald zurückgeholt!«

Der künstlich angelegte Powell-See tauchte nach der Fahrt durch die karge Landschaft plötzlich auf wie eine Halluzination. Sein tiefblaues Wasser zerschnitt das karmesinfarbene Land, und wir überquerten die Brücke, wo man den wilden Colorado-Fluß gezähmt hatte. Die untergehende Sonne färbte den sonst kornblumenblauen, wolkenlosen Himmel im Westen feuerrot. Wir hatten Navajo-Land verlassen und steuerten südwärts auf das Land der Apachen zu.

Und von dem Bier war kaum noch etwas übrig. Richard bog bei einem Laden auf einem Hügel neben der Straße ein. Nach einer Weile kam er wieder heraus, betreten und mit leeren Händen.

Er bat seine Frau hineinzugehen. Wir warteten eine Weile, dann kam Shirley heraus. Sie war finster vor Zorn und sagte:
»Sie verkaufen kein Bier an Indianer! Komm, Marianne, wir gehen zusammen.«
Im Laden klärte uns der Besitzer – ein großer, häßlicher kreideweißer Kerl in Cowboyhut, kariertem Hemd und Hosen, die ein Indianergürtel in Silber mit Türkisen zusammenhielt – darüber auf, daß es tatsächlich so sei: an Indianer werde kein Bier verkauft.
»Zwei Kästen Bier«, fauchte ich wütend. »Oder verkaufen Sie auch kein Bier an Schwedinnen?«
Irgendwelche nicht druckreifen Beleidigungen murmelnd, latschte er davon, um das Bier zu holen. Wir verließen diesen ungastlichen Laden unter den höhnischen Blicken und Kommentaren der übrigen Kunden. Die Sonne war untergegangen und hatte Mond und Sternen die Beleuchtung überlassen. Als wir schließlich in White Mountain ankamen, war es kurz vor Mitternacht. Das Bier und die lange Fahrt hatten uns müde gemacht, und wir wollten schlafen. Nach kurzer Suche fanden wir am Rand des Dorfs einen kleinen Seitenweg in einem Wäldchen mit einem Bach. Es wirkte sehr still und abgelegen, also parkten wir den Wagen und gingen zur Ruhe. Eine wahrhaft seltsame Hochzeitsnacht, dachte ich, als ich durch die Heckklappe kroch und mich neben der Braut schlafen legte, die zur anderen Seite ihren Ehemann hatte, der auf ihre hartnäckigen Bitten hin mit Taschenlampe und Machete bewaffnet war.
Kaum hatte ich die Augen zugemacht, als ich vom Laut galoppierender Pferde und wilden Schreien geweckt wurde – genau wie in einem alten Western. Träumte ich? Nein, es war Wirklichkeit. Im bleichen Schein des Mondes erblickte ich eine Gruppe von waschechten Indianern auf echten, schnaubenden Pferden in vollem Galopp. Unter wildem Kriegsgeschrei umringten sie unseren Wagen. Sie galoppierten immer im Kreis herum

und traten hin und wieder gegen unseren Blechkasten von Auto, daß es bis in unsere Schädel widerhallte. Shirley wimmerte vor Angst wie ein Baby. Sie hatte völlig vergessen, daß die Apachen Vettern der Navajos sind, vom gleichen Blut und mit einer ziemlich ähnlichen Sprache. Richard versuchte seine Braut zu beruhigen. Auch er war nicht besonders mutig, während ich nichts dagegen gehabt hätte, von ihnen geraubt zu werden, als ich sie im Schein der Taschenlampe sah – jung und langhaarig, mit Stirnband und Federn, in Jacken aus Sämischleder mit langen Fransen. Wiehernde, sich aufbäumende Pferde, flatternde Mähnen, wilde Schreie! Es waren vielleicht sieben, acht, alle vermutlich angetrunken. Die Apachen haben kein Alkoholverbot wie die Navajos. Außerdem war Samstag abend, und vermutlich gab es irgendwo im Dorf ein Fest.

Irgendwann hatten sie das Spiel satt und verschwanden. Das Klappern der Hufe und das Kriegsgeschrei erstarben in der Ferne, und der Grillenchor und das Plätschern des Baches wurden unser Wiegenlied.

Ich war gerade für ein Weilchen eingeschlafen, als ein neuer Lärm meine Ohren erreichte, diesmal ganz anderer Art: hohle, sonderbare Schreie, vermischt mit dem Gerassel von Klappern und dem Gebimmel von Schellen. Ich setzte mich kerzengerade auf und starrte durch das Autofenster hinaus auf eine Gestalt, die mich wahrhaft erschreckte. Vom Mond beleuchtet, erschien auf der anderen Seite der Scheibe ein mit schwarzem Stoff überzogener Kopf mit Augenschlitzen, genau wie ein Bankräuber. Was ihn jedoch von dem eines Bankräubers unterschied, war eine fächerförmige Krone oder eine Art Gehörn. Wie erstarrt blickte ich in die Augen, die mich ihrerseits durch die Löcher in der schwarzen Haube anglotzten, ich weiß nicht, wie lange. Plötzlich war der Spuk verschwunden, und statt des gesichtslosen Kopfes tauchte eine Gruppe von maskierten Geschöpfen auf, auch sie mit Bankräubermasken. Sie tanzten, hüpften und hampelten in der Lichtung zwischen den Bäumen herum und schwangen dabei Stöcke mit vier Querstreben, und dabei stießen sie immerzu diese hohlen, anhaltenden Schreie aus, die nicht von dieser Welt zu kommen schienen. Um die Taille und um die Knie trugen die Tänzer eine Menge Schellen. Ihre Oberkörper waren nackt und mit schwarzgelben Zickzackmustern bemalt. Die Fransen der kurzen Sämischlederröcke flatterten. Unermüdlich hüpften sie im Mondschein herum.

Diesmal war Shirley ganz begeistert.

»*Gans*«, rief sie. »Die maskierten Berggeister, oder Teufelstänzer, wie der weiße Mann sie nennt. Was für ein Erlebnis! Was für ein gutes Omen!« Sie setzte sich auf und betrachtete den Tanz rings um unseren Wagen. Einer der Tänzer war fast nackt, weiß bemalt mit schwarzen Streifen.

»Das ist der Clown, genannt ›Der Graue‹, oder ›Die lange Nase‹. Der Indianer denkt sich das Drama seines Lebens in abstrakten Formen. Er dramatisiert alles. Du darfst nicht glauben, dies sei nur Spaß. Ein Gan muß mindestens fünfzig Gesänge und alle zugehörigen Zeremonien beherrschen, und seine Lehrzeit ist lang. Die Apachen lieben ihre Gans; ihre Gesten sollen Krankheiten verscheuchen, und sie sind alle sehr kunstvoll, auch wenn es vielleicht nicht so aussieht. Bei Festen kommen sie immer aus dem Wald getanzt, um den Leuten Glück zu bringen und um sie zu unterhalten. Und dabei fällt mir ein – sie kommen immer in der vierten und letzten Nacht vor einer Sonnenaufgangs-Zeremonie. Was haben wir für ein Glück! Bevor die Sonne aufgeht, müssen wir los und sie uns ansehen.« Shirley war Feuer und Flamme bei diesem Gedanken.

»Eine Sonnenaufgangs-Zeremonie, wozu dient die?« fragte ich.

»Es ist eine ›Debütantinnen‹-Zeremonie, so wie es sie für junge Mädchen in der weißen Gesellschaft gibt, eine Pubertätszeremonie für ein Apachen-Mädchen oder für mehrere. Sie dauert vier Tage und erreicht ihren Höhepunkt am Morgen des vierten

Tages, wenn die ersten Sonnenstrahlen die erhobenen Gesichter der Mädchen erreichen. Dann gehen sie vom Mädchen-Stadium in das der Frau und werden heiratsfähig. Ihr werdet sehen ...«
Die Tänzer verschwanden auf leisen Mokassinsohlen in der Dunkelheit des Waldes, ihre Schreie und das Schellengeklingel erstarben. Der Bach und die Grillen stimmten wieder ihr Lied an. Von dieser wundersamen Hochzeitsnacht blieben nur noch wenige Stunden.
Wieder meinte ich, die Augen kaum geschlossen zu haben, als Shirley mich anpuffte und flüsterte, wir müßten aufstehen, die Dämmerung sei nicht mehr fern. Der Bräutigam grunzte, er sei zu dieser gottlosen Tageszeit kein bißchen an Apachen-Jungfrauen interessiert, und außerdem habe er schon eine Braut. Wir ließen ihn also schlafen und gingen hinunter zum Bach, um uns den Schlaf aus den Augen zu waschen. Noch war tiefe Nacht, der Mond war verschwunden, und nur eine leichte Nuance in der Finsternis kündigte den Tag an, mehr ein Gefühl als eine Gewißheit.
Während wir zum Dorf gingen, erzählte mir Shirley von den Legenden der Apachen, nach denen in der Morgendämmerung der Zeiten »Der hohe Lebensspender« die Apachen aus »den Eingeweiden im Bauch der Erde« holte und sie an den Ort führte, an dem sie jetzt leben. Ein mythisches Wesen, »Die weißbemalte Frau«, Isdjanalijn, und ihr Sohn Nayenezganin, »Der Sohn der Wasser«, regierten dann die Welt.
»Eine Kopie ihrer Hütte, die als heilig gilt, wirst du bei der Zeremonie sehen – vier junge Fichten, die bis auf den Wipfel entästet und oben zusammengebunden sind. Sie wird unter dem Singen ritueller Lieder errichtet und spielt eine große Rolle bei der Zeremonie, die der Vater oder ein Onkel ausrichtet. Das Fest kann teuer werden, Hunderte von Gästen kommen von nah und fern, keiner eingeladen, alle willkommen. Und alle sollen beköstigt werden. Und dann die Geschenke für die Debütantinnen!

Ganz zu schweigen von ihren Kleidern – und denen ihrer Patinnen! Du wirst sehen, wie kostbar sie sind. Fünf Hirschhäute braucht man für jedes Kleid, zwei für den Rock, zwei für die Bluse und eine für die Mokassins. Bestickt in allen möglichen Mustern mit Perlen und bunten Riemen, wobei weder der Kreis der Sonne noch der Halbmond noch die Venus – der Morgenstern – oder das symbolische Zeichen für den Regenbogen fehlen. Auch nicht das Zeichen für die heilige Hütte der ›weißbemalten Frau‹. Die Kleider sind mit gelbem Pollen gefärbt, und die Anfertigung ist kompliziert und langwierig. Man muß dabei die vorgeschriebenen Lieder singen, und jede Stickerei muß gesegnet werden. Ihre Kleidung soll eine Kopie dessen sein, was ›Die weißbemalte Frau‹ bei ihrem Aufenthalt auf dieser Erde trug.«
Es war ein Glück für mich, daß Shirley die Sitten und Gebräuche der Apachen so genau kannte. Sie fuhr fort:
»Drei Tage lang sind die Leute jetzt schon auf diesem Fest, das heute vielleicht eher ein gesellschaftliches Ereignis ist als ein religiöses. In diesen Tagen haben die Medizinmänner – einer für jedes Mädchen – mit der Hilfe der Patinnen, die bei dieser Zeremonie eine wichtige Rolle spielen, die Mädchen in alle möglichen Riten eingeweiht und sie auf allerlei Proben gestellt und sie auf die endgültige Zeremonie vorbereitet. Unterdessen hatten die Gäste Zeit, ihre Freunde und Bekannten zu treffen, Klatsch und Neuigkeiten auszutauschen, zu tanzen und zu spielen; denn Apachen sind große Spieler. Sie haben Pferderennen veranstaltet – wie du weißt, sind sie ja große Reiter ...«
»... die Leute auf der Hochzeitsreise erschrecken«, ergänzte ich.
Der Wind, der die Ankunft der Sonne ankündigte, trug uns den Klang von dumpfen Trommeln und Gesängen zu, und wir kamen beim Festplatz an, auf einer großen Wiese, deren westlicher Teil mit Zelten gefüllt war, vor denen Feuer brannten. Im östlichen Teil wurde die Zeremonie abgehalten, und tatsächlich, dort ragte die heilige Hütte der »weißbemalten Frau« auf. Westlich davon

standen schon die jungen Mädchen, fünf an der Zahl, und hinter einer jeden die Patin. Alle prachtvoll gekleidet – Sämischleder mit Fransen und Stickereien für die Mädchen, lange weite Röcke und lockere Blusen aus blanker Seide für die Patinnen. Alle trugen viel Schmuck, und ihr langes schwarzes Haar hing glänzend den Rücken herab. Außerdem war am Hinterkopf jedes Mädchens eine weiße Feder befestigt. »Die Feder soll ein langes und glückliches Leben schenken«, erklärte mir meine Begleiterin.

Wie im Wettlauf mit der Sonne, die sich im Osten mit goldenem Schein ankündigte, begann jetzt der dramatische Schlußakt unter dem dumpfen Dröhnen der Trommeln, unter Gebeten und Gesängen. Die Mädchen legten sich bäuchlings auf einen Haufen von gewebten Decken, Ochsenhäuten, Schaffellen und Teppichen, die Teil der Geschenke waren, und während die Patinnen den Mädchen den Rücken massierten, streuten die Medizinmänner mit Hilfe von Adlerflügeln Wolken von gesegnetem Pollen und Maismehl auf sie, auf die Geschenke, auf die Zuschauer. Nachdem dieses Fruchtbarkeitssymbol sich auf alles gelegt hatte, erhoben sich die Mädchen. Jetzt war der Himmel im Osten ganz golden und schien zum Bersten voller Licht. Alle hielten den Atem an. Der Wind hatte aufgehört zu wehen. Es war totenstill. Keiner bewegte sich. Dann hoben die Mädchen in einer simultanen Geste ihre Gesichter zur Morgenröte im Osten empor, während die Medizinmänner sich ebenso gleichzeitig ein Zeichen in ihre Handflächen malten.

»Das Zeichen der Sonne«, flüsterte Shirley.

Jetzt! Jetzt! Triumphierend steigt die Sonne auf, und in derselben Sekunde, in der die Strahlen die erhobenen Gesichter der Mädchen erreichen, streicht jeder Medizinmann die Zeichnung auf seiner Handfläche auf dem Haar des Mädchens aus. Danach bindet er eine kleine Schnecke an ihren Stirnfransen fest. Alles badet jetzt in goldenem Sonnenlicht, es ist, als sähe man die Welt durch einen gelben Filter. Nun folgen Gebete, Segnungen und Gesänge. Die Mädchen erhalten die Spitzen zweier Adlerfedern, worauf die Medizinmänner die heilige Hütte rückwärts verlassen, gefolgt von den Mädchen, die jetzt zu Frauen geworden sind. Dann schließen sich die Patinnen und alle Gäste an, zuletzt ich mit meiner Kamera.

Die Spannung hat nachgelassen. Die Morgenbrise zerstreut die letzten Nebel der Nacht, und die Sonnenstrahlen sind jetzt nicht mehr ausschließlich für die Jungfrauen der Apachen bestimmt, sondern sie umarmen alles und alle, Gläubige wie Ungläubige. Die Zuschauer sehen aus, als wären sie soeben erwacht und scheinen von einer langen Reise zurückzukehren. Sie scharen sich um die großen geflochtenen Körbe, aus denen das Essen ausgeteilt wird, nachdem es mit reichlich Pollen und Maismehl gesegnet wurde; auch auf uns Neuankömmlinge regnet dieser Segen herab – zum Schaden meiner Kamera.

Da ich die Sklavin dieser Kamera bin, stürzte ich mich jetzt pflichtschuldigst in die Volksmenge, um Bilder von den Apachen und anderen Festteilnehmern zu machen. Ja, da ritten die Jünglinge stolz umher, die uns in der Nacht so erschreckt hatten, da war ein Tänzer, von Kopf bis Fuß in Federn gekleidet – ein Zuni-Indianer, wie Shirley sagte – und dort eine wunderschöne Apachen-Frau zu Pferde, mit ihrem Kind auf dem Sattelknauf. Ich hätte den ganzen Tag dort verbringen können, fotografierend und alles andere vergessend, hätte mich Shirley nicht gebeten, ihr zurück zum Wagen und zu dem wartenden Bräutigam zu folgen. Immerhin war ich ja in erster Linie auf Hochzeitsreise.

Richard saß am Bach und schmollte. Nichts konnte ihn dazu bewegen, auf das Fest zu gehen. Nach einer kleinen Privatunterredung des Paares erfuhr ich, sie hätten beschlossen, einen Abstecher nach Phoenix zu machen, und wir würden auf der Stelle losfahren. Auf dem Weg würden wir einen *Coffee Shop* aufsuchen, um zu frühstücken, und vor allem, um ein Bier zu trinken.

Richard betrachtete das plätschernde Wasser zu seinen Füßen mit Widerwillen.
Gesagt, getan. Nachdem ich ein paar Fotos von dem Brautpaar am Fluß gemacht hatte, kletterten wir wieder in den Wagen, und bald waren wir wieder auf der großen Landstraße unterwegs. Ich bekam tatsächlich ein Frühstück in einem Café an der Straße, und ein paar Kästen Bier wurden in einem Laden gekauft, wo keiner etwas dagegen einzuwenden hatte. Alles war wieder Friede und Freude.
Wir kamen ziemlich früh am Nachmittag in Phoenix an. Offensichtlich hatte Richard ein bestimmtes Ziel, denn ohne zu zögern, fuhr er durch die Straßen der Stadt und parkte vor einem großen Gebäude, das weder wie ein Restaurant noch wie ein Hotel aussah. Es war der Klub der *American Legion*, der Klub der amerikanischen Kriegshelden, in dem Richard Mitglied war, wie ich jetzt begriff.
Die Bar, zu der wir unsere Schritte lenkten, war von tabakbrauner Scheußlichkeit, verstaubt und voll protziger und verlogener Andenken an blutrünstige Triumphe auf den Schlachtfeldern Europas und Asiens. Einige von den Helden saßen an der Bar, andere schlichen mit einem Glas in der Hand herum und begrüßten ihre Kumpane. Es herrschte eine gräßliche Atmosphäre, physisch und psychisch vermufft.
Richard war jetzt wie verwandelt. Nicht mehr miesepetrig, sondern von untertäniger Höflichkeit und herzzerreißend falscher Fröhlichkeit. Als er dem Bartender auf die Schulter klopfte, ihn beim Vornamen nannte und unsere Drinks bestellte, machte dieser ein verbiestertes Gesicht und knallte das Gewünschte ohne den geringsten Anschein von Verbindlichkeit auf den Tresen. Die Kriegshelden an der Bar demonstrierten ebenfalls deutlich ihren Widerwillen und beschäftigten sich ausschließlich mit ihren Drinks. Armer Richard. Er wollte glänzen, wollte zeigen, wie wichtig er war. Vergeblich versuchte er zu zeigen, daß

auch er ein Vollblutamerikaner sei, trotz seines indianischen Erbes, und daß auch er für Amerika und die Freiheit gekämpft habe. Er war ihr *buddy*, er hatte in den gleichen Schützengraben gelegen, die gleichen Feinde gehabt, er war *over there* gewesen. Erinnerten sie sich? »Weißt du noch, als wir ...«, »in Paris ...« Kein einziger wollte es Richard erlauben, sich auf ihr Niveau zu erheben, keiner wollte sich zu ihm herablassen. Ein Indianer ist ein Indianer ist ein Indianer, wie viele Uniformen er auch anziehen mag. Die einzigen patriotischen Indianer sind für sie die Verräter ihrer eigenen Rasse, die Späher im Krieg gegen die Indianer. Wie viele Tapferkeitsmedaillen der arme Richard sich auch ansteckte, er blieb unerbittlich ausgeschlossen aus diesem Paradies der graubleichen Helden, wo sie einander auf die Schulter klopften und ihren Bourbon tranken. Ihre versteinerten Gesichter, einsilbigen Antworten und ihr Mangel an menschlicher Wärme waren offensichtlich. Außer für Richard, der die übrigen Gäste nur immer mehr von uns wegtrieb. In seiner Verzweiflung kippte er ein Glas nach dem anderen. Stellte seine Braut vor, die viel zu indianisch aussah, um ihm eine Hilfe zu sein, und mich, die weiße Verräterin. Wie weiß ich auch war, konnte ich doch Richard, dem Indianer, nicht helfen, ich schürte nur den Haß auf unser Eindringen in ihre fahle Welt.

Noch nie habe ich so stark die unglaublich tiefe Kluft empfunden, die den Indianer von denen trennt, die ihm sein Land weggenommen haben. Mir war zum Weinen zumute.

Katherine Mansfield

Die Reise nach Brügge

»Sie haben eine Dreiviertelstunde«, sagte der Gepäckträger. »Sie haben fast eine Stunde, meine Dame. Geben Sie ihn in die Gepäckaufbewahrung!«

Eine deutsche Familie, deren Gepäckstücke säuberlich in eine Art seltsamer Hosenbeinlinge aus Segeltuch eingeknöpft waren, nahm den ganzen Platz vor der Theke ein, und ein homöopathischer junger Geistlicher, dessen schwarze Krawatte über sein Hemd baumelte, stand dicht neben mir. Wir warteten und warteten, denn der Mann in der Gepäckaufbewahrung konnte die deutsche Familie nicht loswerden, die ihm – aus ihrer Begeisterung und ihren Gesten zu schließen – anscheinend die Vorteile so vieler Knöpfe erklärte. Endlich ergriff die deutsche Familienmutter die ihr gehörende Segeltuchtasche und begann sie zu öffnen. Der Mann in der Aufbewahrung zuckte die Achseln und wandte sich mir zu.

»Wohin?« fragte er.

»Nach Ostende.«

»Warum woll'n Sie'n hier einstellen?«

Ich sagte: »Weil ich lange warten muß.«

Er brüllte: »Der Zug läuft zwei Uhr zwanzig ein. Blödsinn, ihn herzubringen! He, du da! Hau ab!«

Mein Träger verzog sich. Der junge Geistliche, der zugehört und zugeschaut hatte, lächelte mich strahlend an. »Der Zug steht schon da«, sagte er. »Er ist schon eingelaufen! Sie haben nur noch ein paar Minuten!« In meiner Nervosität glaubte ich ein Zwinkern in seinem Blick wahrzunehmen. Aber ich rannte zum

Zeitungsstand. Als ich zurückkam, hatte ich meinen Träger verloren. In der qualvollen Hitze rannte ich den Bahnsteig auf und ab. Die ganze reisende Menschheit schien einen Träger zu besitzen und sich seiner zu erfreuen – ausgenommen ich. Wütend und elend sah ich, wie sie mit der Schadenfreude von Erhitzten mich beobachteten, die noch sehr viel erhitzter war. »Man kann einen Hitzschlag bekommen, wenn man bei solchem Wetter rennt«, sagte eine dicke Dame, die ihre Weintrauben schnabulierte, ein Abschiedsgeschenk. Dann erfuhr ich, daß der Zug doch noch nicht eingelaufen war. Ich war am Folkestone-Expreß entlanggerannt. Auf einem höheren Bahnsteig entdeckte ich meinen Träger, der auf meinem Koffer saß.

»Ich hab's gewußt, daß Sie so was machen würden«, erklärte er überlegen. »Beinah wär' ich gekommen und hätt' Sie geholt. Ich hab' Sie von hier aus gesehen!«

Ich sank in ein Raucherabteil zu vier jungen Männern, deren zwei sich von einem blassen Jüngling mit Spazierstock verabschiedeten. »Also dann leb wohl, alter Junge! Furchtbar nett, daß du aufgekreuzt bist. Hab' dich gleich erkannt. Hab' den gleichen schlaksigen Gang wiedererkannt. Und jetzt hör mal: Wenn wir wiederkommen, machen wir uns einen lustigen Abend. Was? Großartig von dir, daß du gekommen bist, alter Junge!« Letzteres von einem Schmeichler, der sich eine Zigarre anzündete, als der Zug abfuhr, und, zu seinem Kameraden gewandt, sagte: »Furchtbar netter Knabe, aber – lieber Himmel – was für ein Langweiler!« Sein Kamerad, der ganz in Maulwurfsfarbe auftrat, Pelz, Socken und Haar, lächelte sanft. Ich nehme an, daß sein Gehirn die gleiche Farbe hatte, da er sich als ein so sanfter und teilnahmsvoller Zuhörer erwies. In der Ecke mir gegenüber saß ein schöner junger Franzose mit krausem Haar und einer Uhrkette, von der ein silberner Fisch, ein Ring, ein silberner Schuh und eine Medaille herunterbaumelten. Er blickte die ganze Zeit aus dem Fenster und zuckte dabei leicht mit der Nase.

Von dem vierten Mitreisenden war hinter seinem Gepäck nichts zu sehen als ein Paar brauner Schuhe und eine Nummer vom *Snark's Summer Annual*.

»Hör mal, mein Alter«, begann der Schmeichler, »ich möchte all unsre Unterkünfte ändern. Verstehst du – die Abmachungen, die du getroffen hast, die möchte ich alle unter den Tisch fegen. Macht's dir was aus?«

»Nein«, sagte der Maulwurf mit matter Stimme. »Aber warum?«

»Ach, ich hab's mir gestern abend im Bett überlegt, und ich laß mich hängen, wenn ich einsehe, warum wir fünfzehn Shilling zahlen sollen, obwohl wir nicht mögen. Begreifst du?« Der Maulwurf nahm seinen Kneifer ab und behauchte die Gläser. »Ich will dich natürlich keinesfalls verunsichern«, fuhr der Schmeichler fort, »weil es ja schließlich dein Plan war – du hast mich aufgefordert, und ich will ihn nicht um die Welt in Unordnung bringen, aber – ich meine nur – du begreifst – ja?«

Der Maulwurf gab etwas anderes zu bedenken: »Ich fürchte, man wird mir Vorwürfe machen, weil ich dich ins Ausland verschleppt habe!«

Sofort erzählte ihm der Schmeichler, wie begehrt er gewesen sei. Von nah und fern hätten Leute, die den ganzen Monat August besetzt waren, ihm geschrieben und ihn gebeten, zu ihnen zu kommen. Er bearbeitete das Herz des Maulwurfs, indem er die über ganz England verstreuten, sehnsüchtig seiner harrenden Familien und leeren Stühle aufzählte, bis dem Maulwurf nur noch die Wahl zwischen Weinen und Schlafen blieb. Er wählte das zweite.

Alle schickten sich an, einzunicken, ausgenommen der junge Franzose, der ein Taschentuch aus seiner Jacke holte und es liebevoll auf den Knien festhielt, während er auf das heiße, staubige Land hinausstarrte. In Shorncliffe hielt der Zug. Totenstille. Nichts war zu sehen als ein großer weißer Friedhof. In der späten Nachmittagssonne sah er phantastisch aus: Mar-

morengel in voller Lebensgröße schienen in dem braunen Gelände über einem trübseligen Picknick der Dahingeschiedenen aus Shorncliffe die Aufsicht zu führen. Ein weißer Schmetterling flog über die Schienen. Als der Zug aus dem Bahnhof schlich, sah ich ein Plakat, das die Zeitschrift *Athenaeum* anzeigte. Der Schmeichler grunzte und gähnte und schüttelte sich in die Wirklichkeit zurück, indem er mit dem Geld in seiner Hosentasche klimperte. Er gab dem Maulwurf einen Rippenstoß. »Hör mal, wir sind gleich da! Kannst du mir die widerlichen Golfschläger aus dem Gepäcknetz langen?« Mein Herz war betrübt ob der nächsten Zukunft des Maulwurfs, doch er war fröhlich; er erbot sich, mir in Dover einen Träger zu besorgen, und schnallte meinen Sonnenschirm in meine Plaidrolle ein. Wir sahen das Meer. »Es wird widerlich stürmisch sein«, sagte der Schmeichler. »Dir wird's übel, was? Hör mal, ich weiß einen Tip gegen Seekrankheit: Du mußt dich auf den Rücken legen, platt, verstehst du, und dein Gesicht zudecken und nichts als Kekse essen.«
»Dover!« schrie der Schaffner.
Mit dem Betreten des Laufstegs kehrten wir England den Rükken. Ein weibliches Wesen, dem man meilenweit die Engländerin ansah, ließ ihr Französisch hören, und wir *›s'il-vous-plaît‹*-en gemeinsam an Deck, *›merci‹*-ten einander auf den Treppen und *›pardon‹*-ten uns nach Herzenslust im Salon. Die Stewardeß stand am Fuß der Treppe, ein stämmiges, abschreckendes Geschöpf mit Pockennarben im Gesicht, die Hände unter einer geschäftstüchtig aussehenden Schürze verborgen. Unsre Grüße erwiderte sie mit einstudierter Gleichgültigkeit und hakte im Geist bereits ihre Opfer ab. Ich ging in die Kajüte hinunter, um meinen Hut abzunehmen. Eine alte Dame hatte sich bereits häuslich eingerichtet.
Sie lag auf einer weißrosa Couch, war ringsherum in einen schwarzen Schal eingehüllt und fächelte sich mit einem schwar-

zen Federfächer. Ihr graues Haar war zur Hälfte mit einem Spitzenhäubchen bedeckt, und aus dem schwarzen Faltenwurf und den rosa Kissen schimmerte ihr Gesicht mit reizender, zeitloser Würde hervor. Ein leises Rascheln und Düfte von Kampfer und Lavendel rahmten sie ein. Während ich sie ansah und an Rembrandt und aus irgendeinem Grund an Anatole France dachte, platzte die Stewardeß herein und stellte ein Klappstühlchen ans Kopfende, breitete eine Zeitung aus und knallte ein Gefäß hin, das ziemlich genau einer blechernen Backform glich ...

Ich ging an Deck. Das Meer war leuchtend grün – mit rollenden Wogen. Frankreichs Schönheit und künstliche Blüte hatte die Hüte abgenommen und das Haar in Schleier gehüllt. Eine Anzahl junger deutscher Männer stellte, in hellen, wie Pyjamas zugeschnittenen Anzügen promenierend, ihren charakteristischen Leibesumfang zur Schau. Franzosen in Familiengruppen – das weibliche Element auf Liegestühlen, die Herren in anmutiger Haltung an die Reling gelehnt – unterhielten sich bereits mit einer Leidenschaft, die ein Vorbote von Spannungen ist. In einer geschützten Ecke fand ich einen Stuhl vor einer Trennwand, in die unglücklicherweise ein Fenster eingelassen war, das den hindurchspähenden Neugierigen ein endloses Vergnügen verschaffte, da sie die kühnen und tapferen Gemüter beobachten konnten, die bugwärts strebten und von den Wellen durchnäßt und ausgepeitscht wurden. In der ersten halben Stunde nahm das aufregende Spiel, naß zu werden und sich zu behaupten, an gefährliche Stellen zu stürzen und umzukehren und sich abtrocknen zu lassen, sie restlos in Anspruch. Dann verblaßte der Reiz, und die Grüppchen zerstreuten sich schweigend. Man konnte sie beobachten, wie sie gespannt auf den Ozean starrten – und gähnten. Sie fröstelten und wurden schnippisch. Plötzlich rappelte sich eine junge Dame in weißwollenem Cape mit kirschroten Schleifen aus ihrem Liegestuhl hoch und schwankte zur Reling hinüber. Wir beobachteten sie mit leiser Anteilnahme.

Der junge Mann, neben dem sie gesessen hatte, rief ihr nach: »Fühlst du dich besser?« Verneinende Geste.
Er richtete sich auf: »Soll ich dir den Kopf halten?«
»Nein!« zuckten die Schultern.
»Soll ich dir eine Jacke umhängen? ... Ist es vorbei? ... Willst du dort stehenbleiben? ...« Er sah sie mit unendlichem Zartgefühl an. Ich beschloß bei mir, Männer nie wieder als teilnahmslos zu bezeichnen und bis zu meinem Tode an die alles besiegende Macht der Liebe zu glauben – habe es jedoch nie auf eine Probe ankommen lassen. Ich ging hinunter, um zu schlafen.
Ich lag gegenüber von der alten Dame und beobachtete die Lichter, die über die Decke spielten, und die Wellenspritzer, die auf den Bullaugen funkelten.
Selbst bei der kürzesten Seereise verliert man alles Zeitgefühl. In der Kajüte unten ist man stundenlang oder tagelang oder jahrelang. Niemand weiß es oder kümmert sich drum. Man kennt alle Passagiere bis zur Abgestumpftheit. Man glaubt nicht mehr an Land unter den Füßen. Das Pendel hat dich erwischt und, träge hin- und herschwingend, festgehalten. Das Licht verblaßt.
Ich schlief ein und erwachte erst, als die Stewardeß an mir rüttelte: »In zwei Minuten sind wir da«, sagte sie. Hilflose Damen, aus Neptuns Umarmung entlassen, knieten auf dem Fußboden und suchten ihre Schuhe und Haarnadeln – nur die würdevolle Greisin blieb tatenlos liegen und fächerte sich. Sie sah mich an und lächelte.
»Grâce de Dieu, c'est fini«, zitterte ein Stimmchen – so fein, daß es an einem Faden aus Spitze zu hängen schien.
Ich hob die Augen. *»Oui, c'est fini!«*
»Vous allez à Strasbourg, Madame?«
»Nein«, antwortete ich, »Bruges!«
»Wie schade!« sagte sie und schloß ihren Fächer und das Gespräch. Ich konnte mir nicht vorstellen, weshalb, aber ich hatte Visionen von ihr und mir, wie wir im gleichen Bahnabteil reisten

und ich sie in ihren schwarzen Schal hüllte, wie sie sich in mich verliebte und mir ungeahnte Mengen an Geld und Spitzen hierließ ... Diese Traumgedanken verfolgten mich, bis ich an Deck stand.

Der Himmel war tintenblau, und sehr viele Sterne funkelten: Unser kleines Schiff zeichnete sich in der klaren Luft in scharfen Umrissen ab. »Haben Sie Ihre Fahrkarte? ... Ja, die Fahrkarte wird verlangt! ... Fahrkarte vorweisen!« ... Wir wurden über den Laufsteg gequetscht und ins Zollgebäude gegängelt, wo Träger unser Gepäck auf lange Holztische hievten. Ein alter Mann mit Hornbrille prüfte es schweigend. »Mitkommen!« schrie der gaunermäßig aussehende Mensch, dem ich meine irdische Habe anvertraut hatte. Er sprang auf einen Schienenstrang, und ich sprang ihm nach. Er stürmte einen Bahnsteig entlang und wich den Reisenden und den Obstständen mit der Sicherheit eines Filmhelden aus. Ich belegte einen Platz und ging hinaus, um mir Obst an einem kleinen Stand zu kaufen, wo es Weintrauben und Reineclauden gab. Die alte Dame war auch da und stützte sich auf den Arm eines großen blonden Mannes in Weiß mit flatternder Krawatte. Wir nickten uns zu.

Mit ihrer zarten Stimme sagte sie: »Kauf mir drei Schinkenbrote, *mon cher!*«

»Und etwas Kuchen?« fragte er.

»Ja, und vielleicht eine Flasche Limonade.«

›Die Romantik hat mich genasführt!‹ dachte ich und kletterte in den Wagen. Der Zug glitt aus dem Bahnhof; die Luft, die durch das offene Fenster hereinblies, duftete nach jungen Blättern. In der Finsternis erschienen plötzlich Teiche aus Licht. Als ich in Brügge eintraf, läuteten die Glocken, und weiß und geheimnisvoll schien der Mond auf die Grand' Place.

Anaïs Nin

Das Labyrinth

Ich war elf Jahre alt, als ich das Labyrinth meines Tagebuchs betrat. Ich trug es in einem Körbchen, stieg die ausgetretenen Stufen eines Spanischen Gartens empor und gelangte in den Hinterhof eines Hauses in New York, das inmitten enger Straßen lag. Ich hielt mich unter dem Schutz dunkler, grüner Schatten an Wege, die ich bestimmt wiederfinden würde. Ich wollte sie wiederfinden, um zurückkehren zu können. Beim Gehen hatte ich den Wunsch, alle Dinge zweimal zu sehen, um meinen Weg in sie zurück wiederzufinden. Die Sträucher waren weiche, haarige Ellbogen, die meine Arme streichelten, und die Zweige Schwerter über meinem Kopf. Sie wiesen mir den Weg. Ich zählte die Windungen nicht, die Schachzüge, die wohlüberlegten Abweichungen und die zwanghaften Wiederholungen. Die Wiederholungen verhinderten, daß ich die Stunden und Schritte zählte. Die Zwänge durch das Unendliche. Ich war verloren. Ich hielt nur inne, weil die Uhr Angst anzeigte, Angst um die Rückkehr und Angst, diese Dinge nur einmal zu sehen. Ich hatte das bestimmte Gefühl, daß sich mir ihre Bedeutung nur beim zweiten Mal enthüllen würde. Wenn ich gezwungen war, unwissend und blind weiterzugehen, würde alles verloren sein. Ich war unendlich weit von meinen ersten Schritten entfernt. Ich wußte nicht genau, warum ich zurückkehren mußte, wußte nicht, daß ich mich am Ende nicht dort wiederfinden würde, von wo ich losgegangen war. Anfang und Ende waren voneinander verschieden. Weshalb sollte es bedeuten, den Anfang auszulöschen, wenn ich das Ende erreichte? Und warum sollte der

Anfang bewahrt werden? Ich wußte nur durch die Angst, die mein Dasein beherrschte, die Angst um etwas, das verlorengegangen war. Die Dunkelheit vor mir war dunkler als die Dunkelheit hinter mir.

Alles vor mir und um mich herum ähnelte sich so sehr, war sich so gleich, und ich war nicht sicher, ob ich mich oft genug auf dem Weg gewendet hatte, um tatsächlich dorthin zu gelangen, von wo ich losgegangen war. Die Wolken waren die gleichen geblieben, auch das Quaken der Frösche, das sanfte Plätschern der Brunnen und die unbewegliche, grüne Flamme der immergrünen Gewächse in ihren Töpfen. Ich lief auf einem Teppich von Seiten ohne Nummern. Warum hatte ich die Seiten nicht numeriert? Weil mir bewußt war, was ich ausgelassen hatte. Es war so vieles ausgelassen, was ich hatte hinzufügen wollen, und das Numerieren war unmöglich, denn es würde bedeuten, daß ich alles gesagt hätte. Ich stieg eine Treppe aus Wörtern empor. Die Worte wiederholten sich. Ich ging auf dem Wort Mitleid, Mitleid, Mitleid, Mitleid, Mitleid, Mitleid. Mein Fuß trat jedesmal auf das ganze Wort. Aber dann erkannte ich, daß ich nicht vorwärts kam. Wenn es dasselbe Wort war, bewegte es sich nicht, bewegten sich meine Füße nicht. Das Wort starb, und der Schmerz über den Tod dieses Wortes, über den Tod der Gefühle im Innern dieses Wortes, erfaßte mich. Die Landschaft veränderte sich nicht. Der Weg hatte keine Kreuzungen. Die Pfade waren so geheimnisvoll verbunden, daß ich nie wußte, wann ich nach rechts oder nach links gegangen war. Ich ging mit nackten Füßen über das Wort Besessenheit. Die Bäume schienen enger zusammenzurücken, und das Atmen wurde schwierig. Ich suchte den Monat, das Jahr, die Stunde, die mir hätten helfen können, zurückzukehren. Vor mir lag ein Tunnel der Dunkelheit, der mich gewaltsam vorwärtszog, während die Angst mich zurückhielt. Wie ein Fluß strömte die Rolltreppe der Worte schnell unter mir dahin. Ich lief auf meinen Rebellionen. Unter meinen Füßen explodierten Steine. Wenn ich in der Richtung der größten Bruchstücke folgte, konnte ich vielleicht zurückfinden. Und doch wußte ich die ganze Zeit über, daß ich nur weiße, gebleichte Knochen, Asche im Sand, verwestes Lächeln und Augen voller Löcher wie erkaltete Lava finden würde.

Meine Füße glitten auf angesammelten Tränen aus, wie auf dem Schlamm von Flußbänken, wie auf Steinen, die von trägen Wassern bespült werden. Ich stieß auf Wände mit weißschäumenden Felsspalten aus Felskristallen und auf weiße Schwämme geheimen Kummers im Spitzengewebe von Pflanzenskeletten. Aus Blättern, Häuten und Fleisch waren die Säfte gesogen, Säfte und Mark waren von den Spalten getrunken worden und flossen in dem Flußbett kraftloser Wünsche zusammen.

Arme, Beine und Ohren aus Wachs hingen als Opfergaben an den Wänden, dem Hunger der Höhle übergeben, angenagelt mit demütigen Gebeten, um Schutz vor dem Dämon zu erbitten, damit er die Vorübergehenden nicht verschlingen würde.

Ich ging, gefangen in einem Spinnennetz von Phantasien, das während der Nacht gewebt worden war und dessen Fäden mich von morgens bis abends leiteten. Dieses Spinnennetz wurde von einem Nebelhorn und vom Stundenschlag der Uhren zerrissen. Ich überquerte Stege, Gräben und Laufplanken, während ich noch immer an das schwere, straff gespannte Tau eines auslaufenden Schiffes gebunden war. Ich hing zwischen Erde und Meer, zwischen Erde und Planeten, überquerte sie in Eile, voll Angst um den zurückgelassenen Schatten, um den Abdruck eines Fußes und um das Echo. Alle Taue waren leicht zu lösen, bis auf das eine, das mich an alles fesselte, was ich liebte.

Ich versank in einem Labyrinth aus Schweigen. Meine Füße

waren mit Pelz bedeckt, meine Hände mit Leder und meine Beine verpackt in Ziehharmonikafalten aus Baumwolle, umwunden von seidenen Peitschenschnüren. Rentierfell lag auf meiner Brust. Stimmlosigkeit. Ich wußte, daß ich wie das Rentier nicht einmal seufzen würde, wenn man mir in diesem Moment das Messer in die Brust stoßen würde.

Traumfragmente zerplatzten auf meinem Weg durch die Gräben, fielen wie abgebrochene, gezackte Splitter toter Planeten herab, ohne den Pelz und die Watte dieses Schweigens zu durchschneiden, Wände aus Fleisch und Pelz; zum Pochen meines Herzens fielen Tropfen weißen Blutes. In dieses Schweigen wollte ich nicht weiter vordringen, aus Furcht, ich könnte meine Stimme für immer verlieren. Ich bewegte meine Lippen, um mich an die Worte zu erinnern, die ich geformt hatte, aber ich spürte, daß sie nichts mehr artikulierten. Meine Lippen bewegten sich wie die Seeanemone mit unendlicher Langsamkeit, öffneten und schlossen sich, wölbten sich unter dem äußeren Druck, um zu atmen, und hinterließen nichts anderes als ein Muster im Wasser. Oder sie bewegten sich wie die Nüstern von Tieren, die im Wind schnuppern, um zu entdecken, zu fühlen, und die kein Wort finden, die sich aber an einen Duft erinnern. Oder sie bewegten sich wie Blüten, die sich für die Nacht oder vor dem Eindringen eines Insekts schließen. Sie atmeten langsam, wie ein Fisch seine Flossen bewegt, mit der Kadenz einer sich öffnenden Blüte.

Ich bewegte mich nicht mehr auf meinen Füßen, die Höhle war nicht länger ein endloser Weg, der sich vor mir erstreckte. Es war eine hölzerne, pelzgefütterte Wiege, die schaukelte. Als ich aufhörte, entschlossen vorwärts zu gehen, meine Schritte zu zählen, als ich nicht länger die Wände um mich herum betastete mit Fingern, die sich wie Wurzeln krümmten, die Nahrung suchten, wurde der Weg im Labyrinth breiter, die Stille wurde leicht, der Pelz zerfiel, und ich gelangte in eine weiße Stadt.

Die Stadt war eine Honigwabe elfenbeinweißer Zellen, und ihre Straßen waren Besatz aus altem Hermelin. Sonnenlicht durchzog den Stein und den Mörtel mit Moschus und weißer Baumwolle. Ich ging durch friedliche Straßen, die sich wie ein Knäuel gesponnener Baumwollfäden vor mir entrollten. Serpentinen, an denen sich torlose Mauern entlangzogen, verschleierte Gesichter und verhangene Fenster auf dem Weg nach oben, die in Terrassen und Innenhöfe mündeten und sich in den Fluß ergossen. Ich hörte geheimnisvolles, sprudelndes Lachen und verborgene Stimmen, vernahm das Abendgebet, das sich wie eine Klage erhob, die sich über funkelndes Mosaik ergoß, und die Adern der Steine glitten unter meinen Füßen dahin wie die Perlenschnur zwischen den Fingern eines Mönchs. Ich ging an fensterlosen Häusern vorbei, die von blumenübersäten Terrassen gekrönt wurden, einem Vesuv aus Blüten. Und jetzt war ich im Innern der sanftgeschwungenen Kanäle eines riesigen Ohres, im Innern der Blätter kunstvoller Blüten, auf Straßen mit Windungen wie Seemuscheln. Ich war verloren in einem Punkt, die Gestalten, die an mir vorübergingen, waren in Baumwollumhänge gehüllt, ihr Atem streifte gegenseitig die Gesichter. Der Sand der Zeit rann langsam durch ihre Finger. Sie trugen riesige, rostige Schlüssel, mit denen sie die Tore öffneten, die die Stadtviertel miteinander verbanden. Palmblätter schwankten sanft und zufrieden, die Stadt breitete sich wie ein Teppich unter beschaulichen Füßen aus. Ich erwachte vom Geräusch sich entrollenden Papiers. Meine Füße traten auf Papier. Es waren die Straßen meines eigenen Tagebuchs, gekreuzt von den Balken schwarzer Notizen. Auf ihnen wanden sich Mauern ohne Tore und Begierden ohne Erfüllung. Ich war verloren im Labyrinth meiner Bekenntnisse, verloren zwischen den verschleierten Gesichtern meiner Handlungen, die nur im Tagebuch enthüllt wurden. Ich hörte das Abendgebet, den Ruf der Einsamkeit, der jede Nacht wiederkehrt. Meine Füße traten auf die Blätter dahinwelkender, kunstvoller Blüten, Papierblüten, deren Adern Saiten waren. Riesige, verrostete Schlüssel öffneten jeden Band, und die Gestalten zogen armlos, kopflos und verstümmelt vorüber. Die weiße Öffnung der endlosen Höhle tat sich auf. An ihrem Eingang stand ein elf Jahre altes Mädchen. Es trug das Tagebuch in einem Körbchen.

Margret W. Palme

Auf den Spuren des Ödipus zum Orakel von Delphi

Durch eine grüne sonnige Hügellandschaft, lieblich anzusehen wie ein Garten, führt die schmale Asphaltstraße durch Attika und Böotien nach Theben und Delphi. Kleine weißgekalkte Häuschen, mit rotem Orleander und rosenfarbigem Lorbeer geschmückt, standen hier und da an der Straße, und eine kleine Wirtschaft im Schatten eines Olivenhaines lud uns zum Rasten und zu einer einfachen Mahlzeit ein. Als wir einmal in eines dieser weißen, freundlichen Häuschen hineingingen, weil wir unseren Wasservorrat auffüllen mußten, sahen wir, daß nicht nur Frohsinn und Heiterkeit in dieser idyllischen Landschaft zu Hause sind. Ein alter kranker Mann stolperte uns entgegen. Wir zeigten ihm unsere Wasserflasche, und er führte uns sogleich durch die sehr armselig eingerichteten zwei Räume und zeigte auf den Wassertank, der in einer Ecke stand. Kryo neró, kaltes Wasser, kryo, kryo, sagte er immer wieder und nickte mit dem Kopf. Aber dann, als wir unsere Flasche gefüllt hatten, bat er uns um Hilfe, er war krank, hob sein Hemd und zeigte uns schwärende Wunden auf seinem Körper, er jammerte und weinte fast, seine Frau war tot, er war ganz allein und ohne Hilfe. Aber was sollten wir für ihn tun? Wir konnten ihm nur zuhören, obwohl wir kaum etwas verstanden, aber er hatte wenigstens jemanden, dem er sein Leid klagen konnte. Erst draußen in der Wärme und dem strahlenden Licht der Sonne konnten wir wieder aufatmen, wir waren auf soviel Elend nicht gefaßt gewesen. So heil und freundlich sah die Welt hier aus, aber es gab sie nicht, die heile Welt, es hatte sie nie gegeben. War auch einst Herakles im Schatten dieser Pinien- und Olivenhaine gewandert, waren in der frühen Antike Athens Herrscher oder deren Abgesandte hier nach Delphi gepilgert, um das Orakel zu befragen, so waren ihre Wege wohl selten unblutig gewesen. Hier war auch Ödipus des Weges gezogen, ein Jüngling, der ein Königssohn war, ohne es zu wissen, der nach Delphi ging, um sein Schicksal zu befragen. Unterwegs traf er einen alten Mann in einer Kutsche, der ihn nicht vorüberlassen wollte. Es kam zum Streit zwischen ihnen, und Ödipus erschlug den Alten, ohne zu ahnen, daß der alte Mann König Laios und außerdem sein Vater war. Tief unten im Tal, kurz hinter dem Städtchen Levadia, führt ein Weg, wie er sich vielleicht damals auch schon zwischen den aufragenden Flanken der Berge durch das Tal hingezogen haben könnte. Wir hielten hoch oben an der Straße unseren Wagen an und sahen hinunter und gedachten der Sage, die von tiefsten menschlichen Verstrickungen berichtet und nicht anders als in größter Tragik enden konnte. Aber in der stillen Landschaft, bevölkert von den Gestalten griechischer Sagenhelden, die sicher nicht nur Mythos waren, sondern wohl alle einen realen Ursprung hatten, durch diese verzauberte Stille dringt plötzlich der Lärm einer Schlacht. In einer Zeit, da Herakles und Ödipus schon Antike waren, stürmt der junge Alexander an der Seite seines Vaters in die Schlacht von Chaironeia, wo er seinem Vater das Leben rettet und die Schlacht zugunsten Makedoniens entscheidet – im Alter von achtzehn Jahren. Zum Andenken an diese Schlacht steht dort heute noch der berühmte Löwe von Chaironeia, der schon dem Äußeren nach ein Bruder des Löwen von Amphipolis an der Mündung des Flusses Strymon in Thrakien ist. Und noch viel weiter östlich, im Hohen Iran, steht bei der Stadt Hamadan, das zu Alexanders Zeiten das berühmte Ekbatana war, noch ein dritter Löwe. Alle drei sollen nach archäologischen Erkenntnissen miteinander zeit- und kulturgeschichtlich verwandt sein.

Das siebentorige Theben der Antike ist heute eine betriebsame, aber bedeutungslose Kleinstadt. Vergangen sind Ruhm und Größe Thebens, das im Altertum hochgerühmt und später bestrebt war, die Vormachtstellung in Griechenland Athen zu entreißen. Vergangen sind alle Träume und Glanz und Macht, als die unglückliche Stadt von Demosthenes, der Griechenland mit dem Gold des Großkönigs von Persien zum Abfall von Makedonien bewegen wollte, geopfert wurde. Von Alexander im Jahre 335, nur drei Jahre nach der Schlacht von Chaironeia, dem Erdboden gleichgemacht, rettete das verlorene Theben das immer noch zweifelnde Athen vor dem gleichen Schicksal. Denn als Demosthenes sah, was mit Theben geschah, gab er sehr schnell nach und hörte auf, sich offen gegen Makedonien zu stellen. Seine sprachgewandten und zündenden Reden gegen Philipp, die er einige Jahre vorher gehalten hatte, sind bekannt. Aber die Strafe für den Aufstand mußte Theben bezahlen, es hatte aufgehört zu existieren.
Daß der junge Alexander aber auch in dieser Situation rücksichtsloser Härte nicht seine angeborene Ritterlichkeit verleugnete, beweist die Tatsache, daß er das Haus und die Nachkommen des Dichters Pindaros und Haus und Familie des Philosophen Krates von aller Drangsal verschonte. Angeborene Großherzigkeit und die Erziehung durch Aristoteles haben hier wohl zum ersten Male in der kriegerischen Laufbahn Alexanders über die notwendige Härte gesiegt.
In der Straße des Pindaros, eines Sohnes der Stadt Theben, fanden wir nach langem Suchen, in das wir die umliegende Landschaft einbezogen hatten, die traurigen Reste des Königspalastes von Theben. Wenn man den angebrachten Schildern glauben darf, hat hier der Palast des Königs Laios und des Ödipus gestanden. Traurig geht man an dem Eckgrundstück entlang und blickt durch den Maschendrahtzaun am Odos Pindarou und einer Seitenstraße und versucht sich vorzustellen, daß dieser

traurige Trümmerhaufen einst ein stolzer Palast war, es gelingt kaum. Auf den angrenzenden Grundstücken stehen Thebener Häuser, deren Fenster auf diesen Ort des hoffnungslosen Verfalls hinunterblicken, eine Akazie läßt ihre Zweige in schmückendem Grün über die bröckelnde gelbe Mauer hängen, an deren Basis der Ansatz früherer Zwischenmauern noch zu erkennen ist. Nichts Grandioses haftet dem Ort an, keine schweigende oder beredte Landschaft umgibt ihn mit friedvoller Ruhe, und an der anderen Straßenseite sitzen die Thebaner von heute an kleinen Tischen vor kleinen Tavernen und trinken ihren Kaffee und ihren Ouzo. Obwohl ich froh war, daß ich doch noch diesen Ort gefunden hatte, so war ich auch traurig darüber. Zumindest hatte ich ihn mir in einsamer Ruhe und Abgeschiedenheit vorgestellt, deshalb auch unsere Suche erst außerhalb Thebens, und nicht so an einer Straßenecke Pindarou und Antigonis.

Ich ging in eine Bäckerei an der Ecke und kaufte für mich und meine Reisegefährten eine große Tüte Sesamkringel, zum Trost. Später suchten wir ein Hotel und saßen, als eine thebanische Nacht heraufzog, ebenfalls vor einer kleinen Taverne und tranken Ouzo, während unaufhörlich das Thebener Nachtleben an uns und der Ruine in der Pindarou-Straße vorbeizog.

Was eine rechte griechische Teppichstadt ist, das leuchtet bunt in allen Wollfarben, an allen Straßen, vor jedem Laden, auf Tischen ausgebreitet und an Zäunen aufgehängt, Teppiche aus bunt gefärbter oder naturbelassener Schafwolle, Taschen, Mäntel, Decken, Jacken, kunstvoll gestrickt und bestickt, Läufer und Kissen, Wolle über Wolle, und auf den Teppichen und Decken und Kissen trifft man unentwegt auf das Mäandermuster, dem wegen seiner vielen Krümmungen berühmten Mäanderfluß nachgeformt, das in Griechenland zu nationaler Beliebtheit gelangt ist und auf Kleidungsstücken und Vasen ebenso angetroffen wird wie auf den schon genannten Decken und Teppichen und auch in der Architektur. Unser rühriger Händler, bei dem wir schon öfter eingekauft hatten, empfing uns wie alte Freunde. Er hört auf den beziehungsreichen Namen Leonidas und war höchst erfreut, uns wiederzusehen. Als wir das erste Mal in seine Fänge gerieten, hatte er seinen Laden noch in einem alleinstehenden Haus in einem kleinen Pinienwald an einer Straßenkurve auf dem Wege nach Delphi, und nur ein geschäftstüchtiger griechischer Gourmet hatte sich ihm angeschlossen. Bei dem einen kaufte man also seine Teppiche ein, viel zu viele, um sie richtig unterbringen zu können im Auto, bei dem anderen trank man seinen Kaffee oder Retsina oder beides und aß ein Stück vom saftigen duftenden Bratspieß, der sich über dem Holzkohlenfeuer appetitanregend drehte. Auch wir hatten damals gekauft, hatten gegessen und getrunken und waren nach Stunden erst weitergefahren. Diesmal war die Straßenkurve einsam dagelegen, verschlossen das Haus, verödet das kleine Wäldchen, nichts Verheißungsvolles hing an Ästen und Schnüren. So fuhren wir weiter nach dem kleinen Städtchen Arachova, und dort trafen wir in den teppichbeflaggten Straßen auch wieder auf unseren Freund Leonidas, der beleibt und gemütlich vor seinem neuen Geschäft stand. Er hatte sich verbessert, war etwas geworden, und wir fielen über seinen Laden her, probierten Capes und Jacken, Mäntel und Pellerinen, wühlten in Wolle aller Art und Farbe und kauften natürlich ein. Dazwischen tranken wir des Leonidas guten griechischen Kaffee, rauchten seine Zigaretten und wurden von ihm mit Andenken beschenkt. Eine Athenische Eule und einen Alexanderkopf, einer Münze nachgebildet, als Schlüsselanhänger, einen Achilles auf seinem von zwei Rössern gezogenen Streitwagen, für jeden ein Komboloy und vielleicht noch ein paar Kleinigkeiten, die ich vergessen habe. Aber nicht vergessen werde ich Leonidas, unseren geschäftstüchtigen Freund in Arachova.

Wenn ich erst von einer lieblichen Landschaft gesprochen habe, die uns bis hinter Theben etwa begleitete, so wurde sie hier eher grandios, gewaltig. Die Straße führt teilweise durch wild zerklüftete Felsen, windet sich in halber Höhe an der Flanke der Bergkette hin und erreicht schließlich die Stätte des altehrwürdigen Orakels zu Delphi, das an einer halbkreisförmigen Berglehne des Parnaß unterhalb zweier steilabfallender Felswände, genannt die Phädriaden, liegt. Eine großartige feierliche Natur umgibt diesen Platz, von dem man gut verstehen kann, daß sich die alten Griechen gerade ihn ausgesucht haben, um den Spruch ihrer Götter zu hören und dann danach zu handeln. Wenn man an den letzten verbliebenen Säulen des Apollotempels steht oder vom höher gelegenen Theater aus in die Ferne blickt, kann man hinter vorgelagerten Bergen von erhabener Schönheit weit hinten das Meer aufblitzen sehen, den Korinthischen Golf. Nimmt man aber den recht beachtlichen Weg hinauf zur hochgelegenen Arena unter die Füße, der sich in vielen Serpentinen den Berg hinanwindet, wird man, wenn man dies wie wir in der mittäglichen Hitze tut, recht erschöpft und kaum zum Wettkampf aufgelegt dort oben ankommen. Dann aber bietet sich dem weitschweifenden Blick fast ungehindert das in der Sonne gleißende Wasser des Golfs und dahinter blau im Dunst der Ferne die von hier aus einer Mondlandschaft gleichenden abgerundeten Bergkuppen der Peloponnes. Hier oben durften die Wettkämpfer nichts außer klarem Wasser zu sich nehmen, wie uns eine in den Stein der Umfassungsmauer geritzte altgriechische Inschrift berichtet. Wir nahmen hier oben gar nichts zu uns, setzten uns müde auf die steinernen Sitzreihen, in der prallen Sonnenglut nur durch unsere Sonnenhüte notdürftig geschützt, stiegen in die Arena hinunter und fühlten uns auf der riesigen Fläche verloren. Tief unter uns lag verlassen der Tempel des Apoll, und wir wanderten den weiten Weg wieder hinunter, diesmal schneller und beschwingter als auf dem Anstieg, und standen schließlich an der Öffnung des Steins, aus der die Priesterin, die Pythia, mit den Dämpfen, die daraus hervorquollen, den Willen der Götter empfing und weitergab, eine Hand an den Omphalos gelegt, den Nabel der Welt, eine aus weißem Marmor bestehende Kuppel mit in den Steinen gehauenem geheimnisvollem Muster. Von ihm stiegen einst die Adler auf und flogen in die vier Himmelsrichtungen und kehrten wieder zu ihm zurück. Heute steht der Omphalos im Museum von Delphi, gleich unten am Berg. Ob hier im Tempel des Apoll auch der herrliche Wagenlenker gestanden haben mochte, ein Geschenk des Polyzalos, des Königs von Gela, der einst ein Wagenrennen zu Ehren des Pythischen Apoll gewonnen hatte, und zum Dank dafür ein bronzenes Viergespann mit dem Wagen und seinem Lenker darauf nach Delphi gesandt hatte. Der Lenker des Wagens ist uns trotz der verheerenden Erdbebenkatastrophe des Jahres 373 vor Christus über die Jahrhunderte und Jahrtausende hinweg fast unbeschadet – es fehlt ihm nur der linke Arm – erhalten geblieben. Wie der Wagenlenker, so sind auch die Sphinx von Naxos und die wunderbare Säule der Tänzerinnen, um nur ganz wenige der herrlichen Skulpturen zu nennen, im Museum geborgen und geschützt aufbewahrt. Auch die beiden Jünglinge Kleobis und Biton waren ein Weihegeschenk aus archaischer Zeit, welches die Stadt Argos nach Delphi als überhaupt eine der ersten dort eingetroffenen Weihegaben gesandt hat. Die beiden Brüder hatten sich vor den Wagen der Mutter gespannt und sie von ihrer Stadt Argos etwas 45 Stadien weit zu dem Heiligtum der Hera gezogen. Und die Mutter, voll Dankbarkeit und des Lobes voll für ihre guten Söhne, flehte die Götter an, diese zu belohnen mit dem Besten, was sie an Menschen zu vergeben hätten. Darauf legten die drei sich zur Ruhe und schliefen ein, aber die Jünglinge erwachten nie wieder. Die Götter hatten sie in ihren Kreis aufgenommen.

Keine Dämpfe entstiegen mehr den Steinen. Ich holte meine Gedanken zurück und wandte mich um und sah Apoll auf einem Steinsockel sitzen, den Rücken an eine Säule gelehnt. Er ließ die nackten Beine herunterhängen und hatte die Hände lässig auf den Knien liegen. Mein Christoph träumte dort seinen ganz persönlichen Apollo-Traum in der Stille des in der Hitze schlafenden Heiligtums.

Wir gingen die Heilige Straße wieder hinunter, während sich die Welt langsam belebte, Menschen erst vereinzelt, dann immer mehr heraufkamen, es ging dem Nachmittag zu, der Besucherstrom hatte eingesetzt. Christoph, aus seiner Verzauberung erwacht und wieder ganz dem Diesseits und der Gegenwart zugewandt, suchte, gleich bekannten jugendlichen Vorbildern aus der Welt der Götter und Halbgötter, nach lohnenden Objekten für seine Augen und seine Kamera. Und siehe, ein Zwillingspärchen moderner Hetären in der ersten Blüte ihrer Jungfräulichkeit eilte, sich an den Händen haltend, flüchtig bekleidet und leichtfüßig den Weg herauf, fesselte augenblicklich Herz und Sinne unseres jugendlichen Nachahmers besagter Vorbilder, und »klick« machte es. So leben sie fort in ewig gleich bleibender Jugendblüte, erstarrt in fröhlicher Bewegung, zu einem Stück des alten Delphi geworden.

Unten aber aus dem Schatzhaus der Athener winkte uns schalkhaft der gleiche Übermut, da wäre was Besonderes, das die an allen Altertümern so interessierte Mutter auf keinen Fall übersehen durfte. Natürlich kletterte ich den hohen Sockel hinauf und betrat das alte wie ein Tempelchen aussehende Gemäuer, wo Christoph in ein Erdloch hineinzeigte, über das ich mich sofort begierig beugte. Aber ach, nur ein sehr kümmerliches Feigenbäumchen suchte dort verzweifelt nach dem Licht der Sonne, und bar jeden Kleinods und jeder Sehenswürdigkeit lag das Schatzhaus der Athener an der Heiligen Straße von Delphi. Es heißt, dieses Delphi, das hier so großartig an der Bergflanke des Parnaß hinaufsteigt, liefe Gefahr, zu jeder Zeit wieder verschüttet zu werden, durch einen Erdrutsch oder ein Beben, wie es ja schon in grauer Vorzeit der Fall gewesen ist. Dann wäre wohl auch das Museum in Gefahr, das dicht am Fuße des Berges liegt, und unschätzbare Kunstwerke gingen damit wahrscheinlich für immer verloren. Und Delphi selbst, das dort so erhaben am Berghang liegt, wäre dann wohl für immer verschüttet und von der Erde verschwunden. Vielleicht würde dann nur ein kleiner armseliger Feigenbaum ans Licht dringen und über dem geborstenen Schatzhaus der Athener groß und mächtig der Sonne entgegenwachsen und in dem Rauschen seiner Zweige späten Nachfahren ein uraltes Orakel von Glanz und Vergänglichkeit alles Irdischen zuflüstern.

Als einst der Gott Apoll zum ersten Mal selbst nach Delphi kam, so berichtet Homer, hat er den Weg von Böotien und Theben her gewählt, und da hat er, ehe er sich entschloß, hier sein Heiligtum errichten zu lassen, auch an dem bereits damals uralten ersten Orakel der Erdmutter Gaia verweilt und ist dort dem riesigen Drachen begegnet, auch das berichtet uns Homer. In einem fürchterlichen Kampf tötete er den Drachen und befreite das Heiligtum so von seinem schrecklichen Wächter. Python hieß der Drache, und sein Name ging auf die neue Orakelstelle über. Doch jeder, der an der Stelle des alten Orakels der Erdgöttin Gaia verweilt, wird auch heute noch gepackt und verzaubert von der Einzigartigkeit des Ortes, einer tiefen, unzugänglichen Schlucht zwischen riesig aufragenden Felsen, den Phädriaden. Dort im Innern der Schlucht, wo die beiden Felsen zusammenstoßen, entspringt am östlichen der beiden, genannt die Hyampeia, das kristallklare Wasser der Kastaliaquelle, das hervorquillt aus der Enge der Felsen und sich in einem schmalen steinigen Bach sammelt. Darin mußten sich einst Priester und Pilger reinigen, ehe sie das eigentliche Heiligtum betreten durften. Feucht und kühl ist es da auch am heißesten Tag, geheimnisvoll raunt das Wasser, und beängstigend ragen die steilen Felswände empor. Im Säuseln des Windes in den Büschen und Bäumen des spärlichen Haines an der anderen Seite des felsigen Baches, vermischt mit dem Murmeln des Wassers, glaubt man den Nachhall längst verklungener Stimmen zu hören, als die Zeit noch jung war, und ein Jüngling, schön wie ein Gott, vielleicht vom Norden, vom Olymp her, vielleicht von den lieblichen Tälern und Hainen Böotiens kommend, seinen Fuß zu diesem Ort her lenkte, um die Stimme des Orakels zu hören und der Welt ein neues Heiligtum zu schenken.

Eine atemberaubend steile und schmale Asphaltstraße windet sich in Serpentinen von Delphi aus den Berg hinunter und erreicht das Tal des Pleistos und führt dann in der Ebene durch einen schier endlos anmutenden Olivenhain. Langsam durch ihn hindurchfahrend, erschienen mir seine vom Alter skurril geformten Stämme Gestalt und Gesichter zu tragen, eine Welt verkörpernd, in der Sagen und Mythos beheimatet waren. Im Dahingleiten schien es mir, als ob der Hain lebendig würde, sich die Stämme bewegten, einander zuneigten oder mit boshaft grinsenden Gesichtern dem Wanderer zublinzelten. Unter den silbergrünen Kronen der Olivenbäume fuhren wir im Halbdunkel des schattigen Weges durch die Welt der Sagen und Mythen, bis wir endlich bei Itea das Meer erblickten und befreit aufatmeten, der beklemmenden Verzauberung entronnen.

Ein Abend im Zelt zwischen anderen Zelten. Zwischen steil sich türmenden Bergen und dem schweigenden Wasser des Golfs von Korinth erklang in meinem Innern unaufhörlich das Lied von den Kranichen des Ibykus, und in der sinkenden Dunkelheit hörten wir hinter den leichten Wänden des Nachbarzeltes die Hexameter aus Homers Ilias, mit verhaltener Stimme vorgetragen, zu uns herüberschweben. Dunkel lag das Wasser nur wenige Schritte entfernt, und ich nahm Liege und Schlafsack und richtete mir mein Lager außerhalb des Zeltes nur einen Meter entfernt von den dunklen Tiefen des Meeres. Das Lied der Ilias klang noch immer leise herüber, die Geräusche des Zeltlagers schliefen ein, ein lauer Wind kam von den Bergen herab, strich sanft über das Wasser hin und zwischen den Zelten hindurch, und über allem standen am schwarzen Himmel die hell strahlenden Sterne. Ein schattiger Morgen zog herauf. Die Berge standen der Sonne im Weg, als wir in dem hier sehr kühlen Wasser ein Morgenbad nahmen, ehe wir uns zum Aufbruch rüsteten. Eigentlich sollte damals von hier aus unsere Reise wieder nach dem Norden führen, aber wir entschlossen uns anders. In dem Städtchen Itea gab es eine Bank und einen Fährhafen, was uns dazu bewog, Geld umzuwechseln, uns verladen zu lassen und uns der von Ferne gesehenen Peloponnes, der Insel Pelops', zuzuwenden. Hier an dieser Stelle waren in grauer Vorzeit die ersten Priester Delphis aus Kreta kommend gelandet und waren den Weg hinaufgezogen, den wir herabgekommen waren, die ersten Hüter und Diener des Heiligtums. Wir aber bestiegen ein Fährschiff, das sich gerade zum Ablegen rüstete, und auf dem sonnigen Oberdeck sitzend zogen wir vorbei an den Gebirgen des griechischen Festlandes, glitten hinaus aus der Bucht von Itea und nahmen Kurs auf den Hafen von Egion an der Küste der Peloponnes.

das Wasser [illegible]
allem [illegible]
[illegible]
Sonne [illegible]
[illegible]
Ich sollte [illegible]
[illegible]
[illegible]
[illegible]
[illegible]
[illegible]
[illegible]
[illegible]
[illegible]
[illegible]
[illegible]
[illegible]
[illegible]
[illegible]
[illegible]
[illegible]

[illegible]

Ich konnte die Augen [illegible] das [illegible]
noch quer über [illegible]
Kopf auf [illegible]
angezogen. [illegible]
dicht vor meinem Gesicht [illegible]
[illegible]
[illegible]
[illegible]
und seidig. [illegible] und [illegible]
Dunst [illegible]
Tiefen des [illegible]
[illegible]

Jayne Anne Phillips

Überholspur

Colorado, 1975

Wir gingen einen Grashügel zum See hinunter.

»Das sollte in Ordnung sein mit dem Laster«, sagte er. »Ist sowieso niemand hier.«

Hinter uns stand der Pickup gedrungen und rot in der Sonne, eine schwarze Plane mit Seilen über die Kisten und Koffer auf der Ladefläche gebunden. Heiß und glänzend, die Plane schimmerte wie eine dunkle Flüssigkeit. Der Rastplatz war eine kleine Kiesfläche, markiert von einem niedrigen Holzzaun und drei großen, an Pfosten geketteten Aluminium-Mülltonnen. Dahinter glitzerte die Zufahrtsstraße, ohne Mittelstreifen und vollkommen glatt, in der schräg darauffallenden Hitze.

»Wo sind wir?« fragte ich.

»Irgendwo im Westen von Georgia.«

Ich konnte die Augen schließen und hatte das Gefühl, immer noch quer über dem Sitz des fahrenden Pickup zu liegen, mein Kopf auf seinem säuerlich riechenden Schenkel und die Knie angezogen. Das Lenkrad war eine gebogene schwarze Stange dicht vor meinem Gesicht, deren dunkle Einbuchtungen sich drehten. Wir hatten nicht gesprochen, seit wir von dem Parkplatz des Motels in New Orleans abgefahren waren. Jetzt stolperte ich, und er zog mich neben sich hoch. Die Pflanzen waren dicht und seidig. Blütenstaub stieg in Wolken auf und ließ sich im Dunst nieder. Der Abhang wurde steiler, und wir schienen in die Tiefen des Grases zu rutschen, dann wurde es eben, und mehrere ausladende Ulmen säumten das Wasser. Das Ufer war grün bis zum Rand. Wir traten in den Schatten der Bäume und spürten die Kühle durch unsere Schuhe. Er schlüpfte aus seinen Turnschuhen, die keine Schnürsenkel hatten, zog sein Hemd und die Jeans aus. Die Gürtelschnalle klirrte auf Steinen. Dann stand er da, berührte die weiße Haut seines Bauchs. Seine Augen waren blau wie blaues Glas und blutunterlaufen. Er hatte nicht geschlafen.

»Alles in Ordnung mit dir?« sagte er.

Ich antwortete nicht.

»Du hast keine Verpflichtung mir gegenüber«, sagte er. »Ich sag dir nicht, wen du in einer Bar aufgabeln sollst. Aber um acht heute morgen begann ich mich zu fragen, ob ich dich nicht dalassen müßte und deinen ganzen Krempel mitten in der Bourbon Street abladen.«

Er drehte sich um, bewegte sich durch hohes Gras zum Wasser. Ich sah ihn hineingehen und vorstoßen, bis zu den Schultern versinken. »Thurman«, sagte ich, aber er war untergetaucht, schlängelte sich lang und bleich unter der Oberfläche.

Ich zog mein Kleid aus und ließ es ins Gras fallen, weiß und zerknittert, es roch nach Rum. Der See schien zu wachsen, als ich näher kam, er gähnte wie ein kühler Mund im Zentrum der Hitze. Ich war in ihm; ich sank in die Knie, als das Wasser über mir zusammenschlug, fühlte dann, wie der Schlamm sich setzte, während ich flach dalag und versuchte, unten zu bleiben. Ich hielt die Knie umschlungen und wiegte mich, hörte nichts. Ihre Gesichter verblaßten, und die Linien des weißen Koks auf der glänzenden Schreibtischplatte. Ich rollte mich auf die Seite, und das Wasser schob sich heran, wurde dunkler, violett. Es war Thurman, der näher kam, die Farben veränderte, und ich spürte seine Hände an meinen Armen. Er zog mich hoch, und die Luft barst, als wir auftauchten, Wasser strömte an uns herab.

Ich weinte nicht, aber ich fühlte die bleierne Luft aus meiner Brust entweichen. Ich fühlte, wie fest er mich hielt, und wußte, daß ich zitterte. Mein Herz schlug mir in der Kehle und den Ohren, hämmerte. Er hielt mein schweres Haar zurückgezogen und in einer Hand gebündelt, und mit der anderen schüttete er mir Wasser über Nacken und Schultern, streichelte mit seiner warmen Handfläche die Kühle. Er sagte leise, unzusammenhängende Worte und Kinderverse. Ich fühlte meine Zähne in die Lippen und meine Stirn langsam auf seine Brust sinken. Mich an seinen breiten Schultern haltend, konnte ich ihn mit dem ganzen Körper fühlen.

»Ich hab eine Skizze zum Motel auf die Serviette gezeichnet, und du hast sie verloren, nicht?« sagte er. »War mir klar. Wir waren beide betrunken, als ich sie dir gab.«

Hinter seiner Stimme war ein Summen von Insekten und Heuschrecken und das entfernte Geräusch des Highway. Der Highway spielte drei Akkorde jenseits seiner geröteten Arme; ein tiefes Dröhnen, ein anhaltendes Seufzen in mittlerer Tonlage und ein so schrilles Jaulen, daß es weg war, ehe es richtig anfing. Die Geräusche trieben auseinander und flossen zusammen, wie die Geräusche ihrer Stimmen aus dem Zimmer gestern nacht und die Musikfetzen aus dem Club darunter. Da war ein verhaltenes Klirren von Geschirr oder Silber in weiter Ferne und das Geräusch eines Betts, nah, unter mir, aber unecht, wie ein Geräusch durch eine Wand, das letzten Endes eine Aufzeichnung sein könnte, ein Scherz von irgend jemandem.

Ich redete offensichtlich, denn Thurman sagte: »Nein, kein Scherz.« Als er das sagte, konnte ich das Wasser wieder fühlen, um uns, zwischen uns.

»Ich weiß nicht mehr genau, wo ich bin«, sagte ich.

»Bleib stehen. Alles ist jetzt okay. Niemand versucht etwas. Ich bin's. Erinnerst du dich an mich? Den Fahrer?«

»Ja. Ich erinner mich an dich. Du bist der, der in Dallas geboren wurde.«

»Richtig. Das ist gut. Jetzt hör mal zu. Wir gehen jetzt aus dem

Wasser und lassen uns fünf Minuten trocknen. Ich rühr dich nicht an. Du wirst dich gut fühlen in der Sonne, und ich rauch einen Joint.« Er drehte sich im Wasser um, während er mein Handgelenk hielt und mich sanft zum Ufer zog.

»Ich kann das Kleid nicht wieder anziehen«, sagte ich.

»Dann laß es für den nächsten Flüchtling. Laß es, wo es ist.«

»Niemand sollte es tragen.«

»Du kannst mein Hemd anziehen«, sagte er. »Du wirst großartig aussehen in blauem Jeansstoff und ohne Hosen, wie Doris Day in einem Pyjama-Film.«

Thurman hatte in Dallas viele Doris-Day-Filme gesehen, in Kinos in seiner Nachbarschaft, die nicht gerade das »Ritz« waren. Seine beiden älteren Brüder küßten Mädchen auf dem Balkon, während er in der letzten Reihe unten bei den Mexikanern saß. Die blauäugige Doris flimmerte in einer schlechten Kopie über die Leinwand, begleitet von sprudelnder Musik und den spöttischen Zwischenrufen der illegalen mexikanischen Einwanderer. Thurman sagte, er mochte Doris in jenen Tagen, weil sie so jenseits von allem war, daß sie für niemanden Sinn ergab, und sie zog einfach weiter die Augenbrauen hoch, keck, nicht die Hellste, während geknülltes Papier und Popcornschachteln von der Leinwand abprallten. Danach ging er mit seinen Brüdern über die Autobahn nach Hause, lange Bürgersteige hinauf zu dem, was damals bloß ein paar Häuser waren, noch nicht einmal ein Vorort. Seine Brüder erzählten Geschichten über die Mädchen und zogen ihn auf, weil er bei den Mexikanern saß. Zu Hause hielten sie ihn manchmal an den Füßen über die Toilette, spülten ab und drohten, ihn hineinfallen zu lassen. Das, sagte Thurman, war ein Vorbote für das ganze Dallas in den fünfziger und sechziger Jahren: fransenbesetzte Hemden, dampfende Bürgersteiggullis, die im Sommer mit Speichel verkleistert waren, lärmende Gruppenrammelei beim ersten Mal in einem

Bordell mit Stierköpfen an den Wänden. Nicht bloß die Hörner, sagte er, der ganze verdammte Kopf, ausgestopft, als wäre es ein Löwe aus Afrika. Und Football, ständig Football: Thurmans Vater war ein erfolgreicher High-School-Trainer, dessen Stolz es war, in seinen Mannschaften die eigenen Söhne herauszustellen. Einen nach dem anderen hatte er sie alle trainiert, bestraft, zu einer anstrengenden und vorübergehenden Berühmtheit getrieben.

Als ich Thurman kennenlernte, trieb er sich herum, und ich trieb Richtung Heimat. Er fuhr einen Datsun-Pickup, und er lebte im Vorgebirge bei Denver. Er hatte ein kleines Holzhaus mit einer schrägen Küche, einem kaputten Boiler und einem neuen Oberlicht, das in weißer Fichte gegen alte Deckenbretter und herunterhängende geblümte Tapetenstreifen gerahmt war. Er machte mit Freunden von mir Musik und schreinerte und lud mich einmal zum Essen in einem guten indischen Restaurant ein. Er war mit dem Peace Corps in Ceylon gewesen, und er sagte, man sollte die Gerichte direkt aus der Schüssel essen, mit der Hand, aber nur mit einer. Die andere blieb im Schoß, um zu beweisen, daß man zum Essen und zum Reinigen verschiedene Hände gebrauchte.

Er blieb über Nacht bei mir, vor allem, weil ich die Art mochte, wie er von hinten aussah, als er später Orangen kaufte, sich durch die Schnorrer auf einem Freiluftmarkt schlängelte. Er hatte einen Stoffbeutel an seiner Hüfte baumeln, aber keiner von ihnen bat um Kleingeld. Er war groß und breitschultrig in einem bauschigen weißen Hemd, rothaarig und rotbackig; er hatte sich ein bißchen herausgeputzt und bei mir vorbeigeschaut, ohne mich wirklich zu kennen, um so zu tun, als sei ein gutes Essen nichts Besonderes. Er war wahrscheinlich einsam, aber er bewegte sich schön, männlich, nicht arrogant, warf die Orangen mit der beiläufigen Eleganz eines Exsportlers, der mit Dreißig noch in Form ist, in einen Beutel. Die Sonne ging unter; es war

Frühsommer; das Obst war wie hübsche Ornamente auf grünen Tabletts aufgeschichtet. Ich begehrte Thurman nicht wirklich, aber ich mochte ihn, und es war Zeit, mit jemandem zu schlafen. Ich wußte, daß er geduldig und langsam sein würde, und wenn ich ein bißchen angeturnt würde, wäre es okay, ich würde mich besser fühlen. Aber er machte zu lange, er weckte mich in der Nacht wieder auf, und am nächsten Morgen wollte er noch bleiben. Er hatte eine ganze Weile mit jemandem in San Antonio zusammengelebt; das war vor drei Jahren auseinandergegangen, aber sein Leben begann für ihn ab dem Zeitpunkt: All die Städte, in denen er seitdem gelebt hatte, Berkeley, Austin, Jackson, Eugene, Denver, all die Durchgangsstädte im Westen. Wir redeten über Geld – daß ich meins ausgegeben hatte, weil ich, als ich kellnerte und von fremden Tellern aß, mir Drüsenfieber geholt hatte; daß er viel verdiente, weil er mit einer Gruppe von Immobilienhändlern aus Aspen Häuser in den Bergen baute. Schließlich trank er seinen Orangensaft und ging. Ich dachte nicht viel an ihn, bis ich einen Monat später am Anschlagbrett einer Buchhandlung in seinem Aushang las, daß er Mitfahrer suchte. Er würde eine Weile unterwegs sein, durch Texas und Louisiana in den Süden, dann die Küste hoch. Ich ging ihn suchen und fand ihn in einem Naturkostladen, wo er die Holztüren zu einem Kühlraum einsetzte.

»Willst du für immer weg?« fragte er. »Willst du nach Hause?«

»Hier geh ich für immer weg. Zu Hause bleib ich nicht lange.«

»Warum fährst du dann? Einfach so?«

»Das ist eine lange Geschichte, Thurman. Ich möchte sie hier neben dem Pflaumennektar und den Saftkartons, die ›Erleuchtung‹ versprechen, lieber nicht vertiefen.«

»Du bist eine Zynikerin«, sagte er, den hellen Türrahmen abmessend. »Deshalb willst du weg. Du kannst es hier im Paradies nicht aushalten, wo jeder schön ist und Mädchen kein Make-up tragen dürfen.«

»Du hast es erfaßt. Ich möchte zurück in meine Heimatstadt und Wimperntusche kaufen.«

»Selbst tot würdest du dich nicht mit getuschten Wimpern sehen lassen.« Er hielt die Glasscheibe gegen den Rahmen, prüfte, ob sie paßte, setzte sie dann wieder ab. Er sah mich durch die offene Tür der Kammer an, während er in einer Hand das Schloß hielt und in seiner Schürze nach Schrauben kramte. »Du bist als Mitfahrerin angenommen.«

Ich schaute auf den Boden, dann wieder zu ihm. »Die Sache ist, ich muß ziemlich schnell dort sein. Mein Vater ist krank.«

»Wie krank?«

»Einfach krank. Er muß in zwei oder drei Wochen operiert werden.«

»Tja«, sagte er und fuhr mit der Hand über das Holz, »dann wirst du beinahe rechtzeitig da sein. Drei Wochen sind wohl das Früheste, was ich schaffen kann. Mit Fahrtunterbrechungen. Aber du mußt dir keine Gedanken übers Geld machen. Du mußt nur dein Essen bezahlen.« Er sah von mir weg, lehnte sich zurück, um das Schloß einzupassen. »Ist das ein Angebot?«

»Das beste, das ich je bekommen hab.«

»Gut. Ich fahr in vier Tagen.«

»Thurman«, sagte ich, »ist das eine Nummer mit Anfassen?«

Er prüfte die Angeln und zuckte die Achseln. »Es ist keine besondere Nummer. Wie immer es sich ergibt. Außerdem kannst du mit mir fertigwerden. Ich bin ein Schwächling.«

»Gut. Ich geh nach Hause packen.«

Ich drehte mich um und ging hinaus, und als ich gerade auf der Straße war, hörte ich ihn hinter mir rufen: »Hör mal, kannst du mit dem Radio mitsingen? Kannst du 'nen Ton halten?«

Wir fuhren in der Dämmerung aus der Stadt. Ich hatte dieses gewisse Gefühl, das einzige High des Herumtreibers: Ich war frei, es spielte keine Rolle, wenn ich diese Straßen nie wieder sah; noch während wir sie durchfuhren, entfernten sie sich und traten in ein Reich ortloser Straßen. Selbst die Menschen waren verschwunden, die guten und die schlechten; was immer Wirkliches geschehen war, gehörte mir, ich nahm es alles mit. Ich war verschwunden, unsichtbar, eine weitere Wohnung leer zurückgelassen, meine Habseligkeiten weggegeben, weggeworfen, weggepackt in zugeklebten Kartons, die auf einem verfügbaren Fahrzeug verstaut waren. Das Fahrzeug war das Licht, das frühe Licht und später die Dunkelheit.

»Hey, Träumerin«, sagte Thurman, »was machst du?«

»Ich bete«, sagte ich.

Er lächelte. »Ich hab ein bißchen Speed genommen, ich fahr einfach immer weiter. Schlaf, wenn du willst.«

»Okay«, sagte ich.

»Morgen früh New Mexico.«

»Gut. Da wird's schön sein.«

Thurman fuhr durch bis nach Albuquerque, wo wir über Nacht blieben, in der Wohnung einer Stewardeß, die er im College gekannt hatte. Sie lebte im Erdgeschoß eines Gebäudes direkt neben der Autobahn, mit Motel-Terrassen und einem Kunstledersofa. Die Stewardeß war nicht da, und es sah so aus, als sei sie nie dagewesen, leere Regale und kiesig weiße Wände ohne Spuren. Ich saß aufrecht im Bett, und meine Beine zitterten noch, nachdem sie ihn umklammert hatten.

»Du könntest so eine gute Geliebte sein«, sagte er. »Ich kann spüren, daß du es mal gewesen bist, aber du bist so beschäftigt damit, auszusteigen.«

»Diese Matratze ist zu weich.« Ich zog mich von ihm zurück. »Die Laken sind mir zu schwer. Ich schlaf im anderen Zimmer auf dem Boden.«

»Dem Boden«, sagte er. Er zündete sich eine Zigarette an. »Scha-

de, daß du nicht schweben kannst, dann könnte noch nicht mal der Fußboden dich berühren.«
Ich ging ins Wohnzimmer und schob die Möbel gegen die Wände. Es gab nur drei Stücke: die schwarze Couch und einen Sessel und einen Tisch aus Kunststoff. Sie alle schienen gewichtslos, wie aus Pappe. Ich legte mich in die Mitte des Zimmers auf den Teppichboden, die Arme ausgestreckt, die Füße zusammen, und zählte jeden Atemzug, zählte mit dem Summen der Klimaanlage. Ich tauchte weg. Ich hörte nichts, bis ich ihn im Zimmer spürte. Er saß neben mir, im Schneidersitz, in der Dunkelheit.
»Wovor hast du Angst?« sagte er.
»Ich weiß nicht. Zurückzugehen.«
»Erklär's mir. Sag's Thurman.«
»Kann ich nicht. Manchmal ist es schwer zu atmen, als lebe man unter Decken.«
»Heiß?«
»Heiß, aber auch kalt. Ich zittere.«
»Dann geh nicht zurück.«
»Ich muß«, sagte ich. »Es nützt nichts mehr, wegzubleiben.«
Er stand auf und ging ins Schlafzimmer. Ich hörte ihn mit einer Bewegung das Laken vom Bett abziehen, mit einem leisen Schnappen kam es frei. Er brachte auch ein Kissen, stand zu meinen Füßen und warf das weiße Laken aus, so daß es sich wie die rechteckige Flagge eines reinen und leeren Landes über mich legte.
»Es ist Mitternacht«, sagte er. »Schlaf ein bißchen. Wir müssen hier früh raus.«

Gegen neun Uhr morgens waren wir zwei Stunden südlich von der Stadt auf der Route 25. Wir redeten nicht; die Straße war gerade und zweispurig, das Licht war noch klar, aber verdichtete sich bereits mit der Hitze, die später kommen sollte. Wir beide hatten mit der Dämmerung aus der Wohnung hinausgewollt; wir hatten einen halben Karton Orangensaft getrunken, den wir in dem makellosen Kühlschrank gefunden hatten, hatten getrunken, während wir vom Parkplatz fuhren, halb benommen, in Müdigkeit gehüllt. Thurman hielt das Lenkrad mit einem Knie fest, starrte geradeaus. »Kannst du einen Wagen mit Gangschaltung fahren?«

»Vielleicht«, sagte ich, »ich hab es nur eine Weile nicht mehr getan. Ich bin mir nicht sicher, ob ich noch weiß, wie's geht.«

»Was?« Seine Stimme war ausdruckslos. »Du bist dreiundzwanzig und Amerikanerin und kannst nicht autofahren?«

»Ich hab den Führerschein. Hab ihn bloß nie gebraucht.«

»Wieso nicht?«

»Weil ich, als ich sechzehn war, mit dem Wagen meiner Mutter in die Einfahrt einbog, den Wagen meines Vaters seitlich streifte und hinten auf den meines Bruders fuhr.«

Thurman schüttelte den Kopf. »Wunderbar.«

»Ich fuhr nur zehn Meilen die Stunde – es war kein großer Schaden. Ein paar Kratzer und verbeultes Chrom. Aber danach war mein Fahrstil ein Familienscherz, und niemand wollte mich hinters Steuer lassen.«

»Kann ich mir vorstellen.«

»Außerdem war es eine Kleinstadt. Meine Freunde hatten Autos.«

»Tja«, sagte er, »dies ist keine Kleinstadt, und ein Freund ist auch nicht in Sicht. Du wirst also fahren lernen.«

»Thurman, willst du mich befreien?«

»Nein, du wirst mich befreien. Ich hab vor, genau die Hälfte dieser Reise angenehm stoned zu verbringen, am Radio zu spielen und Pornohefte zu lesen.«

»Ich wußte nicht, daß du Pornohefte liest.«

»Nur die wirklich dreckigen, die, die nichts vortäuschen. Und ich will keinen Scheißkommentar darüber hören.«

Bei Cuchillo fuhr er von der Straße ab und hinter der Ausfahrt nach links. Wir konnten die Stadt in der Ferne sehen, braun und weiß und geduckt. Thurman fuhr in die entgegengesetzte Richtung. Das Land war absolut flach, schimmerte vor Hitze, eine mondartige unwirkliche Oberfläche, eben wie Spiegel. Licht prallte wie Messergleißen davon ab. Die Berge in der Ferne waren blau und beige, baumlos. »Pinos Altos«, sagte Thurman, »oder die Nimbres-Kette, ich weiß nicht, welches von beiden. Wir sind nicht weit von Elephant Butte und dem Reservat.« Er steuerte auf die Bankette neben der schmalen Straße zu, bremste und blieb stehen, während gelber Staub um uns aufstieg. »Guter Ort für eine Zeremonie.« Er stellte den Motor ab und sah mich an. Er sah erstaunlich klar umrissen aus in dem frühen, heißen Licht, die Stirn feucht, seine großen Hände öffneten sich mir in gleichmäßigen Gesten und beschrieben kleine Kreise, während er redete.

»Also«, sagte er, »das hier wird zwanzig Minuten dauern. Denk daran, eine Handschaltung ist immer noch das beste – sie läßt dich den Motor und die Straße wirksamer spüren als ein Automatik. Niemand, der viel von Autos versteht, fährt einen Automatik.«

»Automatik ist für Jungfrauen, nicht, Thurman?«

Er stieg aus dem Pickup, blieb stehen und sah von der Straße zu mir herein. »Rutsch rüber.«

»Müssen wir so ernst sein? Es war ein Witz.«

»Ich lache nicht. In dreißig Minuten ist dies angenehme Zwischenspiel mit siebenundzwanzig Grad vorbei, und die Temperatur steigt bis auf zweiundvierzig. Es ist Anfang September in Texas. Wir müssen weiterkommen. Also paß auf.«

»Okay.«

»Es ist ganz leicht.«

»Nichts Mechanisches ist leicht.«

Er seufzte. »Bist du fertig?« Er beobachtete mein Gesicht, als ich auf den Fahrersitz rutschte, schlug dann die Tür des Pickup zu

und ging um das Fahrerhaus herum. Er stieg ein und saß bewegungslos, wartete.
»Ich werd ein paar Anweisungen brauchen, wenn es dir nichts ausmachen würde.«
»Guck, es ist heiß in Texas. Wir wollen's beide leicht nehmen.«
»Versuch ich ja.«
Er sah weg, dahin, wo die Straße in einer Luftspiegelung hinter einem Nichts verschwand, und sagte auf: »Rechter Fuß, Gas und Bremse. Linker Fuß, Kupplung. Jetzt tritt die Kupplung durch, stell den Leerlauf ein, und mach die Zündung an.«
Der Motor drehte durch und sprang an. Ich wollte aus dem Pickup steigen und in die braunen Felder gehen, immer weitergehen. In der Ferne bewegten sich kreisende Vögel wie ein Muster aus Strichen am Himmel. Etwas war tot dort draußen, vergilbt wie der Staub und wie Spitzen durchbrochen mit Verschwinden. Thurmans Stimme fuhr fort, aber näher. Er war zu mir herübergerutscht. »Laß die Kupplung langsam kommen. Gib Gas, während du sie kommen läßt, genug Gas im richtigen Augenblick, oder du würgst den Motor ab. Jetzt versuch's, so ist gut, jetzt Gas ...« Der Pickup machte einen Satz nach vorn, stotterte, machte noch einen Satz, soff ab. »Versuch's noch mal«, sagte er, »ein bißchen glatter, laß die Kupplung noch ein bißchen kommen, so – jetzt.«
Er redete, wir holperten und bewegten uns, rollten zaghaft nach vorn, blieben stehen. Die Felder blieben still. Ein Straßenköter kam aus dem Gebüsch getrabt und setzte sich mitten auf die Gegenfahrbahn, sah uns hechelnd zu. Der Hund war vielleicht zwanzig Pfund geschmeidiges Tier, unbeweglich, ein Wüstenstein mit Schlitzaugen. »Noch mal«, murmelte Thurman, »so ist's gut, gib Gas, nicht zuviel, *okay*, *okay*, wir fahren, achte nicht auf den Hund, achte auf die Straße. Gut, gut, jetzt – wenn du in einem Gang zu langsam fährst, läuft der Motor untertourig. Hörst du das? Er läuft untertourig. Gib mehr Gas ...«

Er redete immer weiter in dem engen Fahrerhaus, in dem wir beide schwitzten, bis die Wörter ihren Sinn verloren. Ich wiederholte immer die gleichen Bewegungen: Kuppeln, Gas, Schalten, Bremsen, Zurückschalten, immer wieder dasselbe Stück Straße rauf und runter. Der Straßenköter saß da und beobachtete uns von der einen oder anderen Seite des Bürgersteigs, und als wir das letzte Mal vorbeikamen, stand er auf und trabte zurück ins Feld in Richtung Nirgendwo. Ich holperte die Auffahrt zur Autobahn hinauf, während Thurman für mich schaltete, dann auf die Autobahn selbst, und er applaudierte.
»Verzeihst du mir?« fragte ich.
»Wofür?« Er paßte auf die Straße auf, saß nahe genug, um ins Steuer zu greifen. »Guck in den Spiegel, du mußt immer wissen, was hinter dir kommt.«
Ich schaute kurz hinein. »Wegen gestern nacht«, sagte ich, »es tut mir leid.«
»Es braucht dir nicht leid zu tun. Das, was passiert ist, war in diesem Plan so gut möglich wie alles andere.« Er langte unter den Sitz nach einer Packung Zigaretten, immer noch auf die Straße achtend. »Ich mag dich.«
»Weißt du was? Das eine Mal, als wir in Denver zusammen geschlafen haben, war für mich das erste Mal in sechs Wochen.«
»Das dachte ich mir.«
»Wie meinst du das?«
»Paß auf – bleib in deiner Spur.« Er drehte sich um und schaute schnell hinter uns. »Ich mein, es wirkte, als könntest du dich kaum erinnern, wie es geht. Es gibt mehrere wie dich. Wo sind all die aufgeweckten, munteren Mädchen, die es jederzeit mit jedem trieben?«
»Sie sind älter geworden«, sagte ich. »Ich hab es auch mit jedem getrieben, bloß wegen seiner Augen oder seiner Arme. Es ist einfach, wenn man es oft tut. Man wird stoned, und man denkt noch nicht mal darüber nach. Einfach. Wie Guten Tag sagen.«

»Bin ich wohl zu spät gekommen«, sagte er. »Es muß toll gewesen sein, dir in alten Zeiten Guten Tag zu sagen. Ich wünsche, ich hätte dich damals gekannt.«

»Ja, das glaub ich dir gerne.«

Er lächelte und zündete sich eine Zigarette an. »Aber vermißt du es nie? Waren diese Tage nicht manchmal einfach *lustig?* Denk mal drüber nach. Alle haben viel gelacht, nicht? Die gemeinsamen Witze und die alte Clique. Das ganze Gras, jeder hatte einen Spitznamen. Essen und gute Gelage und Banjos und Flöten. Die Leute waren nicht dumm; sie haben sich bloß keine Sorgen gemacht. Der Krieg war vorbei, niemand wurde eingezogen. Die Mädchen hatten die Pille und einen alten Herrn, und ab und zu vögelten sie mit dem alten Herrn ihrer besten Freundin, oder sie vögelten alle zusammen, und alle waren Kumpel. Stimmt's nicht?«

»Klar. Stimmt.«

»Ha«, sagte er.

Wenn ich mich recht erinnere, fuhren wir so: Route 25 von Denver nach Albuquerque, die 10 nach El Paso, 20 nach Dallas, 35 nach San Antonio, zurück auf der 10 nach Houston, Beaumont, New Orleans, die 65 nach Montgomery, 85 nach Atlanta und Charlotte, 21 nach Wytheville, Virginia, 77 nach Charleston und West Virginia; wir waren auf der Durchreise, entkamen der Schwerkraft in einem blechernen japanischen Pickup, einem importierten Wohnquartier. Liebe in einer Weltraumkapsel, wie Thurman es nannte, Haß in Houdinis Koffer. Aber es gab die Windschutzscheibe und den Dauerfilm hinter Glas. Es war gut, in den Film hineinzufahren, gut, wie das Wetter sich änderte, wie Nacht und Tag miteinander feilschten. Gut, für ein oder zwei Tage in einem Park oder Motel zu campieren, eine Lokalzeitung zu kaufen, zu einem Trödelmarkt zu gehen. Es war gut, an den Imbißbuden und Schnellgaststätten und den Tagescafés zu halten oder sogar an einem der »Howard Johnsons« entlang der Autobahn: eine Stunde, ein paar Stunden, dann brachen wir wieder auf, so wie wir hineingekommen waren, als hätten wir Helium in den Schuhen. Alle anderen lebten, wo sie standen. Sie mußten irgendwo leben, und sie waren in Tucumcari oder Biloxi oder Homer, Georgia, gelandet. Sie alle – Kellnerinnen und Barkeeper, Angestellte in Motelrezeptionen, die man von irgendeiner Straße aus sehen konnte, und die Schilder, Ortsnamen, Straßen, Häuser – waren Punkte in einem riesigen Verbinde-die-Pünktchen-Suchbild. Der Pickup war die Wirklichkeit; er und ich und das Radio, die Hülle des Raums, dünner Teppich über einem Boden, der mit einem hohlen *Ping* vibrierte, wenn man fest aufstampfte. Da waren die Rückspiegel, die alles Zurückbleibende seitlich wegdrehten, das Licht in aufblitzenden Strahlen und Winkeln festhielten, und die Pastelltöne in losgelösten flachen Bildern, so daß jeder gespiegelte Gegenstand – Auto, Zaun, Plakattafel – nur als Form erschien, wundersam in der Bewegung. Da war das Lenkrad, das Armaturenbrett mit seinen viereckigen Leuchtanzeigen in der Nacht, ein paar rote Nadeln, die Zahlen registrierten. Das Handschuhfach: eine Taschenlampe, die Autopapiere, eine Flasche Aspirin voller weißer Kreuzchen, Gras und ein Umschlag aus Alufolie mit kristallisiertem Methedrin im Erste-Hilfe-Kasten, zwei Karamelstangen, ein Kartenspiel. Unter dem Sitz waren ein paar Landkarten und ein paar Taschenbücher, Zeitschriften, zerknülltes Einwickelpapier von Keksen und Reformhausplätzchen und Eis am Stiel, Thurmans Mundharmonika. Das Radio heulte und knisterte und überschwemmte uns mit allem, was es in der Luft auffing. In der Wüste gab es nichts außer dröhnendem Knattern und Pfeifen; wir drehten die Lautstärke auf, bis der Pickup von dem krachenden Störgeräusch erfüllt war, und fuhren schnell mit dem Gedröhn, meilenweit, heiße Luft strömte durch die geöffneten Fenster. Aber meistens lief das Radio leise. Er redete. Ich redete.

Wir erzählten Geschichten. Wir stritten. Wir stritten viel, während wir uns Dallas näherten, wo wir ein paar Tage bei seinen Eltern verbringen würden.

»Wo bist du hergekommen?«
»Thurman, ich komm daher, wo ich hinfahr.«
»Ich meine zu Anfang, wie Polen oder Skandinavien.«
»Wales. Aber dort, in West Virginia, seit dem 18. Jahrhundert. Es war zugewiesenes Land. Soviel Land, daß sie es über zweihundert Jahre an zehnköpfige Familien verteilt haben, und das letzte wurde erst verkauft, als mein Vater aufwuchs.«
»Verkauft an wen?«
»Kohlenbergbau. Bergbaugesellschaften aus Pennsylvania und New York.«
»Aha.« Er stellte sich den Rückspiegel ein. »Warum bist du denn nicht zu Hause und machst gegen Tagebau mobil?«
»Mobilmachen? Klingt wie Krieg bei dir.« Ich machte das Radio an und machte es wieder aus. »Ich schätze, es ist ein Krieg – New Yorker Hippies gegen New Yorker Bergbaugesellschaften.« Ich sah von ihm weg, aus dem Fenster. »Ich hab keine Entschuldigung, ich wollte einfach raus.«
»Weißt du, daß West Virginia der einzige Staat ohne Atomreaktoren ist?« Er zog an seiner Zigarette und lächelte mich über den Sitz an.
»Sie konnten dort keinen Reaktor hinstellen«, sagte ich. »Das Land würde aufbrechen wie ein Geschwür und würde ihn verschlucken.« Ich fing seinen Blick auf und lächelte zurück. »Beeindruckend. Du hast deine Öko-Literatur gelesen.«
»Ich bin ein guter Hippie-Schreiner.«
»Es gibt keine Hippies mehr. Es gibt ein Märchen über Visionäre der Arbeiterklasse.«
»Bloß ein Märchen? Keine Vision in der Arbeiterklasse?«
»Vision überall. Aber in der richtigen Arbeiterklasse ist die

Vision halbblind. Es ist romantisch, sich einzubilden, daß sie wirklich wissen –«

»Du glaubst nicht, daß sie *wissen?*« Er schnippte seine Zigarette aus dem Fenster und hob die Stimme. »Sie wissen – sie *reden* bloß nicht drüber. Mein Großvater war ein irischer katholischer Klempner, der an Zirrhose gestorben ist. Er saß immer in seinem Sessel, wenn im Radio die Nachrichten liefen, und faltete seine Zeitung in Vierecke. Dann entfaltete er sie und rollte sie zu einer Röhre, einer festen Röhre mit dem Durchmesser einer Lederpeitsche. Er schlug sie im Viervierteltakt auf die Lehne des Sessels, während der Radiosprecher immer weiterredete und meine dürre Großmutter in der Küche tellerweise Kohl schabte.« Er guckte in den Spiegel und überholte einen Viehtransport. »Sie wußten viel, Schatz. Du weißt nicht, wovon du sprichst.«

»Nenn mich nicht Schatz, und ich hab nicht gesagt, daß sie nichts wahrnehmen oder nicht frustriert wären. Ich sagte, ihre Isolation war echt, keine Illusion. Sie blieben an einem Ort und versanken mit allem, was sie hatten. Aber uns – guck dir uns an. Straßen. Gefühl, sich treiben lassen, Landkarten, die in noch mehr von demselben führen. Es ist verwischt, ein Muster, ein Blick aus einem Flugzeug.«

»Du bist eine richtige Philosophin, nicht? Was willst du eigentlich? Willst du versinken, rechtschaffen und zu den Wurzeln zurückgekehrt? Ist es das?«

»Ich kann nicht.«

»Was?«

»Versinken. Ich weiß nicht, wie.«

»O Gott. Kannst du mal die Klappe halten und den Joint anzünden, ehe wir nach Dallas reinkommen?«

Ich nahm den Joint aus seiner Zigarettenschachtel und suchte nach Streichhölzern.

»Hier«, sagte er und warf sie mir zu. »Kein Wunder, daß du

alleine lebst und auf dem Fußboden schläfst. Du bist pathetisch und deprimiert. Nichts ist schlimmer, als es je war.«

»Nein«, sagte ich, »nur losgelöster.«

»Losgelöstsein ist eine zeitlose Tugend. Versuch's mal mit Zen.«

»Tu ich«, sagte ich und zündete den Joint an. »Ich lebe im Zen, dem Highway-Zen, der Welle der Zukunft.«

Er lachte nicht. Wir kamen nach Dallas, und Thurman rauchte den Joint zu Ende auf einem Straßenparkplatz mit Blick auf drei »Taco Bells«, ein »McDonald's« und ein »Sleepytime Motel«. Er kniff hinter dem Rauch die Augen zusammen, als er einen Zug nahm. »Was macht dein Dad?« fragte er.

»Pensioniert.«

»Okay. Was *hat* er gemacht?«

»Straßen. Er hat Straßen gebaut.«

»Highways?«

»Nein. Zweispurige Straßen, in West Virginia. Haarnadelkurven.«

Der Joint glimmte zwischen seinen Fingern. Die Dämmerung hatte sich gesenkt, ein grauer Schatten. Die Luft war schwer und heiß, voller Abgase, ab und zu hupte jemand. Ich konnte den Ruß auf Thurmans Haut sehen und die gleiche verschwitzte Blässe auf meinem Gesicht fühlen.

»Wie ist dein Vater?« fragte ich ihn.

Er stieß den Rauch aus, die Augen in die Ferne gerichtet. »Mein Vater ist einundsiebzig. In der letzten Zeit ist er ein bißchen gaga geworden.«

Wir saßen schweigend, bis wir ausgeraucht hatten. Thurman ließ den Motor anspringen. »Du hast im Haus meiner Eltern ein eigenes Schlafzimmer«, sagte er, »und ich hoffe wahrhaftig, daß die Laken nicht zu schwer für dich sind.«

Das Haus war eine große, altmodische Salzpackung auf einem Morgen Rasen, paßte ganz und gar nicht zu den Bungalows rundherum und mußte dringend gestrichen werden. Regenrinnen hingen abgewinkelt vom Dach, das Gras war in merkwürdigen Streifen geschnitten und stellenweise so hoch wie Feldunkraut gewachsen. Ein alter Chevy-Kombi stand aufgebockt vor der Garage. Thurman und ich saßen in der Einfahrt, im Fahrerhaus des Datsun, und schauten.

»Sie sind schlimmer geworden, oder er zumindest. Ich hab Kinder angestellt, die das Gras für ihn schneiden sollen, und er läßt sie nicht aufs Grundstück.«

»Wußten sie, daß wir kommen?«

»Ja.«

Die Haustür öffnete sich, und Thurmans Mutter erschien. Sie war klein und dünn, die Arme vor der Brust verschränkt, und aus der Art, wie sie in die Ferne blinzelte, war offensichtlich, daß sie uns nicht genau sehen konnte.

»Geh du zuerst«, sagte ich. »Sie wird dich alleine sehen wollen.«

Er stieg aus und näherte sich ihr beinahe vorsichtig, hob sie dann in einer Umarmung vom Boden hoch. Sie schien nicht groß genug, um je seine Mutter gewesen zu sein, aber einige Minuten später, als sie mir forschend ins Gesicht sah, war ihr Händedruck überraschend fest.

Die Innenräume rochen nach verwelkten Blütenblättern und trotz der Klimaanlage nach stickiger Luft. Nur die kleinsten Zimmer unten sahen bewohnt aus: die Küche, eine Frühstücksnische, ein kleines Zimmer mit einem Fernsehapparat und einer ausziehbaren Couch, die als Bett zurechtgemacht war. Das große Wohnzimmer war leer bis auf einen Schaukelstuhl mitten auf dem kahlen Fußboden. Man hatte das Zimmer vollkommen ausgeräumt und Löcher im Putz ausgebessert; drei große Portraits in gleichgroßen Rahmen waren mit Malerdecken verhängt und

gegen die Wand gelehnt. Über ihnen waren die verblichenen Vierecke, wo sie gehangen hatten.
»Oh«, sagte ich, »Sie streichen gerade.«
»Naja.« Sie sah sich im Zimmer um. »Wir wollten vor drei Jahren streichen, aber wir haben's nie getan.« Sie lächelte.
Der Flur oben war staubig. Putz war in Brocken von den Wänden gefallen und ließ die hölzernen Wandplatten sehen. Zeitungsfetzen und Farbsplitter übersäten den Boden; das große Schlafzimmer war sauber, aber unbenutzt, und die anderen Schlafzimmer sahen verlassen aus: Möbel in die Mitte des Zimmers geschoben, Betten mit einem feinen Staub überzogen.
»Du nimmst dieses Zimmer«, sagte Thurman, »ich schlaf im Zimmer gegenüber.« Er hob einen Besen auf und begann, die Matratze abzukehren. »Ich hol dir ein paar Laken.«
Ich sagte nichts.
Er stellte den Besen ab. »Also, ich hab das Wohnzimmer zum Streichen fertig gemacht – vor zwei Jahren, nicht drei. Ich hatte Maler bestellt, um das Zimmer und die Fassade anzustreichen; mein Vater rief sie an und sagte, sie brauchten nicht zu kommen.« Thurman trat ans Fenster, sah durch streifiges Glas zum Rasen hinunter. »Aber das Gras … Immerhin, er wußte seit sechs Wochen, daß ich komme. Vielleicht hat er das ganze Szenarium geplant. Er läßt nicht zu, daß ich ihm einen Rasenmäher mit Motor kaufe oder irgendwelche Arbeiten für ihn verrichte. Darüber streiten wir jedesmal, wenn ich nach Hause komme. Dieses Mal streite ich mich nicht.«
»Warum ist er sauer auf dich?«
»Weil ich vor fünfzehn Jahren ausgerückt bin. Fünfzehn Jahre ist eine lange Zeit zum Sauersein.« Thurman schaute hoch zu mir. »Und sei nicht überrascht, wenn er nicht mit dir spricht. Er hört in Wirklichkeit gar nicht so schlecht, aber er tut so, als wär er taub. Er wird die ganze Zeit, die wir hier sind, geschäftig tun.«

Wir saßen auf Gartenstühlen am Rand der Betonveranda.
»Mein Vater war berühmt. Er war als der beste High-School-Footballtrainer in der Geschichte des Staates Texas bekannt. Universitäten boten ihm Stellen an, aber er wollte nicht, daß seine Familie umzog, er wollte dieses Haus nicht verlassen.«
Thurman schüttelte das Eis in seinem leeren Glas und sah geradeaus auf die alte Holzgarage. Sein Vater stand mit dem mechanischen Mäher in der offenen Tür, blickte mißbilligend auf die sich drehenden Schneiden, während er das klapprige Ding in das Gras an der Seite des Hauses schob. »Seit ich ein Kind war, wußte ich, daß er berühmt war. Und meine Brüder waren berühmt, sechs und acht Jahre älter als ich, beide ausgewählt, Football an der Southern Methodist University zu spielen, nachdem sie in seinen Mannschaften geglänzt hatten. Und später war ich berühmt, aber nicht so berühmt wie sie. Ich spielte in der letzten Mannschaft meines Vaters, und wir schafften es zu den Endspielen; er war sechzig Jahre alt.«
Der Mäher gab sein hohes schneidendes Surren von sich, während der alte Mann ihn vor und zurück schob. Der schlanke Holzgriff war so grau und verwittert wie ein Scheunenbrett.
»Seine Kinder werden's nicht schaffen, ihn von hier weg zu bringen, und keiner in dieser noblen Nachbarschaft sollte wagen, es zu versuchen«, sagte Thurman. »Er war zuerst hier. Und es gibt immer noch Leute in der Gegend, die sich an meinen Vater erinnern. Wenn er sein Haus zusammenfallen lassen will oder es anzünden oder in die Luft jagen, hat er wohl das Recht dazu.«
Ich beobachtete Thurmans Vater. Er hatte meine Anwesenheit kaum zur Kenntnis genommen, obwohl er mit Thurman den Rasenmäher besprochen hatte, während sie beide niederknieten, um die Schneiden mit einem Lumpen sauber zu wischen. Der alte Mann war hager und gebeugt, aber er sah nicht gebrechlich aus. Thurman nahm die Halbliterflasche, die zwischen unseren Stühlen stand, und färbte das Eis in seinem Glas mit Bourbon.

»Hast du gewonnen?« frage ich ihn.
»Was?«
»Die Meisterschaften, die letzten.«
»Mit Ach und Krach. Wir lagen zurück und versuchten noch mal einen Lauf nach vorn als allerletzte Chance, obwohl die Zeit fast abgelaufen war. Ich spielte am Ende und deckte unseren Quarterback, einen schnellen kleinen Mexikaner namens Martinez. Ich war der letzte bei ihm, dachte, es sei gelaufen, und hielt zwei ihrer Verteidiger fest, als Martinez über den ganzen Haufen sprang. Ich wollte mich bewußtlos schlagen, war ein zu großer Feigling, um bei Bewußtsein zu bleiben, wenn wir verloren. Zehn Minuten später kam ich mit einer Gehirnerschütterung zu mir, und wir hatten gewonnen.«
»Stand dein Vater über dich gebeugt?«
»Nein, er war oben und nahm den Pokal entgegen. Dann kam er und balancierte ihn mir auf der Brust, als sie mich auf die Bahre hoben – ein monströses goldenes Ding mit drei Sockeln, die sich vervielfachten und wie unendlich aussahen. Ich sah es nicht allzu deutlich. Es war 1964; die Dinger stellten sich gerade scharf ein.« Er sah zu mir herüber. »Du warst damals ungefähr zwölf Jahre alt.«
Ich erwiderte seinen Blick. »Du bist nicht zur Southern Methodist University gegangen.«
»Ich war doch nicht lebensmüde. Football hat mich beinahe umgebracht. Ich konnte zwei Wochen lang nichts Gedrucktes lesen.« Er ließ sich tiefer in den Gartenstuhl sinken, strich mit dem Fuß über das üppige Gras. Seine Beine waren lang und muskulös und blond. »Wenn ich einen Zentimeter mehr nach rechts aufgeschlagen wär, hätt ich mir 'nen Sarg kaufen können. Aber selbst ohne die Gehirnerschütterung hatte ich es satt. Ich ging nach Colorado und lief Ski und karrte Dope von Mexiko hoch und ging zur Uni, machte die Reise mit dem Peace Corps. Hab meinen Vater jahrelang nicht gesehen.«

»Wieso hat der Krieg dich nicht erwischt? Die Gehirnerschütterung?«
»Nein. Die Knie. Hat aber meinen Bruder erwischt, den mittleren. Ihn umgebracht. Er mußte noch nicht mal gehen. Er war beinahe achtundzwanzig Jahre alt und hat sich freiwillig gemeldet, wie ein Idiot. Mein Vater hielt es für richtig. Sie schifften ihn rüber und haben ihn in neun Wochen erledigt. 1968. Sah meinen Vater bei der Beerdigung. Sagte immer wieder zu mir: ›Barnes nahm Drogen, nicht? Die nehmen da drüben alle Drogen. Sonst wär er nicht tot, er war ein Sportler. Hat jeden Tag trainiert. Die Drogen haben ihn getötet.‹ Ich sagte: ›Dad, der Krieg hat ihn getötet. Der Krieg kümmert sich 'nen Dreck um Sportler.‹ Danach machte ich zwei Touren mit dem Peace Corps. Ich wollte um jeden Preis aus dem Land raus.«
»Thurman ... Thurman?« Die Stimme seiner Mutter wurde über den Rasen getragen. Ich drehte mich um und sah sie am Küchenfenster. »Abendessen«, rief sie, »kommt jetzt rein ...« Jeder Satzteil wurde von Stille unterbrochen.
Thurman rührte sich nicht.
»Kommst du oft hierher zurück?« fragte ich. »Wie oft besuchst du sie?«
»Einmal im Jahr, vielleicht zweimal. Er wird langsam alt. Da bleibt nicht mehr viel Zeit, um es zu begreifen, alles.«

Ich konnte nicht schlafen. Ich schlich die Treppe hinunter, um ein Glas Wasser zu holen. Verwirrt bog ich um die falsche Ecke in das dämmrige Wohnzimmer und fand mich den verhängten Portraits gegenüber. Ich kniete mich neben das letzte. Wenn ich jetzt guckte, würde es keiner wissen; vorsichtig, lautlos zog ich das Tuch weg. Erst ein Schimmer von Glas, dann, im Mondlicht, die Züge eines Gesichts. Ich dachte, es sei Barnes, der tote Bruder, ernst und jung in seinem schwarzen Anzug, bereits gezeichnet – aber nein, die Augen – es war Thurman. Ich starrte, verblüfft

»High-School-Abgang«, sagte er hinter mir. »Wir waren alle achtzehn.« Der Schaukelstuhl knarrte. »Wieso bist du auf?«
»Ich konnte nicht schlafen.«
»Niemand schläft viel in diesem Haus.«
»Wer ist sonst noch wach?«
»Meine Mutter. Ich hab sie in der Küche gehört. Als ich nach unten kam, ging sie wieder ins Bett. So machen wir es hier.« Er nickte zu der geschlossenen Tür des kleinen Fernsehzimmers. »Sie scheint sich ein paar Gläser genehmigt zu haben.«
»Ist das üblich?«
»Wer soll das wissen? Ihr Trinken wird schlimmer, wie alles.« Er zog an seiner Zigarette, und das Glimmen der Asche erleuchtete sein Gesicht einen Augenblick lang.
»Sie vergißt, wenn sie trinkt. Bequem.«
»Ich bezweifle, daß das bloß Bequemlichkeit ist.«
»Was sollte es sonst sein?«
Ich zuckte die Schultern. »Schmerz?«
Thurman seufzte. »Du weißt nie, wann du den Mund halten sollst. Meinst du, ich will um drei Uhr morgens hier in diesem Haus sitzen und über Schmerz reden?«
»Nein.« Ich konnte ihn in der Dunkelheit sehr deutlich sehen. Ich ging näher heran und berührte seine Stirn. »Rede du, Thurman, und laß mich wissen, wann ich sprechen soll. Ich sag alles, was du willst.«
Er stand auf und legte mir die Arme um die Schultern und hielt mich. Wir drehten uns um, um nach oben zu gehen, als Thurman innehielt. Wir hörten Wortfetzen, ein Murmeln. Er trat näher an das Fernsehzimmer und blieb lauschend stehen, stieß dann die Tür sanft auf. Seine Mutter stand im Bademantel in unserer Nähe, ein leeres Glas in der Hand. Sie schien uns nicht zu bemerken und sah langsam auf. Der dämmrige kleine Raum quoll von Möbeln über und roch schwach nach Bourbon. Thurmans schlafender Vater lag im Schatten.

»Mom, du solltest im Bett sein. Du könntest fallen.« Er ging zu ihr hinüber und nahm das Glas. »Ich bring das für dich in die Küche.«

Sie trat Thurman in den Weg und packte ihn am Handgelenk. »Hör mal«, sagte sie langsam, in vertraulichem Ton, »Barnes beantwortet nie einen Brief, ruft nie an. Wo ist er?«

Thurman führte sie zum Bett. »Komm mir nicht damit.«

»Das macht sie doch nicht«, flüsterte ich, »sie ist wirklich –«

Jetzt saß sie auf der Bettkante. Thurman legte ihr die Hände auf die Schultern und schüttelte sie einmal sanft. Sie sah ihm in die Augen. »Wer ist das Mädchen?« sagte sie.

»Eine Freundin von mir, Mom, du hast sie heute kennengelernt. Hier, leg dich hin, ehe du Dad aufweckst.«

Sie sagte nichts und umklammerte Thurmans Hand; unwillkürlich neigte er sich zu ihr. Ihre Augen weiteten sich, ihr Gesicht geriet in den Lichtschein der einzigen Lampe. Einen Augenblick lang konnte ich sehen, wie er ihr glich, wie sie mit fünfundzwanzig ausgesehen haben mußte: die klare, rötliche Hautfarbe, die Form und blaue Direktheit der Augen, das dicke kastanienfarbene Haar, vielleicht in einem Zopf bis zur Taille getragen. So nahe, berührten ihre Gesichter sich beinahe. Ihr Profil war eine gebrochene weibliche Version des seinen. Ich drehte mich weg.

»Mom, leg dich wieder hin.«

»Verlaß uns bloß nicht wieder.«

»Schlaf, ruh dich aus.«

»Ich schlafe nicht. Verlaß uns bloß nicht.«

»Thurman«, sagte ich. Ich hörte ihn sich aufrichten. Ihr Körper bewegte sich im Bett, dann stand er neben mir im Flur, zog die Tür zu. Er stand ruhig atmend, lauschend da. Kein Ton. Die gesprenkelten Wände des Wohnzimmers wurden heller, als unsere Augen die Dunkelheit wieder aufnahmen. Farben von Schwärzlich-Braun und Grau, rissig. In einer Ecke hatten

Flecken fehlenden Putzes, wo die Bauplatten durchguckten, die Form ausgefranster Sterne. Ich streckte die Hand nach ihm aus.
»Ich sollte nicht herkommen«, sagte er.
»Ist schon gut.«
Er stand da und guckte auf die geschlossene Tür. »Wer rettet wen?« sagte er.
Ich zog seinen Kopf herunter, dicht an mich, berührte ihn, sein Gesicht. »Laß uns draußen schlafen.«
Ich holte ein paar Decken, und wir breiteten sie im Garten aus. Die Akazienbüsche bildeten einen dichten Wall, knollig und schattig, der nach süßem Staub roch.
Dann kamen wir nach New Orleans. Zogen in ein Motel. Gingen in diese Bar, wo jeder tanzte.
Was passierte, war unheimlich und dumm und durcheinanderwirbelnd und ekelhaft und auf betrunkene Art vorhersehbar und von Anfang an in den Karten. Danach war alles anders, und Thurman machte sich keine Hoffnung mehr, mich zu retten. Er mußte sich über alles klar geworden sein, nachdem er die Bar allein verlassen und die ganze Nacht in diesem Motel auf mich gewartet hatte, mit den blaugrünen Vorhängen, die sich hinter dem blauen Flimmer des Fernsehers über den Lüftungsschächten bewegten. Ich erinnere mich beinahe an alle Motelzimmer und an dieses besonders, an den großen eingebauten Fernseher und die billigen Vorhänge, blau wie entzündetes Gas. In sieben Stunden konnte Thurman drei Filme und zwölf Werbeeinheiten gesehen haben. Er ließ mich um zwei Uhr morgens in der Bar zurück, und ich bog mit einem Taxi um neun auf den Motelparkplatz ein. Er zog gerade die Seile über der Plane fest, und die Tür zum Zimmer stand offen. Ich stieg in den Pickup, nachdem ich einen einzigen Blick mit ihm gewechselt hatte, und bis Georgia, wo wir in den See gingen, sprachen wir nicht miteinander.
Dann fuhren wir weiter.

»Fahr nicht in der Überholspur, wenn du nicht gerade überholst.« Thurman, seine Stimme rauh wie Kies vor Schlaflosigkeit.
»Warum nicht? Ich überhol sowieso alle, dann kann ich auch gleich auf der Überholspur bleiben. Ich bin gern auf der Überholspur.«
»Ach, so ist das. Naja. Einer, der noch schneller ist als du, wird von hinten herandonnern und dir den Arsch abfahren. Wie wird dir das gefallen?« Er stellte das Radio ab. »Verdammt noch mal, kannst du mir eine Minute zuhören?«
Ich sah ihn kurz an und fuhr weiter.
»Fahr den Wagen ran«, sagte er.
»Willst du mich verprügeln, Thurman?«
»Fahr an den Rand, auf der Stelle.«
Ich fuhr auf die Bankette und legte den Leergang ein. Ein Viehtransport fuhr mit achtzig Meilen an uns vorbei, das Fahrerhaus schaukelte. Es gab ein Geblök und einen Geruch, und er war weg.
Thurman saß mit dem Rücken zur Beifahrertür. »Nimm die Hände vom Steuer«, sagte er.
»Thurman, was soll das?«
»Ich sag dir, was das soll. Du steckst tief drin, und da wird dir keine Überholspur helfen.«
»Ich will keine Hilfe. Ich fahr einfach immer weiter, bis ich einen Weg finde, runterzukommen.«
»Schön für dich, Schätzchen.«
»Fick dich ins Knie.«
»He, keine Sorge. Von mir kriegst du keine Hilfe. Das letzte Mal, als ich von der Überholspur runter bin, hab ich mir ein Versprechen gegeben – keine Samariterscheiße mehr.«
»Du bist ganz mitfühlendes Herz.«
»Du machst dir besser mal Gedanken über dein eigenes. Du bist diejenige mit dem rasenden Puls und der Nervosität, die auf dem

Fußboden schläft und sich in einer Disco von drei Clowns mitnehmen läßt.«

»Okay, Thurman.«

»Nicht okay. Ich bin da selbst schon gewesen, ich weiß, was du machst. Du verbringst die Hälfte der Zeit in wilder Hitze, und die andere Hälfte, wenn dir klar wird, wie schnell du bist, hältst du dich fest. Du tauchst noch nicht mal zum Luftholen auf. Dein Inneres ist blau, weil du erstickst. Deine Eingeweide zittern, weil du dir selber Angst einjagst. Du kommst dicht genug ran, um zu sehen, der Tod schert sich 'nen Dreck um dich.«

Ich stellte den Motor ab, und der Pickup war still. Highway-Geräusche sausten vorbei, laute Schwingungen, die sich anhörten wie Musik. Ich weiß nicht, wie lange wir dort saßen, vielleicht nur ein paar Minuten.

»Der Tod soll sich auch nicht drum scheren«, sagte ich, »oder? Der Tod ist eine Null. Blau, wie Eis blau ist. Vollkommen. Barnes ist vollkommen. Dein Vater wird vollkommen sein, mein Vater. Wir alle, kalt und vollkommen.« Thurman rückte über den Sitz nah an mich heran. Wir schwitzten beide. Er zog sein feuchtes T-Shirt vom Körper und betupfte mit dem Stoff mein Gesicht. Ich flüsterte, als hörte uns jemand zu: »Die Hitze macht mir nichts. Ich glaub, ich will die Hitze.«

»Ich weiß, ich weiß. Und wir haben Hitze. Wir haben jede Menge Hitze für dich hier in den USA.«

Die Baumwolle seines T-Shirts war weich und abgetragen. »Laß uns weiterfahren«, sagte ich. »Wer fährt?«

»Was soll's. Du kannst fahren.«

»Soll ich in der langsamen Spur bleiben?«

»Ist mir egal. Fahr auf dem Seitenstreifen, fahr auf dem Mittelstreifen, fahr verkehrt herum.«

Ich fuhr ein bißchen ruckend auf den Highway, aber ohne daß das Getriebe krachte. Als Thurman das Radio wieder einschaltete, kam eine Gospelsendung. Ein Chor sang laut und kräftig über ein Land hoch in der Sonne; das Gruppenvibrato ließ das Armaturenbrett erzittern.

»Du bist mir eine«, kam Thurmans Stimme. »Du hast deine verdammten Hände nie vom Steuer genommen.«

»Hab ich wohl nicht.«

»Gott. Ich weiß nicht, warum ich mir um dich Sorgen machen soll. Du kommst hier wahrscheinlich mit 'nem Hauptgewinn, einer Reise nach Mexico, raus.«

»Na klar. Eine Reise zum Gringo Hotel in Juárez, wo sie Hunde essen und ansteckende Krankheiten austeilen.«

Er zündete sich eine Zigarette an und starrte aus dem Fenster.

Beinahe zu Hause, fuhren wir im Regen durch die Berge von Virginia. Ich erlebte Augenblicke totaler Panik, in denen ich zu fallen schien, mit ausgebreiteten Armen und Beinen, weit weg von mir, und mein ganzer Körper wurde kleiner und kleiner. Ich konnte das Drehen, das Gefühl des Fallens spüren. Ich umklammerte den Türgriff und konzentrierte mich auf den Scheibenwischer, der sich vor mir bewegte, studierte seine Metallrippe und sein Gummiblatt. Ich versetzte mich in das Geräusch, das Wischen von Bewegung und Wasser, dumpfes Klatschen, wenn das Blatt auf der einen oder anderen Seite seiner Halbdrehung landete. Regenkanäle und die Spuren ihres Laufs nahmen mich gefangen; durch die Scheibe konnte ich Regen riechen, sauberes Wasser und gewaschene Blätter. Ich saß ganz ruhig, und das Drehen meines Körpers verlangsamte sich; meine Sinne öffneten sich allmählich in einem klaren Brennpunkt. Dann konnte ich den Sitz unter meinen Hüften wieder spüren und meine Füße auf dem Boden des Pickup, das Schnurren, das Vibrieren des Motors. Die Kapsel des Fahrerhauses nahm um mich Gestalt an: feuchtes Leder, ein schwacher Geruch von Körpern. Neben mir summte Thurman ohne Melodie vor sich hin, starrte geradeaus in die verregneten Berge und die sich windende Straße.

In der letzten Nacht schliefen wir in einem Nationalpark. Schon beinahe Dämmerung, und der Boden war feucht; ich scharrte Blätter zu einem breiten Haufen zusammen, um uns ein weicheres Bett zu machen, die Kälte abzuhalten. Die Berge und die Luft rochen nach Herbst, Erde, fetter Laubdecke.

»Setz dich her und wärm dich auf.« Thurman legte mehr Holz aufs Feuer. »Genieß den weiten, offenen Raum. Morgen kommst du gesund, wenn auch nicht munter, nach Hause. Erinnerst du dich an ›sicher‹? Du wirst dich wirklich schnell wieder dran gewöhnen.« Er blies ins Feuer, lehnte sich dann zurück und sah mich durch eine flimmernde Hitzesäule an. »Hast du Angst?«

Ich berührte die Steinumrandung, die wir um das Lagerfeuer gebaut hatten. Die Steine waren rauh und wärmten. »Das Zittern kommt, genau in diesem Augenblick«, sagte ich zu ihm. »Ich kann es spüren.«

»Nein«, sagte er, »bei dir ist alles in Ordnung. Ich sitz hier und schau dich an.«

»Man kann es nicht immer sehen. Manchmal ist es nur in meinem Bauch.«

Er nahm eine meiner Hände und drückte sie, knetete dann die Handfläche und bearbeitete jeden Finger. Er zog fest an jedem Gelenk und redete, als achte keiner von uns darauf, wie fest er zog. »Dir geht's gut«, sagte er. »Wir legen uns jetzt in die Blätter und holen ein paar Mal tief Luft, dann ist der ganze Spuk vorbei.«

Ich schloß die Augen, und ich konnte den Schatten über die Blätter kriechen spüren. Blätter fielen langsam, mit langen Pausen dazwischen, fielen mit einem papierenen Ton. »Ich glaub, es ist besser, wenn ich hier sitze und weine«, sagte ich.

»Kannst du nicht. Du bist nicht der Typ.«

»Ich versuch es mal. Erzähl mir eine schlimme Geschichte.«

»Ich kenn keine schlimmen Geschichten.« Er hob mich auf den Armen hoch und kniete nieder, um mich auf den Boden zu legen. Die Blätter waren unter uns dick geschichtet, alte Blätter, die nach trockenem Schlamm rochen. »Nur eine Geschichte«, sagte Thurman. »Wir sind drei Wochen in dem Pickup gewesen. Noch ein paar Stunden, und du bist zu Hause.« Ich erinnerte mich an ein Lied, das immer auf Kurzwelle gespielt wurde, als ich schlaksig und zwölf war, das größte Mädchen in der Klasse. *Be my little baby. Won't you be my darling, be my baby now ...* Ich lachte. Genau das war ich, ein Baby, ein erfrorenes sechs Jahre altes Baby, das zum Anfang der Kälte zurückkehrte.

»Komische Geschichte, was?« Er küßte meine Augen. »Werd nicht hysterisch. Ich zwing dich nicht. Männlicher Stolz, der Ehrenkodex –«

»Du könntest niemanden vergewaltigen. Du könntest vielleicht wütend genug werden, um anzufangen, aber im entscheidenden Augenblick würde deine Ausrüstung dich im Stich lassen.«

»Du hast recht. Ich wurde mit einem freundlichen Schwanz geboren.« Ich fühlte seine Beine dicht an mir, seinen harten Bauch, die Schnalle seines Gürtels. Er öffnete sie, damit mir das Metall nicht weh tat, und berührte mich unten an den Hüften.

»Es turnt dich an, wenn du väterliche Gefühle hast«, sagte ich. »Du wirst die Hölle für deine Tochter.«

»Du bist die Hölle für mich«, sagte er. »Du wirst eines Tages die gute Geliebte von jemandem sein, während ich in einer Kneipe allein mein Bier trinke und den Flipper höre.«

Ich öffnete sein Hemd und die Hose und rutschte an ihm hinunter. Der Geruch des Sees, wie Georgia, Geschmack wie von einer Verletzung. Er war in meinem Mund, seine Hände in meinem Haar, dann machte er eine Bewegung, damit ich aufhörte, und drehte mein Gesicht hoch. Er beugte sich über mich, hielt mich in den Armen, die Augen zornig und überrascht und naß.

»Nein«, sagte er.

»Thurman.« Ich weinte. »Ich möchte, daß du mich morgen einfach absetzt. Mich und die Koffer und die Bücherkiste. Ich möchte nicht sehen, wie du meine Mutter kennenlernst, nichts in der Richtung. Okay? Bitte.«

Die Kälte zog durch die Erde hoch. Er spürte mich im Dunkeln zittern und zog mich auf sich. Ich lag dort, und er hielt mich mit einem Arm. Seine Brust war breiter als meine Schultern und roch schwach nach dem kalten Geruch der Blätter. Er war wach, rauchte eine Zigarette und starrte in die Bäume. Er stieß den Rauch langsam aus.

»Es ist alles eine Frage des Zeitpunkts«, sagte er. »Diese ganze Situation. Der Zeitpunkt und das Zittern.«

»Du bist besser dran ohne mich. Du willst doch keine Überholspuren.«

Er legte seine warme, schwere Hand auf meinen Hinterkopf. »Ich sag dir was über Überholspuren. Mach nicht die Augen zu. Paß jede Minute auf. Paß im Schlaf auf. Wenn du achtgibst, kannst du es schaffen: das schnelle Schalten, die eine richtige Bewegung. Früher oder später siehst du deine Chance.«

Sylvia Plath

Der neunundfünfzigste Bär

Sie hatten der Karte nach die große Rundfahrt absolviert, und als sie ankamen, verbarg dichter Dunst die Regenbogenteiche; Parkplatz und Stege waren leer. Außer der Sonne, die schon tief über den violetten Hügeln stand, und dem Spiegelbild der Sonne, das rot wie eine Zwergtomate in der kleinen sichtbaren Fläche Wasser lag, war nichts zu sehen. Dennoch überquerten sie, in ihrem immer wieder durchgespielten Ritual von Buße und Vergebung, die Brücke über dem siedenden Fluß. Auf beiden Seiten, vor und hinter ihnen, wurden dampfende Wassersäulen aufgeworfen. Schleier nach Schleier entfaltete sich über dem Steg und ließ immer wieder andere Teile des Himmels und der fernen Hügel verschwinden. Sie kamen langsam voran, umschlossen von einem Dunst, der zugleich anheimelnd und unerträglich war; warm und feucht legte sich die schweflige Luft auf ihre Gesichter, Hände und bloßen Arme.

Norton trödelte etwas und ließ seine Frau vorausgehen. Ihre schlanke, verletzliche Gestalt verlor sich, als die Dämpfe zwischen ihnen undurchdringlicher wurden. Sie wurde aufgenommen von einem Schneesturm, einem weißen Wasserfall; sie war nirgendwo. Was hatten sie nicht alles gesehen? Kinder, die an den farbigen, heißen Teichen hockten und ihre Frühstückseier in rostigen Sieben kochten; Kupferpennies, die aus überreichen Mengen saphirblauen Wassers leuchteten; donnernde Springquellen, die sich mal hier, mal da vor der kahlen ocker- und austernfarbenen Mondlandschaft aufplusterten. Sie hatte, nicht ohne den ihr angeborenen Takt, auf der riesigen senffarbenen

Schlucht bestanden, wo, auf halbem Weg zum Fluß hinunter, Falken und die Schatten von Falken ihre Schleifen zogen und wie schwarze Perlen aus feinem Draht in der Luft hingen. Sie hatte auf dem Dragon's Mouth bestanden, dieser heiser dröhnenden Flut schlammverklumpten Wassers, und auch auf dem Devil's Cauldron. Er hatte erwartet, daß ihr, wie üblich, übel werden würde, um sie dann von der schwarzen, breiigen Masse, die ein paar Yards unter ihrer Nase schäumend aufplatzte, wegzuziehen, aber sie lehnte sich, andächtig wie eine Priesterin, inmitten der abscheulichen Dämpfe über den Abgrund. Und es war schließlich Norton, der, barhäuptig in der vollen Mittagssonne gegen das grelle, salzweiße Licht anblinzelnd und die nach faulen Eiern riechenden Dämpfe einatmend, von Kopfschmerzen befallen, aufgab. Er empfand den Boden unter seinen Füßen als so zerbrechlich wie ein Vogelschädel, eine bloße Schale von Vernunft und Anstand zwischen ihm und den dunklen Innereien der Erde, wo der träge Schlamm und die brühend heißen Wasser ihren Ursprung hatten.

Und zu allem Übel hatte ihnen auch noch jemand den zurückgelassenen Wassersack gestohlen, hatte ihn einfach von der vorderen Stoßstange des Wagens weggeklaut, während sie, eingeklemmt in der mittäglichen Menschenmenge, über den Holzsteg gedrängt wurden. Jeder konnte es gewesen sein: der Mann mit der Kamera, das Kind, die Schwarze im rosa, mit einem Zweigmuster verzierten Kleid. Schuld verbreitete sich unter der Menge, wie ein zinnoberroter Farbtropfen in einem Krug mit klarem Wasser, und befleckte sie alle. Alle waren sie Diebe, ihre Gesichter waren leer, brutal oder verschlagen. Ekel gerann in Nortons Kehle. Als er endlich im Auto war, sank er in sich zusammen, schloß die Augen und ließ Sadie fahren. Kühlere Luft umfächelte seine Schläfen. Hände und Füße schienen sich zu heben, sich leicht und von traumartiger Hefe aufgetrieben auszudehnen. Wie ein riesiger, leuchtender Seestern trieb er, umspült vom Schlaf, dahin, sein Bewußtsein war irgendwo dort geballt, dunkel und verschlossen wie eine Nuß.

»Sechsundfünfzig«, sagte Sadie.

Norton öffnete die Augen, sie brannten und tränten, als ob jemand sie während seines Schlafs mit Sand gescheuert hätte. Es war ein prächtiger Bär, mit schwarzem Fell und massig, der zielbewußt am Rand des Waldes entlanglief. Links und rechts reckten sich die hohen, fleckigen Pinienstämme in den Himmel und breiteten weit oben ihr dunkles Nadeldach aus. Obwohl die Sonne hoch stand, drangen nur wenige Lichtsplitter durch die kühle, blau-schwarze Masse der Bäume. Das Zählen der Bären hatte als Spiel an ihrem ersten Tag im Nationalpark begonnen und ging noch immer, fünf Tage später, weiter, lange nachdem sie aufgehört hatten, die Nummernschilder aus den verschiedenen Bundesstaaten und die Zahlen auf dem Kilometerzähler zu registrieren, wenn der Kilometerstand sich aus vier, fünf oder sechs gleichen Zahlen zusammensetzte. Vielleicht war es die Wette, weswegen sie weitermachten.

Sadie hatte zehn Dollar gewettet, daß sie bis zum Ende ihres Aufenthalts neunundfünfzig Bären sehen würden. Norton hatte, ohne viel zu überlegen, mit einundsiebzig dagegen gehalten. Insgeheim hoffte er, Sadie würde gewinnen. Sie nahm Spiele ernst wie ein Kind. Es kränkte sie, wenn sie verlor, sie war derartig zuversichtlich, und vor allem, sie verließ sich auf ihr Glück. Neunundfünfzig war für Sadie der Inbegriff von Fülle. Für sie gab es nie ›Hunderte von Mücken‹ oder ›Millionen‹ oder ›sehr viele‹, sondern immer neunundfünfzig. Fröhlich hatte sie, ohne eine Sekunde nachzudenken, neunundfünfzig Bären vorausgesagt. Jetzt, wo sie der Zahl so nahe waren – sie hatten Großvater-Bären, Mutterbären und Bärenjunge, honigfarbene, schwarze, braune und zimtfarbene Bären gezählt, Bären, die zur Hälfte in Abfallkübeln steckten, Bären, die am Straßenrand bettelten, Bären, die im Fluß schwammen, Bären, die zur Abendessenszeit

um Zelte und Wohnwagen herumschnüffelten –, konnten sie ruhig bei neunundfünfzig bleiben. Sie würden den Naturschutzpark am nächsten Tag verlassen.
Fern von den Holzstegen, dem Getue der Parkpolizei und den vielfältigen Wunderdingen, erholte sich Norton ein wenig. Sein Kopfschmerz hatte sich in die äußerste Ecke der Wahrnehmung zurückgezogen, kreiste und zögerte dort wie ein widerspenstiger Vogel. Als Junge hatte Norton ganz für sich eine Art intensiven Gebets entwickelt – nicht an eine Vorstellung von Gott gerichtet, sondern an das, was er sich gerne als den Genius eines Ortes vorstellte, der schützende Geist eines Eschenhains oder eines Küstenstreifens. Wofür er betete, war in der einen oder anderen Form ein privates Wunder: Er stellte sich vor, besonderes Glück in Aussicht zu haben, wenn er beispielsweise ein Reh sah oder ein vom Wasser geschliffenes Stück Quarz fand. Ob sein Wille lediglich mit dem Zufall übereinstimmte oder tatsächlich etwas herbeizwang, dessen war er sich nicht sicher. Jedenfalls besaß er eine gewisse Macht. Eingelullt von dem gleichmäßigen Motorengeräusch, tat Norton nun so, als ob er schliefe, und begann, sich die Tiere des Waldes zu Willen zu machen – die nebelfarbene, feingezeichnete Antilope, die schwerfälligen, zerzausten Büffel, die roten Füchse, die Bären. Vor seinem inneren Auge sah er sie im tiefen Dickicht und in den Mittagsverstecken innehalten, aufgeschreckt, wie durch die Gegenwart von etwas Fremdem. Er sah, wie sich eines nach dem anderen umdrehte und sich dem Platz näherte, wo er saß und heftig und unermüdlich die Bewegung jedes Hufs und jeder Tatze bestimmte.
»Elch!« rief Sadie, wie eine Stimme aus den Tiefen seines Kopfes. Das Auto schwenkte seitwärts und kam am Straßenrand zum Stehen. Norton schreckte hoch. Andere Wagen hielten neben und hinter ihnen. Obwohl Sadie sehr ängstlich war, fürchtete sie sich nicht vor Tieren. Sie konnte gut mit ihnen umgehen. Norton hatte sie einmal überrascht, als ein wilder Hirsch aus

ihrer Hand Blaubeeren fraß, ein Hirsch, der sie mit einem Huftritt zu Boden schleudern konnte. Der Gedanke an Gefahr kam ihr einfach nie in den Sinn.

Jetzt lief sie hinter den Männern in Hemdsärmeln her, hinter den Frauen in bedruckten Baumwollkleidern, hinter Kindern jedes Alters, die sich am Rand der Straße zusammendrängten, wie am Schauplatz eines höchst erstaunlichen Unfalls. Die Straßenböschung fiel steil ab zu einer Lichtung inmitten dichtstehender Pinien. Alle hatten Photoapparate. Sie stellten die Blende ein, schwenkten Belichtungsmesser, riefen ihren Verwandten und Freunden am Straßenrand zu, sie bräuchten neue Filme, und fielen rutschend und strauchelnd in einer Lawine rostfarbener Piniennadeln und loser Erde den Abhang hinunter. Großäugig knieten die Elche auf dem feuchten grünen Grund des kleinen Tals, königlich unter der Last des sich spreizenden, dunkelschaligen Geweihs. Als die vollgepackten Menschen schreiend auf sie zukamen, erhoben sie sich in langsamem, schläfrigem Erstaunen und gingen gelassen und gleichgültig in den weglosen Wald hinter der Lichtung.

Norton stand in ruhiger, zurückgezogener Würde oben am Abhang. Er beachtete die Leute nicht, die jetzt unzufrieden lärmend durch das Unterholz stolperten. Im Geiste entwarf er eine Entschuldigung an die Elche. Er hatte es gut gemeint.

»Ich hatte noch nicht mal Zeit für ein Photo«, sagte Sadie neben ihm. »Aber es war sowieso pechschwarz da unten.« Ihre Finger legten sich auf seinen nackten Oberarm, weich und fest wie eine Saugschnecke. »Komm, laß uns den Teich ansehen. Den, der alle fünfzehn Minuten zu kochen anfängt.«

»Geh du«, sagte Norton. »Ich habe Kopfschmerzen, fast einen Sonnenstich. Ich werde im Auto auf dich warten.«

Sadie sagte nichts, zeigte aber unverkennbar ihre Übellaunigkeit, und Norton merkte, daß er sie enttäuscht hatte.

Mit dem Gefühl eines nahenden Sturms sah Norton kurz darauf, wie Sadie unter ihrem spitzen Strohhut, das rote Band unter dem Kinn zu einer Schleife gebunden, die Unterlippe in gekränktem Schmollen vorschob und vom Auto wegstolzierte. In der Gruppe anderer Touristen entschwand sie über dem blendend weißen Horizont.

In Tagträumen sah sich Norton oft in der Rolle des Witwers: eine hohlwangige, dunkel gekleidete, hamletähnliche Gestalt, dazu bestimmt, abgesondert und zerzaust von unverhofften Stürmen auf einsamen Vorsprüngen oder an der Reling von Schiffen zu stehen, während Sadies schlanker, eleganter, weißer Körper in einer Art Halbrelief im Zentrum seines Geistes in ihm fortlebte. Es kam Norton nie in den Sinn, daß seine Frau ihn überleben könne. Ihre Sinnlichkeit, ihre schlichten heidnischen Freudenausbrüche, ihre Unfähigkeit, anders als ihren momentanen Emotionen gemäß zu argumentieren – das war ein zu zarter, zu dünngesponnener Stoff, um außerhalb seiner beschützenden Flügel überleben zu können. Wie er vermutet hatte, war Sadies selbständiger Ausflug alles andere als befriedigend verlaufen. Der Teich hatte zwar erwartungsgemäß in wunderschönen Blautönen zu kochen begonnen, aber ein plötzlich umschlagender Windstoß schlug ihr den heißen Dampf ins Gesicht und verbrühte sie fast tödlich. Und irgendein Kerl oder eine Gruppe von Jungen hatte sie auf dem Steg angesprochen und ihr alles verdorben. Eine Frau allein wurde nie in Ruhe gelassen; eine einzelne Frau war eine einherspazierende Aufforderung für alle möglichen Unverschämtheiten.

Norton wußte genau, daß Sadie damit um seine Begleitung bettelte. Aber seit dem Vorfall mit dem Wassersack gärte in ihm ein heftiger Ekel vor der Masse der Touristen. Bei dem Gedanken, sich wieder unter den Pöbel mischen zu müssen, zuckten seine Finger. Aus großer Entfernung, vom Olymp aus, sah er sich, wie er ein Kind in den dampfenden Teich schubste und einen fetten Mann in den Bauch boxte. Unverhofft stießen seine Kopfschmerzen wieder zu, wie der Schnabel eines Geiers.

»Warum heben wir uns den Rest nicht für morgen auf«, sagte er. »Dann bin ich sicher wieder soweit, mit dir mitzugehen.«

»Heute ist unser letzter *Tag.*«

Norton wußte nichts darauf zu sagen.

Erst als sie am siebenundfünfzigsten Bär vorbeikamen, wurde Norton klar, wie verärgert Sadie war. Der Bär lag ausgestreckt vor ihnen auf der Straße, eine massige braune Sphinx, die einen Sonnenstrahl besetzt hielt. Sadie konnte ihn nicht übersehen haben; sie mußte auf die linke Fahrbahn wechseln, um um ihn herumzukommen, aber sie preßte die Lippen zusammen und sagte nichts, sondern gab Gas und schoß durch die Kurve. Als sie zu der Kreuzung nahe der großen regenbogenfarbenen Teiche kamen, fuhr sie so schnell vorbei, daß eine Gruppe, die gerade die Straße überqueren wollte, zurücksprang und der Parkpolizist wütend hinter ihnen herschrie: »Hej, fahren Sie langsam!« Ein paar hundert Meter nach der Kreuzung begann Sadie zu weinen. Ihr Gesicht schwoll an, und ihre Nase rötete sich; Tränen liefen ihr über die Mundwinkel und übers Kinn.

»Bleib stehen«, befahl Norton schließlich, um die Sache in die Hand zu nehmen. Der Wagen holperte auf den unbefestigten Straßenrand, bockte ein- oder zweimal, dann war der Motor abgewürgt. Sadie fiel wie eine Stoffpuppe über dem Lenkrad zusammen.

»Ich wollte doch sonst gar nichts«, schluchzte sie undeutlich, »ich wollte doch nur die Teiche und die Quellen sehen.«

»Hör mal«, sagte Norton, »ich glaube, ich weiß, was mit uns los ist. Es ist fast zwei Uhr, und wir sind seit sechs Stunden ohne einen Happen unterwegs.«

Sadies Schluchzer wurde leiser. Sie ließ es sich gefallen, daß er den Strohhut losband und ihr das Haar streichelte. »Wir fahren jetzt zur Mammoth Junction«, fuhr Norton fort, als erzähle er eine beruhigende Gute-Nacht-Geschichte, »essen eine heiße Suppe und Sandwiches, fragen nach der Post, und auf dem Rückweg klettern wir zu allen heißen Quellen hoch und halten an jedem Teich. Was hältst du davon?«

Sadie nickte. Er spürte, daß sie einen Moment zögerte. Dann platzte sie heraus: »Hast du den *Bär* gesehen?«

»Natürlich habe ich den Bär gesehen«, sagte Norton und unterdrückte ein Lächeln. »Wie viele sind es jetzt?«

»Siebenundfünfzig.«

Mit der nachlassenden Intensität der Sonne und mit Sadies hübscher, biegsamer Taille in seinem Arm fühlte Norton ein neues Wohlwollen für die Menschheit in sich erblühen. Die irritierende Flamme im Innersten seines Schädels wurde kühler. Er startete den Wagen mit entschiedener, selbstgefälliger Überlegenheit.

Jetzt schlenderte Sadie gesättigt und zufrieden ein paar Meter vor ihm, unsichtbar, eingehüllt in Dunst, aber so sicher die seine wie ein Lamm am Strick. Ihre Unschuld, ihre Wahrhaftigkeit verlieh ihm den Nimbus einer schützenden Gottheit. Er war in ihr, er umschloß sie. Er sah nicht, oder er wollte nicht sehen, wie ihre Ergebenheit ihn bewegte und anzog, auch jetzt nicht, wo sie ihn durch den dampfenden, erstickenden Dunst führte und er ihr folgte, obwohl sich die Regenbogenfarben in der Tiefe des Wassers verloren hatten.

Als sie den Rundgang auf den Stegen beendet hatten, war die Sonne hinter die Hügel gesunken, und die großen Pinien bildeten eine Schattenwand entlang der verlassenen Straße. Norton fuhr weiter, ein Anflug von Unruhe ließ ihn auf die Benzinuhr sehen. Der weiße Zeiger stand auf ›Leer‹. Sadie mußte es auch gesehen haben, denn sie schaute in dem schwächer werdenden Licht zu ihm rüber.

»Meinst du, wir schaffen es?« fragte sie in merkwürdiger Erregung.
»Natürlich«, sagte Norton, obwohl er keineswegs sicher war. Bis zum See gab es keine Tankstelle, und die Fahrt dahin würde über eine Stunde dauern. Der Tank hatte natürlich eine Reserve, aber er hatte es nie ausprobiert, er ließ das Benzin nie unter »Viertel« absinken. Der Ärger mit Sadie mußte ihn von der Benzinuhr abgelenkt haben; sie hätten ohne weiteres an der Mammoth Junction tanken können. Er schaltete das Fernlicht an, aber selbst dadurch schien die kleine, sich von ihnen fortbewegende Lichthöhle nicht gegen die dunklen Bataillone der sie umgebenden Pinien anzukommen. Wie angenehm wäre es, dachte er, wenn zur Abwechslung die Lampen eines anderen Autos hinter ihnen im Rückspiegel zu sehen wären. Aber der Spiegel war voller Dunkelheit. In einem ängstlichen, irrationalen Augenblick spürte Norton das ganze Gewicht der Dunkelheit, sie lastete auf seinem Schädel, preßte sich von allen Seiten mit grausamer Stärke gegen ihn, als ob sie die zarte, knochenbewehrte Schale zerbrechen wollte, die ihn zu etwas Besonderem machte.
Er fuhr mit der Zunge über die trockenen Lippen und begann gegen die Dunkelheit anzusingen, was er seit seiner Kindheit nicht mehr getan hatte.

›You wanderin' boys of Liverpool
I'll have you to beware
When you go a-huntin'
With your dog, your gun, your snare ...‹

Der klagende Rhythmus des Liedes vergrößerte die Einsamkeit der Nacht um sie.

›One night as I lay on my bunk
A dreamin' all alone ...‹

Plötzlich flackerte Nortons Gedächtnis wie eine Kerze im Luftzug. Der Text des Liedes war ihm entfallen. Aber Sadie griff den Faden auf:

›I dreamt I was in Liverpool
Way back in Marylebone …‹

Und zusammen sangen sie das Lied zu Ende:

›With my true love beside me
And a jug of ale in hand
And I woke quite broken-hearted
Lying off Van Diemen's land.‹

Daß er den Text vergessen hatte, verstörte Norton. Er hatte ihn auswendig gewußt wie seinen Namen. Ihm war, als ob sein Gehirn aufweiche.
Während der nächsten halben Stunde kamen sie an keiner ihnen bekannten Stelle vorbei, und der Zeiger der Benzinuhr fiel weit über ›Leer‹ hinaus. Norton merkte, daß er dem dünnen Surren des Motors lauschte wie dem Atem eines geliebten, sterbenden Verwandten, mit gespitzten Ohren lauerte er auf das Stocken, das Stottern, die Stille.
»Selbst, wenn wir es schaffen«, sagte Sadie mit einem angespannten, kleinen Lächeln, »können wir noch zweimal Pech haben. Es könnte ein Wohnwagen auf unserem Parkplatz stehen und am Zelt ein Bär auf uns warten.«
Endlich tauchte der See langsam vor ihnen auf, eine strahlende, silberne Fläche hinter den dunklen Schattenkegeln der Pinien, die das Licht der Sterne und den rötlichen, wieder aufgegangenen Mond spiegelte. Etwas Weißes kreuzte leuchtend das Scheinwerferlicht, als ein Hirsch in die Büsche jagte. Der schwache, trockne Nachhall der Hirschhufe und der Anblick des

Wasser trösteten sie. Auf der anderen Seite des Sees zeigte ein winziges Diadem von Lichtern die Läden des Camping-Zentrums an. Zwanzig Minuten später fuhren sie giggelnd wie Teenager in die beleuchtete Tankstelle ein. Der Motor erstarb fünf Yards vor der Tanksäule.

Norton hatte Sadie seit Beginn ihrer Reise nicht so fröhlich gesehen. Im Freien zu übernachten, selbst im Park zwischen anderen Zelten und Wohnwagen, entnervte sie. Eines Abends, als er kurz am Seeufer entlangging, während sie zurückblieb und das Geschirr vom Abendessen abwusch, war sie hysterisch geworden – mit ihrem Küchenhandtuch winkend, war sie rufend zum See hinuntergestürzt, und bis er sie hörte und zurückkam, waren die blauen Schatten um sie dicht wie Wasser geworden. Aber jetzt hatten die überstandene Fahrt durch die angsterregende Dunkelheit, der leere Benzintank und die menschenleere Straße wie Brandy auf sie gewirkt. Ihr Übermut bestürzte ihn; er trug die Last ihrer ewigen Vorsicht, ihrer hasenhaften Ängste. Als sie auf dem Campingplatz fuhren und zu ihrem Platz nach der Biegung kamen, blieb Nortons Herz stehen. Ihr Zelt war weg. Aber dann sah er, schamrot über seine Dummheit, daß es nur von dem länglichen, ballonartigen Umriß eines fremden Wohnwagens aus Aluminium verdeckt worden war, der sich neben sie gestellt hatte.

Er lenkte das Auto auf den Parkplatz hinter den Wohnwagen. Im Licht der Scheinwerfer sahen sie einen dunklen, gewölbten Schatten, ein paar Yards von ihrem Zelt entfernt. Sadie lachte leise und frohlockend. »Achtundfünfzig!«

Durch das helle Licht oder das Motorengeräusch verwirrt, zog sich der Bär vom Abfalleimer zurück. In schwerfälligem Trott verschwand er in dem Labyrinth der dunklen Zelte und Wohnwagen.

Eigentlich kochte Sadie nach Einbruch der Dunkelheit ungern, da der Geruch des Essens die Tiere anlockte. Aber an diesem

Abend holte sie aus dem Campingplatz-Eisschrank die rosafarbenen Seeforellen, die sie am Tag zuvor gefangen hatten. Sie briet sie zusammen mit ein paar Pellkartoffeln und kochte Mais dazu. Sie rührte sogar beim gelben Licht ihrer Taschenlampe die übliche Ovomaltine und machte gutgelaunt das Wasser für den Abwasch heiß.
Um den Verlust des Wassersacks und seine Unachtsamkeit beim Tanken wettzumachen, räumte Norton besonders gründlich auf. Er wickelte die Fischreste in Wachspapier ein und verstaute das Päckchen auf dem Rücksitz des Autos, zusammen mit einer Tüte Kekse, fig newtons, und dem Eisbehälter. Er überprüfte die Autofenster und verriegelte die Türen. Er vergewisserte sich, daß der Kofferraum abgeschlossen war, denn er war so vollgepackt mit Büchsen- und Trockennahrung, daß sie gut zwei Monate damit hätten auskommen können. Dann nahm er den Eimer mit dem seifigen Abwaschwasser und scheuerte den Holztisch und die beiden Bänke damit. Bären würden nur die schlampigen Camper belästigen, hatte die Parkpolizei gesagt, Leute, die Essensreste liegenließen oder Essenvorräte in ihren Zelten aufbewahrten. Jede Nacht zogen die Bären auf Futtersuche von Mülltonne zu Mülltonne über den Campingplatz. Dagegen konnte man nichts machen. Die Mülltonnen hatten metallene Deckel und waren in die Erde eingelassen, aber die Bären warfen pfiffig genug, um die Deckel hochzuklappen und den Abfall herauszugraben. Sie wühlten sich durch Wachspapier und Pappkartons, auf der Suche nach Resten von altem Brot, Hamburgern und Hot dogs, nach unausgewaschenen Honig- und Marmeladengläsern, nach all den verschwenderischen Hinterlassenschaften von Campern ohne anständige Kühlboxen oder Vorratsbehälter. Obwohl es strikt verboten war, fütterten manche Leute die Bären auch noch – lockten sie mit Zucker und Gebäck vor ihre Kameras, schoben den Bären sogar ihre Kinder unter die Nase, nur um ein noch originelleres Photo zu schießen.

In dem pelzigen, blauen Mondlicht waren die Pinien voll drohender Schatten. Norton stellte sich die großen, ungeschlachten Gestalten der Bären vor, die tief in dieser Dunkelheit herumtrotteten und nach Nahrung schnüffelten. Wieder quälten ihn Kopfschmerzen. Und zusammen mit den Kopfschmerzen ging ihm noch etwas anderes im Kopf herum und quälte ihn wie die vergessenen Worte eines Liedes: Irgendein Sprichwort, eine langversunkene Erinnerung war es, wonach er suchte, aber nicht greifen konnte.

»Norton!« zischte Sadie aus dem Zelt.

Er ging zu ihr wie in Trance, mit den langsamen Bewegungen eines Schlafwandlers, und zog den Reißverschluß des Zelteingangs mit dem eingenähten Moskitonetz hinter sich zu. Der Schlafsack hatte die Wärme ihres Körpers aufgenommen, er kroch neben sie, wie in ein tiefes Nest.

Das Krachen weckte ihn. Erst träumte er den wahnsinnigen Schlag, das nachfolgende, klirrende Geräusch von splitterndem Glas, dann erwachte er, war auf der Stelle hellwach und hörte immer noch eine leiser werdende Kaskade von Glocken und Gongs.

Sadie lag angespannt neben ihm. Der Hauch ihrer Worte liebkoste sein Ohr. »Mein Bär«, sagte sie, als ob sie es gewesen war, die ihn aus der Dunkelheit gerufen hatte.

Nach dem Krachen war es einen Moment unnatürlich still. Dann hörte Norton ein scharrendes Geräusch in der Nähe des Autos. Gepolter und Scheppern folgte, als ob der Bär Blechdosen und Einmachgläser den Abgang hinunterrollte. Er hat den Kofferraum aufgekriegt, dachte Norton. Er wird all unsere Fleisch-, Suppen- und Obstdosen aufreißen und wird die ganze Nacht dableiben und alles verschlingen. Die Vorstellung, daß der Bär an ihren Vorräten war, machte ihn wütend. Irgendwie war der Bär an dem geklauten Wassersack schuld, an dem leeren Benzintank, und als ob das noch nicht genug wäre, machte er sich nun auch noch daran, ihre Vorräte für zwei Monate in einer einzigen Nacht aufzufressen.

»Tu was.« Sadie kuschelte sich in das Nest aus Decken.

»Verscheuch ihn.« Ihre Stimme forderte ihn heraus, dennoch waren seine Glieder schwer.

Norton hörte, daß der Bär am Zelt entlangtrottete und schnüffelte. Die Zeltleinwand flappte wie ein Segel. Vorsichtig kletterte er aus dem Schlafsack, ungern verließ er die dunkle Moschuswärme. Er spähte durch das Netzfenster der Zelttür. In der blauen Flut des Mondlichtes sah er den Bär, der sich durch ein Loch in das linke Rückfenster des Wagens schob, da, wo die Scheibe hätte sein sollen. Mit einem Knistern, als ob Papier zusammengeknüllt würde, holte der Bär ein kleines Bündel Stroh mit herabhängenden Bändern heraus.

Eine Woge von Wut durchlief Norton. Der verdammte Bär hatte kein Recht, den Hut seiner Frau derart zu zerfetzen. Der Hut gehörte zu Sadie so untrennbar wie ihr Körper, und dieser Bär zerstörte ihn, fetzte ihn auseinander, auf eine schrecklich neugierige Weise.

»Du bleibst hier«, sagte Norton. »Ich werde den Bär verjagen.«

»Nimm die Lampe. Die wird ihm angst machen.«

Norton tastete auf dem Zeltboden nach der kalten, zylindrischen Form der Taschenlampe, zog den Reißverschluß der Tür auf und stieg in den bleichen Schleier des Mondlichts hinaus. Der Bär hatte es inzwischen geschafft, sich den gebratenen Fisch vom Wagenboden zu angeln. Aufgerichtet fummelte er täppisch, aber ohne sich ablenken zu lassen, an der Wachspapierverpackung. Die Überreste von Sadies Hut, ein absurdes, lächerliches Strohknäuel, lagen zu seinen Füßen.

Norton richtete den Lichtstrahl der Taschenlampe direkt in die Augen des Bären. »Hau ab hier, du«, sagte er.

Der Bär rührte sich nicht.

Norton machte einen Schritt vorwärts. Der Bär stand wie ein Turm vor dem Auto. In dem grellen Licht sah Norton das gezackte Glas um das gähnende Loch des Autofensters. »Hau ab ...« Er hielt die Lampe ruhig, schritt vorwärts und setzte seine ganze Kraft darein, dem Bären seinen Willen aufzuzwingen. Jeden Moment mußte der Bär nachgeben und sich trollen. »Hau ab ...« Aber da war noch ein anderer Wille, und er war stärker als der seine.

Die Dunkelheit ballte sich zu einer Faust und schlug zu. Das Licht erlosch. Der Mond schob sich hinter eine Wolke. Heißer Ekel schoß Norton durch Herz und Eingeweide. Er kämpfte dagegen an und schmeckte den dicken, süßen Honig, der seine Kehle füllte und ihm aus den Nasenlöchern quoll. Wie von einem weiten und sich rasend schnell entfernenden Planeten hörte er einen gellenden Schrei – des Schreckens oder Triumphs, er wußte es nicht.

Es war der letzte Bar, ihr Bär, der neunundfünfzigste.

Nicht [illegible] mehr [illegible] bewegte. Der Bär stand wie ein Turm vor dem [illegible]. In dem grellen Licht sah Marion das [illegible] Gesicht [illegible]. Antonie [illegible] »Hau [illegible] hielt die Lampe ruhig, [illegible] und [illegible] Kranz [illegible] den Augen [illegible] Willen [illegible] jeden Moment mußte der [illegible] ausbrechen [illegible]. »Hau ab. [illegible] Wut [illegible]

[illegible]

Ein unbestimmter Laut [illegible] Stille [illegible]. Das Licht [illegible] Hand [illegible] Wald [illegible] Nase [illegible] Herz [illegible] Honig [illegible] Kehle [illegible] Tatzen [illegible] Menschen [illegible] [illegible], daß es einer [illegible], er wurde erträglicher [illegible] so [illegible] wie [illegible].

Ein [illegible] Fleck [illegible] über den [illegible] Rücken [illegible] und kleinen [illegible] Haar [illegible] Ge-[illegible]

[illegible] und [illegible] wieder [illegible] aus dem [illegible] [illegible] Kleid [illegible] [illegible]. Am [illegible] Gesichter [illegible] Öre [illegible]

Die [illegible] Menschen, dachte ich [illegible]. Ich sah die Men-schen [illegible] weil ich [illegible] einmal der reinen [illegible] begegnet war, denn hier [illegible] das Feuer in ihrem Tanz.

Jean Rhys

Vienne

Komisch, wie es entglitten ist – Wien. Alles weg, bis auf ein paar Schnappschüsse.

Kein einziger Freund, kein einziges schönes Kleid – nichts übrig von Wien.

Heiße Sonne, mein schwarzes Kleid, ein Hut mit Rosen, Musik, viel Musik –

Die kleine Tänzerin im Parisien mit den Beinen eines Kirchner-Mädchens und einem kleinen Faunsgesicht.

So vollkommen war dieses Mädchen, daß es einen ergriff, daß es einen schmerzte, daß etwas so Schönes jemals alt werden oder sterben oder häßliche Dinge tun könne.

Ein zerbrechlicher Kinderleib, eine Flocke von schwarzem Rock, der weit über dem Knie endete. Silberne Träger über dem wunderschönen Rücken, die herrlichen Beine in schwarzen Seidenstrümpfen und kleinen Satinschuhen, kurzes Haar, freches Gesichtchen.

Ich war fasziniert von ihr. Vier, fünf Fuß hoch konnte sie springen und lautlos wieder herunterkommen auf den Holzboden. Ihr Partner, ein unansehnlicher Mensch in schlechtsitzenden Hosen, konnte sie mit einer Hand hochheben, sie in die Luft werfen – sie fangen, sie hin und her schaukeln, als wäre sie eine Blume. Am Schluß schnitt sie die Grimasse einer entzückenden kleinen Göre.

Die widerlichen Menschen, dachte ich immer. Ich sah die Menschen anders hinterher – weil ich ausnahmsweise einmal der reinen, innerlich brennenden Schönheit begegnet war, denn hier war »es« – das Licht, das Feuer in ihrem Tanz.

Pierre (ein verdammt guter Kenner) war von ihr hingerissen. André ebenfalls, wenn auch vorsichtig, denn er fürchtete, sie sei zu kostspielig.
Alle französischen Offiziere begehrten sie – Nacht für Nacht war das Lokal überfüllt.
Schließlich verschwand sie. Ging nach Budapest zurück, wo wir später von ihr hörten.
Mit einem Friseur verheiratet. Seltsam.
Schöne Frauen, jede Menge. Wie schön die Frauen hier sind. Herrliches Essen. Die Armut war vorbei, die Furcht davor – verlor sich.

»Ich nenne sie Kriegsmaterial«, sagte Colonel Ishima und kicherte.
Er meinte die Frauen, die Wienerinnen. Aber als ich ihn nach den Geishas fragte – ich dachte, es könnte amüsant sein, sozusagen aus erster Hand etwas über die Geishas zu erfahren, Europäer sind in dieser Angelegenheit so furchtbar widersprüchlich –, da preßte er seinen Mund zusammen und machte ein geziertes Gesicht.
»Wir sprechen nicht über diese Leute – diese unanständigen Leute.«
Doch nachdem er argwöhnisch einen Teller Nierchen gemustert und gefragt hatte, was das sei, fügte er hinzu:
»Während des Krieges waren die Geishas gute Leute – patriotische Leute. Die Geishas haben Nippon gute Dienste geleistet.«
Er meinte den Russisch-Japanischen Krieg. Man dachte unwillkürlich an stämmige, blonde russische Offiziere und schrägäugige Mädchen wie exotische Puppen, die ihnen den Dolch unter die fünfte Rippe stießen oder ihnen die Papiere stahlen, wenn sie schliefen ...
Alle vierzehn Tage bewirteten die japanischen Offiziere ihren Anhang feierlich im Hotel Sacher, und als Gegenleistung lud

man sie einzeln einen nach dem anderen ein, denn als Masse waren sie wirklich ziemlich erdrückend.
Natürlich, so war es – die Japaner mußten einen Anhang haben. Erstens konnte nicht einer von ihnen die drei notwendigen Sprachen, Englisch, Deutsch und Französisch, ordentlich sprechen. Das bedeutete endloses Übersetzen und Diskutieren. Und sie hatten furchtbare Angst, nicht so taktvoll aufzutreten, wie eine asiatische Macht das eigentlich sollte, oder mit der Minderheit zu stimmen, statt mit der Mehrheit, was für sie in Tokio das Ende bedeutet hätte.
So hatte Ishima seinen Sekretär und vertrauten Berater (das war Pierre), und Hato hatte seinen, und Matsjijiri hatte seinen, ganz zu schweigen von drei Tipp-Mädchen, einem ungarischen Dolmetscher und verschiedenen anderen Schmarotzern.
Alle vierzehn Tage veranstalteten sie für den ganzen Haufen ein Abendessen. Es begann mit Kaviar und endete mit Tokaier, wozu Hato Liebeslieder sang, was das Komischste war, was ich je gehört habe.
Er hatte nur ein Auge, der Ärmste; das andere war ihm im Russisch-Japanischen Krieg abhanden gekommen. Er sang mit hoher Meckerstimme, wobei er sich fest auf einen Fuß stemmte und vor und zurück wippte.
Er war sehr *vieux jeu*, *arrière*, ein Samurai oder so etwas Ähnliches; er trug einen Kimono, wann immer sich nur die Gelegenheit dazu bot, und er liebte es, feierliche Erklärungen an seine Delegation zu richten. Er nannte sie: *ordres du jour*.
Eine richtete er an die Tipp-Mädchen zum Thema ›Die Verlokkungen Wiens‹, und sie begann folgendermaßen:
»Vous êtes jeunes, vous êtes femmes, vous êtes faibles. Pour l'honneur du Nippon« etc., etc.
Aufgrund irgendeines Irrtums wurde diese *ordre du jour* feierlich einem alten, schnauzbärtigen französischen General überreicht, während die Kommission gerade tagte, um über ein paar kleinere

Einzelheiten des Schicksals des eroberten Landes zu entscheiden. Er öffnete sie und las: *»Vous êtes jeunes, vous êtes femmes, vous êtes faibles.«*
»Merde, allors!« sagte der General, *»qu'est-ce que c'est que ça?«*

Hato war eine wahre Wonne. Er verachtete die Europäer von Herzen. Das taten sie alle, nur gegenüber Deutschland machten sie eine Ausnahme – denn die Japaner hielten viel von der deutschen Wehrmacht und von der deutschen Art, Frauen im Zaum zu halten. Das bekamen sie sofort mit. Es gab nicht viel, was sie nicht mitbekamen.
Aber sie sprudelten alle über vor Taktgefühl, und sofort nach seiner Bemerkung über das Kriegsmaterial machte mir Ishima viele blumige Komplimente. Er hoffe, sagte er, mich eines Tages in Japan wiederzusehen. Gott bewahre!
Nach dem Abendessen gingen wir ins Tabarin. Mit Stiefelknopfaugen starrte er hochmütig auf ein sehr hübsches, kleines Mädchen, ein Mädchen wie eine Wachspuppe, das ziellos umherschlenderte und ihn sehr mitleidheischend und flehentlich anlächelte, als sie dachte, ich sähe nicht hin.
Ich wußte alles über sie. Sie war Ishimas Freundin gewesen, seine anerkannte Freundin – *en titre*. Sie war wirklich hübsch und jung. Das Merkwürdige ist, daß die Japaner, was europäische Frauen betrifft, so einen guten Geschmack haben, wogegen der europäische Geschmack, was japanische Frauen angeht, schlicht schauderhaft ist, jedenfalls sagen das die Japaner.
Nun, und Ishima hatte sich von ihr getrennt, weil sie ihm treu war. Merkwürdiger Grund.
Es passierte folgendermaßen: Er hatte Besuch von einem Freund aus Japan – einem richtigen Prinzen, der für einfachen, gekochten Fisch schwärmte und ihn auf einfache und wirkungsvolle Art und Weise verzehrte, indem er ihn mit der einen Hand am Schwanz in die Höhe hielt und mit der anderen energisch seine

Gabel handhabte. Ishima offerierte ihm mit fernöstlicher Gastfreundlichkeit alles, was er besaß – seine Suite im Sacher und die Dienste seiner kleinen Freundin. Aber weil die kleine Freundin vielleicht dachte, sie könne so ihren Wert steigern, widersetzte sie sich – sie widersetzte sich heftig, machte eine regelrechte Szene, und Ishima, der eher bekümmert als wütend war, traf sich nie wieder mit ihr.
Er kam einfach nicht darüber weg.
Pierre erzählte mir, Ishima habe eines Tages nach langem Nachdenken gefragt: »War sie verrückt, das arme Mädchen, oder hätten andere dasselbe getan?«
Pierre antwortete vorsichtig, daß es darauf ankomme. Die Temperamentvollen hätten alle einen ziemlichen Wirbel gemacht, und sei es auch nur aus Stolz, und die Wienerinnen hätten fast soviel Temperament wie die Französinnen, die Ungarinnen sogar noch mehr. Andererseits die Deutschen – *enfin*, es komme darauf an.
Ishima dachte lange nach. Dann schüttelte er den Kopf und sagte: *»Tiens, tiens, c'est bizarre!«* …
An diese Geschichte dachte ich an diesem Abend und verabscheute ihn. Er sah einem Affen so ähnlich, obendrein einem fetten Affen, was noch schlimmer war …
Andererseits gab es Kashua, der einem Affen noch ähnlicher sah, aber ein netter Kerl war und ein anderes bedauerliches Stück Kriegsmaterial gerettet hatte, das ohne einen Pfennig in der Tasche von einem italienischen Offizier sitzengelassen worden war. Kashua schenkte ihr nicht nur eine sagenhafte Summe in Yen, er zahlte auch sechs Monate lang ihre Ausgaben in einem Sanatorium – sie hatte die Schwindsucht.
Da hat man es! Wie soll man da urteilen!
Kashua kam grinsend und sich vorbeugend an den Tisch und setzte sich zu uns. Er zeigte mir Photographien von seiner Frau – sie sah bezaubernd aus – und seinen drei Töchtern. Ihre Namen

bedeuteten: frühes Aufstehen, Ordnung und Morgensonne. Und er hatte jeder eine Schreibmaschine als Geschenk gekauft. Dann, mit Tränen in den Augen und vor Stolz bebender Stimme – sein kleiner Sohn.

»Ich finde Ihre Frau sehr schön«, sagte ich zu ihm.

Er sagte, während er bescheiden grinste: »Überhaupt nicht, überhaupt nicht.«

»Und ich bin sicher, sie wird sehr glücklich sein, wenn Sie nach Japan zurückkehren«, sage ich.

»Sehr glücklich, sehr glücklich«, sagte er. »Madame Kashua ist eine sehr glückliche Frau, eine vom Glück sehr verwöhnte Frau.«

Ich sagte: »Das kann ich mir denken.«

Nun ja, Kashua ist ein netter Mensch, und so nehme ich an, sie ist es auch.

Aber ich glaube, meine Abneigung gegen die Wiener Nachtlokale setzte in dem Moment ein.

Wir fanden bald eine Wohnung – das oberste Stockwerk von General von Markens Haus in der Rasumofskygasse, und André zog eine Zeitlang mit ein.

Er war klein, seine Beine waren zu kurz, aber er gab sich die größte Mühe, seine Anzüge so schneidern zu lassen, daß sie das verbargen.

Ich meine, die Taille seines Jacketts war sehr hoch, fast unter den Armen, die Brust gepolstert, hohe Absätze an den Schuhen.

Aufgrund all dieser Mühen war, was Tillie seine »Silhouette« nannte, nicht unattraktiv.

Man erkannte den Franzosen, den Pariser in ihm schon von weitem. Massen von Haar, das er sich jede Woche ondulieren ließ, ziemlich ehrliche blaue Augen, Nase und Mund eines Satyrs.

Genau das war André, ein Satyr – vierundzwanzig Jahre alt.

Er wurde völlig steif, wenn er eine schöne Frau sah, genau wie diese Hunde – heißen sie nicht Vorstehhunde? –, wenn sie ein Kaninchen sehen. Seine Nase ging dann nach unten, über seinen Mund hinweg.

Am allerkomischsten war es, ihn im Tabarin zu beobachten, wenn dort eine besonders gute Tänzerin auftrat.

Er verbrachte dann Stunden dort, seine ganze Freizeit, glaube ich, um sie mit Blicken zu verfolgen, zu ergründen.

Als wir eines Tages in der Kärntnerstraße spazierengingen, sahen wir die ganze Prozedur – die Verfolgungsjagd, das Hutlüpfen, die Abfuhr. Er bekam oft einen Korb.

Er war so durch und durch offen und unverklemmt, daß er nicht abstoßend war.

Er lebte für die Frauen; sein Vater war für die Frauen gestorben, und dasselbe würde ihm blühen. *Voilà tout*.

Als ich nach Wien kam, war eine kleine Tänzerin namens Lysyl seine Freundin.

Lysyl und Ossi nannte sich ihre Nummer – ein Apachentanz.

Sie hatte einen wundervoll graziösen Körper und das Gesicht einer plumpen Bäuerin – und André schwankte zwischen der Überzeugung, sie sei nicht »chic« genug, und wirklicher Hochachtung vor besagter Grazie – er lehnte sich aus der Loge heraus, wenn sie tanzte, und atmete schwer, während ihm die starren Augen aus dem Kopf traten.

Eines Abends gingen wir mit ihm in irgendein schwach besuchtes Varieté, um sie uns anzusehen, und nach ihrem Auftritt kam sie zu uns in die Loge – natürlich sehr auf gutes Benehmen bedacht.

An dem Abend gefiel sie mir plötzlich – ihre Grazie und ihre Kleinkinderstimme, die sagte: »Ach, meine Blumen – André, André. Ich hab' meine Blumen vergessen« – und so wies ich André zurecht, als er sich zu entschuldigen begann, vermutlich, weil er meinte, mich mit ihr zu beschmutzen, und ich sagte ihm, natürlich könne er sie zum Abendessen mitbringen.

Wir quetschten uns zusammen in eine dieser Wiener Droschken mit zwei Pferden, die wie der Teufel fahren. Sie saß in ihrem weiten Mantel und dem kleinen Hut darin und drückte ihre Blumen an sich – im Dunkeln konnte man ihr häßliches Gesicht nicht sehen.

An dem Abend war sie wirklich bezaubernd.

Am nächsten Morgen aber, als sie kam, um sich vor dem Weggehen zu verabschieden, war von dem Zauber keine Spur mehr zu erkennen.

Sie steckte eine halbe Schachtel meiner Zigaretten ein und fragte mich durch Zeichen, wieviel mein Kleid gekostet habe, während ihre kleinen, listigen Augen sagten: ›Warum ist diese Frau nett zu mir?‹

Zu allem Unglück begegnete sie auch noch Blanca von Marken auf der Treppe.

Eine Stunde darauf erschien Madame von Marken bei mir, um sich zu beschweren.

Blanca sei eine *jeune fille*. Sicher verstünde ich ... würde ihr verzeihen, aber in Wien sei man altmodisch ...

Natürlich verstand ich, und entgegen all meinem Gefühl für Fairneß und Logik entschuldigte ich mich und sagte, ich sei ganz ihrer Meinung.

Denn weiß Gott, wenn es eine Heuchelei gibt, die ich mehr als jede andere verabscheue, dann ist es das Märchen von der »guten« und der »schlechten« Frau.

Auch André entschuldigte sich, aber ich bin sicher, er hatte nicht das Gefühl, es gebreche an Logik.

Und so kroch er mit Hingabe vor mir am Boden herum und kam sich dabei ritterlich und als Beschützer der Unschuld vor. O Gott!

»Vous savez, mon vieux, je n'ai pas pensé – une jeune fille!«

Da ich aber kein Don Quixote bin, unternahm ich nicht einmal den Versuch, Lysyl zu beschützen.

Ich dachte, sie könne selbst auf sich achtgeben.
Aber obgleich sie es als Tänzerin zu etwas brachte und »mondäne Tänzerin« wurde – ich glaube, so nennen sie das –, war André mit ihr fertig.
Der Machtspruch war gefällt.
Elle n'a pas de chic.
Weil ich Blanca und Madame von Marken mochte, versuchte ich sogar, den Schrecken wiedergutzumachen, der ihrer Tugend versetzt worden war, und hängte Franz Joseph und alle Vorfahren in den Salon.
Ich hatte sie abgenommen, um dem Zimmer seine düstere Atmosphäre von Staubwedel und Schondeckchen zu nehmen – doch sah ich, daß das die arme schöne Dame verletzte, und so kamen sie wieder an die Wände, und ich wohnte fortan in meinem Schlafzimmer, das reizend war.
Sehr groß, gebohnerter Fußboden, viele Fenster, niedrige Tischchen zum Kaffeetrinken – ein paar schöne böhmische Gläser.
Ich verbrachte auch viel Zeit im Prater.
Unmengen Flieder, lila und weiß –
Heute noch verbinde ich mit Flieder stets Wien.

Das Hotel Radetzky lag mit dem Auto ungefähr zwanzig Minuten bis eine halbe Stunde von Wien entfernt – richtig auf dem Lande.
Das ist einer der Reize des Ortes – keine Vororte.
Es war nicht gerade komfortabel; im ganzen Haus gab es kein Badezimmer, aber aus irgendeinem Grund war es aufregend und flott, und sie kassierten dementsprechend enorme Preise.
Alle Männer, die mit Wechselgeschäften Geld machten, kamen dorthin, um es auszugeben, und brachten ihre momentanen Freundinnen mit.
All die schönen Frauen mit zweifelhaften Ehemännern oder ohne Ehemänner oder mit Ehemännern, die im Gefängnis saßen

(viele Männer kamen ins Gefängnis – das wundert mich nicht. Jeden Tag neue Gesetze über Wechselgeschäfte und Goldschmuggel.)
Wirklich alle.
Sehr vulgär natürlich, aber ganz Wien war vulgär.
Die Aristokraten waren weg.
Die saßen ziemlich hungrig zu Hause, während ihre Frauen Wäsche wuschen.
Die häßlichen.
Die hübschen versuchten, als mondäne Tänzerinnen unterzukommen.
Auch völlig in Ordnung – vielleicht.
Nur Vorurteil, pummelige Hände und dicke Fesseln zu bemerken – halte die Augen auf das hübsche Gesicht geheftet.
Ebenfalls Vorurteil, hinter den Verbeugungen und dem Lächeln der Männer die schiere Brutalität zu sehen.
Ebenfalls Vorurteil, sie beim Essen oder bei der Benutzung eines Zahnstochers zu beobachten.
Auch dumm – viel besser ist es, nicht hinzusehen.

Die Mädchen waren gut gekleidet, nicht das geringste bißchen geschminkt – das wirkte nach Paris seltsam.
Prächtiger blauer Himmel und grüne Bäume und eine gute Kapelle.
Und Hitze, Hitze.
Ich war verrückt vor Lebensfreude in jenem Sommer 1921.
Ich trug wunderschöne mit Rüschen besetzte Musselinkleider und Schlapphüte – oder ein Bauernkleidchen ohne Hut.

Ja, und Tillie war die Königin des Radetzky. Durch sie (sagte sie zu André) hatten wir es kennengelernt.
Tillie hatte wundervolle Augen, graublau – Haar, das sie wie Gaby Deslys aussehen ließ, und eine anmutige Figur.

Und damit ließ sie einen ihren schrecklichen Teint, ihre vier Goldzähne und die riesigen Füße völlig vergessen.
Das hört sich unmöglich an für einen Ort, an dem der Konkurrenzkampf, um es milde auszudrücken, heftig war, aber es stimmt wirklich.
Jedesmal, wenn man Tillie sah, dachte man – »Meine Güte, ist die schön.« Inmitten all der anderen drehte sich jeder nach ihr um, um ihr prachtvolles Haar zu betrachten.
Und hinter ihr her spazierte André, endlich gefangen, am Schlafittchen gepackt, *par la peau*, wie die Franzosen sagen.
Von seiner ganzen Prahlerei keine Spur mehr – er beobachtete sie, wie ein Hund seinen Herrn beobachtet, und wenn er mit ihr sprach, hatte er die Stimme eines kleinen Jungen.
Sie flirtete währenddessen hemmungslos mir irgend jemand anderem (die Hälfte der Männer dort waren ehemalige Liebhaber von ihr, so daß das Ganze eine erregende Auffrischung alter Bekanntschaften darstellte), und André saß elend daneben und war den Tränen nahe.
Eines Abends flossen sie tatsächlich, als ich ihm den Arm tätschelte und sagte: »Armer alter André – Kopf hoch.«
»*Une grue*«, sagte Pierre grob. »André ist ein Dummkopf – und Frances, laß das Mädchen doch in Ruhe –«
Aber ich ließ sie nicht gleich in Ruhe, zu interessiert, der Komödie beizuwohnen.
Am folgenden Samstagabend aßen wir im Radetzky mit einem deutschen Bekannten von Pierre zu Abend.
Außerordentlich gutaussehend, aber da er Preuße war, natürlich ein Vieh.
»Donner-r-r-wetter-r-r-«, schnauzte er die Kellner an, und die armen Leute sprangen und rannten.
Aber vielleicht betone ich seine Roheit zu stark, denn er hatte etwas getan, was zu verabscheuen ich immer noch Engländerin genug bin: Er hatte sich mit großer Ausführlichkeit und Offen-

heit über Tillie ausgelassen – er hatte mal eine Liebesaffäre mit ihr.

Gerade als wir über etwas anderes sprachen, tauchten sie und André auf.

André kam direkt auf unseren Tisch zu und fragte, ob sie sich zu uns setzen dürften.

Unmöglich, nein zu sagen, ohne verletzend zu sein, dennoch war Pierre sehr unfreundlich, und der andere küßte ihr die Hand mit einem hämischen Grinsen, das das ganze Geheimnis offenbarte.

Was Tillie anging, sie benahm sich perfekt – keine Bewegung, kein Flattern eines Augenlids verriet sie –, obwohl es, da sie sich ja als Mondäne gab, unangenehm gewesen sein muß, diesem Feind in aller Öffentlichkeit feindlich zu begegnen.

Ebensowenig ließ sie es zu, daß dieser Umstand auch nur im entferntesten ihren kleinen Plan für diesen Abend durchkreuzte – gut erdacht und gut ausgeführt.

Sie besaß eine schöne Perlenkette, die sie immer trug, und an diesem Abend lenkte sie die Unterhaltung gezielt auf Perlen.

Ich konnte nicht viel »mitlenken« oder auf deutsch viel mitreden. Ich bekam alles in allem die Bedeutung der Dinge mit, und hin und wieder dolmetschte Pierre.

Ihre Perlen (erzählte uns Tillie) seien alles, was sie von ihren wunderschönen Juwelen übrig behalten habe (›*wunderschön!*‹). Wirklich alles, was zwischen ihr und bitterster Armut liege, alles, aber auch alles –

»Ach« – tönte die Musik in einem traurigen Echo …

Sie war an diesem Abend niedergeschlagen, matt, die Augen nahezu schwarz, die Stimme sanft und bebend.

Nach dem Essen fragte sie mich charmant, ob ich etwas gegen »einen kleinen Spaziergang« hätte – es sei so heiß – man musiziere nicht gut.

Ich war einverstanden – es war heiß –, und Tillie ging in ihr

Zimmer hinauf, und als sie wieder herunterkam, hatte sie sich einen Schal fest um den Hals gewickelt.
Wir gingen los. Ich, Pierre und der Leutnant – seinen Namen habe ich vollkommen vergessen – gingen zusammen, André und Tillie ein kleines Stück voraus.
Pechschwarz war es im Wald rund um das Hotel – so dunkel, daß ich mich nach einer Weile ängstigte und vorschlug, zurückzugehen.
Wir riefen die anderen, keine Antwort, zu weit voraus.
Wir waren zurück, saßen gemütlich in der Halle und tranken Likör (allein, denn alle anderen hatten sich nach dem Essen in der Bar zum Tanzen versammelt), da kam André völlig außer Atem und aufgeregt hereingestürzt.
»Die Perlen, Tillies Perlen, verloren – *Bon Dieu de bon Dieu* – Sie sind ihr runtergefallen –«
Er sprach mit mir, dem einzigen mitleidigen Zuhörer.
Dann kam Tillie herein. Alles Ergreifende war weg. Sie sah häßlich und gefährlich aus mit ihrer vorgeschobenen Unterlippe. Ein Wortschwall auf deutsch zu Pierre, der zuhörte und in zurückhaltendem Ton erklärte: »Sie sagt, André habe sie im Wald geküßt und sei grob geworden, und der Verschluß der Perlen sei nicht zuverlässig gewesen. Es sei Andrés Schuld, sagt sie, und er müsse dafür aufkommen.«
Der andere lachte. Plötzlich drehte sie sich wie eine Furie zu ihm um.
»Mein lieber Herr ...« Ich verstand die Worte nicht, doch ihren Tonfall.
»Kümmern Sie sich um Ihre eigenen Angelegenheiten, wenn Sie wissen, was gut für Sie ist.«
Inzwischen war Pierre, der gewöhnlich instinktiv handelt, während andere Leute reden, fortgegangen und mit zwei Laternen und einem sehr vernünftigen Vorschlag wiedergekommen.
Wir vier sollten gleich noch einmal denselben Weg gehen, und

uns dabei fest an den Händen halten, damit kein Fingerbreit Boden ausgelassen würde.
Es war zu dunkel, als daß ein anderer die Kette aufgehoben haben könnte.
Tillie schien zu meinem Erstaunen nicht sehr begeistert zu sein. Doch wir machten uns in einer langen Reihe, suchend nach vorn gebeugt, auf den Weg. André hatte die eine Laterne in der Hand, Pierre die andere.
Zuerst suchte ich ganz ernsthaft und strengte meine Augen an. Dann machte André mit seiner Laterne eine plötzliche Bewegung, und ich sah Tillies Gesicht. Sie lächelte, ich hätte schwören können – sie suchte bestimmt nicht den Boden ab.
Ich sah Pierre an – auch er suchte sehr nachlässig; der andere tat nicht einmal so, als gucke er nach.
In dem Moment mochte ich André – ich fühlte Mitleid mit ihm, fühlte mich ihm verwandt.
Er und ich hatten als einzige von der Gesellschaft die Geschichte geschluckt; wir waren die Dummköpfe.
Ich hätte ihm die Hand schütteln und sagen mögen: »Sei mir gegrüßt, Bruder Fußabtreter, in einer Welt voller Stiefel.«
Aber ich war zu sicher, das Lächeln gesehen zu haben, als daß ich weitersuchen konnte.
Danach wandte ich meine ganze Aufmerksamkeit dem Spielchen zu, das der Deutsche mit meiner Hand veranstaltete.
Er hatte mein Handgelenk gepackt – meinen Arm – ich zog ihn weg –
Wieder meine Hand, mit verschränkten Fingern.
Sehr kühl und ruhig war seine – und ein winziger Puls schlug irgendwo.
Ein Streit. Hier sind wir nicht langgekommen, sagte Tillie gerade.
Aber das Ganze war inzwischen für alle, außer für den treuen André, zur Farce geworden.

Wir gingen zurück, doch ehe wir wieder in Hörweite der Musik aus dem Hotel gekommen waren, hatte er sie mit vielen Versprechungen getröstet.
Und er hielt sie auch. Er stellte sich taub gegen alle Andeutungen, daß alles nur ein Trick sei oder sein könnte.
Als wir nach Budapest fuhren, kam Tillie mit. Und später nach Berlin ebenfalls.
Sie verließ ihn erst, als sie es so einrichten konnte, wobei sie jeden Sou mitnahm, den er besaß, und einen großen Diamanten, den er gekauft hatte.
Von diesem Nachspiel hörten wir erst später.
Armer André! Hoffen wir, er ist dafür entschädigt worden, daß er ein einziges Mal vergessen hat, daß »Fressen oder gefressen werden« das unerbittliche Gesetz des Lebens ist.
Das nächste Mädchen wird vielleicht sanft und unschuldig sein. Dann ist er mit Fressen an der Reihe.
Abscheuliche Welt.

Simone und Germaine, zwei der Tipp-Mädchen bei der Delegation, hatten einen *succès fou*. Simone zumindest verdiente ihn.
Sie war auf Engländer, Amerikaner und Franzosen spezialisiert. Germaine dagegen hatte viele Anhänger unter den Italienern und Griechen, und sogar einen vereinzelten Armenier, der ihr (erzählte sie) fünfzigtausend Francs für eine Nacht geboten hatte.
Simone war entsetzlich eingebildet.
Einmal erzählte sie mir, Captain La Croix habe sie die Quintessenz aus französischem Charme, flämischer Schönheit und ägyptischem Mysterium genannt. (Sie war in Kairo geboren, französische Mutter, belgischer Vater.)
Beide Mädchen sahen mich ein wenig lauernd an, aber sie waren zu bemüht, es sich mit Pierre nicht zu verderben, als daß sie anders als höflich gewesen wären. Ich hatte bemerkt, daß die

Leute zunehmend ehrerbietiger zu Pierre und folglich auch zu mir wurden. Ich hatte bemerkt, daß er offensichtlich Geld hatte – viel – sehr viel. Er hatte es mit Wechselgeschäften verdient, erklärte er mir.

Eines Tages im Frühling 1921 dann zogen wir aus der Wohnung in der Rasumofskygasse in eine Suite im Imperial.

Wir entließen die Köchin, und D., zu meinem Zimmermädchen befördert, kam mit.

Schön, viel Geld zu haben – schön, schön. Herrlich, ein Auto zu haben, einen Chauffeur, Ringe, und so viele Kleider, wie man mag.

Gut, wenn man Geld, viel Geld hat. Alle Blumen, die ich wollte. Alle Komplimente, die ich wollte. Alles, alles.

Oh, großer Gott Geld – du machst alles möglich, was schön ist im Leben. Jugend und Schönheit, den Neid der Frauen und die Liebe der Männer.

Selbst den Luxus einer Seele, eines Charakters und eigener Gedanken schenkst du, nur du. In den Spiegel zu schauen und zu denken: Ich habe alles, was ich wollte.

Ich habe hoch gesetzt, als ich heiratete, und habe gewonnen.

In Wirklichkeit war ich gar nicht so begeistert, aber es war ungeheuer angenehm.

Geld ausgeben, Geld ausgeben. Und es war ständig mehr da.

Eines Tages hatte ich eine schlimme Vorahnung.

Pierre gab speziell für die japanischen Offiziere, Shogun, Hato, Ishima und Co., ein Mittagessen.

Wir speisten in einem separaten Zimmer, womit mein Ärger begann, denn ich bevorzugte das Restaurant, besonders bei einem Essen mit den Japanern, die mich deprimierten.

Es war ziemlich kalt und dunkel, und das Essen schien nicht enden zu wollen.

Shogun, der enorme Mengen aß, erzählte uns in den Pausen eine lange Geschichte von einem Offizier in Japan, der Harakiri beging, weil sein Telefon während einer Truppenübung nicht richtig funktionierte.

Einen armseligen Grund nenne ich das, aber Shogun schien ihn für einen Helden zu halten.

Ich entfloh nach oben, sobald ich konnte.

Plötzlich war ich wie Napoleons Mutter: »Vorausgesetzt, es hält an.«

Und wenn nicht? Nun ja, dieser Gedanke war, wie die berühmte »kalte Hand, die mein Herz packt«.

Und obendrein ein schreckliches Gefühl – das kann ich Ihnen sagen.

So verdammt genau wußte ich, daß ich mit Mut oder Würde niemals mehr arm sein könnte.

Ich stellte eine kleine Rechnung auf; als ich unsere Ausgaben in Francs – in Pfund – übertrug, war ich entsetzt. (Als wir nach Wien kamen, war der Franc dreizehn Kronen wert – mittlerweile stand er bei ungefähr sechzig.)

Bei erstbester Gelegenheit überfiel ich Pierre damit.

Zuerst lachte er, dann wurde er ärgerlich.

Frances, ich sage dir, es ist alles in Ordnung. Wieviel verdiene ich? Sehr viel.

Wieviel genau? Kann ich nicht sagen. Wie? Du würdest es nicht verstehen.

Hab keine Angst, es – bringt Unglück. Du würdest mir nur meine Glückssträhne verderben.

Ich hielt den Mund. Ich weiß so gut, daß schlimme Vorahnungen und Ängste Unglück bringen.

»Mach dir keine Sorgen«, sagte Pierre, »bald lande ich den großen Coup, dann sind wir reich, reich.«

Wir aßen in einem kleinen Winkel des Restaurants zu Mittag.

Am selben Tisch hatte sich einige Tage zuvor ein vierundzwanzigjähriges russisches Mädchen erschossen.
Von ihrem letzten Geld leistete sie sich ein bescheidenes Mahl, und dann peng! Aus –
Und ich beschloß, wenn es jemals so weit käme, würde ich es auch so machen.
Um nicht mehr arm zu sein. Nein, nein und nochmals nein.
So verdammt leicht, so was zu planen – und im letzten Moment hat man immer – Angst. Oder betrügt sich mit falschen Hoffnungen.
Ich kann immer noch dies und jenes tun. Ich kann mich immer noch an dies und jenes klammern.
Soundso wird mir helfen.
Wie du kämpfst! Schlau und gut am Anfang, dann immer ungestümer – schließlich hysterisch.
Ich kann nicht untergehen, ich will nicht untergehen. Helft mir, helft mir!
Nur ruhig – ich muß geschickt zu Werke gehen. Soundso wird helfen.
Aber Soundso zeigt dir sein weltmännisches Lächeln.
Du wirst nervös. Er versteht nicht, ich werde ihn –
Aber Soundsos Augen werden kalt. Du flehst.
Kannst du mir nicht helfen, möchtest du nicht, bitte? Es ist nur dies und das –
Soundso wird unbehaglich zumute; er wird störrisch.
Kein Zweck.
Ich darf nicht weinen, ich will nicht weinen.
Und diesmal weinst du nicht. Es gelingt dir, den Kopf oben zu behalten, ein Lächeln auf dem Gesicht.
Soundso ist über die Maßen erleichtert. So erleichtert, daß er sofort eine kleine Hilfe, die reiner Hohn ist, und ein Kompliment als Trost anbietet.

Im Taxi weinst du immer noch nicht.
Du hast an jemand anderen gedacht.
Aber nach der fünften oder sechsten Enttäuschung weinst du schon leichter.
Nach der zehnten gibst du's auf. Du bist gebrochen – keine Nerven mehr.
Und jeder hergelaufene Trottel kann seinen billigen kleinen Triumph über dich feiern – sein kleines, spießbürgerliches Urteil über dich fällen.
Kann nichts für sie tun. Kein Zweck.
C'est rien – c'est une femme qui se noie!
Aber zwei, drei Jahre später. Sei gegrüßt, du kleines russisches Mädchen, das genug Schneid hatte und genug Wissen um die Welt, um aufzuhören, als die gute Zeit vorüber war.

Am Tag vor unserer Abreise nach Budapest war es in Wien gewitterig und kühler.
Ich hatte fast zwei Stunden in einem Massagesalon zugebracht, von dem mir das russische Mädchen erzählt hatte.
Das russische Mädchen war mir als Ersatz für Tillie vorgestellt worden. Sie hatte zwei Vorzüge: einen Gatten und ein paar oberflächliche Französischkenntnisse.
Wir hatten Abend für Abend in der Bar vom Radetzky zusammengesessen. (Pierre versammelte immer scharenweise Leute um sich.) Der amüsanteste Mensch der ganzen Gesellschaft war eine alte Dame von über siebzig, die eine hellgelbe Perücke trug. Sie war einmal Schauspielerin gewesen und hatte immer noch jede Menge Temperament.
Da saß sie Abend für Abend, trank Punsch und sang von »Liebe und Frauen« so gut wie nur eine.
Ich kam aus dem Salon und spazierte die Straße entlang – Gesicht wie das einer Puppe – nicht eine Falte, nicht ein Schatten, die Augen schöner als die einer Puppe. Hatte ich nicht irgendein

Zeug hineingetropft, das die Pupillen groß und schwarz werden ließ?

Höchst zufrieden mit allem war ich an diesem Nachmittag – mit dem Massagesalon, mit der Kürze meines Kleides, mit dem Leben im allgemeinen.

Urplötzlich kam der Gegenschlag, als ich mich gerade zum Essen niedersetzte. Ich war allein an dem Abend – die schlimme Vorahnung, die düstere Stimmung in vollem Gange.

Ein Herr mit einem Zahnstocher sah mich zärtlich an (in den Pausen ernster Ausgrabungstätigkeit), ich heftete die Augen auf meinen Teller.

Oh, abscheuliche Einsamkeit – zwei Stunden dazusitzen und sich massieren zu lassen, stundenlang dazustehen und ein Kleid auszusuchen.

Und alles, um die Augen eines Herrn mit Zahnstocher zu erfreuen.

(Der, da er mich unzugänglich fand, seine Aufmerksamkeit bereits auf etwas anderes gerichtet hatte.)

Ich hasse ihn mehr denn je.

Franzi ist im Foyer. Der Herr hat ihm aufgetragen, mit dem Wagen vorzufahren und mich zu einer Spazierfahrt abzuholen.

Der nette Franzi.

Ich steige ein – fahr zu, Franzi. »Schnell – eine andere Platz, niet Prater, niet Weg zum Baden – niet Wiener Wald.«

Das ist mein Deutsch nach zwei Jahren! Ich meine, fahr schnell. Fahr woandershin, nicht zum Prater, nicht in Richtung Baden –

Ja, an diesem Abend unternahm mein Schutzengel, der arme Kerl, einen letzten, rasenden Versuch. Ich hatte noch nie so klar meine Fehler und Fehlschläge und meine ungeheure Nutzlosigkeit erkannt. Noch nie hatte ich ein so heftiges Verlangen, meine Koffer zu packen und einfach abzuhauen.

Abhauen – ein anderes Leben, andere Leute.

Arbeiten.

Nach England gehen – ganz anders sein.
Selbst in dem Moment klar und nüchtern das Wissen, daß ich nicht aufrichtig war.
Daß ich nicht arbeiten wollte.
Oder häßliche Kleider tragen.
Daß ich zehn Jahre so gelebt hatte – und daß ich mich, außer durch ein Wunder, nicht ändern könnte.
»Will mich nicht ändern«, trotzig.
Ich habe Schuldgefühle. O ja, Schuldgefühle – immer wieder.
Niemand hat mehr.
»Lügnerin, Lügnerin«, kreischte der Engel, »pack deine Koffer und hau ab.«
Armer Engel – es war hoffnungslos. Du hattest keine Chance an jenem wunderbaren Abend in Wien.
Vor allem, weil es mittendrin einen fürchterlichen Bums gab.
In seinem Eifer, einen anderen Weg zu finden, war Franzi eine Straße entlanggefahren, die seit hundert Jahren nicht mehr repariert worden war. Und wir fuhren genau über einen Stein, der so groß war, daß ich, alles andere als schwer, gut drei Fuß hoch in die Luft flog. Zum Glück landete ich wieder in dem Wagen.
Franzi hat angehalten und sieht erschrocken nach hinten. Ich sage ihm, er soll nach Hause fahren.
Es ist nicht meine Schuld.
Die Männer haben mich ruiniert – indem sie stets meinen Geist verachteten und nur auf meinen Körper blickten. Die Frauen haben mich mit ihren sinnlosen Grausamkeiten und Dummheiten ruiniert. Kann ich was dafür, daß ich meine einzige Waffe gebraucht habe?
Ja, meine einzige.
Alles andere sind Lügen – Lügen –
Gott, wie ich die meisten Frauen hier hasse, ihr falsches Lächeln, ihre hemmungslosen Eifersüchte auf einander, ihre Verschlagenheit – wie Tiere.

Sie sind wahrscheinlich Tiere. Man sehe sich alle die weisen Männer an, die so denken oder gedacht haben.
Selbst Jesus Christus war zu ihnen freundlich, aber kühl, und gab den Rat, so wenig wie möglich mit ihnen zu tun zu haben.
Außerdem, wenn ich nach London zurückginge –
Wozu gehe ich zurück, zu wem?
Wie einsam ich bin – wie einsam ich bin.
Tränen.
Selbstmitleid, sagt das kleine Ding in meinem Hirn teilnahmslos, ist das lächerlichste und sinnloseste aller Gefühle. Geh zu Bett, du Frau.
Ich krieche hinein und bin getröstet. Wie ich für schöne Betttücher schwärme; wie gut das Kopfkissen duftet.
Ich bin wirklich ungeheuer glücklich – warum war ich nur plötzlich so niedergeschlagen?
Morgen sehe ich Budapest.
Lächerliche Idee, nach London zu gehen. Was sollte ich denn in London –
Adieu Wien, der Flieder, die Lichter, die vom Kahlenberg herunterscheinen, die alte Dame mit der gelben Perücke und ihren Liedern über Frauen.
Werde ich mal so wie diese alte Dame sein? Und in den Massagesalon rennen, weil ich das morsche Gemäuer stützen lassen muß? Möglicherweise, wahrscheinlich.
Wunderschönes Wien. Dich niemals wiederzusehen.
Schöne Leinentücher.
Schlafen.
Ja, wir haben alle unsere Illusionen. Es wäre weiß Gott schwer, ohne sie in den Spiegel zu schauen.
Ich – daß mein Leben zwischen siebzehn und zweiundzwanzig an meiner verdammten Schwäche schuld ist, und Simone – daß sie die schönsten Beine von Paris hat. Gute Frauen, weil sie nicht

wirklich boshaft sind, schlechte, weil sie nicht wirklich älter werden oder der neueste Liebhaber kälter wird.

Ich kann mir Budapest im Winter nicht vorstellen. Kann's mir nicht anders als im heißen Sommer vorstellen.
Hitze und ein ständiger Geruch, ein alles durchziehender Geruch – in den Hotels, auf den Straßen, am Fluß, selbst außerhalb der Stadt bildete ich mir ein, ich röche ihn.
Die Ungarn erzählten uns, es sei die sauberste Stadt Europas gewesen, bis die Bolschewiken sie verdreckt hätten – Bolschewiken und »die verfluchten, die grauenhaften Rumänen«.
Es wurde nun allmählich gesäubert – sehr allmählich, möchte ich sagen.
Haughton bellte stets laut (er bellte wirklich) über die genauen Gründe, warum es schon immer die interessanteste Stadt Europas war und es immer noch sei, mit Ausnahme von Petersburg vor dem Krieg. *»Les femmes ici ont du chien«* – so erklärten die französischen Offiziere die Angelegenheit.
Ganz egal, ich mochte es – ich mochte es lieber als Wien.
Haughton wohnte im selben Hotel wie wir. Wir nahmen die Mahlzeiten zusammen ein, und jeden Abend trommelten wir eine Gesellschaft zusammen, mit der wir ins Orpheum oder in eines der Tanzlokale gingen. Er brachte gewöhnlich einen glatzköpfigen Italiener mit freundlichen braunen Augen, der Seemann war, und eine Polin mit ihrem Mann mit.
Haughton war in der Kommission, weil er Russisch, Deutsch, Französisch, Italienisch und sogar ein bißchen Ungarisch sprach. Ein prächtiger Kerl!
Er hatte jahrelang in Rußland gelebt, als Hauslehrer oder so etwas Ähnliches eines der Großherzöge, und ich bewunderte seinen Geschmack, wenn es um Frauen ging. Er mochte sie schlank, zart, anmutig, parfümiert, lasterhaft, geschminkt, bezaubernd – und er war von der ersten bis zur letzten Minute reizend zu ihnen –

wirklich unenglisch, obwohl er in seinem Äußeren ganz englisch geblieben war.

Manchmal aber zerstörte er diese wunderbaren Abende, wenn wir außerhalb von Buda speisten, mit seinen unaufhörlichen, nicht sehr geistreichen Zynismen.

»Ha, ha ha? Großer Gott! Ja. Verdammt schöne Frau. Was?«

Wenn die Zigeuner ihre verrücktesten und bedrücktesten Sachen spielten – bellte er dennoch glücklich weiter ...

Budapest sieht von weitem unwirklich schön aus. Ich erinnere mich an den Mond, der wie ein weißer Vogel am Nachmittagshimmel hing; die graugrünen Stämme der Ahornbäume, die entsetzlichen Schlaglöcher in der Straße.

»Nicht zu schnell, Franzi; fahr nicht zu schnell!« ...

Dann in die Stadt und ihre lebhaften Gerüche zurück, zu den Wehklagen der Zigeunerkapellen, der kleinen Tänzerin im Orpheum – wie hieß sie noch? ... Ilonka – hübscher Name, klingt wie ein Stein, den man in tiefes Wasser wirft. Sie kam lächelnd und still – sie sprach weder Französisch noch Deutsch – und setzte sich zu uns, wenn ihr Auftritt vorbei war.

»Furchtbar eintönig, dieses Zigeunergedudel, was?« sagte Haughton dann und zappelte nervös herum.

Es war eintönig, nehme ich an. Es hörte sich an wie endlose Variationen und Umkehrungen ein und desselben Akkords – unmelodisch, kläglich, schwermütig; der Wind über der Ebene, der hungrige Schrei des menschlichen Herzens und so weiter ... Naja ...

In unserem Zimmer stand ein hartes, elegantes, kleines Sofa, mit gelbgestreifter Seide bezogen – himmelblaue Kissen. Ich verbrachte lange Nachmittage auf diesem Sofa, eingetaucht in einen friedlichen Traum von Mutterschaft.

Ich hatte das gelassene Gefühl von Macht, wenn ich in diesem dunklen, kühlen Raum lag, so als könne ich unabweislich und

unfehlbar alles zu mir heranziehen, was ich mir je im Leben gewünscht hatte – als wäre ich auf geheimnisvolle Weise unwiderstehlich, ein Magnet, eine *femme sacré*.
Man kann völlig entrückt … verzückt … sozusagen abwesend sein, wenn man ein Kind erwartet, und man ist unendlich froh darüber.

Eines Nachmittags sagte Pierre: »Wenn jemand von der Allgemeinen Verkehrsbank kommt, mußt du sagen, ich bin nicht da und du weißt nicht, wann ich wiederkomme.«
Jemand kam von der Bank – ein fetter, kleiner Mann, der sich nicht abweisen ließ und in schlechtem Französisch unverschämt wurde. Er wolle Monsieur sprechen. Er müsse Monsieur sprechen. Madame könne nicht sagen, wann Monsieur wieder da sei. »*Très bien – très bien*.« Er werde zu Monsieurs Dienststelle gehen, um Erkundigungen einzuziehen.
Er zog ab. Sein Rücken wirkte eckig, rachsüchtig – unheildrohend – das ist das Wort. Ich glaube, als ich auf den Rücken dieses Mannes blickte, erriet ich alles, sah ich alles voraus.
Ich fiel über Pierre her, sobald er nach Hause kam. Ich meine, ich fragte ihn – aber er war so ausweichend, daß ich eine Attacke daraus machte. Ausflüchte haben mich schon immer geärgert.
»Sag's mir doch, um Himmels willen, hast du große Verluste gemacht, oder was? Das hast du. Ich weiß, daß es so ist – du mußt es mir sagen.«
Er sagte: »Meine Liebe, laß mich in Frieden, ich werd's schon schaffen, wenn du mich in Ruhe läßt – aber ich möchte nicht darüber reden … Haughton hat uns ins Ritz zum Essen eingeladen … *Et qu'importent les jours pourvu que les nuits soient belles?*«
Er machte eine große, theatralische Gebärde.
Ich ließ ihn in Frieden, aus Schwäche, nehme ich an. Aber man gewöhnt sich an Sicherheit und daran, seinen Mann für einen Großverdiener, einen Zauberkünstler zu halten, der unglaubli-

che und geheimnisvolle Kunststücke mit Yen, mit Lire, mit Francs und Sterling vollführt ... Wechselgeschäfte in Zürich ... Ich ließ ihn in Ruhe – aber ich war beunruhigt. Ich ertappte Haughton dabei, wie er mich ansah, als täte ich ihm sehr leid ... Ich ihm leid tun. Haughton!

Zehn Tage, nachdem der Mann von der Bank da gewesen war, ging ich um halb sieben hinauf in mein Schlafzimmer, um mir ein anderes Kleid anzuziehen, und fand Pierre, wie er zusammengekrümmt auf dem gelbgestreiften Sofa saß und auf den Revolver in seiner Hand starrte.

Ich habe Revolver schon immer gehaßt, diese kleinen, bösartigen, schwarzen Dinger. Allein der Anblick eines Revolvers oder eines Gewehrs schmerzt mich tief im Kopf; nicht weil sie gefährlich sind – ich habe nichts gegen Messer –, sondern weil der Knall eines Schusses meinen Ohren weh tut.

Ich sagte: »O Pierre, leg dieses Ding weg! Wie entsetzlich rücksichtslos von dir, mich zu erschrecken!«

Dumm, genau in dem Augenblick zu weinen, in dem man die Ruhe behalten sollte.

Er schwieg ziemlich mürrisch.

Nun, ich zerrte die Wahrheit aus ihm heraus. Er erzählte mir, während er unablässig mit einem Fuß wackelte und ziemlich wie ein Schuljunge dreinsah, daß er Geld verloren habe – das Geld anderer Leute – das Geld der Kommission – Ishima habe ihn im Stich gelassen ...

Es folgte die komplizierte Geschichte von Yen – von Francs – von Kronen. Er unterbrach sich und sagte: »Du verstehst doch nichts von Geld. Welchen Zweck hat es also, von mir Erklärungen zu verlangen? Ich bin fertig, sag ich dir, habe alles versucht ... kein Zweck! Ich kann jetzt jeden Augenblick verhaftet werden.«

Ich war ruhig, gefaßt, barst vor nüchternen Überlegungen. Ich glaube, Menschen, die schwer verwundet sind, müssen so sein, bevor die Wunde zu schmerzen beginnt … Also, wie stoppt man am besten die Blutung? … Verband … Unmöglich, daß dieser und kein anderer der Schuß ist, der einen töten wird …

Ich saß neben ihm auf dem Sofa und sagte: »Sag mir, wieviel du brauchst, um die Sache in Ordnung zu bringen. Soviel versteh ich allemal.«

Er sagte es mir, und Totenstille trat ein.

»Laß mich allein«, sagte er. »Laß mich mir eine Kugel in den Kopf schießen. Glaubst du, ich will in Budapest ins Gefängnis kommen? Ich habe keine Chance!«

Ich erklärte, immer noch ruhig und verständig, daß er sich nicht umbringen und mich allein lassen dürfe – daß ich Angst hätte – daß ich nicht sterben wolle – daß ich schon irgendwie das Geld auftreiben werde, um seine Schulden zu bezahlen.

Die ganze Zeit, während ich sprach, hielt er den Blick auf die Tür geheftet, als erwarte er, daß sie plötzlich brutal geöffnet werde. Dann wiederholte er, als hätte ich nichts gesagt: »Ich bin *fichu* … Geh und laß mich auf die einzige Weise, die mir offensteht, aus der Geschichte herauskommen … Ich habe viertausend Francs in bar für dich aufgehoben … Und deine Ringe … Haughton wird dir helfen … Ich bin *fichu* …«

Mein Mund wurde hart: »Das bist du nicht. Warum kannst du nicht kämpfen wie ein Mann?«

»Ich warte nicht hier, bis ich verhaftet werde«, erwiderte er trotzig, »die kriegen mich nicht, die kriegen mich nicht, das sag ich dir.«

Der Plan, nach London zu fahren und dort Geld zu leihen, war in meinem Kopf bereits fertig. Man denkt manchmal schnell.

»Dann laß uns nicht warten. Pierre, du kannst doch nicht so gemein sein und mich allein lassen?«

»Mon petit«, sagte er, »wenn ich nicht so ein verdammter Feigling wäre, hätte ich es schon längst hinter mich gebracht. Ich

sage dir, ich habe recht – ich bin fertig. Rette dich … Mich kannst du nicht retten!«

Er lachte mit Tränen in den Augen. »Meine arme Francine, warte ein bißchen …«

»Komm, laß uns weggehen«, sagte ich, »und red nicht davon, dich umzubringen. Wenn du dich tötest – weißt du, was dann mit mir geschieht?«

Wir blickten starr einander an.

»Du weißt es verdammt gut«, sagte ich.

Er senkte den Blick und murmelte: »In Ordnung – in Ordnung! … Nur vergiß nicht, ich habe dich gewarnt, ich hab's dir gesagt. Es wird die Hölle … Eines Tages wirst du mir vorwerfen, daß ich nicht rasch ausgestiegen bin und dir überlassen habe, dich zu retten.«

Er begann, rastlos im Zimmer hin und her zu gehen.

Wir kamen überein, daß wir früh am nächsten Morgen abreisen könnten. Schlicht abhauen. Einfach so. Wir machten Pläne – plötzlich sprachen wir im Flüsterton …

An dem Abend aßen wir oben, ich erinnere mich noch – Paprika, Wildente, zwei Flaschen Pommery.

»*Allons*, Francine, Kopf hoch! *Au mauvais jeu il faut faire bonne mine.*«

Wegen dieser plötzlichen, vollkommenen Stimmungswechsel habe ich ihn immer geliebt. Kein Engländer könnte sich so plötzlich ändern – so vollkommen. Ich streckte die Hand aus, und als ich ihn berührte, verließen mich mein Mut, meine Ruhe, meine Gleichgültigkeit, und ich empfand so etwas wie eine vage und konfuse Angst.

Schrecklich, das Gefühl, von nun an bis in alle Ewigkeit den riesigen Apparat von Gesetz, Ordnung und Ehrbarkeit gegen sich zu haben. Schrecklich, das sichere Gefühl, daß man nicht stark genug ist, dagegen anzukommen.

»*Au mauvais jeu bonne mine.*« … Eine gute Pokermiene, nennt

man das nicht so? ... Die Fähigkeit, sich nicht nervös machen zu lassen, wenn alles schiefgeht ...
Als wir die zweite Flasche Pommery öffneten, war ich aufrichtig davon überzeugt, auserwählt zu sein – eine Feder auf dem Meer des Schicksals und so weiter. Und welchen Sinn hatte es schon, sich Sorgen zu machen – so oder so? ...
Als ich ein viertes Glas trank und hoffte, damit das tröstliche Gefühl der Verantwortungslosigkeit zu steigern, klopfte Haughton und trat ein.
Es gab in dieser Nacht einen Augenblick, da war ich nahe daran, mich Haughton anzuvertrauen.
Pierre war telefonieren und den Chauffeur suchen gegangen, und ich habe diese großen Männer mit den etwas harten blauen Augen schon immer gemocht. Ich vertraue ihnen instinktiv – wahrscheinlich zu Unrecht. Ich öffnete den Mund und wollte gerade sagen: »Haughton, so und so liegen die Dinge ... ich ängstige mich zu Tode, wirklich ... Was soll ich tun?«
Und während ich noch zögerte, kam Pierre zurück.

Um eins begannen wir so leise wie möglich zu packen. Wir beschlossen, nur einen Koffer mitzunehmen.
Ich erinnere mich noch an den Tisch, voller Zigarettenstummel und Trinkgläser, die zwei leeren Champagnerflaschen und das kleine gelbe Sofa, das ziemlich erstaunt und mißbilligend zusah.

Am Morgen um halb sieben verließen wir das Hotel.
Die Fahrt nach Prag war wie ein Traum. Kein Alptraum; Weglaufen kann anregend sein, aber endlos wie gewisse Träume, und unwirklich.
Während ich mich ankleidete und fertig packte, hatten meine Hände vor Angst und Kälte gezittert, aber ehe wir Budapest hinter uns ließen, war das Gefühl, gehetzt zu werden, verschwunden.

Kein Zweifel, an einem frischen, blauen Morgen wegzulaufen, kann sehr anregend sein.
Ich tätschelte die vibrierende Flanke des Wagens, starrte auf Franzis teilnahmslosen Rücken, fragte mich, ob er etwas errate, kam zu dem Schluß, daß er das wahrscheinlich tue, und sang: »Mit ihrem roten Chapeau.«
Wenn man das ehrbare Leben hinter sich läßt, kann man's ruhig mit einem Lied auf den Lippen tun.
Das Land erstreckte sich flach in eine unendliche, melancholische Ferne, aber es erschien mir sonnenbeschienen und voller Verheißungen, wie der Schauplatz eines Märchens.
Gegen Mittag fuhren wir durch eine kleine *plage* an der Donau; es muß Balaton gewesen sein. Dort liefen in Scharen Männer und Mädchen in kurzen Badeanzügen herum. Wie hübsch ihre braunen Beine und Arme aussahen und das Haar der Mädchen im grellen Sonnenlicht.
Pierre rief: »Hungrig?«
Ich sagte: »Ja.«
Aber ich wurde wieder unruhig, als wir zum Mittagessen in irgendeinem kleinen Dorf hielten, dessen unaussprechlichen Namen ich nie erfahren sollte.
Durch die offene Tür des Restaurants sah das Dorf im Sonnenlicht freudlos und von Schwermut erfüllt aus; ganze Herden von Gänsen, unzählige stolze Gänse, watschelten herum; einige alte Frauen saßen auf einer langen, niedrigen Steinbank unter einer Linde, auf einer anderen Bank zwei oder drei alte Männer. Die alten Frauen sahen wirklich angsterregend aus. Ihre braunen, strengen Gesichter schienen aus irgendwelchem harten Holz geschnitzt zu sein, die Runzeln tief gekerbt. Sie trugen ungeheure dunkle Röcke, hatten sich Taschentücher um die Köpfe gebunden und saßen vollkommen still, beinahe reglos da. Wie mitleidlos sie wohl wären, diese Alten, zu einem Sünder ihres eigenen Geschlechts – zum Beispiel einer Diebin –, wie

grausam würden sie sie bestrafen. Brrrr! Besser nicht an so etwas denken.
Pierre sagte: »Was für ein Leben sie haben müssen, diese Leute!«
Ich pflichtete bei: »Furchtbar!«, wandte die Augen von der Steinbank, trank meinen grauenhaften Kaffee und ging hinaus. Dort war ein Mädchen, eine Magd aus dem Gasthaus vielleicht oder eine Gänsemagd, die zur Hintertür rein und raus ging und Kübel und Eimer schleppte. Sie trug ein weißes Mieder, das so dünn war, daß man deutlich die Form ihrer Brüste sehen konnte, und einen dunklen Rock; ihre Füße waren nackt, ihr Kopf war klein und saß auf einem sehr langen Hals, und ihre Augen waren schräggestellt wie Ishimas – ich beobachtete sie mit dem allergrößten Vergnügen, weil sie so schlank und jung und fein gezeichnet war. Und weil ich mir vorstellte, daß, als sie mich ansah, in ihren Augen der Ausdruck von etwas Stolzem, Wildem lag – einer jungen Löwin vielleicht –, statt der gewöhnlichen dummen Feindseligkeit, mit der Frauen einander ansehen.
Ich sagte zu Pierre: »Oh, ich finde wirklich, Ungarn können sehr schön sein; sie sind den Österreichern glatt überlegen.«
Er erwiderte so gleichgültig: »Ein anderer Typ«, daß ich mich zu streiten begann.
»Die Österreicher tischen einem ständig ihren morschen alten Charme auf, von dem jeder redet. Solche Leute sind mir zuwider. Und sie sind fett und weibisch und *rusé* und alles übrige.«
»Oh!« sagte Pierre. »Aber wenn du glaubst, die Ungarn sind nicht *rusé*, meine Liebe, tsö! – sie sind die Hinterlistigsten von allen, abgesehen von den Polen.«
Ich gab nicht nach: »Aber anders ... Sieh dir doch das Mädchen dort an; ist sie nicht entzückend, entzückend?«
»*Un beau corps*«, entschied Pierre. »Komm, Francine, laß uns weiterfahren, wenn du bereit bist.«
Ich hörte die Besorgnis aus seiner Stimme und stieg ein wenig mürrisch ein. Ein Knirschen der Reifen ... und wir hatten sie

hinter uns gelassen, die Gänsemagd aus einem Märchen, vor dem Hintergrund aus blauen Fernen, die in der Hitze flirrten.
Ich begann, mir meine triumphale Rückkehr nach Ungarn auszumalen, mit Geld, um Pierres Schulden zu bezahlen. Ich sah mich am Kopf eines langen Tisches sitzen und mit der starren Miene einer geborenen Geschäftsfrau an alle Betroffenen kleine Bündel Geldnoten verteilen: »Würden Sie bitte hier unterschreiben?«
Dann muß ich geschlafen haben, und als ich aufwachte, hatte ich das Gefühl, wir seien schon tagelang auf der Flucht und ich könne mich keiner Zeit erinnern, da ich nicht leicht verkrampft und etwas schwindlig dagesessen und die Landschaft hätte vorüberfliegen sehen, den Wind im Gesicht.
Pierre drehte sich um und fragte, ob ich müde oder mir kalt sei.
»Nein, mir geht's gut ... Willst du jetzt fahren? Gut, aber fahr nicht zu schnell ... brich uns nach all dem nicht noch die Hälse.«
Das flache Land lag jetzt hinter uns, und auf einer Seite der Straße war ein steiler Abhang. Die Dunkelheit kroch heran, der Wind war kalt. Nun war ich absolut sicher, daß alles nur ein Traum sei und ich in Ruhe den Moment des Erwachens abwarten könne.
Wir flitzten geräuschlos wie Gespenster zwischen zwei Reihen dunkler Bäume hindurch. Ich richtete die Augen angestrengt in das angsterregende Geheimnis des nächtlichen Waldes, dann schlief ich wieder ein, und als ich erwachte, hatten wir angehalten.
»Was ist los?«
»Die Grenze ... bleib ruhig ...«
Eine unerwartete Aufregung an der Grenze. Dort gab es eine Wachstation. Eine Reihe von Männern mit Gewehren um ein Holzfeuer, ein Streit, der sehr laut und kehlig wurde. Unsere Pässe wurden hervorgeholt: »Kommission ... Kurier.«
»Was ist los, Pierre?«

Er stieg ohne zu antworten aus und folgte einem der Männer in einen Unterstand.
Es war schrecklich, stundenlang, wie es schien, dort in der Nacht zu warten, und mit geschlossenen Augen fragte ich mich, wie es wohl im Gefängnis sei.
Dann tauchte Pierre, immer noch diskutierend, wieder auf und stieg neben mir ein.
Er murmelte: *»Je m'en fiche, mon vieux«* und rief dem Fahrer etwas zu.
Der Wagen machte einen Satz nach vorn wie ein Pferd, dem man die Sporen gibt. Einen erregenden Augenblick lang stellte ich mir vor, daß auf uns geschossen würde, und mein Nackenhaar kräuselte sich. Aber als ich über die Schulter zurückblickte, sah ich im Licht des Feuers den Pulk der Männer uns nachgaffen, als könnten sie sich keinen Reim drauf machen.
»Angst?«
»Nein, nur davor, daß wir zurückgeschickt würden. Was war denn los? Hatten sie den Befehl, uns aufzuhalten?«
»Nein, aber keiner soll durchfahren. Die Grenze ist geschlossen, irgendwas ist passiert.«
Ich sagte: »Ich möchte bloß wissen, was das sein kann«, ohne das geringste Interesse.
»Na«, sagte Pierre, »hier ist die Tschechoslowakei, und adieu, Ungarn!«
»Adieu, Ungarn!« Tränen standen in meinen Augen, denn ich fühlte mich so erschöpft, zum Sterben elend.

»Du bist furchtbar müde, nicht wahr, Frances?«
»Ein bißchen. Ich würde mich gern ausruhen. Laß uns bald anhalten. Wo wollen wir übernachten?«
»In Preßburg. Wir sind fast da.«
Ich kuschelte mich in eine Ecke des Wagens und schloß die Augen.

Es war spät, als wir im jüdischen Viertel der Stadt ein Zimmer fanden. Alle guten Hotels waren belegt; und im härtesten, schmalsten Bett, das ich je gesehen hatte, legte ich mich nieder und schlief auf der Stelle ein.

Am nächsten Morgen war etwas von der Heiterkeit zurückgekehrt. Wir gingen aus, frühstücken und Landkarten kaufen. Wir hatten beschlossen, nach Prag zu fahren, dort den Wagen zu verkaufen und dann …

»Ich will nach Warschau«, verkündete Pierre.

Ich sagte erschrocken: »Warschau? Aber mein Lieber …«

Der Kaffee war gut, die Brötchen waren frisch; etwas in der Luft dieser sauberen, so deutsch wirkenden kleinen Stadt hatte mir mein Selbstvertrauen wiedergegeben.

Ich begann zu streiten: »Wir müssen nach London … in London …«

»Mon petit«, sagte Pierre und zündete sich die Pfeife an, »ich glaube nicht, daß deine Freunde uns helfen werden. Ich weiß, wie naiv du bist. Warte nur, du wirst schon sehen, was deine famosen Freunde wert sind. Die legen dich rein von A bis Z. Laß uns nach Warschau fahren. Ich glaube, dort kann ich etwas in die Wege leiten; Francine, tu ein einziges Mal, was ich sage.«

Ich erklärte ihm halsstarrig, daß ich die Polen nicht leiden könne. Er zuckte die Schultern.

Wir fanden den Wagen und Franzi am Hotel warten.

»Weiter geht's«, sagte Pierre munter, *»en route!* Hier ist die Brandy-Flasche.«

Die Straße war weitaus besser, aber ich hatte nicht das ermunternde Gefühl von Geschwindigkeit, davon, daß wir uns aus dem Staub machten. Wir schienen vielmehr langsam und qualvoll wie Ameisen über ein flaches, graues und bedrohliches Land dahinzukriechen. Ich stellte mir vor, daß sich diese trostlose Ebene Meile um Meile immer weiter bis in den Norden Rußlands erstrecke, und erschauerte.

Im stillen wiederholte ich mir immer wieder: »Ich will nicht in Polen begraben werden ... Ich will nicht ... Ich habe keine Lust ... Ich will nicht ...«
Der Wind war kalt; es fing an, ununterbrochen zu nieseln.
»Pierre, ich bin sicher, wir sind von der Straße abgekommen. Die Frau hat uns was Falsches gesagt. Das hier ist nur ein Feldweg.«
So war es. Und mit dem Zurückfahren wurde Zeit vergeudet. Pierre fluchte unterdessen heftig. Er geriet in eine Art Fieber vor lauter Ungeduld, endlich nach Prag zu gelangen.

Die Wände des Schlafzimmers, in dem wir diese Nacht schliefen, waren mit grausigen Bildern österreichischer Soldaten bedeckt, die verzweifelte Tschechoslowaken in die Gefangenschaft schleppten. Unten im Restaurant saß ein hübsches Mädchen, das ein schwarzes, leuchtend rot gefüttertes Cape trug und mit zwei flegelhaften jungen Männern redete. Sie rauchte mit schönen Bewegungen der Hände und Arme eine Zigarette nach der anderen und beobachtete uns mit hellblauen, neugierigen Augen.
Wir tranken einen süßlichen Stillwein zum Essen. Er stieg mir in den Kopf, und wieder konnte ich mir sagen, mein ganzes Leben sei ein Traum. Schließlich war es ziemlich egal, wohin wir fuhren. Warschau, London ... London, Warschau ... Worte! Ganz ohne die ungeheure Bedeutung, die ich ihnen verliehen hatte.
Es regnete noch immer, als wir endlich in Prag ankamen. Wir machten wieder die langweilige Runde durch die Hotels; sie waren alle voll, nur in den Badezimmern des Hotels du Passage gab es noch Betten; es dauerte eine Stunde, bis wir in einem kleinen Hotel in einer dunklen, engen Straße ein Zimmer fanden.
Pierre fing an, über die plötzliche Rückkehr König Karls nach Ungarn zu reden. Wir hatten die Neuigkeit im Passage gehört.

Das war natürlich die Aufregung an der Grenze gewesen.
Ich sagte gleichgültig – ich legte mich gerade hin –: »Ja, wahrscheinlich.«
Karl – die Kaiserin Zita – die Alliierten – die Kommission – die Weißen – die Roten – Pierre selbst ... Schatten! Marionetten, die auf einer schlecht beleuchteten Bühne herumgestikulierten und mich von der einzigen Wirklichkeit im Leben ablenkten ... der Übelkeit, die mich kalt werden ließ und immer größer wurde, um mein Gehirn zu umnebeln.
Pierre riet mir, starken Kaffee zu trinken. Er klingelte, und ein kleiner, dicker Kellner erschien und sah mich mit dieser eigentümlichen Mischung aus Unverschämtheit, Verachtung, Gemeinheit und Rührseligkeit an, wie man sie nur bei Kellnern deutscher Herkunft findet.
Dann verschwand er, um den Kaffee zu holen.
Es war ein merkwürdiges Haus, das Hotel, ein Gewirr aus Gängen und so weiter. Ich lag da und fragte mich gedankenverloren, warum Prag mich an Hexen erinnere ... Ich hatte ein Buch gelesen, als ich klein war – *Die Hexe von Prag*. Nein. Es erinnerte mich auch sonst an Hexen. Etwas Dunkles, Geheimnisvolles, Grausames.
»Ich finde Prag merkwürdig«, sagte ich zu Pierre. »Was ist das für eine Glocke, die nebenan ständig läutet?«
»Ein Cabaret, ein Kino vielleicht ... Hör zu, Frances, diese Angelegenheit mit König Karl ist einfach ein riesengroßer Glücksfall für uns. Niemand wird sich jetzt im Augenblick um mich Gedanken machen. Ishima wird viel zuviel damit beschäftigt sein, mit der Mehrheit zu stimmen ... Verdammter kleiner Japaner!«
»Wahrscheinlich«, stimmte ich zu.
Er fragte, ob ich mich krank fühle, schlug vor, einen Arzt zu rufen.
»Einen tschechischen Arzt, mein Gott!«

Ich zog mir die Bettücher über den Kopf. Ich wolle nichts anderes, als in Ruhe gelassen werden, sagte ich ihm.
»Francine«, sagte er sanft, »spiel nicht das kleine dumme Mädchen. Die Ärzte sind gut hier, wenn du einen brauchst.«
Er legte die Wolldecke über mich: »Ruh dich ein bißchen aus, ich gehe inzwischen und kümmere mich um den Wagen. Dann essen wir im Passage und suchen uns hinterher ein Tanzlokal. Ja?«
Ich kam unter den Bettüchern vor, um ihn anzulächeln, denn seine Stimme klang so bekümmert, armer Pierre.
Abends gegen sechs fühlte ich mich plötzlich besser und begann, mich anzukleiden.
Da ich beim Mittagessen bemerkt hatte, daß es offenbar der große Chic in Prag war, Tiefschwarz zu tragen, wühlte ich im Koffer nach etwas Ähnlichem, puderte mich sorgfältig, schminkte mir den Mund und malte mir einen Schönheitsfleck unter das linke Auge.
Ich betrachtete mir das Ergebnis, als Pierre hereinkam.
»Meine schöne Francine, warte mal! Ich habe hier etwas, was dich noch eleganter macht ... einfach chic ...«
Er griff in die Tasche, nahm eine längliche Schachtel heraus und reichte sie mir.
»Pierre!«
»Hübsch, he?«
»Wo hast du die her?«
Er gab keine Antwort.
Ich blickte von den Perlen in sein dunkles, belustigtes Gesicht, dann errötete ich – wurde übers ganze Gesicht bis zum Hals hinunter furchtbar rot. Ich machte die Schachtel zu, gab sie ihm zurück und sagte: »Wieviel Geld haben wir jetzt noch?« Und er antwortete, ohne mich anzusehen: »Nicht viel; das Schlimmste ist diese Kriegsangst. Die Tschechoslowakei macht mobil. Es wird gar nicht so leicht sein, den Wagen zu verkaufen. Und wir

müssen ihn verkaufen, sonst kommen wir nicht weiter. Aber mach dir nichts daraus, Francine.«
Ich sagte: »Mach dir nichts draus!« Ich nahm die Schachtel, öffnete sie und hängte mir die Perlen um den Hals. »Wenn wir schon aufs Ganze gehen, dann aber gründlich. Komm.«
Man erlebt natürlich Gegenreaktionen.
Schwer, aufs Ganze zu gehen und das ehrbare Leben mit einem Lied auf den Lippen hinter sich zu lassen, wenn man morgens um vier wach liegt – und grübelt.
»Francine, nicht weinen ... was ist los?«
»Nichts ... Oh! Laß mich doch in Ruhe ...«
Als er mich zu trösten versuchte, drehte ich mich weg. Er war plötzlich zu einem dunklen Unbekannten geworden, der mich über den Rand des Abgrunds zog ...
Es regnete die ganze folgende Woche, und ich verbrachte die meiste Zeit in dem Hotelzimmer und starrte die Tapete an. Gegen Abend fühlte ich mich stets besser und begann dann, mit außerordentlicher Klarheit über unser zukünftiges Leben in London oder Paris nachzudenken – über unglückliche Spekulationsgeschäfte und Perlen – über ein Pokergesicht und die Affäre um König Karl ...

Eines Tages, am Ende unserer zweiten Woche in Prag, kam Pierre mit zwei Fahrkarten heim, die er auf das Bett warf: »Da, bitte, nach Lüttich, nach London ... Ich habe den Wagen verkauft und nicht viel dafür bekommen; ich kann dir sagen ...«
An dem Abend brauchte ich eine Stunde, um mich zum Abendessen umzuziehen. Und es war ein sehr fröhliches Essen.
»Sieht der Dirigent nicht wie ein Pinguin aus?«
»Ja, bitte ihn doch, den Gaukler-Walzer zu spielen.«
»Diesen alten Walzer?«
»Ja, ich mag ihn ... bitte ihn ... Hör mal, Pierre, haben wir den Wagen noch?«

»Bis morgen.«
»Ach, geh doch zur Garage und hole ihn. Ich hätte Lust, heute abend wie der Teufel damit herumzufahren ... Du nicht auch?«
Er zuckte die Achseln: »Warum nicht?«
Noch einmal und zum letzten Mal flogen wir zwischen zwei Reihen dunkler Bäume dahin, deren Wipfel in dem starken Wind wie verrückt tanzten.
»Schneller! Schneller! Bring das verdammte Ding auf Trab!«
Wir fuhren hundert.
Ich dachte: Er hat begriffen – und begann mir den Baum auszusuchen, an dem wir zerschellen würden, und schrie vor Lachen über das alte Weib namens Schicksal, denn jetzt würde ich ihm entwischen.
»Fahr zu! ... Fahr zu! ...«
Wir fuhren langsamer.
Wir waren wieder vor dem Hotel.
»Du bist betrunken, Frances«, sagte Pierre streng.
Ich stieg aus, stolperte, lachte töricht – sagte: »Adieu! Armer alter Wagen« – und raffte die letzten Reste meiner Würde zusammen, um ins Hotel zu gehen ...
Die Devise hieß: »Nach London!«

Mercè Rodoreda

Reise zum Dorf der Erhängten

Ich hatte wie ein Stein geschlafen, in einem schönen Tal, wo das Gras mit weißgelben Blumen durchsetzt war, die, auch wenn sie es vielleicht nicht waren, wie Zwergmargariten aussahen. Eine leichte Brise machte sie schwanken. Hinter einem ausgedehnten Ried, das ich mit Mühe und Not durchquerte, so dicht war es, blieb ich unvermittelt vor einem Wald stehen, schattig wie eine Kathedrale. Von jedem Baum, es mögen Eichen, vielleicht Steineichen gewesen sein, hing ein erhängter Mann, bekleidet mit einem weißen Hemd, mit einer Hose und einer Weste aus Kuhhaut, rotbraun und mit einem helleren Rotbraun gefleckt. Ich wandte den Kopf ab, um mich nicht in diesem traurigen Anblick zu ergehen, und ging, voller Angst, zu straucheln, bis ich zum Dorf kam, mit seinen frisch geweißten Häusern und seinen frisch gefegten und gesprengten Straßen. Ein Mann mit sehr kurzem Hals und Wieselaugen stieß fast mit mir zusammen, Verzeihung, so zerstreut ging er. Er trug einen aufgerollten Strick auf der Schulter. Unter dem Tor des Hauses, aus dem er eben getreten war, stand eine hübsche junge Frau, ein Kind am Hals, und blickte ihm nach. Als ich an ihr vorbeikam, sagte sie mir guten Tag, und ich konnte nicht umhin, sie zu fragen, während ich auf den Mann deutete, der eben um die Ecke bog: »Wohin geht er?« Die Frau fuhr mit ihrer sehr feinfingrigen Hand durch die Haare des Kindes und sagte leise: »Sich aufhängen.« Traurig, sowohl der Frau als auch des Kindes wegen – die Frau mochte ihren Mann, das Kind seinen Vater verlieren –, konnte ich es mir nicht versagen, ihr noch eine Frage zu stellen: »Warum?« Aus einem Haus weiter oben trat noch ein Mann, gleichfalls mit kurzem Hals, gleichfalls mit einem aufgerollten Strick auf der Schulter. Sowohl der erste als auch der zweie trugen, neben dem Strick auf der Schulter, ein Hemd von unbefleckter Weißheit und eine Hose und eine Weste aus Kuhhaut, rotbraun und mit einem helleren Rotbraun gefleckt. »Sie sind nicht aus dem Dorf.« Ich erzählte ihr, daß ich mich zu Hause gelangweilt hätte, weil die Leute durch die Straßen liefen, hierhin und dorthin und unaufhörlich »Freiheit! Freiheit!« schreiend, und daß ich fortgegangen war, mich in der Welt umzusehen, daß ich also im Augenblick ein Mann ohne Dorf sei. »Ah«, sagte die Frau und trat zu mir, »so können Sie also nicht wissen, daß in diesem Dorf alle Männer Sünder sind. Schon in der Stunde ihrer Geburt klebt ihnen die Sünde am Gaumen. Sobald die Jungen zu Männern heranwachsen, leben sie nur noch, um eine Frau zu haben und Kinder zu bekommen. Jeder Mann will sechzehn. Und weil es ihm so sehr gefällt, welche zu machen, ereilt ihn die Strafe wie alle, und auf der leeren Linie im Gehirn, die die zwei Welten trennt, erhebt sich der Wahnsinn, und sie wollen sich nur noch aufhängen. Die Kinder sterben ihnen weg, immer zwei und zwei, bis ihnen nur noch zwei bleiben: ein Pärchen, Junge und Mädchen. Die Alten erzählen, daß die zwei letzten, die am Leben bleiben, die schlecht gemachten Kinder sind, ohne Umschweife und halb aus Pflichtbewußtsein. Und die, die mit mehr Umsicht gemacht worden sind, bei Mondschein und auf weichem Gras ... haben Sie das Tal mit weißen Blümchen gesehen?, die sind es, denen der Tod den Faden mit einem einzigen Sichelhieb durchschneidet.« Jene Frau taufte ich gleich mit dem Namen Singsangfrau, weil sie redete, als sänge sie. »Wissen Sie, die Kinder machen sie nachts, in frischer Wäsche und mit Augen, die in die Finsternis spähen ...« »Aber«, sagte ich zu ihr, »wenn sie keine machten, wäre es aus mit dem Dorf.« »Natürlich«, sagte die Frau und band dem Kind, das eingeschlafen war, ein rotes Tuch ums Gesicht, »aber lohnt es sich denn, es zu erhalten? Was hat man davon? Sehn Sie, hier besteht das Leben im Anpflanzen von Kohl, Bohnen, Kichererbsen, Mohrrüben und Auberginen. Hühner halten, Eier einsammeln, sie aufschlagen, Omeletten machen ... das geht noch, wenn die Hühner nicht den Pips gekriegt haben ... und Holz hacken und die ganze Kocherei ... ja, was wollen Sie ... und gebären. Während die Frau die ersten zehn Kinder gebiert, tanzt der Mann. Jedenfalls muß man bedenken, daß er, hat er das erste Kind gemacht, unverzüglich bereut, es gemacht zu haben. Aber er kann es nicht lassen, weiterzumachen. Beim zweiten, das geht noch ... und auch beim dritten und vierten, wenn er einigermaßen kräftig ist. Aber beim sechsten, gut gerechnet, weiß er mit seinem Leben nichts mehr anzufangen. Die Frau merkt, daß der Mann kleiner wird, immer kleiner ... und daß er die Tage mit Grübeln zubringt. Beim fünfzehnten und vor allem beim sechzehnten ist es schon so, als wäre er verrückt geworden wegen der vielen Geburten und wegen der vielen Sterbefälle, die er hat miterleben müssen, und er beginnt, Hanf zu flechten. Er tötet die Kuh; aus der Haut macht er sich Hose und Weste, sauber und mit weißem Hemd geht er in den Wald, sucht einen Baum aus, vergewissert sich, daß der Ast hält, legt sich den Strick um den Hals, nachdem er eine Schlinge gemacht hat, steigt auf einen Stein und springt. Immer ruhiger schwingt er hin und her. Wenn Sie durch den Wald gekommen sind, haben Sie da nicht bemerkt, was für ein seliges Gesicht all die Erhängten machen?«

Gertrude Stein

Paris, Frankreich

Paris, Frankreich ist aufregend und friedlich.

Ich war erst vier Jahre alt als ich zum ersten Mal in Paris war und dort französisch sprach und dort fotografiert wurde und dort zur Schule ging, und Suppe zum Frühstück aß und Hammelkeule und Spinat zum Lunch, ich habe Spinat immer gemocht, und eine schwarze Katze sprang auf den Rücken meiner Mutter. Das war eher aufregend als friedlich. Ich habe nichts gegen Katzen aber ich mag es nicht wenn sie mir auf den Rücken springen. Es gibt sehr viele Katzen in Paris und in Frankreich und sie können tun was sie mögen, auf dem Gemüse sitzen oder zwischen den Lebensmitteln, drinbleiben oder hinausgehen. Es ist merkwürdig, daß sie so wenig miteinander kämpfen wenn man bedenkt wie viele Katzen es gibt. Es gibt zwei Dinge die französische Tiere nicht tun, Katzen kämpfen nicht viel und schreien nicht viel und Hühner plustern sich nicht auf beim Laufen über die Straße, wenn sie beginnen die Straße zu überqueren gehen sie einfach weiter wie es Franzosen auch tun.

Jeder der ein Auto fährt in Paris muß das wissen. Jeder der das Trottoir verläßt um weiterzugehen oder irgendwohinzugehen geht in einem bestimmten Tempo und dieses Tempo wird eingehalten und nichts erschreckt sie nichts ängstigt sie nichts läßt sie schneller oder langsamer gehen nichts, nicht das heftigste oder unerwartetste Geräusch läßt sie zusammenzucken, oder das Tempo oder die Richtung ändern. Wenn jemand zurückzuckt oder überhaupt zusammenzuckt in den Straßen von Paris kann man sicher sein daß es ein Ausländer ist, kein Franzose. Das ist friedlich und aufregend.

So war ich ein Jahr in Paris als ich vier bis fünf war, und dann war ich wieder in Amerika. Ein Kind vergißt nicht, aber andere Dinge geschehen.

Ein bißchen später in San Franzisko gab es mehr französisch.

Schließlich ist jeder, das heißt, jeder der schreibt daran interessiert in sich selber zu leben damit er sagen kann was in ihm drinnen ist. Darum müssen Schriftsteller zwei Länder haben, eins wohin sie gehören und eins in dem sie wirklich leben. Das zweite ist romantisch, es ist getrennt von einem selbst, es ist nicht wirklich aber es ist wirklich da.

So ging es den viktorianischen Engländern mit Italien, so ging es im frühen neunzehnten Jahrhundert den Amerikanern mit Spanien, so ging es in der Mitte des neunzehnten Jahrhunderts den Amerikanern mit England, so ging es meiner Generation der Generation der Amerikaner am Ende des neunzehnten Jahrhunderts in Frankreich.

Natürlich entdecken manchmal Leute ihr eigenes Land als wäre es das andere, ein jüngstes Beispiel dafür ist Louis Bromfield Amerika entdeckend, es gab auch einige Engländer die so waren, Kipling zum Beispiel entdeckte England aber im allgemeinen ist das andere Land nicht das Land wohin man wirklich gehört.

In San Franzisko war es leicht, daß es Frankreich sein würde. Natürlich hätte es Spanien oder China sein können, aber wirklich in San Franzisko als Kind wußte man wirklich zu viel von Spanien und China, und Frankreich war interessant während Spanien und China vertraut waren, und alltäglich. Frankreich war nicht alltäglich es tauchte einfach nur wieder und wieder auf.

Es tauchte zuerst in so verschiedenen Büchern auf wie denen von Jules Verne und Alfred de Vigny und es tauchte in den Kleidern meiner Mutter auf und den Handschuhen und den

Sealmützen und Muffs und den Schachteln, in denen sie ankamen.
Der Duft von Paris war darin.
Und dann war es für eine ziemlich lange Zeit sehr leicht Paris zu vergessen.
Das nächste was ich zu Frankreich erinnere waren die Henry Henrys und Sarah Bernhardt, das Panorama der Schlacht von Waterloo und Millets Mann mit der Hacke.
Das Panorama der Schlacht von Waterloo.
Eines der erfreulichsten Dinge für diejenigen unter uns die schreiben oder malen ist das tägliche Wunder zu erfahren. Es kommt.
Ich war etwa acht Jahre alt und es kam mit dem Panorama der Schlacht von Waterloo.
Es war von einem Franzosen gemalt, ich frage mich ob es nicht interessant wäre jetzt eines zu haben, eines jener riesigen Panoramen, wo man in der Mitte eines Podests steht und alles um einen herum auf jeder Seite von einem ein Ölgemälde ist. Man war völlig umgeben von einem Ölgemälde.
Damals wurde mir zum ersten Mal der Unterschied zwischen einem Bild und Draußen klar. Mir wurde klar daß ein Bild immer eine flache Oberfläche ist und Draußen es niemals ist, und daß Draußen aus Luft besteht und ein Bild hat keine Luft, die Luft ist ersetzt durch eine flache Oberfläche, und alles in einem Bild das Luft nachahmt ist Illustration und nicht Kunst. Ich glaube das alles sehr intensiv gefühlt zu haben während ich auf dem Podest stand und ganz umgeben von einem Ölgemälde war.
Und dann gab es Sarah Bernhardt.
In San Franzisko gab es sehr viele Franzosen und ein französisches Theater und man kannte natürlich kleine Mädchen und Jungen die zu Hause ganz natürlich französisch sprachen. Und wenn also französische Schauspieler oder Schauspielerinnen nach San Franzisko kamen blieben sie immer sehr lange.

Es gefiel ihnen dort und natürlich wenn Schauspielerinnen oder Schauspieler irgendwo bleiben spielen sie immer, also wurde natürlich sehr viel französisch im Theater gesprochen.
Damals fand ich ganz natürlich heraus, daß Französisch eine gesprochene Sprache ist und Englisch eine geschriebene.
In Frankreich, wann immer irgend jemand etwas schreibt und möchte daß jeder weiß was es ist liest er es laut vor. Wenn es englisch ist ist es natürlich ihnen das Manuskript zu geben und es sie lesen zu lassen aber wenn es französisch ist ist es natürlich es laut vorzulesen.
Französisch ist eine gesprochene Sprache Englisch wirklich nicht.
Sarah Bernhardt ließ mich die dünnen Arme der Französinnen sehen. Als ich nach Paris kam und die kleinen midinettes und montmartoises sah hatten sie sie alle. Es war erst viele Jahre später als der Stil sich änderte, in jenen Tagen trugen sie lange Röcke, daß mir klar wurde was für stämmige Beine zu diesen dünnen Armen gehörten. Das ist was aus den Franzosen so gute Soldaten macht die stämmigen Beine, dünne Arme und stämmige Beine, wenn Sie verstehen, was ich meine, friedlich und aufregend.
Das ist warum alle Franzosen so leicht mit dem Fahrrad bergauf fahren können so wie sie es tun, kein Hügel ist so steil daß sie nicht langsam tretend höher und höher kommen, Männer und Mädchen und kleine Kinder, die stämmigen Beine und dünnen Arme.
Die andere Sache die französisch war in San Franzisko war die Familie der Henry Henrys. Das war ihr Name.
Es gab einen Vater und eine Mutter sie waren bekannt als Monsieur und Madame Henry und es gab fünf Kinder der älteste Henry Henry spielte Violine. Am Nachmittag gingen wir hin und blieben zum Abendessen und dann tanzten wir immer die Henry Kinder und wir, zu der französischen Musik der Violine.

Und zum Abendessen gab es immer Hammelbraten, Gigot nannten sie das, auf die gleiche Weise zubereitet wie damals als ich in Paris zur Schule ging und drum herum Kartoffeln in Butter, sauber aussehende Kartoffeln, nicht so dunkel wie die auf amerikanische Weise zubereiteten. Aber am aufregendsten waren die Messer und Gabeln. Die Messer waren so viel geschliffen worden daß die Klinge dünn war wie ein Dolch mit einer leichten Krümmung an der Spitze und die Gabeln so leicht daß sie sich verbogen wenn man sie drückte. Diese Messer und Gabeln waren die glühendst französischen Dinge die ich kannte, ich könnte sagen die ich jemals kannte.

Dann gab es Millets Mann mit der Hacke.

Ich habe niemals wirklich die Fotografie eines Bildes haben wollen bevor ich Millets Mann mit der Hacke sah. Ich war etwa zwölf oder dreizehn Jahre alt, ich hatte Eugenie Grandet von Balzac gelesen, und ich hatte ein gewisses Gefühl für französische Landschaft aber Der Mann mit der Hacke machte es anders, er machte Boden aus ihr nicht Land, und das ist Frankreich seither immer für mich gewesen. Frankreich ist aus Boden, aus Erde gemacht.

Als es mir gelang eine Fotografie von dem Bild zu bekommen und ich sie nach Hause brachte sah mein ältester Bruder sie an und sagte, was ist das und ich sagte es ist Millets Mann mit der Hacke.

Es ist eine höllische Hacke sagte mein ältester Bruder.

Aber so ist französisches Land, es ist Boden wie dieser und sie bearbeiten ihn auf eben diese Weise mit eben dieser Art Hacke.

All dies war all das Paris Frankreich, das ich damals wirklich kannte und dann vergaß ich für eine sehr lange Zeit Paris und Frankreich.

Dann eines Tages als ich auf dem Radcliffe College in Cambridge Massachusetts war, war ich in einem Zug und neben mir saß ein Franzose. Ich erkannte ihn als einen Gastdozenten und ich sprach mit ihm. Wir redeten über amerikanische College-Studentinnen. Wunderbar sagte er und sehr interessant aber und er sah mich ernst an, wirklich keine von ihnen, das müssen Sie jetzt zugeben, keine von ihnen könnte mit Alfred de Musset fühlen daß le seul bien qui me reste au monde c'est d'avoir quelquefois pleuré. Ich war damals jung aber ich wußte was es meinte daß sie nicht so fühlen würden. Das und ein gewisses Interesse an Zola als Realisten aber nicht so großes Interesse wie an den russischen Realisten war alles was Paris für mich bedeutete bis nach dem Medizinstudium als ich mich in Paris Frankreich niederließ.

Quellenverzeichnis

Ingeborg Bachmann

1926 in Klagenfurt geboren; gestorben 1973 in Rom.
Besichtigung einer alten Stadt
in: Ingeborg Bachmann, Werke, Zweiter Band, Erzählungen

Djuna Barnes

1892 in Cornwall-on-Hudson/New York geboren;
gestorben 1982 in New York.
Der Saum von Manhattan
in: Djuna Barnes, New York, Geschichten und Reportagen aus einer Metropole
aus dem Amerikanischen von Karin Kersten

Simone de Beauvoir

1908 in Paris geboren; gestorben 1986 in Paris.
25. Januar 1947, 26. Januar
in: Simone de Beauvoir, Amerika Tag und Nacht, Reisetagebuch 1947
aus dem Französischen von Heinrich Wallfisch

Christine Brückner

1921 in einem Waldeckschen Pfarrhaus geboren.
Mein amerikanischer Traum
in: Christine Brückner, Otto Heinrich Kühner, Erfahren und erwandert

Eva Demski

Geboren in Regensburg; lebt in Frankfurt am Main.
Wege über die Seine
in: Eva Demski, Unterwegs

Anne Devlin

Die Reise nach Nirgendwo
in: Anne Devlin, Die Reise nach Anderswo, Stories
aus dem Englischen von Peter Liebich
© 1990 Rowohlt Taschenbuch Verlag GmbH,
Reinbek bei Hamburg

Hilde Domin

1912 in Köln geboren.
Die andalusische Katze
in: Von der Natur nicht vorgesehen
© 1974 R. Piper & Co. Verlag, München

Isabelle Eberhardt

1877 bei Genf geboren; gestorben 1904 in Algerien.
Rückkehr in den Süden
in: Isabelle Eberhardt, Sandmeere 2, Notizen von unterwegs
aus dem Französischen von Grete Osterwald
© 1981 März Verlag, Berlin und Jossa

Deborah Eisenberg

1945 in Chicago geboren; lebt in New York.
Reisen mit leichtem Gepäck
in: Deborah Eisenberg, Reisen mit leichtem Gepäck
aus dem Amerikanischen von Nikolaus Hansen
© 1989 Rowohlt Verlag GmbH, Reinbek bei Hamburg

Marieluise Fleisser

eigentlich Marie-Luise Haindl
1902 in Ingolstadt geboren; gestorben 1974 in Ingolstadt.
Katalanisches Karussell 1930
in: Marieluise Fleisser, Gesammelte Werke Band 2
© 1972 Suhrkamp Verlag, Frankfurt am Main

Martha Gellhorn

1908 in St. Louis geboren.
Bummeln auf Booten
in: Martha Gellhorn, Reisen mit mir und ihm,
Berichte aus dem Englischen von Herwart Rosemann
© 1990 Rowohlt Taschenbuch Verlag GmbH,
Reinbek bei Hamburg

Marianne Greenwood

Geboren in Kiruna, Nordschweden.
Hochzeitsreise ins Apachenland
in: Marianne Greenwood, Reise in meinem Adreßbuch
aus dem Schwedischen von Verena Reichel

Katherine Mansfield

1888 in Wellington, Neuseeland, geboren;
gestorben 1923 in Fontainebleau.
Die Reise nach Brügge
in: Katherine Mansfield, Etwas Kindliches, aber sehr Natürliches
aus dem Englischen von Elisabeth Schnack

Anaïs Nin

1903 in Paris geboren; gestorben 1977 in Los Angeles.
Das Labyrinth
in: Anaïs Nin, Unter einer Glasglocke
aus dem Englischen von Manfred Ohl und Hans Sartorius

Margret W. Palme

1924 in Prag geboren; lebt in der Nähe von Altötting.
Auf den Spuren von Ödipus zum Orakel von Delphi
in: Margret W. Palme, Sieben Reisen in die Antike

Jayne Anne Phillips

1952 in West-Virginia geboren; lebt in Boston.
Überholspur
in: Jayne Anne Phillips, Überholspur, Short-Stories
aus dem Amerikanischen von Karin Graf

Sylvia Plath

1932 in Boston, Massachusetts, geboren; gestorben 1963 in London.
Der neunundfünfzigste Bär
in: Sylvia Plath, Die Bibel der Träume
aus dem Amerikanischen von Julia Bachstein und Sabine Techel

Jean Rhys

1890 geboren auf der westindischen Insel Dominika; gestorben 1979 in Devonshire.

Vienne

in: Jean Rhys, Adieu Marcus, adieu Rose, Erzählungen
übersetzt von Grete Felten und Benjamin Schwarz

Mercè Rodoreda

1909 in Barcelona geboren; gestorben 1983 in Girona.

Reise zum Dorf der Erhängten

in: Reise ins Land der verlorenen Mädchen
aus dem Spanischen von Angelika Maas

Gertrude Stein

1874 in Allegheny, Pennsylvania, geboren; gestorben 1946 in Paris.

Paris, Frankreich

in: Paris, Frankreich. Persönliche Erinnerungen.
Aus dem Amerikanischen von Marie-Anne Stiebel